Va ter un ser der du bist im Ir gend wo

D1666875

B. A. Mapelli

Va ter un ser der du bist im Ir gend wo

Roman

Die Deutsche Nationalbibliothek verzeichnet diese Publikation in der Deutschen Nationalbibliografie; detaillierte bibliografische Daten sind im Internet über http://dnb.dnb.de abrufbar.

© 2016 B. A. Mapelli

Fotografie und Grafik: B.A. Mapelli
Cover: B. A. Mapelli & Michael Raab

Herstellung und Verlag:
BoD – Books on Demand Norderstedt

ISBN: 9783739235639

Prolog

Salim Bin Ahmadi erzählte seinen Kindern eine Geschichte:

„Als Allah die Welt erschaffen hatte, war alles Wasser in den Meeren süß. Auch das Wasser in den Flüssen war süß.

Als dann die Menschen die Welt beherrschten und sich gegenseitig immer mehr Leid zufügten, wurden unendlich viele Tränen vergossen und das Wasser wurde nach und nach salziger und salziger. Allah schuf die Wolken und den Regen, damit das Wasser wenigstens zum Teil wieder süß werden konnte."

Seine kleine Tochter warf ein, dass die Menschen aber auch Freudentränen weinten und es schade wäre, wenn Freudentränen unser Wasser salzig machten.

„Ja, das stimmt. Man weint manchmal auch vor lauter Lachen. Aber diese Tränen sind nicht salzig, sondern süß. Du musst das einmal schmecken wenn du das nächste Mal vor lauter Freude Tränen lachst."

Krieg

Leutnant du Catoir nahm das Fernglas von den Augen. Er hatte den bewaldeten Hang gegenüber abgesucht. Die Bäume waren dicht belaubt und man konnte nur vereinzelt die Stämme erkennen. Irgendwo da drüben sollten Einheiten der Deutschen versteckt liegen. Leutnant du Catoir hatte den Auftrag, die unten im Tal gelegene Brücke über den schmalen Fluss einzunehmen und für die aus Richtung Nancy kommenden gepanzerten Wagen frei zu halten. Bisher hatte er keinen einzigen Soldaten gesichtet. Aber das wunderte ihn nicht, denn er ging davon aus, dass sie sich am gegenüberliegenden Hang eingegraben hatten und erst regen würden, wenn es dunkel war.

So einen dichten Wald hatte der junge Leutnant noch nie gesehen. Dort wo er aufgewachsen war, war die Landschaft von vereinzelten Baumgruppen geprägt, die vom stetig wehenden Wind des Mittelmeeres in die Landschaftsmulden gedrückt wurden. Büsche wuchsen nur da, wo es keine Weinreben gab. Er war im Jahre 1890 als Sohn eines regional bedeutenden Weinbauern geboren worden. Als der Krieg ausgebrochen war, hatte er sich freiwillig zur Infanterie gemeldet. Nach der Militärakademie Toulouse und nach seiner Ausbildung wurde ihm eine Infanteriekompanie unterstellt. Sie hatten schon eine ganze Reihe von Gefechten überstehen müssen und diese waren nicht ohne Verluste geblieben. Von den ursprünglich 120 Mann waren nur noch 69 übrig, darunter zwei Unteroffiziere. Die anderen waren entweder gefallen, ins Lazarett eingeliefert oder verletzt nach Hause geschickt worden.

Jetzt standen sie also hier im Wald in den West-Vogesen und der Befehl lautete, den Flussübergang zu sichern. Der Leutnant machte sich Gedanken darüber, wie er diesen Auftrag möglichst verlustfrei ausführen könnte.

„Na Robbi, wie sieht es aus?", hörte er eine vertraute Stimme hinter sich. Es war Feldwebel Stark, der sich, die

Baumstämme als Deckung nutzend, zu ihm vorgearbeitet hatte.

Wenn sie unter sich waren, sprachen sie sich mit Vornamen an. Leutnant du Catoir hieß mit Vornamen Jean Robert, von seinen Freunden wurde er Robbi genannt.

„Ich habe noch nichts gesehen, scheint wie ausgestorben. Aber der Wald ist so dicht, dass man einfach nichts sehen kann. Man müsste warten, bis der Herbst kommt und die Blätter von den Bäumen fallen. Aber so lange wird wohl der Krieg hoffentlich nicht mehr dauern, oder?"

"Dein Wort in Gottes Ohr!"

Es war gerade mal Ende August des Jahres 1917 und der Sommer war noch nicht zu Ende.

„Wir werden heute Nacht einen Spähtrupp hinüber schicken müssen um zu sehen, was da auf uns zukommt. Du kannst dir schon einmal überlegen, wen wir mitnehmen. Entweder führe ich den Trupp, oder du übernimmst das.", sagte Du Catoir.

Sie gingen zu ihrer Truppe zurück. Es war nicht ausgeschlossen, dass die Gegenseite von ihrer Anwesenheit Wind bekommen hatte.

„Wir hätten doch auch einen oder zwei Posten in den Bäumen stationiert, wenn wir mit dem Vorrücken des Feindes rechnen müssten, oder?", fragte der Feldwebel den Leutnant, als sie über diese Frage sprachen.

„Die Deutschen werden ihre Wachen verstärken und wir müssen aufpassen, dass sie uns nicht erwischen."

Als die beiden am Westhang des bewaldeten Hügels angekommen waren, wurden sie von den postierten Wachen empfangen.

„Wie sieht es aus?", fragte der wachhabende Unteroffizier und schaute den Feldwebel erwartungsvoll an.

„Schwer zu sagen", meinte dieser, „wirklich gesehen haben wir niemanden. Aber die sind da, da bin ich mir ganz sicher. Und die passen auf wie die Schießhunde, darauf kannst du Gift nehmen!", fauchte Feldwebel Stark. „Heute Nacht werden wir ihnen einen Besuch abstatten. Dann wissen wir mehr."

Leutnant du Catoir hatte den Männern empfohlen, sich auszuruhen und möglichst zu schlafen.

Er hatte entschieden, dass der Spähtrupp gegen Mitternacht aufbrechen sollte. Geplant war, am Waldrand knapp einen halben Kilometer weit flussaufwärts zu gehen, um dort durch den Fluss auf die andere Seite zu waten. Vom Flussufer aus sollten die Soldaten einzeln in den Wald einrücken und dort dann geschlossen den Hang hinauf schleichen. Der Spähtrupp sollte aus insgesamt fünf Männern bestehen. Zwei sollten mit einem Abstand von ungefähr fünfzehn Schritten in Richtung der am Hang vermuteten deutschen Soldaten vorrücken.

Der Auftrag bestand darin, die genaue Lage des Verbandes am Hang zu bestimmen. Dann könnte am nächsten Tag mit gezieltem Mörserbeschuss der Angriff begonnen werden. Inwieweit es gelingen würde, die Deutschen dazu zu bewegen, ihre Stellungen aufzugeben und sich zurück zu ziehen, war nicht voraussehbar. Weder war die Stärke des Feindes bekannt noch dessen Bewaffnung.

Auch der Leutnant hatte sich ins Gras gesetzt und an einen Baumstamm gelehnt. Wie seine Männer versuchte auch er, ein wenig die Augen zu schließen. In den letzten Tagen waren sie kaum zum Ausruhen gekommen.

Jetzt dachte er mit geschlossenen Augen an zu Hause. Dort im Süden Frankreichs konnte man immer das Meer riechen und eine sanfte Brise transportierte den eigentümlichen Geruch des Mittelmeeres ins Land. Sein Vater hatte alles versucht, ihn davon abzuhalten, dem Aufruf zum Militär zu folgen. Er hielt es aber für seine Pflicht, in diesen Kampf gegen die Angreifer zu gehen.

In ihren vielen Auseinandersetzungen darüber, wer schuld am Krieg hatte, konnten sie nie einig werden. Nach dem Mord in Sarajevo hatten die Österreicher den Serben mit Krieg gedroht. Die bestehenden Beistandspakte innerhalb Europas hatten dazu geführt, dass Deutschland, Russland, Frankreich und weitere Staaten sich genötigt fühlten, die Mobilmachung auszurufen. Als dann die Deutschen in Belgien einfielen, blieb Frankreich keine andere Wahl mehr. Sie traten in den Krieg ein. Der deutsche Vormarsch konnte gestoppt werden und mit Hilfe der Engländer lag man sich immer noch – nach jetzt mehr als drei Jahren – an der Marne gegenüber. Tausende Tote mussten beklagt werden, die Verletzten konnte man schon gar nicht mehr zählen.

Vor etwa sechs Wochen waren die Amerikaner in den Krieg eingetreten und man konnte hoffen, dass es sich nur noch um ein paar Monate handeln würde, bis die Deutschen kapitulierten. Die Amis hatten neben einer Unmenge von Material und Munition auch die neuesten gepanzerten Kampfwagen zum Einsatz gebracht, die von der Infanterie der Deutschen sehr gefürchtet wurden. Diese Kampfwagen befanden sich auf dem Vormarsch in Richtung Osten. Und diesen Vormarsch sollte seine Einheit durch Eroberung des Brückenüberganges mit sicherstellen.

Unter dem dichten Laubdach der Bäume fühlte man sich an diesem warmen Augusttag wohl. Bei ungefähr dreißig Grad im Schatten hatten sie genügend Wasser und auch sonst war die Verpflegung in den letzten Wochen wieder besser geworden. Überhaupt war der gesamt Nachschub seit Anfang des Sommers wieder normal gewesen. Dies hing wohl auch damit zusammen, dass der Gegner immer weiter zurück wich und die Versorgungslinien dadurch nicht mehr angegriffen wurden.

Leutnant du Catoir hatte sich dazu entschlossen, den Spähtrupp durch Feldwebel Stark führen zu lassen. Er hielt ihn für einen sehr guten Soldaten, der vor allen Dingen keine leichtsinnigen Entscheidungen traf und die Sicherheit der Truppe immer allem voran stellte.

Er konnte zwar mit niemandem darüber, sprechen aber den Auftrag, die Brücke zu sichern, hielt er für schwachsinnig. Warum konnten die Kampfwagen nicht über die Nationalstraße vorrücken? Aber einem kleinen Leutnant wie ihm stand es nicht zu, Befehle zu hinterfragen und schon gar nicht zu kritisieren.

Es war dunkel geworden und die Männer waren aus ihrem Schlummer erwacht. Leises Gemurmel machte sich breit. Der eine oder andere Soldat stand auf und streckte die Glieder. Man konnte sich kaum vorstellen, dass die Einheit sich im Kampfeinsatz befand. Ob die Deutschen auf der anderen Flussseite ebenso entspannt in den Abend gingen?

Robbi rief den Feldwebel zu sich: „Feldwebel Stark, antreten!"

Stark baute sich vor ihm auf und grüßte militärisch. „Jawohl, Herr Leutnant!"

„Suchen Sie sich vier Mann für den Spähtrupp zusammen."

„Jawohl, Herr Leutnant!"

Der Feldwebel streifte zwischen den Männern hindurch und suchte sich gezielt vier Soldaten aus. Diese nahmen ihre Ausrüstung und stellten sich vor dem Leutnant auf, der Feldwebel leicht versetzt vor dem Trupp.

„Spähtrupp angetreten, Herr Leutnant", meldete Feldwebel Stark.

„Männer, ihr werdet jetzt auf die andere Seite des Flusses gehen und versuchen herauszufinden, wie viele Soldaten da sind, wo sie sich befinden und wie sie bewaffnet sind. Mehr ist nicht zu tun. Auf keinen Fall darf es zu Feindkontakt beziehungsweise zu Kampfhandlungen kommen. Ich möchte keinerlei Verluste haben! Ist das klar?"

„Jawohl, Herr Leutnant!", antwortete der Spähtrupp wie aus einem Mund.

Der Mond war aufgegangen und sein Licht drang an der einen oder anderen Stelle durch das dichte Laubdach. Leutnant du Catoir konnte die vor ihm angetretenen vier Soldaten jetzt etwas besser erkennen. Drei von ihnen waren etwa so groß wie er selbst, ungefähr einen Meter achtzig. Der vierte Mann war deutlich kleiner, vielleicht knapp eins-sechzig. Der Leutnant trat ein paar Schritte zurück und winkte den Feldwebel zu sich.

„Wer ist der kleine Mann da? Ging es nicht ein wenig gleichmäßiger, Herr Feldwebel?!"

„Sie nennen ihn Trüffel, Herr Leutnant. Er ist zwar klein, aber er hat etwas auf dem Kasten."

„Und wieso heißt er Trüffel?"

„Das ist eine längere Geschichte Herr Leutnant. Als er zu uns abkommandiert worden war, gab es im Lager eine komische Sache. Ein anderer Soldat hatte ihn aufgefordert, ihm aus dem Wege zu gehen, damit er nicht auf diesen Klecks Ziegenscheiße treten müsse. Der Kleine sei auf ihn zu getreten, habe beide Arme um dessen Brustkasten gespannt und zugedrückt. Nach etwa einer Minute sei der Große in Ohnmacht gefallen. Die anderen haben auf Trüffel eingeredet, dass er ihn loslassen solle. Das tat der auch. Der ohnmächtige Kamerad brauchte eine ganze Weile, bis er wieder zu sich kam. Ab diesem Tag ging ihm der aus dem Weg. Einer der Männer, der alles angesehen hatte, sagte, er sehe auf den ersten Blick tatsächlich aus wie ein Stück Ziegenscheiße, noch mehr Ähnlichkeit hätte er jedoch mit einem Trüffel – äußerlich unbedeutend und nichts sagend, bei näherem Hinschauen aber doch etwas ganz Besonderes. Ab diesem Tag hatte er diesen Namen. Er ist ein kleiner Mann, aber unheimlich stark. In seinem zivilen Beruf war er bei einem Zirkus beschäftigt, und zwar in einer Artistentruppe - als Untermann. Seine geringe Körpergröße und seine unglaubliche Kraft waren gerade richtig, um als Artist gut bestehen zu können."

„Das ist ja interessant. Und wer sind die anderen drei?"

„Der große wird Piccolo genannt, der zweite von links mit der großen Nase heißt Napoleon – er ist derjenige, der immer meint, er könne zurück bleiben und alles beobachten um die anderen zu warnen - wie die großen

Feldherren in allen Kriegen. Der vierte heißt einfach nur Paul, der hat keinen Spitznamen, passt aber auch sehr gut in die Gruppe."

„Haben sie schon mit den Männern besprochen, wie sie vorgehen wollen?"

„Nun, wenn wir jetzt hinüber gehen, werden wir leider überhaupt nichts sehen können. Unter den Bäumen ist es stockdunkel. Wir werden also erstmal durch den Fluss waten. Am Waldrand bleiben dann drei Mann zurück und verbergen sich im dichten Gebüsch. Trüffel und Piccolo gehen weiter vor und schleichen sich so weit wie möglich in Richtung der feindlichen Stellung. Wenn sie glauben, nahe genug zu sein, wird sich Trüffel so verbergen, dass er möglichst auch bei Tageslicht nicht zu sehen sein wird. Piccolo bleibt etwa dreißig Schritte zurück und versteckt sich hinter einem Baumstamm. Er soll im Feuerschutz geben, falls es nötig ist. Sobald die Sonne aufgeht und die Dämmerung einsetzt, ist der Zeitpunkt für das Eingreifen der drei am Waldrand gekommen. Sie fingieren einen Angriff, indem sie ein paar Schüsse in die Luft abgeben. In den Wald hinein zu schießen macht ja keinen Sinn, die Stämme stehen viel zu dicht, als dass eine Kugel durchkäme. Wir wollen die Deutschen durch die Schüsse nur aufschrecken, damit sie ihre Stellungen preisgeben. Trüffel kann dann aus seinem Versteck heraus die genaue Position der einzelnen Posten und Stellungen sehen und wir können die gewonnenen Erkenntnisse in unsere Angriffsstrategie einbinden. Ich sehe keine andere Möglichkeit, die Deutschen aus ihren Stellungen aufzuschrecken. Wir wissen ja noch nicht einmal, wie viele Gegner wir vor uns haben und wie deren Bewaffnung ist."

„Also, die drei, die zurück bleiben, sind Napoleon, Paul und sie, Feldwebel Stark?", fragte Leutnant du Catoir.

„Jawohl", bestätigte Feldwebel Stark. „Ich werde mit den beiden zurück bleiben und Piccolo wird ungefähr auf halber Strecke zwischen Trüffel und uns zusätzlich sichern.

Wir drei werden uns dann einzeln über den Fluss zurückziehen, Piccolo und Trüffel bleiben in ihren Verstecken, bis es wieder dunkel ist. Zu diesem Zweck nehmen sie ausreichend Wasser und auch etwas zu essen mit. Sie müssen den ganzen Tag ruhig bleiben und wir hoffen, dass die Deutschen keinen Spähtrupp losschicken. Möglicherweise ist es notwendig, dass wir drei am anderen Flussufer in Stellung gehen, um eventuell vorrückende Soldaten auf der anderen Seite unter Feuer zu nehmen. Wir müssen unbedingt verhindern, dass Trüffel und Piccolo gefährdet werden.

Gibt es noch Vorschläge oder Hinweise dazu?"

Da keiner noch etwas sagen wollte, gab der Leutnant den Befehl zum Aufbruch.

Feldwebel Stark und seine vier Männer machten sich auf den Weg den Hang hinunter in Richtung Talsohle. Als sie etwa fünf Schritte vom Flussufer entfernt waren, wandten sie sich flussaufwärts. Sie achteten darauf, dass sie immer ausreichend Schutz hinter Baumstämmen und Büschen hatten, damit möglicherweise auf Posten stehende Wachen der Gegenseite keine Chance hätten, sie zu entdecken.

Als die fünf nach etwa zweihundert Metern am Ufer eine Mulde erkennen konnten, befahl der Feldwebel leise: „Halt!"

Er drehte sich zu seinen Leuten um und flüsterte: „Ich schaue nach, ob wir hier rüber können. Verhaltet euch still, bin gleich wieder zurück."

Nach kurzer Zeit stand der Feldwebel wieder vor seinen Männern und sagte: „Hier geht es einigermaßen flach in den Fluss hinunter und ich denke, dass wir gut auf die andere Seite gelangen können. Das Wasser ist nicht allzu tief und ich hoffe, dass wir nicht komplett nass werden."

Es war immer noch recht warm und eine kleine Abkühlung würde nicht unangenehm sein. Sie schlichen hinter einander gebückt zum Flussufer hinunter. Feldwebel Stark setzte vorsichtig seinen rechten Fuß in das dunkle Wasser und tastete nach dem Untergrund. Tatsächlich war das Wasser nicht einmal einen halben Meter tief und er schob einen Fuß vor den anderen in Richtung Flussmitte. Seine Männer folgten ihm einer nach dem anderen. Ohne Zwischenfall erreichten sie das andere Ufer.

Dieses war um einiges steiler. Sie mussten sich mit beiden Händen an der Uferböschung hinaufziehen. Ihre Waffen hatten sie sich über die Schultern gehängt. Das Ufer war nur ein kleines Stück unbewachsen. Sie überwanden die paar Schritte leicht nach vorne gebeugt und verbargen sich im Wald nahe am Wasser.

„Piccolo, Trüffel, ihr beide schleicht jetzt zusammen am Ufer zurück, bis ihr ungefähr auf Höhe der vermuteten Stellung seid, wie besprochen. Dann geht Trüffel den Hang hinauf, Piccolo bleibt unten zurück und sichert ab." Er wandte sich an Trüffel: „Sobald du glaubst, dass du nahe genug bist, grabe dich unter dem Laub ein. Es wird sicher genügend Buschwerk zu finden sein, dass du dich unsichtbar machen kannst.

Sobald die Sonne aufgeht, beginnen wir den Scheinangriff. Dann musst du sehen, dass du so viele Informationen wie möglich sammelst: Anzahl der Männer, Bewaffnung, Standort der schwereren Waffen, wie Maschinengewehr oder Mörser, und so weiter, du weißt schon. Wenn es morgen Abend wieder dunkel geworden ist, kommt ihr auf dem gleichen Weg zurück. Viel Glück!"

Trüffel, sein richtiger Name war Pierre Krebs, tastete sich langsam in die Dunkelheit, Piccolo folgte ihm in einigem Abstand. Seine Familie stammte aus dem Elsass und war nach dem Krieg von 70/71 in die Nähe von Nancy gezogen, wo er auch geboren wurde. Im Hause Krebs wurde weiterhin Elsässisch gesprochen, obwohl dies nach der Übernahme des Elsass´ durch die Deutschen in Frankreich verboten war.

Feldwebel Stark hatte ihn auch aus diesem Grunde für diese Aufgabe ausgewählt. Wenn es ihm gelingen sollte, nahe genug an die Deutschen heran zu kommen, würde er vielleicht auch verstehen können, worüber sie sprachen. Da die deutschen Einheiten in Ostfrankreich meist aus Regimentern aus dem Badischen rekrutiert wurden, war die Wahrscheinlichkeit hoch, dass er auch deren Dialekt verstehen würde. Allerdings musste er ihnen erst einmal so nahe kommen, wie er es sich vorgenommen hatte. Dazu war es unbedingt notwendig, dass sich seine Augen an die Dunkelheit gewöhnten. Oder er musste darauf hoffen, dass das Mondlicht durch das dichte Blätterdach scheint.

Je weiter er sich vortastete, desto besser glaubte er, Umrisse vor sich erkennen zu können. Baumstämme zeichneten sich vor dem etwas heller erscheinenden Hintergrund ab und er konnte sich ganz langsam zwischen ihnen hindurchtasten. Er achtete darauf, im trockenen Laub möglichst keine Geräusche zu machen. Es war ihm nicht klar, wie weit er schon vorangekommen war.

Plötzlich spürte er an seinem rechten Fuß einen Widerstand. Irgend etwas blockierte ihn. In Höhe seines rechten Fußgelenks spannte sich ein dünnes Etwas. Er glaubte zuerst, dass es ein dünner Zweig war, und hob den Fuß. Da erkannte er, dass es etwas anderes sein musste. Er ging in die Knie und tastete mit den Fingern danach. Jetzt spürte er deutlich einen dünnen Draht in seiner Hand.

„Scheiße!", dachte er. „Die haben einen Draht gespannt. Hoffentlich ist die Falle nicht so sensibel eingerichtet, dass sie schon etwas merken konnten."

In diesem Moment erklang in einiger Entfernung vor ihm ein metallisches Geräusch. Er fuhr zusammen und ließ sich sofort zu Boden sinken.

„Ja, ich habe es auch gesehen, der Draht hat sich bewegt!", sagte eine Stimme auf Deutsch, keine zehn Schritte vor ihm im Wald. „Ich habe aber von vornherein gesagt, dass diese Scheiße nicht funktionieren wird. In der Nacht ist hier ein ganzer Haufen Wild unterwegs!"

„Ja, ich weiß, dass du das gesagt hast. Aber es ist auf jeden Fall sicherer, als wenn wir gar nichts machen würden, oder?", antwortete eine andere Stimme. „Komm, lass uns etwas weiter zurück gehen. Es könnte ja sein, dass die Franzmänner tatsächlich versuchen uns hier aus dem Wald zu treiben. Mir ist es schon lange egal, wer die scheiß Brücke kontrolliert. Ich glaube sowieso nicht daran, dass die Amis mit ihren Tanks hier vorbei kommen. Das ist doch viel zu weit weg von der Hauptroute!"

„Das ist nicht unsere Sache", sagte der andere.

Sie gingen weiter den Draht entlang – zum Glück von Trüffel weg.

Dann war es wieder still. Trüffel wartete noch eine Weile. Als er sicher war, dass die beiden weit genug entfernt waren, zog er sich ganz langsam zurück und schob sich in eine kleine Mulde hinter einem starken Eichenstamm, die er entdeckt hatte. Er häufte ganz leise rund um die Mulde trockenes Laub an, legte sich mit dem Kopf bergaufwärts in die Mulde und schob sorgfältig das Laub auf seinen Körper. Dann versuchte er, sich zu entspannen. Er musste jetzt warten, bis es wieder hell wurde und die Männer am Flussufer ihre Aktion starteten.

Er wachte von einem leisen Geräusch auf und war im ersten Moment sehr erschrocken. Eigentlich hatte er auf keinen Fall einschlafen wollen.

Jetzt war er hellwach und spähte zwischen die Stämme vor sich. Die Sonne war noch nicht aufgegangen, nur ein Dämmerlicht war zu sehen und er konnte daher fast nichts erkennen. Jetzt hieß es also wieder warten, bis der Tag anbrach.

Nach etwa einer Stunde war es so hell geworden, dass er die einzelnen Blätter an den Büschen in Unterholz erkennen konnte. Er meinte auch, das eine oder andere Mal Geräusche vor ihm am Hang zu hören.

Dann tat sich endlich etwas. Etwa dreißig Schritte hangaufwärts tauchte ein deutscher Soldat hinter einem Baumstamm auf. Er spähte angestrengt auf das gegenüberliegende Flussufer und suchte den Wald ab. Ein zweiter Soldat trat zu ihm und der erste sagte:

„Keine Menschenseele zu erkennen. Ich weiß nicht, aber ob da wirklich ein Franzmann ist?"

„Der Hauptmann hat gestern erklärt, dass sich Soldaten am anderen Ufer eingefunden hätten. Wie viele es sind, ist aber nicht bekannt. Genauso wenig, warum sie hier sind."

„Was können wir tun? Sollen wir vielleicht einen Spähtrupp losschicken?"

„Ach was, es ist ohnehin nicht klar, wie lange wir noch hier unsere Zeit vergeuden sollen. Wir haben fast nichts mehr zu essen und der Nachschub entfernt sich immer weiter von dieser Frontlinie."

„Ja, du hast Recht. Es wäre viel besser, wenn unsere Einheit weiter nach hinten verlegt würde. Mit unseren zwei Maschinengewehren und unserem Mörser können wir sowieso nicht viel ausrichten, sollten die Franzosen in Kompaniestärke vorrücken."

Trüffel hatte jetzt schon genug gehört, was die Waffen anging. Wie stark die Einheit zahlenmäßig war, konnte er aber wohl nicht herausbekommen. Also musste jetzt der Scheinangriff her, damit die Deutschen aus den Stellungen getrieben wurden.

Genau in diesem Moment krachte es rechts von ihm unterhalb des Waldrandes und mehrere Gewehre feuerten in Richtung der deutschen Stellungen.

Die beiden Soldaten hatten sich sofort nach hinten in einen wohl vorhandenen Schützengraben geworfen und waren nicht mehr zu sehen. Trüffel hörte lautes Befehlsgeschrei im Wald vor sich und man konnte die Schritte der Kampfstiefel im Laub im schnellen Rhythmus hören. Nach den Schritten zu urteilen waren es wohl nur zehn oder zwölf Mann. Viel mehr konnten es nicht sein, das wäre zu hören gewesen. Wo sie genau die Maschinengewehre in Stellung hatten und wo sich der Mörser befand, war nicht auszumachen.

„MG 1 Feuer frei!", hörte Trüffel vor sich rufen und sofort donnerte ein Maschinengewehr halb links über ihm.

Seine Kameraden am Flussufer machten keine Anstalten, das Feuer zu erwidern. Sie hofften, dass Trüffels Erkenntnisse gut genug waren, um am nächsten Tag einen wirklichen Angriff mit Aussicht auf Erfolg zu starten.

Nachdem von oben der Befehl „Feuer einstellen!" gerufen wurde, konnte Trüffel von den Deutschen auch nichts mehr hören. Sicherlich waren sie vollkommen überrascht darüber, dass die Franzosen einen solch unsinnigen Feuerüberfall überhaupt gewagt hatten.

Oberhalb des Liegeplatzes von Trüffel, ungefähr zwanzig Schritte von ihm entfernt, war ein Soldat in Offiziersuniform neben einem Baumstamm aufgetaucht. Dies war wohl der Hauptmann, von dem die beiden anderen gesprochen hatten. Er hatte einen Feldstecher an die Augen gehoben und suchte das Flussufer ab. Dann zog er sich wieder zurück und verschwand in dem vermuteten Schützengraben. Man konnte deutlich hören, dass ein Gespräch stattfand. Verstehen konnte Trüffel nichts. Er spürte aber, dass etwas im Gange war.

Zwei Minuten später erschien eine Gruppe von sechs Soldaten in seinem Blickfeld. Sie waren etwa dreißig Schritte oberhalb seines Verstecks und verteilten sich nach rechts und nach links im Abstand von etwa fünf Metern. Dann kamen sie langsam den Hang herunter, dabei immer abwechselnd nach vorne und dann wieder auf den Boden schauend. Ganz so, als ob sie etwas suchten. Trüffel bekam ein mulmiges Gefühl. Wenn der mittlere Mann weiter seine Richtung einhielt, würde er in zwei bis drei Minuten über ihn stolpern.

Was sollte er tun? Gut wäre es, wenn die Kameraden von unten wieder das Feuer eröffnen würden. Aber da tat sich leider nichts. Die Deutschen arbeiteten sich immer weiter den Hang hinab. Jetzt erkannte Trüffel schlagartig, was da vor sich ging: die sechs Mann überprüften die

Stolperdrähte! Und er lag ganze fünfzig Zentimeter von einem dieser Drähte entfernt. Da konnte er noch so gut mit Laub bedeckt sein. Wenn einer auf ihn treten würde, würde alle Tarnung nichts mehr helfen.

Trüffel schoss in die Höhe, gab zwei Gewehrschüsse in die Luft ab, in der Hoffnung, dass die Deutschen sich alle in den Dreck werfen würden und er so einen Vorsprung auf dem Weg zum Fluss herauslaufen könnte. Die sechs Soldaten warfen sich auch auf den Boden, allerdings war die MG-Besatzung wohl auch auf Posten, denn sofort krachten von dort aus die Schüsse durch den Wald. Trüffel rannte so schnell er konnte den Hang hinunter und versuchte dabei, die Deckung der Stämme zu nutzen. Er rannte um sein Leben. Jetzt eröffneten seine Kameraden vom Flussufer aus ebenfalls das Feuer, weil sie wohl erkannt hatten, dass Trüffel in Schwierigkeiten war.

In diesem Moment spürte Trüffel einen Schlag an der linken Wade. Im gleichen Augenblick knickte er mit diesem Bein um und stürzte. Er sah, dass ihn eine Kugel getroffen hatte, der Knochen war zerschlagen oder zumindest getroffen. Der Fuß hing nur noch locker baumelnd in der Haut. An Laufen war nicht mehr zu denken. Komischerweise ging ihm jetzt auch durch den Kopf, dass es mit dem Zirkus wohl für immer zu Ende sein würde. Hilfe suchend schaute er um sich. Wo war eigentlich Piccolo? Er müsste doch hier irgendwo sein? Und jetzt sah er ihn tatsächlich. Piccolo kauerte hinter einem dicken Eichenstamm und schaute in seine Richtung, wobei er sein Gewehr im Anschlag hielt.

„Trüffel, mach dass du runter kommst. Wir müssen abhauen.", rief er.

Trüffel bekam keinen Ton heraus. Erst jetzt spürte er den stechenden Schmerz im Bein. Er schaute nach unten und sah, wie sich seine Hose mit Blut tränkte.

„Ich kann nicht!", rief er in Richtung Piccolo. „Schau, dass du dich in Sicherheit bringst. Bei mir geht nichts mehr!"

In diesem Moment wurde der Wald von lautem Gewehrgeknatter erfüllt. Leutnant du Catoir hatte bemerkt, dass etwas schief gegangen war er hatte seine Männer zwischenzeitlich am gegenüberliegenden Hang im Wald in Stellung gebracht und die Soldaten feuerten in Richtung feindlicher Stellung am hiesigen Berghang.

Piccolo nutzte das Durcheinander und rannte den Hang hinab zum Flussufer. Unten angekommen, stürzte er sich ins Wasser und watete ans andere Ufer. Plötzlich blieb er jäh in der Flussmitte stehen, um dann langsam nach vorne zu sinken. Offenbar war er getroffen. Er tauchte ins Wasser ein und wurde von der leichten Strömung erfasst, die in langsam mit sich zog.

Das heftige Gewehrfeuer der Franzosen trieb die sechs Deutschen zurück in ihre Stellung. Von dort aus hatten die deutschen Soldaten das Feuer erwidert. Jetzt ratterten zwei Maschinengewehre und mehrere Karabiner in gleich bleibendem Rhythmus. Weder auf der einen noch auf der anderen Seite verursachte der Kugelhagel größeren Schaden. Die Gegner hatten sich im Schützengraben in Sicherheit gebracht, die Franzosen lagen allesamt hinter dicken Baumstämmen.

Dann hörte der Beschuss von der deutschen Seite auf. Leutnant du Catoir gab den Befehl, das Feuer ebenfalls einzustellen. Er überlegte, ob die Deutschen vielleicht knapp an Munition waren. Oder sie sahen die Sinnlosigkeit der Attacke und hatten deshalb aufgehört zu schießen.

Plötzlich war ein leichtes Ploppen vom gegenüberliegenden Hang zu hören und mit einem leisen Pfeifgeräusch flog eine Mörsergranate über ihre Köpfe hinweg und ging hinter ihnen im Wald nieder. Die Explosion brachte den Boden zum Beben und man hörte Äste krachend durch den Wald fliegen.

„Wie machen die das?", dachte der Leutnant. Sie konnten doch nicht den Mörser abschießen, ohne Gefahr zu laufen, dass die Granate sich in den über ihnen befindlichen Ästen verfing und dort explodierte. Offenbar hatten sie eine Stelle, die von Baumkronen mehr oder weniger befreit worden war. Jedenfalls musste er sich etwas einfallen lassen, damit seine Männer aus der Gefahrenzone kamen. Wenn der Mörser auf die richtige Entfernung eingestellt war, wurde es gefährlich.

„Alle Mann zurück bis über den Hang!", brüllte er durch den Wald.

Er hörte, wie sich seine Männer hastig zurückzogen. Um Feldwebel Stark und seine Männer konnte er sich jetzt nicht kümmern.

Feldwebel Stark, Paul und Napoleon hatten sich zwischenzeitlich hinter dicken Baumstämmen in Sicherheit gebracht und sie hofften, dass die Deutschen nicht herausbekommen hatten, wo sie sich verbargen. Sie mussten unbedingt den Abend abwarten, um zu ihrer Einheit zurück zu gelangen. Bei Tag war es viel zu gefährlich, da das Flussbett frei einsehbar war. Sie mussten sich auch – und das war das Wichtigste – um Trüffel und Piccolo kümmern. Sie hatten gar nicht mitbekommen, dass Piccolo gefallen war. Sie wussten auch nicht, wie es Trüffel ging. Seine Verletzung hatten sie auch nicht mitbekommen.

„Wir bleiben hier und verhalten uns still", sagte Feldwebel Stark ganz leise in die Runde. „Von keinem ein Sterbenswörtchen, bitteschön", sagte er und sie ließen sich auf den Waldboden nieder. Es war noch sehr früh am Morgen und es würde ein langer Tag werden, das war ihnen allen klar.

Der deutsche Hauptmann hatte seinen Leuten befohlen, abwechselnd Wachen aufzustellen. Sie würden abwarten, ob der Feind nochmals angreifen würde. Es war tatsächlich so, dass sie sehr knapp an Munition waren und brennend auf Nachschub warteten. Auf der einen Seite hatte der Hauptmann den Auftrag, die Brücke zu sichern, auf der anderen konnte er dies ohne Munition nur noch sehr eingeschränkt tun. Mit einem bitteren Lächeln verzog der erfahrene Soldat seinen Mund. Er glaubte schon lange nicht mehr daran, dass der Krieg zu gewinnen war. Noch weniger glaubte er daran, dass die besagte Brücke unten im Tal ein Objekt war, das es zu sichern lohnte. Aber Befehl war eben Befehl.

Trüffel lag immer noch an der Stelle, an der er zu Fall gekommen war. Er hatte starke Schmerzen und überlegte, wie er aus der Gefahrenzone kommen konnte. Es fiel ihm nichts ein. Er musste davon ausgehen, dass er auf dem Weg zum Fluss auf jeden Fall in das Blickfeld der MG-Schützen kommen musste. Und dann gute Nacht. Er könnte es auf allen Vieren versuchen. Aber er musste auf jeden Fall abwarten, bis es dunkel wurde. Und er musste hoffen, dass die Deutschen es nicht noch einmal wagen würden, den Abhang herunter zu kommen.

Es war Abend geworden. Feldwebel Stark hatte seinen beiden Männern befohlen, in ihren Verstecken zu bleiben. Er selbst wollte nach vorne schleichen und auf Trüffel warten. Er ging langsam am Waldrand flussabwärts und verbarg sich in Höhe der Brücke hinter einem Gebüsch. Dort wartete er auf Trüffel.

Trüffel war es gelungen, sich auf die Knie aufzurichten. Er kroch langsam den Hang hinunter. Der lose baumelnde Fuß verursachte ihm aber so heftige Schmerzen, dass er laut aufstöhnte. Feldwebel Stark hatte dies gehört und er rief gedämpft vor sich in den dunklen Wald hinein.

„Trüffel, bist du da?", In diesem Moment hörte Trüffel, wie die Deutschen oben am Hang ihre Gewehre entsicherten.

„Ich bin hier!", rief er. „Du musst abhauen. Ich bin schwer verletzt und kann mich nicht bewegen!"

Von oben krachten zwei Schüsse und man konnte die Kugeln durch die Blätter pfeifen hören. Obwohl die Deutschen nichts sehen konnten, war es für den Feldwebel trotzdem lebensgefährlich.

„Ich gehe zurück, stelle einen Trupp zusammen, um dich zu holen. Bleib wo du bist!", rief Feldwebel Stark.

Er machte sich auf den Weg zurück zu seinen Männern. Dabei blieb er immer am Waldrand und flitzte von einem Baumstamm zum nächsten. Für die Deutschen war es unmöglich, von ihren Stellungen aus zu sehen, wo er sich verborgen hatte.

„Wir gehen zurück auf die andere Seite und geben dem Leutnant Bericht", sagte der Feldwebel, als er die beiden wartenden Kameraden erreicht hatte. „Piccolo hat sich wohl schon aus dem Staub gemacht. Jedenfalls ist er nicht zu sehen gewesen."

Die drei gingen einzeln ans Ufer, ließen sich die Böschung hinab gleiten und wateten gebückt durch das Wasser zurück an das andere Ufer. Schnell tasteten sie sich in den Wald hinein und den Hang hinauf.

Aufgestellte Wachen hörten sie kommen und riefen:„Halt, Losungswort!"

„Sommer!", rief Feldwebel Stark das vereinbarte Losungswort und eilte weiter.

Im Lager angekommen, erwartete ihn dort schon Leutnant du Catoir. „Und, wie ist es gelaufen? Ich hatte doch gesagt, dass kein Gefecht nötig ist, oder?"

„Trüffel ist verletzt, Herr Leutnant. Piccolo ist ja sicher schon hier, oder?"

„Was, Trüffel verletzt? Piccolo schon hier? Blödsinn, Piccolo ist doch bei euch, oder nicht?"

Feldwebel Stark nahm Haltung an und meldete: „Melde mich mit zwei Mann zurück vom Spähtrupp. Auftrag konnte nicht wie geplant ausgeführt werden. Soldat Krebs konnte zwar in seine Stellung vordringen, schaffte aber den Rückweg nicht. Er liegt etwa fünfzehn Schritte vom Flussufer entfernt in Höhe der Brücke im Wald und ist schwer verletzt. Soldat Piccolo ist verschollen."

Er fügte hinzu: „Wir müssen Trüffel von dort wegholen, Herr Leutnant. Was mit Piccolo geschehen ist, konnte von mir nicht beobachtet werden. Gehe davon aus, dass er sich selbstständig in Sicherheit gebracht hat und in Kürze auftauchen wird."

„Wir müssen den Verletzten aus dem Wald holen und ins Lager bringen. wie können wir das machen, ohne von den Deutschen bemerkt zu werden?"

„Wenn das überhaupt möglich ist, dann nur im Dunkeln. Die Deutschen wissen, dass Trüffel dort liegt. Sie werden auf jeden Fall Wachen aufstellen. Vielleicht versuchen sie sogar, den Kameraden zu bergen, ich weiß es nicht!"

„Warum sollten sie ihn holen wollen? Das macht doch keinen Sinn", sagte der Leutnant. „Außerdem wissen sie nicht, wie schwer unser Mann verletzt ist. Sie müssen ja damit rechnen, dass er nur leicht verletzt ist und deshalb durchaus in der Lage ist, sich zu wehren, oder?"

Feldwebel Stark gab darauf keine Antwort. „Ich habe nicht feststellen können, wie schwer es ihn erwischt hat. Ich konnte nicht näher an ihn ran, ohne in die Schusslinie der Deutschen zu kommen, tut mir leid."

„Ist schon klar", sagte der Leutnant. „Ich werde warten, bis es dunkel ist, und dann ans andere Ufer gehen, um unseren Mann zu holen."

„Alleine können sie das nicht machen!", sagte Feldwebel Stark. „Wie wollen sie ihn herüber bringen. Trüffel kann ja auf jeden Fall nicht mehr alleine gehen, sonst wäre er schon längst da, Herr Leutnant!"

„Ja, du hast recht", sagte der Leutnant leise. Sie machten ein paar Schritte zwischen die Bäume. „Was sollen wir machen? Sollen wir nochmals einen Stoßtrupp hinschicken und Gefahr laufen, dass noch mehr Männer verletzt werden? Wir sind ja jetzt schon zu wenige, um unseren Auftrag bewältigen zu können. Nein, wenn jemand geht, dann bin ich das alleine. Du übernimmst hier die Verantwortung, bis ich wieder da bin!"

Leutnant du Catoir schaute seinem Feldwebel in die Augen und nickte ihm zu. „So machen wir das, und etwas anderes kommt nicht in Frage. Ihn einfach da drüben liegen zu lassen, das geht nun mal überhaupt nicht!"

Sie gingen beide zurück zu den im Wald verstreut wartenden Soldaten und der Leutnant gab den Befehl, jeweils zwei Wachen unten am Waldrand nahe am Flussufer zu postieren, damit eventuelle Aktivitäten der gegnerischen Seite schnell erkannt werden würden. Er selbst nahm seinen Rucksack auf, überprüfte seinen Revolver und steckte ihn in die Tasche zurück.

„Mein Gewehr lasse ich hier. Das stört nur sagte er. Dann drehte er sich um und ging den Abhang hinunter. Unten am Waldrand angekommen, schlug er sich nach links und ging hinter dem dichten Gebüsch am Ufer entlang flussabwärts. Er hatte sich vorgenommen, so weit zu gehen, bis der Fluss einen Knick machte. Erst dann wollte er den Wasserlauf durchqueren. Er wähnte sich dann sicherer, von den Deutschen nicht gesehen zu werden.

So weit flussabwärts werden sie wohl ihre Wachen nicht postiert haben, dachte er.

Nach ungefähr zwanzig Minuten, er hatte die Brücke schon hinter sich gelassen, hielt er an und spähte in Richtung Wasser. Langsam schlich er durch das Gebüsch zum Flussufer. Er ging in die Knie und tastete am Boden entlang bis er die Böschung fühlen konnte. Sie war nicht sehr steil und er ließ sich mit den Beinen voran ins langsam fließende Wasser gleiten. Es war dunkel, nur vereinzelt konnte man Sterne am Himmel erkennen. Der Mond war glücklicherweise nicht zu sehen. Nach ein paar watenden Schritten erreichte er das gegenüberliegende Ufer und auch hier war die Böschung nicht steil. Es war leicht, sich aus dem Wasser zu ziehen. Das Ufer war bis an den Rand mit Büschen bewachsen, die gute Deckung boten. Nach ein paar Schritten hatte er den ersten Baumstamm am Waldrand erreicht. Er ging zwei Schritte in den Wald hinein und wandte sich dann wieder flussaufwärts. Er bemühte sich, so leise wie möglich zu sein, konnte aber das Rascheln der trockenen Blätter am Boden nicht ganz vermeiden.

In der herrschenden Stille erschien ihm das Geräusch unheimlich laut. Er sagte sich, dass ihm seine Nerven einen Streich spielten und man sein leises Schleichen bestimmt nicht weit hören konnte. Dennoch war ihm mehr als mulmig zumute. Er schätzte, dass er mehr als fünf Minuten am anderen Ufer unterwegs gewesen sein musste, als er vom Fluss her lauter werdende Fließgeräusche hören konnte. Das muss die Brücke sein, dachte er. Hier umströmte das Wasser lautstark die Brückenpfeiler. Jetzt konnte er sich hangaufwärts vortasten. Dort war ungefähr die Stelle, wo der verletzte Kamerad lag.

Langsam tastete er sich von Baumstamm zu Baumstamm. Seine Nerven waren zum Zerreißen gespannt. Plötzlich wurde der Wald vor ihm durch ein paar Lampen hell erleuchtet. Eine Stimme rief laut für ihn unverständliche Worte und er hörte, wie schwere schnelle Schritte auf ihn zukamen. Er erstarrte. Instinktiv wollte er sich zu Boden werfen, drehte sich aber nach kurzer Überlegung um und begann, ans Flussufer zurück zu hetzen.

Schon nach wenigen Schritten krachte hinter ihm ein Schuss, dann noch einer. Er spürte einen heftigen Schlag an seiner linken Hüfte und das Bein gab nach, so dass er kopfüber nach vorne rollte und auf den Rücken zu liegen kam. Ein heftiger Schmerz durchzog seine ganze linke Seite vom Fuß bis hoch in die Schulter. Er versuchte, seinen Revolver aus der Tasche zu ziehen, um sich zu wehren. Ein schwerer Stiefel trat auf seine Revolverhand und er schrie vor Schmerz laut auf. Jemand drückte ihm mit zwei Händen die Schultern auf den Boden. Er konnte sich nicht mehr bewegen, und er nahm die an der Hüfte tobenden Schmerzen wie durch einen Schleier wahr. Dann wurde es dunkel und er fiel in eine tiefe Bewusstlosigkeit.

Freund und Feind

Als Leutnant du Catoir aufwachte, lag er in einem kahlen Raum in einem Bett. Er wusste nicht, wie lange er bewusstlos gewesen war, und er wusste auch nicht, wo er sich befand.

Er zog seine Arme unter der Decke hervor und versuchte, sich auf die Seite zu drehen, um den Raum überschauen zu können. Ein heftiger Schmerz fuhr ihm in die linke Hüfte und erst jetzt merkte er, dass ein dicker Verband um seine Hüften gewickelt war. An Bewegen war nicht zu denken. Die Schmerzen waren zu stark.

Langsam schaute er sich um. Der Raum war nicht größer als ungefähr fünfzehn Quadratmeter. An einer Wand war eine weiß gestrichene Holztür, ihr gegenüber hinter seinem Kopf war wohl ein Fenster. von dort her fiel Licht in das Zimmer. Neben seinem Bett stand eine kleine Kommode, an der anderen Wand links von ihm war ein zweitüriger, ebenfalls weiß gestrichener Schrank.

Wieder versuchte er, sich zu drehen. Er wollte aufstehen, um zu erkunden, wo er sich befand. Ihm war plötzlich wieder eingefallen, was im Wald geschehen war. Bis zu seiner Ohnmacht hatte er alles noch im Gedächtnis. Danach war alles dunkel. Er merkte, dass er das Bett nicht verlassen konnte. Einerseits war der Verband so straff gebunden, andererseits waren die Schmerzen bei jeder Bewegung fast unerträglich.

Plötzlich ging die Tür auf und ein Mann im weißen Kittel trat in das Zimmer, gefolgt von einer jungen Frau in Schwesternuniform, die ein paar Utensilien in den Händen hielt.

Der Mann, der mindestens sechzig Jahre alt war, trat an sein Bett und sagte in fließenden Französisch „Bonjour, Herr Leutnant. Wie ist das Befinden? Geht es schon wieder besser? Hat ja nicht gut ausgesehen. Zum Glück haben unsere Männer sie gleich hierher gebracht. Sonst hätten sie das wohl nicht überlebt."

Leutnant du Catoir war verwirrt. Sollte er sich in Frankreich befinden? Er war doch auf deutscher Seite gefangen worden.

„Wo bin ich hier und wer sind sie, Monsieur?", fragte der Leutnant.

„Ich bin Oberstabsarzt Meyer, mit „y", wenn ich bitten darf, Herr Leutnant" sagte der Mann und lächelte. „Sie befinden sich im Lazarett von Obernai und gleichzeitig in Gefangenschaft der glorreichen deutschen Armee, Herr Leutnant!",

Über das Gesicht des Arztes zog sich immer noch ein feines Lächeln und Leutnant du Catoir konnte sich keinen Reim auf die Geschichte machen.

„Wie bin ich hierher gekommen. Was ist mit meinem Bein los?"

„Also, sie sind in den Vogesen bei einem Gefecht um eine unbedeutende Brücke, die leider schon einen Tag später von beiden Seiten aufgegeben wurde, in Gefangenschaft geraten. Sie wollten wohl, wie mir die beiden Soldaten erzählt haben, einen ihrer Männer retten, der aber schon längst verblutet war, und sie sind in eine Falle getappt. Wenn die Männer nicht erkannt hätten, dass sie Offizier sind, dann weiß ich nicht, ob sie hier angekommen wären. Sie wissen ja, unsere Soldaten vergöttern die Offiziere, ganz gleich, ob sie bei den eigenen Leuten sind oder Feinde."

Er lachte laut und sagte dann: „Na, dann wollen wir mal nachsehen, ob alles gut verheilt ist. Bis jetzt sind wir ganz zufrieden."

Der Arzt zog die Decke zurück und der Leutnant ließ seinen Kopf auf das Kissen sinken. Er musste erst einmal alles verdauen.

Die Schwester trat jetzt näher an das Bett und schnitt mit einer Schere den Verband auf. Der Arzt zog den Verband langsam von der Wunde an der linken Hüfte. Du Catoir musste sehr an sich halten, um nicht laut aufzuschreien.

„Sieht immer noch gut aus!", rief der Arzt und lachte wieder.

Entweder hatte er wirklich Freude an solchen Verwundungen, oder aber, er hatte schon soviel Leid gesehen, dass er es nur noch auf diese Art verkraften konnte. Die Schwester hatte den Verband gänzlich gelöst und damit begonnen, mit feuchten Baumwolltüchern die Wunde zu säubern.

„Sie wurden von einer Gewehrkugel von hinten getroffen. Ist natürlich nicht gut für die Offiziersehre, wenn man von hinten getroffen wird, nicht wahr, Herr Leutnant?" Wieder lachte der Arzt. „Die Kugel durchschlug den Beckenknochen und hat ein ganzes Stück mit heraus gerissen. Das wird Ihnen noch eine ganze Weile zu schaffen machen. Vielleicht werden sie das auch Ihr ganzes Leben mit sich herum tragen müssen. Wir werden sehen. Jedenfalls haben sie den Krieg jetzt hinter sich. Ich glaube nicht, dass sie noch mal Dienst werden tun können."

„Wie lange bin ich denn schon hier?"

„Heute ist Freitag, angekommen sind sie am Mittwoch früh. Sie wären fast verblutet. Wie gesagt, sie hatten großes Glück."

„Sie sagten vorhin, dass die Kampftruppen abgezogen worden sind. Hat es vorher noch mal Gefechte gegeben?"

„Das weiß ich nicht ganz genau. Auf jeden Fall wurden die Truppen auf beiden Seiten gleich nach ihrem Unfall abgezogen" Wieder lachte der Arzt. „Ich gehe davon aus, dass es nicht mehr geknallt hat. Die erwarteten Kampfwagen der Engländer und der Amerikaner haben einen ganz anderen Weg genommen und die Verteidigung der kleinen Brücke hatte sich überholt."

„Jetzt wird Ihnen Schwester Sophie einen neuen Verband anlegen und dann wollen sie bestimmt etwas zu trinken. Und sie sollten auch etwas essen. Wir sehen uns dann morgen wieder, Herr Leutnant!"

„Danke, mein Herr!"", sagte du Catoir. „Woher können sie so gut meine Sprache?""

„Ich bin in Strasbourg geboren, wissen sie, aber das ist schon eine ganze Weile her!"", wieder lachte der Arzt und ging aus dem Zimmer.

Die junge Krankenschwester, die der Arzt Sophie genannt hatte, schlug die Bettdecke zurück. Leutnant du Catoir wollte sich dagegen wehren, stellte aber seine Bemühungen schnell wieder ein. Er hatte erkannt, dass es nun Mal nicht anders ging, wenn ihm die Schwester helfen sollte. Diese machte sich sehr professionell daran, einen neuen Verband anzulegen. Dazu musste sie ihm mehrmals die Hüfte ein wenig anheben und ihn bewegen. Der junge Leutnant konnte es nicht verhindern, dass ihm ein kurzer Schmerzenslaut von den Lippen ging. Er schämte sich dafür, wollte er doch nicht als empfindliche Memme gelten.

Schwester Sophie schaute ihn lächelnd an und sagte leise: „Tut mir Leid, aber es geht nicht anders.""

Der Leutnant konnte sie natürlich nicht verstehen, da sie ihn auf Deutsch angesprochen hatte. Er kramte in seinem Gedächtnis nach seinen während der Schulzeit erworbenen Deutschkenntnissen und versuchte, die gehörten Worte in einen Zusammenhang zu bringen. Dies misslang aber sehr deutlich..

Er dachte daran, dass er versuchen musste an ein Deutschlehrbuch zu kommen. Er konnte nicht erwarten, dass er hier im Lazarett der Deutschen auf viele Leute treffen würde, die seine Sprache beherrschten.

Nach weiterem Grübeln reihte er ein deutsches Wort an das andere und sagte in unbeholfenem Ton zu der jungen Schwester: „Vielen Dank! Sprechen Sie Französisch?""

Sophie lächelte ihn unbeholfen an und zuckte mit den Schultern. Erst jetzt sah er, wie schön die junge Frau war, die ihm am Bett gegenüber stand. Er hatte sich im Bett etwas aufgerichtet, aber er musste sofort feststellen, dass ihm seine Beinverletzung keinen großen Spielraum für derartige Bewegungskünste ließ. Ermattet sank er auf das Kissen zurück. Von da aus betrachtete er das Gesicht von Schwester Sophie, während diese damit beschäftigt war, seinen neuen Verband fertig zu machen. Sophie hatte dunkelbraunes Haar, das bis zur Schulter ging. Es war leicht gewellt. Ihre Augenbrauen waren von gleicher Farbe und schön geschwungen. Sie hatte ein oval geschnittenes Gesicht, die Lippen waren voll und rosig. Sie gefiel ihm, sie war schön.

Als Schwester Sophie mit ihrer Arbeit fertig war, nahm sie ihre Sachen auf, verabschiedete sich von ihm und schob ihr Wägelchen zur Tür. Sie ging hinaus und beim Schließen der Tür lächelte sie noch einmal in seine Richtung.

Der Leutnant rief: „Wann kommen sie wieder?"

Sie stutzte kurz und hob wieder ihre Schultern, weil sie seine französischen Worte nicht verstehen konnte.

Am nächsten Tag erwartete du Catoir ungeduldig den Arzt zur Tagesvisite. Seine Verletzung erlaubte es ihm nicht, große Exkursionen zu unternehmen. Er war froh darüber, dass er es wenigstens bis zur Toilette ohne Hilfe schaffte. Es wäre ihm mehr als unangenehm gewesen, wenn er seine Notdurft in eine Bettpfanne hätte verrichten müssen.

Als der Arzt ins Zimmer kam, versprühte er gleich wieder gute Stimmung. Du Catoir konnte nicht verstehen, wie es der Doktor fertig brachte, bei diesem Geschäft in einem Lazarett eine solch gute Laune zu verbreiten. Es lag ihm schon auf der Zunge, eine entsprechende Frage dazu zu stellen. Er unterließ es aber, weil er den Arzt nicht in Verlegenheit bringen wollte. Hinter dem Arzt war Schwester Sophie ins Zimmer gekommen und du Catoir stellte mit Verwunderung fest, dass er sich darüber sehr freute. Er schaute der Schwester in die Augen und für einen kurzen Augenblick hatte er den Eindruck, dass

Sophie ebenfalls eine kleine Freude bei ihrer Begegnung erkennen ließ.

„Guten Morgen, Herr Leutnant!", sagte der Arzt etwas zu laut. „Wie geht es uns denn heute?"

Er fragte auf Französisch und du Catoir antwortete, dass er sich gut fühle und hoffe, dass er bald wieder gesund werde. Dann wagte er es, den Arzt nach einem Wörterbuch Französisch-Deutsch zu fragen.

„Was?! Sie wollen Deutsch lernen? Möchten sie die Seite wechseln?" Wieder hatte der Arzt losgebrüllt. Jetzt lachte er aus vollem Halse. „Nun gut, ich muss mal sehen, was ich da machen kann. Vielleicht habe ich ja noch etwas zu Hause für sie!"

Der Arzt untersuchte die Wunde, nachdem die Schwester den Verband abgenommen hatte.

„Sehr gut! Sie sind ja wie ein junger Kater. Ein paar Tage schön liegen bleiben, dann verheilt alles von alleine, nicht wahr?"

Ihr Gespräch hatte wieder auf Französisch stattgefunden und Schwester Sophie nahm daran keinen Anteil. Jedenfalls konnte man ihr nicht anmerken, ob sie den Sinn der Worte wenigstens teilweise verstanden hatte.

Der Arzt hielt Wort und brachte seinem Patienten am folgenden Tag ein Deutschlehrbuch mit. So kam es, dass Jean Robert du Catoir schon nach etwa zwei Wochen seine alten Deutschkenntnisse so weit hatte aufleben lassen können, dass es ihm möglich war, mit Schwester Sophie ins Gespräch zu kommen.

Es waren knapp drei Monate vergangen, die Heilung war weit fortgeschritten und du Catoir konnte mit Hilfe eines Gehstockes selbstständig im Gebäude umher gehen. Er hatte festgestellt, dass er der einzige Offizier im Lazarett war. Er hatte deshalb auch ein Einzelzimmer zugewiesen bekommen. Die anderen Kranken wurden in Gemeinschaftsräumen versorgt. Du Catoir hatte damit begonnen, den Pflegekräften unter die Arme zu greifen. Es war ihm gleichgültig, ob er einem deutschen Soldaten half oder ob der vor ihm liegende ein Franzose war. Offenbar waren im Elsass nur Franzosen und Deutsche in Kampfhandlungen verwickelt. Andere Nationalitäten wurden nicht eingewiesen. Vielleicht lag dies aber auch daran, dass die deutsche Führung in diesem Lazarett eben nur Franzosen und Deutsche versorgte.

Während der Tage und Nächte über den Jahreswechsel 1917-1918 kamen sich Jean Robert und Sophie immer näher. Die Deutschkenntnisse von Robbi, wie er inzwischen von Sophie gerufen wurde, waren immer besser geworden. Sie waren jetzt sogar in der Lage, sich über Dinge wie Krieg und Frieden, Sinn und Unsinn von Gebietsansprüchen oder Macht zu unterhalten. Aber auch andere Themen waren so interessant und spannend für die beiden, dass sie an manchen Abenden, wenn die Arbeit beendet und etwas Zeit übrig war, stundenlang beieinander saßen und Gespräche führten.

Sie wurden einander immer vertrauter und es blieb nicht aus, dass sie sich während ihrer oft gestenreichen und angeregten Unterhaltungen gegenseitig berührten. An einem Abend gingen sie nach dem Essen zusammen in Jean Roberts Zimmer. Jean Robert erzählte mit großen Gesten von den Weinbergen zuhause und nahm plötzlich impulsiv Sophies Hände in die seinen.

Im ersten Moment erstarrte sie, so etwas war sie nicht gewohnt. Dann wurde ihr ganz warm und sie merkte, dass sie rot im Gesicht geworden war. Im Zimmer war es schon dunkel und sie hatten das Licht noch nicht eingeschaltet. So hoffte sie, dass Jean Robert nicht bemerken würde, wie ihr seine Berührung unter die Haut gegangen war. Aber offenbar hatte er es doch bemerkt. Er hatte seine Erzählung mitten im Satz unterbrochen und zog ihre Hände an sich. Nun berührten ihre Hände seine Brust, an die er sie fest drückte. Er beugte sich zu ihr hin und berührte ihre Lippen mit seinen. Sie hatte die Augen geschlossen und wich nicht zurück. Er ließ ihre Hände los und umarmte sie heftig, zog sie an sich und bedeckte ihr Gesicht mit zärtlichen Küssen, die Stirn, die Augenlider, die Wangen und dann ihren Mund. Sie waren allein und ohne weiter darüber nachzudenken glitten sie in eine glückselige Umarmung, die erst am nächsten Morgen endete.

Nach dieser gemeinsam verbrachten Nacht taten sie alles, um so viel Zeit wie möglich miteinander zu verbringen. Sie hatten sich ewige Liebe versprochen, ganz egal, dass sie Deutsche war und er Franzose. Sie hatten sich fest vorgenommen, nach dem Ende des Krieges ein gemeinsames Leben zu beginnen, träumten von der Zukunft in Robbis Haus an der französischen Mittelmeerküste.

Eines Abends rückten motorisierte Einheiten auf dem Platz vor dem Lazarett an und ein Befehlshaber stürmte schnellen Schrittes in die Empfangshalle. Gleichzeitig stiegen die Fahrer der Transporter aus und schoben die Planen an der Rückseite der Ladeflächen hoch. Der Gruppenführer wies den Lazarett-Kommandeur an, das Lazarett zu räumen. Der Feind sei inzwischen sehr nahe angerückt, und die Sicherheit der Lazarettinsassen sei an diesem Standort nicht mehr zu gewährleisten. Die Kranken sollten auf die andere Rheinseite gebracht werden. Zielort war die Stadt Tübingen. Teile des Pflegepersonals sollten mit evakuiert werden, allerdings sollte eine Stammbelegung am Lazarett zurück bleiben. Es sei nicht auszuschließen, dass aufgrund der stattfindenden Kampfhandlungen nicht doch noch Verwundete betreut werden müssten. Das Lazarett sollte daher noch nicht gänzlich geschlossen werden.

Jean Robert wurde mit den anderen Patienten aufgefordert, die persönlichen Gegenstände in den Rucksack zu packen und sich nach draußen in den Hof zu begeben. Dort stellte man sich – soweit dies den Kranken möglich war – in Reih' und Glied auf. Dann wurden diejenigen Patienten, die es nicht alleine schafften, auf die Fahrzeuge gehoben. Als diese verladen waren, wurde dem Rest der Truppe befohlen, sich auf die Lastwagen zu verteilen.

Jean Robert hatte vergeblich versucht, mit Sophie Kontakt aufzunehmen. Er hatte sie nirgendwo gesehen. Er wurde bald verrückt vor Angst, dass Sophie möglicherweise nicht mit nach Tübingen fahren würde. Und so war es tatsächlich. Aufgrund ihrer großen Erfahrung hatte der leitende Arzt sie den Pflegerinnen zugeteilt, die in Obernai bleiben sollten.

Sophie stand mit den anderen im Eingangsbereich und beobachtete durch die verglaste Eingangstür mit bangem Herzen die Verladung der Kranken auf die Fahrzeuge. Am Ende der Ladefläche des linken Lastwagens erblickte sie endlich Robbi. Sie zögerte, hob die Hand, um zu winken, und dann lief sie einfach los. Sie stieß die große Eingangstür des Gebäudes auf und rannte die fünf Treppen in den Hof hinunter. Robbi hatte sich zu seinem hinter ihm liegenden Rucksack herum gedreht und suchte nach etwas. Nachdem er heftig im Rucksack gewühlt hatte, zog er endlich einen kleinen Gegenstand heraus und hielt ihn vor sich. Sophie war inzwischen an die Ladefläche heran gekommen und hob beide Hände zu ihm hoch. Er ergriff eine Hand und gab ihr mit der anderen den Gegenstand, den er aus dem Rucksack gezogen hatte.

„Nimm das und bewahre es gut auf. Es soll dich an mich erinnern und immer ein Lied für dich spielen, wenn du traurig bist. Ich werde dich finden!"

Einer der Fahrer war herangetreten und zog die Plane herunter. Sophie stand unbeweglich da und starte die Plane an, als könnte sie ihren Robbi immer noch sehen. Der Motor wurde angelassen und der LKW setzte sich in Bewegung. Sie atmete den Ruß der Abgase ein und starrte dem Auto nach. Die Plane blieb geschlossen, der LKW fuhr davon. Langsam drehte sie sich um und ging zurück ins Gebäude. Die anderen waren schon wieder an ihre Arbeit gegangen und unterwegs um die jetzt leeren Schlafsäle in Ordnung zu bringen.

Sophie setzte sich auf eine Bank an einer Seite der Eingangshalle und starrte auf die kleine rechteckige Schachtel in ihrer Hand. Auf der Schachtel stand „Hohner-Mundharmonika". Sie klappte den Deckel auf und nahm eine kleine silberne Mundharmonika heraus. Sie betrachtete sie von allen Seiten und hob sie dann langsam an die Lippen. Noch nie hatte sie so ein Instrument in Händen gehalten. Gehört hatte sie schon davon, gesehen hatte sie es noch nie. Sie blies in die nebeneinander liegenden Öffnungen und es erklang ein leiser Ton, der einen harmonischen Akkord bildete. Es war ein schöner Ton und trotzdem war sie sehr, sehr traurig. Sie steckte die Mundharmonika ein und machte sich an ihre Arbeit.

Jean Robert du Catoir saß auf der Ladefläche eines Lastwagens. Insgesamt befanden sich ungefähr fünfundzwanzig Personen auf dem Fahrzeug. Im Verhältnis zu den anderen ging es ihm schon recht gut. Er ließ sich nicht in ein Gespräch verwickeln, weil er fürchtete, dass sein französischer Akzent nicht besonders gut ankommen würde. Der Krieg war immer noch heftig im Gange und nicht alle deutschen Soldaten hatten Respekt vor Offizieren, wenn diese vom Feind kamen. Während der Fahrt ging ihm plötzlich auf, dass er Sophie nie nach ihrem Familiennamen gefragt hatte. Er wusste zwar, dass sie aus Karlsruher kam, weil sie ihm davon erzählt hatte, aber ihren Namen hatte sie ihm nie genannt und er hatte auch nie danach gefragt. Wie sollte er sie nach dem Krieg finden?

Im neuen Lazarett in Tübingen, die Fahrt hatte mehr als einen Tag und eine Nacht gedauert, machte er sich sofort auf, um in der Verwaltung Nachforschungen über Sophie anzustellen. Er hoffte, dass er über diese Kanäle den Namen und vielleicht sogar ihre Adresse erfahren könnte. Das war natürlich nicht so einfach, wie er es sich gewünscht hatte. Zuerst einmal wurde er in sein Zimmer geschickt. Es würde derzeit geprüft, was mit ihm geschehen solle. Er könne auf keinen Fall weiter im Lazarett bleiben, da er ja soweit gesund sei und deshalb in ein Gefangenenlager überführt werden sollte.

Es sollte noch sehr lange dauern, bis er den vollen Namen seiner geliebten Sophie herausfand.

Sophie

Keine zwei Wochen später entwickelten sich die Kampfhandlungen im Elsass so bedrohlich, dass auch das verbliebene Personal aus dem Lazarett auf die östliche Rheinseite verlegt wurde. Da Sophie bereits länger als ein Jahr im Dienst war und sich in den letzten Tagen nicht besonders gut gefühlt hatte, wurde ihr ein Heimaturlaub gewährt. Sie freute sich sehr darauf, endlich nach Karlsruhe zu kommen und ihre kleine Schwester Klara und ihren Vater wieder zu sehen.

Als Sophie zu Hause in der Durlacher Straße angekommen war, musste sie damit zurechtkommen, dass sie jeden Tag an Robbi dachte. Er ging ihr einfach nicht aus dem Sinn und sie grübelte darüber nach, wie es ihm wohl ging. Es war ihr klar, dass es keine Möglichkeit gab, heraus zu bekommen, wohin man ihn gebracht hatte. Im Lazarett war nur wenigen bekannt, dass er ein französischer Offizier war. Was passieren würde, wenn er an einen anderen Ort, womöglich in ein Gefangenenlager, verlegt würde, das konnte sie nicht abschätzen. Sie machte sich Sorgen.

Ihr Vater war freundlich zu ihr und sie beschäftigte sich viel mit ihrer kleinen Schwester. Klara war gerade acht Jahre alt und ging in die Volksschule. Sophie half ihr bei den Hausaufgaben, kümmerte sich um die Wohnung und das Essen für die Familie und vertrat so gut es ging ihre vor drei Jahren verstorbene Mutter.

Nach ein paar Wochen bemerkte sie, dass irgendetwas mit ihr nicht stimmte. Es wurde ihr immer wieder übel, so dass sie sich übergeben musste. Sie wollte es nicht wahr haben, aber bald musste sie sich eingestehen, dass sie wohl schwanger war. Erst verfiel sie fast in Panik.

„Was mache ich jetzt!?! Wenn Vater das erfährt, schlägt er mich tot. Was ist mit einer Abtreibung?" Solche und andere Gedanken beschäftigten sie Tag und Nacht. Sie kam zu keiner Entscheidung. Es gab auch Zeiten, an denen sie voller Liebe an Robbi dachte.

„Es wäre so schön, wenn er hier sein könnte. Es wäre so schön, wenn wir heiraten und zusammen sein könnten." Doch das waren Träume, die sie sich zwar erlaubte, aber am Ende war ihr immer klar, dass es so nicht kommen würde.

Sie beschloss, niemandem von ihrer Schwangerschaft zu erzählen. Es dauerte nicht lange, und sie wurde wieder für den Dienst an der Front angefordert. Sie kam in ein Lazarett nach Baden-Baden, wo sie sich in die Arbeit stürzte. Die Zahl der eingelieferten Soldaten nahm immer weiter zu und das Lazarett, ein altes Krankenhaus in der Stadtmitte, platzte aus allen Nähten. Durch die viele Arbeit wurde sie von ihrer Schwangerschaft fast den ganzen Tag abgelenkt. Umso mehr bemerkte sie in der Nacht, dass sie viel zu oft viel zu schwere Arbeit verrichtete.

Es war Juni geworden und sie konnte ihre Körperfülle nur noch dadurch verbergen, dass sie ihre Schwesterntracht bereits zwei Mal eine Größe höher gewählt hatte. Zum Glück war es kein Problem, bei der zuständigen Schwester entsprechende Kleider zu bekommen.

Die Arbeit wurde immer fürchterlicher. Verletzungen endeten fast immer in Amputationen ganzer Glieder oder mit dem Tod der Verwundeten. Sicher, sie wurde durch das Erlebte abgehärtet, aber wirklich verarbeiten konnte sie die täglichen Gräuel nicht.

Eines Tages kam der Oberarzt auf sie zu. Er hatte sie eine ganze Weile beobachtet und gespürt, dass sie sich nur noch unter Schmerzen bewegen konnte. So stützte sie bei jeder Bewegung ihren Rücken in Höhe der Nieren und wenn sie sich bückte, kam sie fast nicht mehr hoch.

„Was ist mit Ihnen, Schwester Sophie? Sie sind nicht in Ordnung, oder? Wo tut es weh, kann ich ihnen helfen?"

„Ich habe nichts, gar nichts!", sagte Sophie und brach in Tränen aus. „Ich kann nicht mehr", sagte sie und sank auf das Bett, das hinter ihr stand.

Der Arzt setzte sich neben sie und nahm ihre Hände in die seinen. „Was ist denn, Schwester Sophie. Sagen Sie mir, was Sie bedrückt. Ich kann Ihnen bestimmt helfen."

„Sie können mir nicht helfen, Herr Doktor. Mir kann niemand mehr helfen!"

„Jetzt machen wir es so", sagte der Doktor, „Sie gehen in Ihr Zimmer und legen sich hin. Sobald ich mit meinem Rundgang fertig bin, komme ich zu Ihnen. Inzwischen überlegen sie sich, was sie mir sagen wollen. Ich meine es gut mit Ihnen und ich habe auch schon eine kleine Ahnung, was Ihre Sorge sein könnte. Aber nichts auf dieser Welt ist so schlimm, dass es nicht bewältigt werden könnte. Vor allen Dingen dann nicht, wenn es sich um neues Leben handelt. Das müssten wir doch am besten wissen, bei dem, das wir jeden Tag zu sehen bekommen, nicht wahr?"

Sophie rappelte sich auf, bedankte sich beim Doktor und ging langsam zu ihrem Zimmer, einem Schlafraum für sechs Schwestern. Sie setzte sich dort auf ihr Bett und dachte, dass der Arzt wohl gemerkt haben musste, dass sie schwanger war. Es blieb ihr nichts anderes übrig, als ihm reinen Wein einzuschenken. Wie es dann weitergehen sollte, wusste sie nicht. Sie fürchtete sich davor, ihrem Vater gegenüberzutreten und ihm die Schwangerschaft beichten zu müssen. Sie konnte sich nicht vorstellen, wie er darauf reagierte. Und vor allem darauf, dass sie ihm den Vater des Kindes vorenthalten musste. Was würde wohl aus ihr werden? Sie war verzweifelt.

Der Arzt kam am Abend zu ihr und sie redete nicht lange darum herum: „Ja, ich bin schwanger. Wer der Vater ist, will ich aber nicht sagen."

„Gut", sagte der Doktor, „wenn es nicht mehr geht, werde ich sie vom Dienst befreien und sie können nach Hause gehen. Sie sagen mir, wann es soweit ist. Ab heute legen sie nur noch Verbände an, ohne dass sie schwer heben müssen. Am besten wird es sein, wenn sie einer anderen Schwester zur Hand gehen und sie eben nur die leichten Arbeiten übernehmen!"

„Die anderen Schwestern werden das nicht lange mitmachen, ohne zu wissen, was mit mir ist."

„Ja, das stimmt. Sie müssen es ihnen also sagen, nicht wahr?"

„Ich werde wohl nicht darum herum kommen." Resigniert, aber auch befreit legte sich Sophie an diesem Abend ins Bett. Sie lauschte in sich hinein und manchmal meinte sie zu fühlen, dass sich in ihrem Bauch ihr Kind bewegte. Es war ein sehr schönes Gefühl und sie dachte in diesen Momenten immer an Robbi.

Keine zwei Wochen später konnte sie nicht mehr viel helfen, zumal die Arbeit im Lazarett immer schlimmer wurde,denn es gab immer mehr Verwundete.. Sie hatte dem Doktor gesagt, dass es jetzt Zeit für sie wäre, nach Hause zu gehen. Der Chefarzt stellte das entsprechende Dokument aus und einen Tag später saß sie im Zug von Baden-Baden nach Karlsruhe.

Während der Fahrt überlegte sie fieberhaft, wie sie ihrem Vater beibringen konnte, was passiert war. Sie war inzwischen viel dicker geworden und es war ihr klar, dass der Vater sofort sehen würde, dass sie ein Kind erwartete.

Sie klingelte in der Durlacher Straße und Klara öffnete. Selbst die Kleine zögerte kurz, als sie Sophie erblickte. Auch ihr fiel auf, dass die große Schwester dick geworden war. Diese schaute sie zwar mit einem Lächeln freundlich an, die runden Wangen wurden durch das Lachen aber nur noch runder. Der Vater kam hinter Klara an die Tür und begrüßte sie voller Freude.

„Das ist aber eine Überraschung! Was machst du denn hier?"

Erst jetzt bemerkte er die Veränderung an seiner großen Tochter. Er erstarrte und trat einen Schritt zurück. Dann nahm er Klara bei der Hand und zog sie in den Flur.

Es war, als ob er vor Sophie Angst hätte. So ähnlich war es wohl auch. Er hatte Angst davor, dass das, was er vermutete, eine Schwangerschaft, tatsächlich Wirklichkeit war. Das durfte aber nicht sein! Sie war doch nicht verheiratet, oder?

Der Vater drehte sich um und ging ohne ein weiteres Wort in die Wohnung zurück. Sophie trat nach kurzem Zögern in den Hausflur und schloss die Tür hinter sich. Ihren kleinen Koffer stellte sie ab und ging dann zögernd den Flur entlang bis zur Wohnzimmertür. Der Vater saß auf der Couch, Klara stand unschlüssig neben dem Wohnzimmertisch.

„Und," sagte der Vater, „was soll das, warum haben die dich weg- geschickt. Was hast du ausgefressen?"

„Sie haben mich nicht weg geschickt. Ich bekomme ein Kind. Deswegen kann ich nicht mehr weiter helfen. Das Kind kommt bald."

„So, das Kind kommt!" Der Vater war aufgestanden und ging lachend im Zimmer auf und ab. „Und was sagt der Vater dazu? Ist der Herr schon gestorben, oder gibt es einen anderen Grund dafür, dass du ihn mir noch nicht vorgestellt hast?"

„So darfst du nicht reden, Vater", sagte Sophie, „vielleicht ist er ja wirklich bereits tot. Wer kann das heutzutage schon wissen?"

„Und wer ist der Herr, wie heißt er, wo wohnt er?"

Sophie überlegte kurz und entschied dann, ihm nicht zu sagen, wer der Vater des Kindes war. Er würde es nicht verkraften, zu erfahren, dass der Vater seines Enkelkindes ein Franzose war.

„Er heißt Benno Mahler und liegt zurzeit an der Front in Nordfrankreich. Seine Familie kommt aus Köln. Wir haben uns im Lazarett kennen gelernt. Dann ist es halt passiert!"

„Dann werde ich ihn ja bald kennen lernen, den zukünftigen Schwiegersohn. Bin ja mal gespannt, ob er sich überhaupt blicken lässt. Weiß er denn überhaupt, wo du wohnst und wie du heißt? Oder habt ihr nur einen lustigen Abend miteinander verbracht. Da hört man ja die übelsten Geschichten von der Front, nicht war?"

Damit war das Gespräch beendet und Sophie ging in ihr Zimmer, in dem zwischenzeitlich auch Klaras Bett stand. Sie begann, ihren Koffer auszupacken. Die kleine Mundharmonika stellte sie auf ihr Nachtkästchen, nicht ohne das Instrument vorher heraus zu holen und ein paar leise Töne darauf zu blasen. Klara war ihr ins Zimmer gefolgt und fragte nach der Mundharmonika. Sophie gab sie ihr aber nicht.

„Bitte, lass sie hier liegen. Sie ist sehr empfindlich und darf auf keinen Fall herunter fallen."

Danach ging sie zu Bett. Es tat ihr leid, dass sie ihrem Vater solche Sorgen bereitete, und sie wusste nicht, wie sie ihm diese nehmen sollte. Dann aber stellte sie sich die Zukunft mit Robbi und ihrem Kind vor und schlief darüber ein.

In der letzten Juliwoche ging das Fruchtwasser ab und ihr Vater brachte sie in eine Klinik in Karlsruhe. Sophie brachte einen kleinen Jungen zur Welt, der zwar einige Wochen zu früh gekommen war, aber alles in allem kerngesund schien. Glücklich hielt sie ihren kleinen Sohn in den Armen. Ihr Vater stand bei ihr am Bett und auch er konnte sich ein kleines Lächeln nicht verkneifen.

Sophie hatte gemerkt, dass der Oberarzt geholt worden war, nachdem nach der Geburt trotz aller Maßnahmen der Krankenschwestern eine Blutung nicht zum Stillstand kam. Der Arzt hatte sie untersucht und Anweisungen an seine Hilfskräfte gegeben. Dann wandte er sich dem Vater zu. „Es tut mir leid. Wir können nicht mehr viel tun. Es sind Komplikationen aufgetreten und wir können nur hoffen, dass die Blutung von alleine zum Stillstand kommt. Es wird schon werden", Er drückte dem Vater die Hand und verließ das Zimmer.

Sophie lag währenddessen in ihrem Bett und drückte ihr Kind an sich. Sie schaute zu ihrem Vater auf und sah, dass dieser mit den Tränen kämpfte.

„Was hast du, Vater? Was hat denn der Arzt gesagt? Warum hört es denn nicht auf zu bluten?"

„Er sagt, das sei nicht so schlimm. Manchmal dauert es eben länger, bis alles wieder normal ist. Mach dir keine Sorgen, ich bin ja da."

„Hör mir zu, Vater, wenn ich es nicht schaffe, dann musst du mir versprechen, dass du ihn taufen lässt. Er soll Jean Robert heißen. Versprichst du mir das?"

„Was, wieso? Was hast du gesagt, wie soll er heißen?"

„Jean Robert soll er heißen!" Sophie hatte diesen letzten Satz fast geschrien. Dann sank sie zurück und schloss die Augen.

Zwei Tage später starb sie. Der Vater hatte mit der Krankenhausleitung gesprochen und dann den kleinen Jungen, seinen Enkelsohn mit nach Hause genommen. So gut es ging versorgte er den Kleinen , wobei er die Hilfe einer Nachbarin in Anspruch nehmen konnte, die als Amme fungierte. Dafür musste er zwar bezahlen, aber er tat es, da er nicht wusste, ob es überhaupt eine andere Möglichkeit gab, den Jungen zu ernähren.

Als dieser dann größer geworden war und abgestillt werden konnte, übernahm Klara den Hauptteil der Pflege. Sie kochte ihm Brei, sie wickelte ihn und sie spielte mit ihm. Am Abend schlief der Kleine bei ihr im Bett. Obwohl Klara selbst noch ein Kind war, hatte sie fast die Rolle der Mutter übernommen. Der Vater war sehr stolz auf sie und sagte ihr das auch.

Als es Zeit war, den Jungen zu taufen, nahm der Vater Kontakt zum Pfarrer von St. Bernhard auf, der großen Kirche am Durlacher Tor. Der Pfarrer weigerte sich strikt, den Jungen zu taufen.

„Das Kind ist unehelich. Man weiß noch nicht einmal, wer der Vater ist."

„Doch, Sophie wusste es. Haben sie vergessen, dass Krieg war? Sollen denn jetzt alle Kinder, deren Herkunft nicht geklärt werden kann, keine Taufe mehr erhalten? Ist das der Wille Gottes?"

Der Pfarrer hatte ihn nach Hause geschickt und ihm gesagt, dass er einen Rat bei seinem Bischof einholen werde. Er sehe ein, dass die besonderen Umstände möglicherweise zu Änderungen in den Geboten der Kirche führen würden. Er werde wieder auf ihn zukommen.

Nach einer Woche klopfte es an der Tür in der Durlacher Straße. Die Klingel funktionierte schon lange nicht mehr und es gab niemanden, der sich darum kümmerte. Vater Heinrich öffnete die Tür und der Pfarrer stand vor ihm.

„Guten Tag, Herr Pfarrer. Schön, dass sie gekommen sind. Haben sie gute Neuigkeiten für mich?"

„Ja, wir werden den Kleinen taufen. Kommen sie morgen früh um neun zu mir in die Kirche. Haben sie einen Paten?"

„Nein, meine Klara ist wohl noch zu klein dafür. Ich wüsste nicht, wen ich fragen könnte."

„Gut, dann werde ich sein Pate sein. Der Bischof hat klar gemacht, dass diese Zeiten auch besondere Maßnahmen erfordern. Dem werde ich also Rechnung tragen. Wie soll er denn heißen?"

Der Vater zögerte einen Moment, dann sagte er „Sophie hat mir gesagt, dass er Hans Robert heißen soll. Das ist wohl der Name des Vaters, der wahrscheinlich gefallen ist. Geht das?"

„Ja, das ist in Ordnung. Johannes wäre zwar schöner gewesen, aber Hans Robert geht auch. Also bis morgen."

Klara

Als Hans drei Jahre alt geworden war und sich schon ganz gut mit Klara unterhalten konnte, wenn man einmal davon absah, dass er eben nur über Spielsachen oder Spiele, essen und trinken mit ihr kauderwelschte, wurde der Vater sehr krank. Er war zwar erst Anfang fünfzig, aber zu dieser Zeit konnten die Krankheiten nur sehr schwer überwunden werden. Nach dem Krieg gab es kaum Medikamente, die Versorgung von Kranken, vor allem, wenn sie nicht gut betucht waren, war mehr als spärlich.

Im Dezember 1921 fand Klara ihren Vater eines Morgens leblos in seinem Bett vor. Als sie es nicht schaffte, ihn zu wecken, lief sie in Panik aus der Wohnung und klopfte bei der Nachbarin. Diese war zum Glück zuhause und folgte ihr schnell zu ihrem Vater. Auch sie konnte ihr nur sagen, dass er es nicht geschafft hatte.

Die Behörden hatten verfügt, dass die jetzt elfjährige Klara in einem Mädchenheim im Stadtteil Mühlburg untergebracht werden sollte, der kleine Hans kam ins Waisenhaus in der Südstadt in Karlsruhe.

Es sollte vermieden werden, Kinder aus einer Familie im selben Heim unterzubringen. Man wollte den älteren Angehörigen die Bürde der Verantwortung für ihre jüngeren Verwandten nehmen. Obwohl im Waisenhaus in der Südstadt auch Mädchen untergebracht waren, wurden Klara und Hans deshalb getrennt.

Klara verbrachte ihre Kindheit im Mädchenheim. Es ging ihr gut und sie konnte sich nicht beklagen. Die katholischen Schwestern, die das Heim führten, waren freundlich und gutmütig. Natürlich nur dann, wenn man sich strikt an die bestehenden Regeln hielt. Dies war aber für Klara kein Problem und sie kam mit allen, auch mit ihren Mitbewohnerinnen gut aus.

Als sie alt genug zur Arbeit war, kam sie zu einem Bäcker, der seine Backstube und sein Geschäft an einem Platz im selben Stadtteil hatte. Sie lernte, wie man früh morgens den Teig zubereitete, wie die Öfen angeheizt werden und wie lange das Brot backen musste, bis es gut war. Oft half sie dann noch im Laden. Trotz der harten Arbeit und dem frühen Aufstehen ging es ihr gut. Das lag auch daran, dass der Bäckermeister freundlich zu ihr war und ihr sogar ein paar Zehner in die Hand drückte, wenn er besonders gut aufgelegt war und das Geschäft florierte. Von diesem Geld konnte sich Klara ab und an auch etwas leisten, was sonst nicht gegangen wäre. Einmal ging sie sogar ganz alleine in den Zoo!

Während ihrer Zeit in der Bäckerei lernte sie viele der Kunden auch etwas näher kennen. Darunter war ein Polizist, der fast jeden Tag um die gleiche Zeit in den Laden kam, um sich ein Brötchen zu kaufen. Sie hatten sich über die Wochen und Monate immer mal wieder unterhalten, wenn es auch nur über das Wetter oder über andere Belanglosigkeiten ging.

An einem schönen Tag, der Polizist war gerade in den Laden getreten und es befand sich sonst niemand darin, sagte dieser: „Darf ich sie einladen, mein Fräulein, bitte? Wir kennen uns doch jetzt schon eine ganze Weile und ich würde mich sehr freuen, wenn sie meine Einladung annehmen könnten."

Klara war rot geworden und schaute verschämt vor sich hin. Dann sagte sie: „Ja, wo wollen sie denn mit mir hingehen? Ich kann Ihnen doch erst eine Antwort geben, wenn ich weiß, wo sie mit mir hin wollen, oder?"

„Da haben sie ja recht!", rief der Polizist erfreut, hatte er doch aus ihren Worten entnehmen können, dass sie durchaus nicht abgeneigt war, seine Einladung anzunehmen.

„Ich möchte sie mit in den Schlossgarten nehmen. Und zwar am Sonntagvormittag. Es wird ein Konzert gegeben.

Ein Blasorchester wird spielen und man hat dafür extra eine Bühne gebaut. Was meinen sie dazu?"

„Das hört sich gut an. Sonntag wäre auch gut. Ich habe frei und werde bestimmt eine Erlaubnis bekommen von den Schwestern. Wissen sie, ich wohne im Heim. Deshalb muss ich erst um Erlaubnis fragen. Aber, ich denke, wenn ich sage, dass ich mit einem Polizisten ausgehe, dann wird das schon klappen. Sie müssten mich aber im Heim abholen und wieder zurück bringen."

„Das ist doch klar. Überhaupt kein Problem. Ich hole sie und ich bringe sie, wie sie es wollen."

„Wie heißen sie denn überhaupt? Wenn ich gefragt werde, mit wem ich ausgehen will, dann reicht es nicht, wenn ich sage „Mit dem Polizisten von Mühlburg."

Sie lachten beide herzlich und bogen sich schier vor Freude.

„Entschuldigung! Ich bin Erwin Schäfer, bei der Schutzpolizei, wohnhaft in Karlsruhe. Reicht das für heute, oder wollen sie noch mehr wissen?"

„Ich glaube, dass wird den Schwestern fürs erste reichen, Herr Polizist Erwin Schäfer aus Karlsruhe!"

Wieder bogen sie sich vor lachen und Erwin meinte: „Jetzt wäre es schön, wenn ich auch wüsste, wie sie heißen."

„Ich bin Klara. Klara Rosenheimer aus Karlsruhe. Wohnhaft im Heim in Mühlburg, weil meine Eltern schon lange gestorben sind."

„Das tut mir Leid. Bei mir ist das auch so ähnlich. Aber heutzutage ist das ja keine Ausnahme, nicht?"

„Ja, leider."

Erwin war ganz beschwingt aus dem Laden gegangen und ihre Romanze hatte ihren Anfang genommen.

Klara, die inzwischen schon neunzehn Jahre alt war, hatte von den Nonnen die Erlaubnis erhalten, die Einladung in den Schlossgarten anzunehmen. Erwin Schäfer hatte sie an dem Sonntagmorgen im Heim abgeholt und sie waren die ganze Strecke zu Fuß bis zum

Karlsruher Schloss gegangen. Obwohl es fast eine Stunde dauerte, bis sie ihr Ziel erreicht hatten, war es keinem von ihnen beiden langweilig gewesen. Ihre Unterhaltung hatte sich fast endlos dahin gezogen und es fehlte ihnen nicht an interessanten Themen dazu. Das Konzert war wunderbar gewesen. Klara hatte so etwas noch nie erlebt, bei Erwin lag es schon sehr lange zurück. Er erinnerte sich daran, dass er sein letztes Konzert noch vor Kriegsbeginn gehört hatte.

Im Laufe der folgenden Wochen waren die beiden sich immer näher gekommen und es dauerte nicht lange, bis Polizeiobermeister Schäfer bei der Leiterin des Mädchenheimes vorstellig wurde und um die Hand von Klara anhielt.

„Ich bin doch nicht die Mutter von Klara!", hatte sie gerufen. „Sie können doch nicht mich fragen, ob sie sie heiraten können, oder?"

„Ja, wen soll ich denn dann fragen, Frau Oberin?"

„Ich bin nicht Oberin, ich bin die Direktorin. Aber das ist ja auch egal. Jedenfalls hatte ich diesen Fall noch nie, dass mich jemand um die Hand einer Heiminsassin fragt. Ich weiß gar nicht, was ich machen soll."

Sie hatte ihn fort geschickt und ihm gesagt, dass sie erst klären musste, wie in solch einem Fall zu verfahren war. Er solle sich in zwei Tagen wieder bei ihr vorstellen. Sie hoffte, dass sie ihm dann mehr sagen könne.

Aufgrund der herrschenden Verhältnisse und weil Klara keine Verwandten mehr hatte, gab es einen offiziellen Vormund für sie. Dieser wurde durch die Direktorin ausfindig gemacht. Es handelte sich um einen Hauptamtsleiter beim Vormundschaftsgericht, der, nachdem er sich über die Verhältnisse des Antragstellers erkundigt hatte, keine Einwände gegen die Heirat vorbrachte.

So konnte es geschehen, dass Klara etwa drei Monate später mit ihrem Erwin getraut wurde. Sie zogen beide in das gleiche Haus, in dem Klara groß geworden war. Sie hatten Glück, dass in diesen Wochen eine Wohnung dort frei wurde. Und Klara war ganz glücklich darüber, dass sie nach dem Aufenthalt im Heim wieder in die Umgebung ihrer Kindheit zurückkommen konnte. Die von ihrer Schwester erhaltene Mundharmonika hatte sie die ganzen Jahre gehütet wie ihren Augapfel. Es war das einzige Andenken, welches sie von ihr bekommen hatte. Die Mundharmonika fand einen Ehrenplatz in ihrem Schlafzimmer auf dem Nachtkästchen. Dort sollte sie liegen, bis eines Tages ihr Neffe Hans Robert bei ihr auftauchen sollte.

Als Hans Robert ungefähr ein bis eineinhalb Jahre später bei ihr anklopfte, um nach seiner Familie zu forschen, hatte sie ihm nicht gesagt, dass sie seine Tante sei. Nichts zu sagen war eine spontane Entscheidung, die sie sich hinterher nicht richtig erklären konnte. Da sie ein schlechtes Gewissen hatte, versuchte sie, die Begegnung mit dem Jungen, er mochte etwa dreizehn oder vierzehn Jahre alt gewesen sein, so gut es ging zu verdrängen. Zu diesem Zeitpunkt war sie auch schon Mutter, denn ihr kleiner Sohn Edwin war 1930, knapp ein Jahr nachdem sie geheiratet hatten, zur Welt gekommen. Sie hatte sich daran erinnert, dass sie selbst ungefähr acht Jahre alt gewesen war, als ihre Schwester Sophie an den Folgen ihrer ersten Geburt starb.

Als ihr Neffe vor ihr gestanden hatte, war ihr seine Ähnlichkeit mit einem jungen Mann aufgefallen, der sie vor vielen Jahren im Heim besucht hatte. An einem Vormittag im Sommer des Jahres 1921 oder 1922, sie wusste nicht mehr genau, wann es gewesen war, wurde sie von einer der Heimschwestern ins Kontor der Heimleiterin gerufen. Dort befand sich ein etwa dreißig Jahre alter gut aussehender Mann, der sie sprechen wollte. Er stellte sich in gebrochenem Deutsch als Jean Robert du Catoir vor und er fragte sie, ob sie Klara Rosenheimer sei. Klara war ein Mädchen von elf oder zwölf Jahren gewesen und entsprechend aufgeregt darüber, dass sie mit dem Mann sprechen sollte.

„Ja, ich bin Klara Rosenheimer.", sagte sie.

„Haben sie" – er sprach sie mit „Sie" an – „in der Durlacher Straße in Karlsruhe gewohnt?"

„Ja, bis mein Vater gestorben ist. Dann bin ich hierher ins Heim gezogen."

„Hattest du eine Schwester mit Namen Sophie?", fragte der Mann mit einer hörbaren Erregung in der Stimme.

Klara zögerte einen Augenblick und sagte dann:„Ja, meine Schwester Sophie ist aber schon lange tot."

Die Züge des jungen Mannes erstarrten. Unmerklich ballte er beide Fäuste. Nach einigem Zögern fragte er: „Wie ist das passiert? Ist sie krank gewesen, oder was war sonst?"

Klara sagte ohne zu zögern, dass sie krank von der Front zurückgekommen sei und dass sie nicht genau wisse, was tatsächlich zu ihrem Tode geführt hatte. Sie hatte ihm nichts von der Schwangerschaft und von der Geburt des kleinen Hans Robert gesagt.

„Wo ist Sie begraben, bitte? Ich möchte ihr Grab besuchen, wenn Sie nichts dagegen haben", sagte der Mann.

„Sie liegt auf dem Hauptfriedhof in Karlsruhe, mein Herr. Sie können sie gerne besuchen. Ich komme eh nicht oft dazu, nach ihrem Grab zu schauen." Klara wurde sich in diesem Augenblick darüber bewusst, dass sie die Pflege des Grabes mehr als vernachlässigte. Sie nahm sich vor, ab sofort besser darauf zu schauen.

Der Mann, der wohl aus Frankreich kam, was man an seiner Aussprache erkennen konnte, stand auf und holte aus seiner Tasche ein kleines Kärtchen heraus.

Er gab es Klara mit den Worten: „Vielen Dank für Ihre Auskünfte. Ich bin sehr, sehr traurig, da ich Ihre Schwester geliebt habe. Wenn sie einmal nach Frankreich kommen, dann besuchen sie mich bitte. Sie werden immer herzlich willkommen sein."

Er hatte sich an die Heimleiterin gewandt und war nach einem kurzen Dankeschön und einem Gruß wortlos gegangen.

Klara hatte noch aus dem Fenster geschaut und ihn in einer großen Limousine wegfahren sehen. Obwohl sie noch klein war, hatte sie verstanden, was zwischen ihrer Schwester Sophie und dem jungen Mann geschehen sein musste. Offenbar hatte sie ihn im Lazarett kennen gelernt und es war zu einer Romanze gekommen. Und jetzt gab es da einen kleinen Jungen im Waisenhaus, der seinen Vater wohl nie zu Gesicht bekommen würde.

Als Hans Robert sie ein paar Jahre später nach ihrer Heirat und dem Umzug in die Durlacher Straße besucht hatte, war ihr aufgefallen, dass er seinem Vater wie aus dem Gesicht geschnitten war. Sie hatte ihm die Mundharmonika gegeben, auf der ja auf einer Seite der Name Robbi stand, und jetzt war ihr auch klar, wem die Mundharmonika ursprünglich gehört hatte. Sie sollte erst Jahre später auf die Visitenkarte schauen, um dann zu entscheiden, ob sie Herrn du Catoir tatsächlich sagen sollte, dass er einen Sohn hatte.

Nach dem Kriege, er war auf der Suche nach Sophie nach Strasbourg gekommen, hatte er eine Detektei beauftragt, nach der Krankenschwester Sophie Rosenheimer zu suchen, die von 1917 bis 1918 im deutschen Lazarett in Obernai tätig war.

Aufbruch

Hans hatte angehalten und sich halb nach links umgedreht. Er schaute die Straße zurück, auf der er gekommen war. Sie lag im Dunkeln. Nur in den durch die Sommersonne geschmolzenen Teerflecken spiegelte sich vereinzelt das fahle Mondlicht. Die Straße verlor sich in sanften Windungen am Horizont, wo der dunkle Himmel mit dem Boden verschmolz.

Es war die Landstraße in Richtung Titisee und er wollte bis nach Freiburg kommen. Von dort aus musste es einen Weg geben, der ihn auf die andere Rheinseite ins Elsass brachte.

Es war Samstagnacht, er schätzte so ungefähr 1:00 Uhr. Kurz nach Einbruch der Abenddämmerung hatte er sich auf den Weg gemacht.

Jetzt, Ende August 1937, wurde es schon gegen neun Uhr abends dunkel. Er hatte noch die Schweine gefüttert und war dann aufgebrochen. Ihm war klar, dass weder die Bäuerin noch der Bauer vor Montag früh nach ihm sehen würden. Am Wochenende war das immer so. Er fütterte noch am Samstagabend, den Sonntag hatte er frei. Das war die letzten fünf Jahre immer so gewesen.

An seinem vierzehnten Geburtstag war er aus dem Waisenhaus entlassen und nach Hüfingen gebracht worden. Er kam auf den Hof des Ehepaares Anton und Antonia Mauderer. Sie waren Kleinbauern mit wenig Land, ein paar Hektar Wald in Richtung Donaueschingen und 24 Schweinen im Stall. Das Futter kam von den Feldern, meist Dickrüben und Mais. Sie hatten selbst keine Kinder und ihn gut aufgenommen. Die Aufgabe von Hans bestand darin, die Schweine zu pflegen und den Stall sauber zu halten. Außerdem war er bei der Bestellung und der Ernte auf den Feldern behilflich. Die Arbeit war eintönig, andererseits gab es auch schlechtere Plätze für Waisenkinder.

Vor sechs Monaten war er gemustert worden. Die Musterungskommission hatte etwas gestutzt wegen des Nachnamens Rosenheimer. Man war sich nicht sicher, ob dieser Name nicht auf eine jüdische Herkunft hindeuten könnte. Jedenfalls war er voll einsatzfähig, einsachtzig groß, 69 Kilo schwer, dunkelbraune Haare, graublaue Augen. Er wollte nicht zur Wehrmacht. Mit dem ganzen System wollte er nichts zu tun haben.

Deshalb war er jetzt unterwegs, er wollte zur Fremdenlegion und dann ganz weit weg – auf einen anderen Kontinent!

Langsam fröstelte ihn ein wenig. Durch den strammen Schritt während der letzten vier bis fünf Stunden war ihm warm geworden. Jetzt, als er stehen geblieben war, merkte er doch, dass es langsam Herbst wurde.

Er zog seine dunkelbraune Wolljacke fester zu und die graue Kappe tiefer ins Gesicht. Dann schaute er sich um. Etwas weiter die Straße entlang konnte er auf der rechten Seite eine überdachte Bushaltestelle erkennen. Die Straße verlor sich geradeaus im Dunkeln. Es ging leicht bergauf.

Er war müde. Links und rechts der Straße zogen sich gemähte Wiesen den Hang hinauf und wurden vom Schatten der angrenzenden Wälder geschluckt.

Weiter vorne halblinks meinte er, einen größeren hellen Fleck im Gras ausmachen zu können. Er ging weiter und ein vertrauter Geruch stieg im in die Nase. Als er näher kam erkannte er, dass sich in dieser weißen Fläche etwas bewegte. Er wandte sich von der Straße ab und ging in die Wiese hinein. Es war eine Schafherde, die sich zum Schlafen niedergelassen hatte.

Plötzlich – er ahnte es mehr als dass er es sah – schoss von links an der Herde entlang ein Schatten auf ihn zu. Es war der Hütehund, der die Schafe nachts alleine bewachte, solange der Schäfer schlief. Der Hund kam kurz vor ihm zu stehen und knurrte ihn an. Hans rührte sich nicht. Der Hund kam näher und schnüffelte an seiner linken Hand, dann fuhr er ihm zweimal mit der Zunge darüber. Hans kraulte ihn im Nacken. Der Hund setzte sich.

Hans nahm seine dunkle Umhängetasche von der Schulter und legte sie ins Gras. Er klappte die breite Klappe auf und setzte sich darauf. So konnte ihm die Feuchtigkeit im Gras nichts anhaben. Er legte seinen Kopf auf den Rücken des Hundes, der sich ebenfalls niedergelegt hatte, und es dauerte nicht lange bis er eingeschlafen war. Er war am Samstagmorgen schon gegen fünf Uhr aufgestanden und jetzt war es spät in der Nacht.

Der Hund war aufgesprungen und Hans war mit dem Kopf ins Gras gerutscht. Es war noch dunkel, aber man konnte die Morgendämmerung schon erahnen.

Er stand auf. Es war kalt und er fror. Er trat von einem Bein auf das andere, damit das Blut wieder in Schwung kam. Dann zog er eine Flasche aus seiner Tasche - es war eine Bierflasche mit Bügel – er öffnete die Flasche mit einer Hand und trank einen kräftigen Schluck. Es war Tee vom vorigen Frühstück, den er heimlich in die Flasche gefüllt hatte. Er nahm noch ein Stück Brot aus der Tasche, das in Zeitungspapier gewickelt war, und aß es mit großem Appetit.

Die Schafe hatten sich erhoben und wurden langsam unruhig. Jetzt, als es heller wurde, erkannte er auf der anderen Seite der Schafherde, etwas den Hang hinauf, einen Schäferwagen. Drinnen brannte Licht. Er wollte weg sein, bevor der Schäfer an die Arbeit ging und machte sich deshalb gleich auf den Weg Richtung Titisee.

Nach ungefähr einer Stunde hörte er hinter sich einen Motor tuckern. Er fuhr herum und sah in der Ferne einen Lastwagen kommen. Er trat aus der Mitte der Straße nach rechts und wartete, um das Fahrzeug an sich vorbeifahren zu lassen.

Einen Moment hatte er überlegt, ob er versuchen sollte, den Wagen anzuhalten. Diesen Gedanken hatte er aber schnell verworfen, weil er sich noch zu nah an Hüfingen wähnte. Es konnte ja jemand sein, der ihn kannte. Der Laster fuhr an ihm vorbei. Auf einmal trat der Fahrer auf die Bremse und der Wagen kam quietschend zum Stehen. Hans ging langsam nach vorne und schaute hoch zum Beifahrerfenster. Der Fahrer hatte sich nach rechts rüber gebeugt und drehte die Scheibe herunter.

„Magst mitfahren?", fragte er in einem satten schwarzwälder Dialekt.

„Wo fahren Sie hin?", fragte Hans.

„Nach Freiburg, ich muss dort heut' Nachmittag eine Fuhre Äpfel abholen. Auch am Sonntag kommt man nicht zur Ruhe", antwortete der Fahrer mit einem Schulterzucken und sah ihn freundlich an. Es war ein korpulenter Mann im Alter von etwa vierzig Jahren.

Hans zögerte einen Moment, dann gab er sich einen Ruck, trat auf das Trittbrett und zog sich in die Kabine.

„Besser kann es nicht laufen", dachte er und dankte dem netten Fahrer.

Auf der Fahrt am Titisee vorbei in Richtung Höllental versuchte der Fahrer ein Gespräch in Gang zu bringen.

„Ich bin aus Villingen", erzählte er. „Meine Frau und ich, wir haben dort mit meinen Eltern zusammen einen Obst- und Gemüsehandel. Wo willst du denn an einem Sonntagmorgen so früh hin? Und auch noch zu Fuß!?"

„Ich war auf einer Ferienfahrt bei meinem Onkel in Hüfingen", antwortete Hans. „Das Geld für die Rückfahrt will ich mir lieber sparen. Deshalb habe ich mich zu Fuß auf den Weg gemacht. Läuft ja ganz gut, oder?"

„Ja, das hat gut geklappt", sagte der Fahrer lachend und trat das Gaspedal durch, so dass der Motor aufheulte und der Wagen einen leichten Satz nach vorne machte.

Die Sonne war inzwischen aufgegangen und es wurde wieder warm. Vor einem Monat, am 29. Juli, war Hans 19 Jahre alt geworden.

Fünf Jahre lang hatte er bei den Mauderers gewohnt. Er hatte es nach dem Waisenhaus nicht schlecht erwischt. Sie schlugen ihn nie, er bekam immer genug zu essen und ab und an steckten sie ihm ein paar Mark zu. Die gab er meistens sonntags nach der Kirche in der Dorfwirtschaft aus.

Manchmal fuhr er auch mit dem Fahrrad des Bauern nach Donaueschingen. Das war immer ein Erlebnis für ihn. Andere junge Leute in seinem Alter hatte er aber nie näher kennen gelernt. Vielleicht lag es daran, dass er von Hüfingen kam, vielleicht lag es auch daran, dass er sich wegen seiner alten und abgetragenen Kleider nicht traute, andere anzusprechen.

Zu seinem Geburtstag hatte er ja tatsächlich einen echten Ledergürtel geschenkt bekommen. Er war etwa drei Zentimeter breit, von dunklem Grün und hatte eine silbern glänzende Gürtelschnalle. Der Gürtel war zwar zu lang – er musste ihn in die Schlaufe links hinter seiner Hüfte stecken – aber er war sein ganzer Stolz. Vorher hatte er seine etwas zu weite Hose immer mit einem Strick festgemacht. Das war ihm immer sehr peinlich gewesen, wenn er außerhalb des Hofes unterwegs war.

Er strich sich die Haare aus den Augen. Sie waren bestimmt zehn Zentimeter lang und vollkommen glatt. Sie waren schwer zu bändigen und während der Arbeit machte er sie daher immer mit einem Einmachgummi fest, damit sie ihm nicht in die Augen fielen. Ab und zu hatte die Bäuerin sie ein wenig geschnitten. Für den Friseur wollte man kein Geld ausgeben. Er schwor sich, dass sich dies ändern sollte. Noch nie in seinem Leben war er bei einem Friseur gewesen. Im Waisenhaus hatten sich die Nonnen um die Haare gekümmert.

Sie waren Freiburg schon ziemlich nahe und der Fahrer riss ihn mit einer Bemerkung aus seinen Gedanken: „Schau, man kann von hier schon ab und zu das Münster zwischen den Bäumen sehen!"

Der Wald endete und die Straße schlängelte sich links an einem Fluss entlang.

„Das ist die Dreisam. Und siehst Du die Tore? Sie sind noch Teil der alten Stadtmauer. Eines heißt Schwabentor, das andere Martinstor. Leider kann ich mir bis heute nicht merken, welches nun welches ist", erklärte der Fahrer und lachte wieder. „Wenn du durch dieses Tor gehst, findest du leicht zum Münsterplatz."

"Ich kenne mich hier ein wenig aus. Wohnen tun wir in der Nähe von Teningen. Manchmal kommen wir auch in die Stadt. Das Münster habe ich schon gesehen", log Hans.

Der Fahrer war auf die Bremse getreten und hatte den Laster angehalten.

„Vielen Dank", sagte Hans bevor er ausstieg.

„Keine Ursache", sagte der Fahrer, „ich habe mich über Deine Gesellschaft gefreut, alleine ist es doch langweilig. Ich wünsche Dir noch eine gute Heimreise!"

Hans sah sich um. Der Laster war inzwischen weitergefahren und Hans hatte dem netten Mann noch nachgewinkt. Er hatte sich in der Nähe des Münsters absetzen lassen, weil er schon viel über diese große Kirche gehört hatte und sie unbedingt sehen wollte, jetzt, wo er schon mal in Freiburg war.

Er ging über die nächste Brücke. Der Fluss plätscherte träge darunter durch. Der Sommer hatte ihm die letzte Kraft genommen, er war fast ausgetrocknet.

Am Schwabentor angekommen stellte er fest, dass dieses doch viel höher war, als er von Ferne angenommen hatte. Er ging hindurch. Als er aus dem Torschatten trat, sah er vor sich eine breite Straße, die sich in einiger Entfernung gabelte. Rechts und links standen drei- und vierstöckige Häuser, unten gesäumt von einer Ladenpassage. Es waren nur wenige Leute unterwegs. Autos sah er gar keine.

Er ging auf dem Kopfsteinpflaster weiter und bewegte sich auf eine an der Straßengabelung stehende prächtige Linde zu.

Er erkannte, dass es sich um eine Linde handelte, weil er sich schon geraume Zeit für den Wald und seine Pflanzen interessierte. Der Bauer in Hüfingen besaß auch ein Stück Wald, allerdings war der Bestand geprägt von

Nadelbäumen. Aus einem Buch hatte er aber das Aussehen von anderen Bäumen kennen gelernt. Deshalb war er sich sicher, dass es sich um eine Linde handelte.

Er überlegte, welchen Weg er nehmen sollte, und beschloss, nicht halblinks in Richtung Stadtmitte zu gehen, sondern er ging geradeaus in die kleinere kopfsteingepflasterte Straße.

Nach ungefähr hundert Metern sah er auf der rechten Seite ein Wirtshausschild. „Freiburger Hof" war in gusseisernen Lettern verschnörkelt zu lesen.

Er hatte auf der Fahrt nach Freiburg seinen Teevorrat in der Flasche ausgetrunken und sein letztes Stück Brot gegessen. Jetzt hatte er großen Hunger. Außerdem hatte er auch das dringende Bedürfnis, sich zu waschen und zu erfrischen.

An der Tür zum Wirtshaus angekommen, spähte er in den Hausgang. Es gab nur eine Buntsandsteinstufe und der Gang ging ungefähr sechs bis acht Meter ins Haus hinein. Drinnen lag alles im Dunkeln, so dass er nichts erkennen konnte. Er trat über die Schwelle und ging langsam den Gang entlang nach hinten. Der Hausgang machte am Ende einen Knick nach links. Dort erhellte eine trübe Glühbirne das Ganze und er sah zwei Türen. Auf der einen war eine Figur mit Hosen abgebildet, auf der anderen eine mit Rock. Er ging in die Herrentoilette.

Dort wusch er sich das Gesicht und füllte seine Flasche mit Wasser, nachdem er sich erfrischt hatte. Danach trat er wieder in den Hausflur. Er ging ein paar Schritte zurück, bog wieder um die Ecke und sah nun, da er jetzt auf das helle Viereck des Eingangs blickte, auf der linken Seite eine Tür, die genauso schwarz getäfelt war wie der gesamte Flur und die er deshalb beim ersten Vorbeigehen nicht bemerkt hatte.

Kurz entschlossen trat er auf die Tür zu, drückte die Messingklinke nach unten und öffnete. Helligkeit und Gesprächslärm schlugen ihm entgegen. Von der rechten

Seite erhellte durch die Fenster einfallendes Sonnenlicht den Gastraum.

Etwas zögerlich trat er ein und schloss leise die Tür hinter sich.

Links von ihm befand sich der Tresen. Direkt vor ihm ein runder großer Schanktisch, um den acht Stühle gruppiert waren. Er setzte sich so an den Tisch, dass er die Wand im Rücken hatte und die Tür, den Tresen und den ganzen Gastraum überblicken konnte. Seine Tasche stellte er neben sich auf den Boden.

Nach einer Minute kam eine Frau in mittleren Jahren um den Tresen herum auf ihn zu. „Guten Tag", sagte die Wirtin. „Was darf ich Ihnen bringen?"

„Ich bin auf der Durchreise und wäre Ihnen sehr dankbar, wenn Sie mir einfach ein Glas Wasser geben könnten", sagte Hans.

Die Frau zögerte einen Augenblick, nickte dann und ging zum Tresen zurück, nahm ein Glas aus dem Schrank und füllte es unter dem Wasserhahn. Sie stellte es vor sich auf den Tresen.

Als die im Schankraum beschäftigte Bedienung zum Tresen zurückkam, um weitere Bestellungen aufzugeben, sagte die Frau zu ihr: „Das Wasser ist für den jungen Mann am Stammtisch."

Auf dem Rückweg in den Gastraum stellte die Bedienung das Wasserglas vor Hans auf den Tisch. Hans schaute zu der Frau hin und formte mit den Lippen „Dankeschön", so leise, dass sie es bestimmt nicht hören konnte.

Sie nickte ihm zu und ging nach hinten in die Küche. Einige Minuten später kam sie mit einem gefüllten Teller zurück, trat an den Tisch und stellte den Teller vor Hans hin. Sie ging zum Tresen, nahm ein Stück Brot und ein Besteck aus der Schublade und legte beides neben den Teller.

„Guten Appetit", sagte sie mit einem freundlichen Lächeln, drehte sich um und ging wieder an ihre Arbeit zurück.

Hans schaute ihr verdutzt nach, dann auf den Teller und das Wasser lief ihm im Munde zusammen. Linsen, Spätzle und sogar eine grobe Schweinswurst.

Er suchte den Blickkontakt zur Wirtin und formte mit den Lippen: Kein Geld. Die Wirtin nickte ihm nur freundlich zu und wandte sich dann wieder ihren Gläsern zu, die sie am Bierhahn füllte.

Er schob alle Bedenken beiseite und aß mit großem Genuss seinen Teller leer.

Gerade als er den letzten Rest mit dem verbliebenen Stück Brot ausgewischt und in den Mund geschoben hatte, öffnete sich die Tür. Herein traten zwei Gendarmen. Sie zogen ihre Helme vom Kopf, sahen sich kurz um und traten dann die zwei Schritte zu seinem Tisch. Sie zogen jeweils einen Stuhl unter dem Tisch hervor und setzten sich ihm gegenüber. Sofort kam die Frau hinter dem Tresen hervor und trat zu ihnen an den Tisch.

„Hallo Ihr beiden", sagte sie mit einem freundlichen Lächeln. „Was darf es sein?".

„Hallo Ruth", sagte der ältere von beiden, „schöner Tag heute, was?"

„Ja, der Sommer ist dieses Jahr wirklich wunderschön".

„Nur schlecht, wenn man an einem so schönen Sonntag arbeiten muss", sagte der jüngere. „Aber was soll man machen, geht nun mal nicht anders".

„Wir hätten gerne zwei Bier und einen Vesperteller für uns beide", sagte der ältere.

„Wer sonntags Dienst hat, der darf sich auch ein Bier erlauben", schmunzelte der andere.

Ruth ging zurück zum Tresen, füllte zwei Halbliterkrüge mit Bier und gab die Bestellung an die Küche weiter: „Eine große Vesperplatte mit reichlich Wurst und Käse!", rief sie und sah zu den beiden Gendarmen herüber.

Jetzt wendeten die beiden ihre Aufmerksamkeit Hans zu.

Der ältere versuchte, ein Gespräch zu beginnen: „Schönen guten Tag. Woher kommen sie denn? Ich habe sie hier noch nie gesehen".

Bevor Hans antworten konnte, rief Ruth vom Tresen her: „Das ist Heinrich, ein Neffe von mir aus dem Schwarzwald. Er ist auf der Durchreise und hat mich heute besucht."

Hans war völlig verblüfft und wusste nicht, ob er etwas sagen sollte.

Da schaltete sich aber schon der jüngere der beiden Polizisten ein. „Na, da ist es ja höchste Zeit, dass du mal in die große Stadt zu Besuch kommst. Wo kommst du denn her, ich darf doch du sagen, oder?"

Hans nickte und schluckte seinen Kloß im Hals hinunter. „Ich komme aus Hüfingen bei Donaueschingen."

„Ah ja, schöne Gegend dort. Ich war auch schon da. Die Schwägerin meiner Frau kommt dort ganz aus der Nähe. Ja ja, die raue Baar. Im Winter will man dort nicht sein. Da ist es bei uns im Breisgau doch sehr viel freundlicher, was das Wetter angeht."

Frau Ruth kam an den Tisch, beugte sich leicht zu Hans hinunter und sagte: „Heinrich, ich glaube, es ist jetzt Zeit aufzubrechen. Du hast ja noch einen weiten Weg vor dir bis du zuhause bist. Sag allen schöne Grüße von mir und lasst Euch bald einmal sehen."

„Danke, Tante Ruth", sagte Hans geistesgegenwärtig, „auch für das Essen. Es war sehr gut. Ich werde alle von Dir grüßen".

Er stand auf, nahm seine Mütze und seine Tasche auf, sagte den beiden Gendarmen Auf Wiedersehen und wandte sich zur Tür. Dort sah er noch mal zurück zu Frau Ruth, die wieder hinter ihrem Tresen stand, nickte ihr dankbar zu und ging hinaus.

Draußen im Gang wandte er sich nach links, sah durch den dunklen Flur in sechs, sieben Metern Entfernung das gleißende Sonnenlicht und ging mit schnellen Schritten auf die Straße. Draußen musste er kurz stehen bleiben, weil ihn die Sonne blendete.

Nach kurzem Zögern wandte er sich nach rechts und ging die Straße hinunter. Auf der rechten Straßenseite war er auf dem Gehweg ohne den kleinsten Schatten unterwegs und kam schon nach ein paar Schritten ins Schwitzen. Er wollte gerade die Straße überqueren um auf der Schattenseite weiter zu gehen, als er hinter sich einen Motor hörte.

Er blickte die Straße zurück und sah eine große schwarze Limousine langsam auf sich zu rollen. Die Fensterscheiben im Fond waren getönt. Als der Wagen an ihm vorbeifuhr, konnte er nur den Fahrer vorne sitzen sehen. Dieser hatte sogar eine Chauffeursmütze auf. Es musste also jemand sehr Wichtiges sein, der dieses Auto nutzen durfte.

Nach wenigen Metern trat der Fahrer auf die Bremse und das Auto kam zum Stehen. Sofort ging die linke hintere Tür auf und ein großer schlanker Mann in dunkler Soutane stieg aus. Er trug eine große Aktentasche in der linken Hand, ging eiligen Schrittes hinten um den Wagen herum und öffnete die andere Fond-Tür.

Ein kleiner schwerer Mann, ebenfalls ganz in Schwarz gekleidet, stieg aus dem Wagen. Auf dem Kopf hatte er ein violettes Käppi, wie es Hans schon in der Kirche in Donaueschingen gesehen hatte.

Die beiden Männer kamen drei, vier Schritte auf ihn zu, musterten ihn kurz und wandten sich dann einer schweren Eichentür zu, die zu einem großen wuchtigen Sandsteingebäude gehörte. Das Haus war Hans vorher gar nicht aufgefallen. Es war riesig und wirkte finster und geheimnisvoll. Der schlanke drückte auf einen Klingelknopf, sprach etwas in eine unsichtbare Sprechmuschel und nach einem kurzen Moment wurde die

Tür wie von Geisterhand und begleitet von einem leisen Surren geöffnet.

Hans hörte den älteren der beiden mit der Kopfbedeckung noch sagen: „Wir müssen sehen, wie wir uns am besten aus dem Ganzen heraushalten können. Das wird schwer genug werden. Mit den Nazis ist nicht gut Kirschen essen. Die Juden werden schon einen Weg finden. Das haben sie ja schon immer geschafft, seit Tausenden von Jahren…" Bei diesen letzten Worten verzog er seinen Mund zu einem ironischen Lächeln. Die Tür schloss sich hinter den beiden, der Fahrer hatte zwischenzeitlich Gas gegeben und das Auto war um die nächste Ecke verschwunden.

Im Vorbeigehen las Hans auf einer Bronzetafel neben der Tür: Erzdiözese Freiburg.

Er dachte zurück an seine Firmung in Karlsruhe und nahm an, dass es sich um den Bischof gehandelt haben musste.

Hans ging jetzt über die Straße, froh, dort im kühlen Schatten weiter gehen zu können. Rechts vom Gehsteig floss ein etwa einen halben Meter breites Rinnsal von vielleicht fünf bis zehn Zentimeter Tiefe und kühlte die heiße Stadtluft ein wenig. Er war jetzt in Gedanken versunken und sann darüber nach, warum ihm die Frau Ruth so geholfen hatte. Er verstand es nicht.

Nach einigen Metern kam er an eine kleine Gasse, die nach links führte. Er war außer den beiden Kirchenmännern bisher keinen anderen Menschen begegnet. Er ging nach links und nun hörte er vor sich entfernte Stimmen. Die Gasse endete in ungefähr hundert Metern Entfernung und öffnete sich auf einen großen, sonnenbeschienenen Platz. Rechts von ihm stand das riesengroße prächtige Münster.

Hans blieb ehrfurchtsvoll stehen und seine Augen glitten langsam den riesigen Turm hinauf. Er wollte nicht enden und stand mächtig und schön, beschienen von der hoch stehenden Sonne vor einem tiefblauen wolkenlosen Himmel.

Der ganze Platz war gesäumt von Tischen und Stühlen gut besuchter Straßencafés. Überall wurde geredet, gelacht und diskutiert. Hans ging langsam mit vor Staunen geöffnetem Mund weiter. In der Mitte des Platzes stand ein großer Brunnen. Wasser strömte aus mehreren Rohren in ein kreisrundes Becken, lief dann über dessen Rand und verschwand im Boden. Er lehnte sich an einen Laternenpfahl und musterte die Gäste eines Restaurants, die sich im Freien niedergelassen hatten.

Sein Blick blieb an einer jungen Frau haften, die nicht weit weg von ihm alleine an einem runden weißen Blechtisch saß und eine Tasse Kaffee vor sich stehen hatte. Ihr kastanienbraunes Haar schimmerte sogar im Schatten. Ihr offenes rundes Gesicht wurde dominiert durch einen schön geschwungenen Mund, der Hans´ Aufmerksamkeit auf sich zog. Die vollen Lippen waren mit Lippenstift nachgezogen. Hans hatte das noch nie vorher gesehen.

Die Frau trug ein rotes, mit kleinen weißen Punkten übersätes Kleid. Es hatte große weiße Knöpfe, die vom Halsansatz bis zum Knie in regelmäßigen Abständen in der Sonne glänzten. Sie war schön. Ihre dunklen Augen wurden von dichten, fast schwarzen Augenbrauen beschattet. Die Schöne hatte den Blick von Hans ganz kurz erwidert.

Hans wurde aus seinen Träumen gerissen und wusste im ersten Moment überhaupt nicht, was ihn aufgeschreckt hatte. Er schaute über den Platz und sah einen Trupp uniformierter Männer im Gleichschritt auf den Brunnen zumarschieren. Der Trupp bestand aus sechs Mann, die jeweils zu dritt hintereinander her marschierten und einem Führer, der leicht nach rechts vorne versetzt ebenfalls im Gleichschritt mit marschierte.

Hans bekam ein flaues Gefühl im Magen und es wurde ihm fast schlecht vor Angst. Er wusste nicht warum, aber er spürte, dass eine Gefahr aufgezogen war.

„Hallo! Hallo!" hörte Hans eine Frauenstimme.

Er blickte sich um und sah die Dame im gesprenkelten Kleid an. Sie war aufgestanden und rief ihn.

„Hallo!", sagte sie noch einmal. „Komm, setz' Dich zu mir. Es ist noch ein Platz frei."

Ohne zu überlegen ging Hans auf den Tisch zu, zog einen Stuhl hervor und setzte sich. Umständlich zog er seinen Taschengurt über den Kopf und stellte die Tasche auf den Boden neben sich.

Der Führer des Trupps, der sich inzwischen ebenfalls an einen Tisch gesetzt hatte, war schon auf halbem Weg in Richtung Brunnen gewesen. Hans war sich sicher, dass er auf ihn hatte zugehen wollen. Als er aber sah, dass Hans sich an den Tisch der jungen Frau gesetzt hatte hielt er inne, stutzte kurz und drehte sich dann um, um zu seinen Kameraden zurück zu gehen.

Es war ein Trupp von Männern der S A, die ihre sonntäglichen Exerzierübungen durchführten. Hans war froh, diesen Leuten nicht Rede und Antwort stehen zu müssen, zumal er kaum vorzeigbare Papiere besaß und nur schwer erklären konnte, warum er sich in Freiburg aufhielt.

Die junge Frau musterte ihn und fragte: „Na, unterwegs?"

Hans schaute sie an und sagte: „Ja, ich, ich komme aus dem Schwarzwald..."

„Habe ich mir gedacht. Und wohin willst Du?"

„Äh, ich weiß noch nicht genau, äh, nein, ich bin auf dem Heimweg."

„So, so, auf dem Heimweg. Da ist es ja gut, dass wir uns getroffen haben. Vielleicht kann ich ja helfen, damit Dein Heimweg nicht so lang wird. Wie heißt Du"

Hans überlegte, ob er seinen richtigen Namen nennen sollte, sagte dann aber nach kurzem Zögern: „Ich heiße Hans.“

„Ah, schön…“, sagte sie, „Und wie noch?“

„Hans Rosenheimer aus Hüfingen bei Donaueschingen“, sagte Hans jetzt mit fester Stimme. „Und ich bin unterwegs nach Frankreich“.

Warum er den letzten Satz hinzugefügt hatte, wusste er selbst nicht. Es war ihm einfach herausgerutscht. Er hatte wohl schon Vertrauen zu seinem Gegenüber gefasst.

„Nach Frankreich“, sagte diese, „da kann ich dir ja helfen. Ich fahre nachher in diese Richtung. Wenn Du möchtest, kannst Du mit mir fahren“.

„Ja, sehr gerne tu ich das!“, sagte Hans und blickte sich noch mal ängstlich nach den S A-Leuten um.

Diese hatten sich Bier bestellt und debattierten lautstark über irgendwelche Dinge im Zusammenhang mit dem Autobahnbau im Rheintal. Man müsse darauf achten, dass sich die Juden nicht das ganze Geschäft unter den Nagel rissen und so weiter und so weiter.

„Besser, wir machen uns langsam aus dem Staub“, meinte die Frau mit einem Blick in Richtung des Trupps.

Hans nickte nur.

„Bezahlt habe ich schon. Lass uns gehen."

Sie stand auf, nahm eine weiße Handtasche von der Sitzfläche des Stuhles neben ihr und trat einen Schritt zurück.

Hans war auch aufgestanden, hatte sich seine Tasche über die rechte Schulter gehängt und ging dann leicht versetzt hinter der Frau her, die sich quer über den Platz in Richtung Münster auf den Weg gemacht hatte.

Hans nahm seinen ganzen Mut zusammen und fragte: „Wie heißen sie, -äh wie heißt du?“

Sie sagte: „Ich heiße Rebecca, Rebecca Stern.“

„Und ich wohne nicht in Hüfingen“, fügte sie lachend hinzu, „Ich wohne am Kaiserstuhl. Weißt Du was das ist, der Kaiserstuhl?“.

Hans zögerte und sagte dann: „Ich habe schon davon gehört, ich glaube das ist ein Berg im Rheintal hier ganz in der Nähe."

„Richtig", sagte die junge Frau, „ganz in der Nähe. Wenn Du es aber zu Fuß gehen müsstest, dann wäre es doch ein weiter Weg".

Sie waren jetzt an einem Platz angekommen, auf dem mehrere Autos abgestellt waren. Manche Fahrzeuge hatte Hans noch nie in seinem Leben gesehen.

Rebecca trat auf ein helles, offenes Auto zu und öffnete die Fahrertür. Hans war völlig hingerissen. Es war ein elegantes Fahrzeug mit offenem Verdeck und weißen Ledersitzen. Das Lenkrad war aus Holz, der Schaltknüppel ebenfalls.

Sie bedeutete ihm, auf die andere Seite des Autos zu gehen und einzusteigen. Vorsichtig griff er nach der Türklinke und zog daran. Mit einem leichten Knacken öffnete sich das Schloss und er zog die Tür auf. Er stieg langsam ein, setzte sich fast ehrfürchtig auf den Ledersitz und schloss die Tür.

Rebecca hatte zwischenzeitlich den Motor gestartet und den Rückwärtsgang eingelegt. Langsam und mit tiefem Schnurren rollte das Auto rückwärts. Hans war begeistert. Die Frau lenkte das Cabriolet stadtauswärts und nach wenigen Minuten befanden sie sich auf derselben Landstraße, auf der Hans nach Freiburg gekommen war. Sie fuhren Richtung Westen und die Sonne stand schräg links vor ihnen am Himmel." Es muss ungefähr drei, halb vier sein", dachte Hans.

Er genoss den Fahrtwind und konnte sich einfach nicht erklären, was mit ihm geschah. Hatten denn alle jungen Frauen in den Städten so eine offene Art? Konnte es sein, dass man in den Städten so ganz anders miteinander umging? Er kam zu keinem Schluss. Schließlich war er einfach nur froh, dass er im Auto saß und Richtung französischer Grenze unterwegs war. Das wusste er. Er wusste, dass Frankreich im Westen lag, dort wo die Sonne untergeht.

Vor ihnen tauchte eine große Baustelle auf. Die Fahrt musste verlangsamt werden und Hans fragte: „Was bauen die da?"

„Das ist die neue Autobahn von Frankfurt nach Weil am Rhein und dann nach Basel."

Sie fuhren unter der Autobahn durch und in der Ferne tauchten mit Weinreben bewachsene Hügel auf.

„Das ist der Kaiserstuhl", sagte Rebecca und blickte kurz zu ihm herüber.

Sie lächelte ihn an. Über den Hügeln des Kaiserstuhls hatten sich dunkle Wolken zusammengezogen und es schien, als ob sich ein Gewitter zusammen braute.

Hans sagte: „Ich glaube es wird bald regnen, meinst Du nicht?"

„Keine Ahnung, kenne mich da nicht aus. Wir werden sehen", antwortete sie und gab weiter Gas, um nach einer durchfahrenen Kurve wieder schneller zu werden.

Tatsächlich zog alsbald ein heftiger Wind auf und die Wolken kamen auf sie zu gerast.

Es blitzte ein paar Mal vor ihnen und Hans fragte: „Wollen wir uns nicht irgendwo unterstellen? Hast Du eine Möglichkeit, ein Verdeck aufzuziehen?"

„Nein, das Verdeck ist zuhause und eine Unterstellmöglichkeit für das ganze Auto gibt es hier auch nirgendwo. Aber das macht nichts, falls es uns wirklich erwischen sollte, trocknet es auch wieder."

Die ersten Tropfen fielen und nach ein paar Sekunden platschte das Wasser wie aus Eimern vom Himmel. Das Wasser war warm und Rebecca fing an zu lachen.

„Ist das nicht schön!?!", schrie sie durch den Fahrtwind und schaute zu Hans herüber, der jetzt auch lachen musste.

In kürzester Zeit waren sie beide völlig durchnässt. Hans warf einen verstohlenen Blick nach links und schaute Rebecca kurz an. Ihre Haare waren jetzt ganz nass und klebten an ihrem Kopf. Ihr Kleid war vorne nass und ihr Busen drückte durch den nassen Stoff, so dass man die kleinen Schwellungen der Brustspitzen erahnen konnte. Rebecca trat kurz auf die Bremse, weil vor ihnen auf der Straße ein Ast lag, der durch das Gewitter vom Baum gerissen worden war. Als sie den Fuß zurück aufs Gaspedal nahm, rutschte ihr Kleid ein Stück nach oben über das Knie und ihr nacktes Bein war für Hans im linken Augenwinkel sichtbar. Er traute sich nicht, seinen Kopf nach links zu drehen um einen genaueren Blick zu erhaschen, obwohl er es gerne getan hätte.

„Was hast du denn?" fragte sie ihn. „Sag doch was, oder hast du nichts zu erzählen? Sag mir, was du vorhast, wohin du willst, vielleicht kann ich dir helfen".

Jetzt drehte Hans seinen Kopf zu ihr, konnte aber zuerst nicht anders, als nur auf ihr leicht gebräuntes Bein und auf ihren Busen zu schauen.

Dann blickte er ihr in die Augen und sagte: „Ich bin dir - --- sehr – äh – dankbar, danke. Ich will nach Frankreich. Ich will zur Fremdenlegion. Deutschland ist nichts für mich. Ich kann mit der Obrigkeit nicht umgehen. Außerdem halte ich die Nazis für korrupte Schweine, die nur an sich selbst denken."

„Bist du Jude?" fragte Rebecca.

„Nein", sagte Hans erstaunt, „wie kommst du darauf?"

„Zurzeit gibt es viele Judenkinder, die sich auf dem Weg weg von Deutschland befinden"

Der Regen hatte inzwischen aufgehört und Rebecca wischte sich das Wasser aus dem Gesicht und strich die Haare glatt. Dann zog sie an ihrem Kleid, damit sich der nasse Stoff von der Haut löste.

„In meiner Familie denken wir auch darüber nach, ob es nicht besser wäre, das Land zu verlassen. Aber wir müssten viel zurück lassen. Und alles verkaufen können wir nicht, niemand gibt uns Geld dafür. Außerdem hängt unser Herz an unserer Heimat."

Jetzt fiel es Hans wie Schuppen von den Augen. Deshalb hatte man ihm im Freiburger Hof geholfen. Die Frau hatte Ruth geheißen, sie war auch Jüdin. Und sie war wohl auch der Meinung gewesen, einen Glaubensbruder vor sich zu haben, als sie Hans aus der Patsche half und ihm etwas zu essen gab. Und Rebecca hatte ihm aus demselben Grund geholfen. Sie war der Meinung gewesen, dass er Jude und auf der Flucht war.

Sie waren nach weiteren zwanzig Minuten Fahrt an einem großen Hoftor angekommen. Rebecca war ausgestiegen und hatte das zweiflügelige Tor geöffnet, sodass sie mit dem Wagen in den großen Hof hineinfahren konnten. Vor ihnen lag ein dreistöckiges, schlossähnliches Gebäude. Jedes Stockwerk hatte rechts und links vom großen Eingangsportal je fünf große Fenster, die in den oberen Stockwerken fast bis zum Boden reichten. Hans und Rebecca gingen durch die große Tür und kamen in eine geräumige Eingangshalle.

Eine junge Frau, wohl eine Bedienstete, trat aus einer Tür auf sie zu und begrüßte Rebecca mit den Worten: „Guten Tag, Fräulein Rebecca, ich hoffe sie hatten einen schönen Tag. Sie sind ja ganz nass geworden, wollen sie sich nicht gleich umziehen?"

„Ja, das wird wohl das Beste sein", lächelte Rebecca, indem sie zuerst an sich herunterschaute und dann den durchnässten Hans musterte. „Zeigen Sie Herrn Hans bitte das Gästezimmer im Erdgeschoss. Vielleicht möchte er sich ja auch noch frisch machen."

„Das Badezimmer ist gleich nebenan", fügte sie an Hans gerichtet hinzu.

Dieser stand nur mit offenem Mund da und ging dann langsam hinter dem Mädchen her, das ihn freundlich lächelnd in ein Zimmer am Ende des linken Flurs führte. Er war völlig überwältigt und beglückt und erlaubte sich kurz die Hoffnung, dass alles so weiter gehen könnte.... So richtig glauben konnte er es allerdings selbst nicht. Und damit sollte er Recht behalten…

Fremdenlegion

Es war Ende Dezember und der Winter hatte schon vor vier Wochen Einzug gehalten. Kräftige Schneefälle sorgten immer wieder dafür, dass die ganze Landschaft von der Gegend um Strasbourg aus bis in die Schweiz unter einer festen Eisdecke begraben lag.

Hans war vor die Tür der Baracke getreten und zündete sich eine Zigarette an. Diese hatte er auf dem Weg von seiner Schlafstelle im Gebäude hinaus auf den Hof in der rechten Hosentasche gedreht. Ja, richtig! Mit nur einer Hand und in der Hosentasche. Es war eine Art Wettbewerb unter den Kameraden im Ausbildungsbataillon der Legion, dass man sich die Zigaretten einhändig in der Tasche drehte. Selbstverständlich bedurfte es einer ganzen Menge Übung, bis man es einigermaßen hinbekam, eine ordentliche Zigarette aus der Hosentasche zu zaubern. Hans konnte es inzwischen ganz gut.

Er zog an der Zigarette und schaute in den Himmel. Es war schon nach acht Uhr abends und man konnte am klaren Himmel Sterne blitzen sehen. Rebecca Stern kam ihm in den Sinn, die ihm nach der Fahrt von Freiburg nach Ihringen am Kaiserstuhl auch noch weiter geholfen hatte. Am nächsten Tag, nach wunderbarem Schlaf im Herrenhaus, hatte sie ihn wieder im Auto mitgenommen. Sie waren über den Rhein nach Frankreich gefahren, wo die Familie Stern auch Weinberge bestellte. Nach dem verlorenen Krieg im Jahre 1918 waren die Weingüter zwar vom französischen Staat beschlagnahmt worden, die Sterns hatten es jedoch nach einiger Zeit und mit viel Mühe geschafft, bei der Bearbeitung der Rebflächen und der Vermarktung des Weines wieder mitzumischen.

Dies war auch der Grund, warum Fräulein Rebecca keine Kontrolle beim Rheinübergang über sich ergehen lassen musste. Sie war den Grenzbeamten wohl bekannt, weil sie mehrfach in der Woche ihre Inspektionsfahrt in die Vogesen unternahm. Dies kam auch Hans zugute; er konnte die Grenze nach Frankreich überqueren, ohne sich ausweisen zu müssen. Nach der Ankunft auf der französischen Seite hatte Rebecca ihn an einer Landstraße südlich von Strasbourg aussteigen lassen. Er hatte sich überschwänglich bei ihr bedankt und ihr gesagt, dass er sich wünsche, sie einmal wieder zu sehen. Und Rebecca war mit einem lauten Hallo davon gefahren.

Dann ging es zu Fuß in Richtung Norden weiter. Hans wusste, dass in Strasbourg Rekruten für die Legion angeworben wurden. Er hatte es im Schwarzwaldboten zu Hause in Hüfingen gelesen. Glück hatte er, als ein Auto an ihm vorbei fuhr und nach ein paar Metern dann stehen blieb, um ihn mitzunehmen. Der Fahrer hatte ihn sogar bis in die Straße gebracht, wo die Anwerbestelle der Legion in einem alten Schulgebäude untergebracht war.

Die Anwerbung war völlig problemlos gelaufen.

„Wie heißen sie?", hatte der uniformierte Beamte gefragt und den Namen in einen Bewerbungsbogen geschrieben.

„Geburtstag? Wo geboren und Beruf?" Hans hätte wohl alles sagen können, was ihm einfiel, es wurde einfach aufgeschrieben, ohne dass die Angaben auch nur im Geringsten angezweifelt wurden, geschweige denn dass irgendein Beleg verlangt worden wäre.

Nachdem die Daten erfasst waren und Hans sich bereit erklärt hatte, in die Legion einzutreten, war er auf den Hof geführt worden, wo sich schon andere junge Männer befanden und warteten.

Am Nachmittag wurden sie alle, mindestens zwanzig Mann, zu einem wartenden LKW gebracht. Sie stiegen hinten auf und ab ging es in unbekannte Richtung. Etwa eine Stunde später, keiner hatte auch nur ein Wort gesprochen, wurde an einem großen Tor angehalten. Das Tor wurde geöffnet und der Lastwagen fuhr in den Hof einer Kaserne – jedenfalls hatte man ihm das im Nachhinein gesagt. Es waren etwa ein Dutzend einstöckiger Holzbaracken, die in einem Abstand von knapp zehn Metern voneinander entlang einer Hügelkette der Vogesen aufgebaut waren.

In den Baracken waren jeweils 24 Mann untergebracht. Jeder hatte ein Bett und einen kleinen Spind für die persönlichen Sachen. Das war für alle ausreichend, denn keiner hatte mehr dabei als das, was er am Körper trug. Alle waren arme Schlucker, die sich hier versammelt hatten. Alle auf der Suche nach einem neuen Leben, oder vielleicht auch auf der Flucht vor dem bisherigen. Das war am Anfang noch nicht erkennbar. Erst später kristallisierte sich heraus, mit wem man gut zurecht kam und mit wem nicht.

Hans stand im Hof vor der Baracke und schaute hoch in den dunklen Himmel. Je länger er den Blick über den Himmel gleiten ließ, desto mehr blitzende Sterne konnte er erkennen. Manche funkelten unruhig, andere strahlten ihr Licht ganz still und gleichmäßig in die Welt.

Er dachte an den Bericht in einem Magazin, welches er sich in der Bücherei in Donaueschingen ausgeliehen hatte. Darin ging es um den großen Forscher und Physiker Albert Einstein, der etwas über die Geschwindigkeit des Lichts entdeckt hatte und dies in Zusammenhang mit der Entfernung der Sterne von der Erde brachte. Hans war von diesen Dingen ganz in den Bann gezogen worden. Während seiner Zeit auf dem Bauernhof hatte es oft Abende gegeben, an denen er auf der Wiese vor der Rückseite des Schweinestalls saß und den Himmel beobachtete. Es gab Sterne, die so hell leuchteten, dass man sie schon während der Dämmerung erkennen konnte. Im Sommer war es am beeindruckendsten, wenn er nachts im Gras lag und den Himmel anstarrte. Er hatte nicht verstanden, was Einstein mit der Lichtgeschwindigkeit meinte und er hatte auch nicht verstanden, wie man jetzt herausbekommen wollte, wie weit die einzelnen Sternbilder von der Erde entfernt waren. Aber das war auch gleichgültig, der Sternenhimmel faszinierte Hans jedes Mal, wenn er ihn sah. So auch an diesem Abend.

Er dachte über sein Leben nach und er war sich nicht sicher, ob es wirklich das war, was er wollte, nämlich in der Legion zu dienen. Irgendwie hatte er das Gefühl, zufällig hier gelandet zu sein. Ja, er war von Hüfingen nach Freiburg gegangen, dann nach Frankreich gelangt und Anfang September in der Ausbildungseinheit angekommen. Aber, war das wirklich das, was er wollte? Und wie würde es jetzt weiter gehen?

Seine Ausbildungszeit war fast abgelaufen und die Entscheidung, wohin er danach versetzt werden sollte, stand kurz bevor. Indochina, hatte man ihm gesagt, sei sehr interessant. Andere sagten, dass es in Cayenne viel besser sei. Kaum Probleme mit Aufständischen, tolles Wetter, gutes Essen und darüber hinaus noch die schönsten Mädchen der Welt!

Von Nordafrika hatten alle abgeraten. Dort sei der Teufel los. Ob Algerien oder Marokko sei egal. Scheiße blieb Scheiße, ganz egal, ob man von Oran aus in die Wüste marschierte oder von Casablanca. Aussuchen konnte man es sich jedenfalls nicht.

Hans hoffte auf Vietnam. Er stellte sich vor, dass es unglaublich spannend sein musste, so weit nach Südostasien zu reisen und dort leben zu können. Offizielle Berichte über die Rolle der französischen Legion in Indochina gab es nicht. Die Erzählungen innerhalb des Lagers klangen jedoch verheißungsvoll.

Hans hatte seine Zigarette fertig geraucht und die Kippe ausgedrückt. Er schaute den Maschendrahtzaun entlang, der hinter den Baracken knapp drei Meter hoch entlang lief. Alle zehn Schritte war ein hölzerner Mast im Zaun integriert, an dessen Ende eine schwache Leuchte angebracht war. Ihr Schein reichte gerade aus, um den Boden rund um den Pfahl bis auf etwa drei Meter Umfang zu erhellen.

Auf dem ihm am nächsten gelegenen Pfahl saß oben eine Katze. Sie war auf der anderen Seite des Zauns hoch geklettert und hatte sich auf die abgeflachte Spitze des

Laternenpfahls gekauert. Sie tastete unruhig auf der kleinen Plattform der Laternenspitze herum und setzte dann zum Sprung in den Hof an. Jetzt hatte sie sich fallen lassen und stand wie angewurzelt auf dem Boden einen Meter vor dem Laternenpfahl. Die Katze rührte sich nicht mehr und stand ganz steif.

Hans ging verwundert in Richtung Katze und erkannte beim näher kommen, dass es sich um den in der Kompanie bekannten schwarz-weißen Kater handelte, der regelmäßig zu Besuch kam, um die Essensresten der Männer zu betteln. Der Kater hatte sich immer noch nicht gerührt und Hans ging noch näher.

„Na, du Räuber, was machst du noch so spät bei dieser Kälte hier draußen? Zum Essen bist du ein wenig spät dran" sprach er den Kater an.

Immer noch stand das Tier wie angewurzelt und bewegte sich nicht. Hans bückte sich, fuhr ihm mit der Hand über den Rücken und streichelte das dichte Fell. Immer noch nichts, keine Bewegung.

„Was ist denn?"

Er nahm jetzt auch noch die andere Hand und versuchte, die Katze hoch zu heben. Erst jetzt merkte er, dass das Tier irgendwie verletzt sein musste. Jedenfalls verhielt es sich völlig ungewöhnlich und blieb immer noch ganz steif stehen. Hans nahm die Katze hoch und jetzt entfuhr ihr ein lauter Schrei.

Hans fuhr zurück und die Katze blieb immer noch wie festgenagelt stehen. Hans fuhr mit beiden Händen um den Leib der Katze herum und tastete nach dem Bauch des Tieres. Dort bemerkte er einen harten Widerstand. Er fühlte mit den Fingern weiter am Bauch entlang und tastete mehrere kalte nadelförmige Metallstücke, die sich in den Bauch der Katze gebohrt hatten. Langsam und behutsam versuchte er, mit beiden Händen unter das Tier zu kommen und hob es vorsichtig an. Jetzt sah er es!

Der Kater war von oben in ein Nagelbrett gesprungen. Das Brett war etwa einen Meter lang und es waren acht oder zehn lange Nägel von unten durch das Brett getrieben worden. Das Brett war im Sand so verscharrt worden, dass man es auf den ersten Blick nicht sehen konnte. Die Nägel standen nach oben.

Hans war entsetzt. Wer konnte so etwas gemacht haben? Klar, alle wussten von dem Kater und alle wussten auch, wo er über den Zaun sprang. Das konnte man aber doch nicht machen, eine solche tödliche Falle stellen!

Er trug den Kater mit dem Brett zur Baracke und fühlte, dass er noch atmete. Er meinte sogar zu spüren, dass der Kater ganz leicht schnurrte. Früher hatte man ihm einmal erzählt, dass Katzen nicht nur schnurrten, wenn sie sich wohl fühlten, sondern auch dann, wenn sie große Schmerzen hatten.

Jetzt war das wohl so. Was sollte er tun? Nach weiterem Tasten hatte er festgestellt, dass insgesamt sieben Nägel im Körper der Katze steckten. Manche bis zum Anschlag. Hans ging daher davon aus, dass er nicht mehr zu retten war. Also überlegte er, wie er ihm sein Leiden verkürzen konnte. Er erinnerte sich daran, wie er einmal im Waisenhaus mit dem Hausmeister mitgehen musste, weil eine Katze im Keller ihre Jungen abgelegt hatte. Hans musste helfen, die in einen Jutesack gesteckten Kätzchen im nahe gelegenen Oberwaldteich zu ertränken. Dies sei eine humane Methode, Katzen zu töten, hatte der Hausmeister gesagt.

Hans ging mit dem Kater an die Ecke der Baracke, wo das Fallrohr vom Dach in ein Fass mündete. Es war fast voll mit Wasser, weil es in den letzten Wochen viel geschneit und geregnet hatte. Er sprach leise auf den Kater ein und ließ ihn ganz langsam zusammen mit dem Brett, die Nägel wollte er nicht heraus ziehen, in das eiskalte Wasser gleiten. Der Kater wehrte sich nicht. Vielleicht, so hoffte Hans, merkte er auch nichts mehr. Hans konnte nicht sehen, ob sich noch etwas unter Wasser tat, weil es schon viel zu dunkel war.

Nach etwa zwei Minuten hob er den Kater wieder heraus. Ihm fielen fast die Finger ab vor Kälte. Er legte ihn auf den Boden und stellte sich mit dem rechten Fuß auf den Rand des Brettes. Dann packte er mit beiden Händen das nasse Fell und zog langsam an dem toten Tier. Mit einem Ruck lösten sich die Nägel aus dem Körper. Er nahm die tote Katze und legte sie an der Rückseite der Baracke dicht an der Hauswand ab. Am nächsten Tag wollte er sehen, ob es möglich sei, in dem harten Boden eine kleine Mulde auszuheben und das Tier zu begraben.

Hans ging zurück zum Fass und bückte sich, um das Nagelbrett aufzunehmen. Er hatte die ganze Zeit überlegt, wer wohl zu so etwas fähig war. Ihm war nur einer eingefallen. Das fette Schwein aus Berlin, Georg. Alle nannten ihn „Icke", weil dieses Wort der Hauptbestandteil seiner Sprache war.

„Nur du kannst das gewesen sein, du Drecksau!", rief Hans, kaum hatte er die Tür zur Baracke geöffnet.

Er ging hinein, blieb stehen und suchte im schummrigen Licht der von der Decke hängenden Glühbirnen den Raum ab. Ungefähr in der Mitte stand Georg vor seinem Bett und kramte in seinem Rucksack herum. Hans hob das Nagelbrett und ging mit immer schneller werdenden Schritten auf Georg zu. Kurz bevor er ihn erreicht hatte, das Nagelbrett zum Schlag hoch über den Kopf erhoben, fiel ihn von der Seite Ulrich an und riss ihn zu Boden. Georg „Icke", der Berliner, war herumgefahren und starrte auf die beiden am Boden Liegenden.

„Du Dreckschwein hast die Katze umgebracht!", schrie Hans „Hat sie dir etwas von Deinem Fressen geklaut, du Fettsack? Soll ich sie Dir bringen, damit du sie auch noch fressen kannst!?!"

Icke starrte Ulrich an und fragte: „Was ist denn mit dem los? Hat der sie noch alle, oder ist er jetzt ganz durchgedreht?"

Ulrich sagte: „Keine Ahnung. Wenn er wieder ansprechbar ist, werden wir das ja erfahren. Hans, hör jetzt auf, du kannst ihn doch nicht am Boden festnageln. Dann kannst du dich gleich aufhängen, oder?"

„Die Drecksau hat unsere Katze tot gemacht. Wir müssen ihm eine Abreibung verpassen!"

„Ja, sollen wir ihn denn totschlagen?"

„Ja, weil er die Katze tot gemacht hat, nur weil er nicht genug zu fressen kriegt. Solche Menschen müssen weg! Sie bringen Unglück!"

Georg hatte sich wieder zu seinem Bett umgedreht und sagte, mehr zu sich selbst als zu den anderen: „Ich lass mir doch nicht von einer Scheißkatze mein Essen wegfressen, wo kommen wir denn da hin? Dann auch noch eine Scheißfranzosenkatze! Das kann ja wohl nicht sein, oder?"

Hans war aufgestanden und wandte sich in Richtung seines Bettes. Alle übrigen Bewohner der Baracke hatten sich inzwischen um die Gruppe versammelt und beobachteten still die Auseinandersetzung.

„Ich werde dich schon noch kriegen, du Arschloch!", sagte Hans und warf sich auf sein Bett.

Georg hatte ihm noch nachgerufen „Du halbes Hemd machst mir ja ganz viel angst. Pass nur auf, dass ich dich nicht zu deiner Katze lege. Dann kannst du ihr ja das Pfötchen halten!"

Hans hatte die Augen geschlossen und versuchte, nicht mehr an das arme Tier zu denken. Erst spät wurde er von der Müdigkeit übermannt und konnte endlich einschlafen.

Obwohl die Ausbildung bei der Legion sehr hart und die körperliche Belastung hoch war, lag er oft in der Nacht wach und dachte nach. Er dachte darüber nach, ob er den richtigen Weg eingeschlagen hatte. Er dachte darüber nach, ob ihm nicht andere Möglichkeiten offen gestanden hätten. Er fragte sich, ob es nicht besser gewesen wäre, einfach in Hüfingen zu bleiben und abzuwarten, was geschehen würde. Nun, es war müßig, sich darüber Gedanken zu machen. Jetzt war er hier und es gab kein Zurück mehr.

Neben der militärischen Ausbildung, welche sowohl formalen Charakter hatte als auch Waffenausbildung beinhaltete, wurde täglich Unterricht in Französisch gehalten. Die Ausbilder und Kommandeure sprachen nur Französisch, sodass sich die Rekruten alle schnell in der neuen Sprache zurechtfanden. Dennoch wurden die Unterhaltungen untereinander meist auf Deutsch geführt.

Die Ausbildung in der Gegend um Obernai war abgeschlossen. Die meisten der Rekruten sprachen inzwischen leidlich Französisch und über Angriff und Verteidigung hatte man auch etwas gelernt. Alle konnten mit dem Karabiner umgehen und es wurde Zeit, dass sich etwas tat.

Die langweiligen Abende, die in der Kantine bei reichlich Wein und viel unnötigem Geschwätz abliefen, waren nicht dazu angetan, dass die Anspannung nachließ. Alle wollten jetzt endlich versetzt werden, ganz egal, ob es nun nach Nordafrika oder nach Cayenne oder sogar nach Indochina gehen sollte.

Endlich wurden sie an einem Sonntagvormittag um zehn Uhr in den Hof befohlen, um den Tagesbefehl zu empfangen. Sie waren angewiesen worden, in Kampfuniform anzutreten und das gesamte Gepäck im Seesack zu verstauen. Die Säcke blieben in den Baracken.

Als alle angetreten waren, erschien im Hof der Standortkommandant, ein Infanteriemajor. Der ebenfalls stramm stehende Hauptmann, der Ausbilder, meldete die Kompanie als ordnungsgemäß angetreten.

Der Major stellte sich vor den Rekruten auf und ergriff das Wort: „Sie haben mit der Grundausbildung den ersten Schritt auf ihrem Weg in die Legion erfolgreich absolviert. Dazu gratuliere ich ihnen. Noch heute werden sie die Reise nach Marseille antreten. Von dort werden sie per Schiff weiter in Ihre Einsatzgebiete gebracht um dort den letzten Schliff in ihrer Ausbildung zu erhalten und danach in Ihre endgültigen Kompanien verteilt zu werden. Ich wünsche Ihnen alles Gute!"

Der Hauptmann ließ die Soldaten wegtreten, die Seesäcke aus den Baracken holen und in wartende Lastwagen aufsitzen. Am Nachmittag um fünfzehn Uhr fuhr ab dem Hauptbahnhof Colmar ein Militärzug in Richtung Marseille.

Als Hans seinen Seesack holte und er mit seinen Kameraden herum flachste bemerkte er, dass ein ganz klein wenig Abschiedsgefühle zu spüren waren. Das wunderte ihn, aber er wusste ja inzwischen, dass er seine Gefühle nicht im Griff hatte.

Alle waren in freudiger Erwartung und sehr nervös. Niemand wusste, wohin es letztendlich gehen würde. Ganz gleich ob Afrika, Südamerika oder Indochina, alle wurden in Marseille eingeschifft.

Im Zug bezogen immer sechs Mann zusammen ein Abteil, die Seesäcke wurden in den Gepäcknetzen verstaut. Nachdem einige Sätze gewechselt waren, breitete sich eine ungewohnte Stille aus. Ein Zeichen dafür, dass jeder mit sich selbst beschäftigt war und seinen Gedanken nachhing. Schließlich war jedem klar, dass es jetzt irgendwie und irgendwo in den Krieg ging. Hans saß in seiner Ecke und schaute zum Waggonfenster hinaus.

Die Dämmerung hatte schon eingesetzt und der letzte Bahnhof, den sie passiert hatten, war der von Mulhouse gewesen. Der Zug rollte weiter Richtung Südfrankreich. Hans dachte aber nicht an das, was ihn erwartete, sondern an die Zeit auf dem Bauernhof in Hüfingen.

Nachdem er sich eingelebt hatte und die zugeteilte Arbeit im Schweinestall, auf den Feldern und im Wald keine Schwierigkeiten mehr bereiteten, hatte er angefangen, sich nach seinen Wünschen einzurichten. Im Winter hatte er in seinem Zimmer unter dem Dach geschlafen. Tagsüber hatte er seine Aufgaben im Stall. Auf den Feldern und im Wald war nichts zu tun, da überall eine Menge Schnee lag.

Sobald die Temperatur in den Nächten nicht mehr unter Null Grad sank, hatte er sich im Stall eine Schlafstelle zurecht gezimmert. In der hintersten Ecke, gegenüber den Schweinekoben, hatte er auf vier Pfählen, die er sich im Wald geschlagen hatte, eine Pritsche aus Dielenbrettern zusammengenagelt. Sie befand sich etwa einen Meter über dem Boden und er hatte seine Strohmatratze aus seinem Zimmer geholt und darauf gelegt. Ausgestattet mit zwei Wolldecken war die Pritsche zu seiner Schlafstatt geworden. Die Bäuerin und auch der Bauer hatten nichts dagegen, dass jetzt auch während der Nacht jemand im Stall nach dem Rechten sah.

Hans fühlte sich dort wohl und mit der Zeit konnte er ohne die Geräusche im Schweinestall gar nicht mehr einschlafen. Oft kroch er nach Einbruch der Dunkelheit in sein Bett und las im Schein einer Petroleumlampe die aus der Bücherei in Donaueschingen geliehenen Bücher. Es waren vielfältige Themen, die in interessierten. Angefangen bei Astronomie bis hin zu Zukunftsforschung.

Er ertappte sich sehr oft dabei, dass er mitten im Satz aufgehört hatte zu lesen und darüber nachdachte, welchen Weg er wohl gehen würde. Es war einfach nicht gut, auf dem Bauernhof zu bleiben. Er hatte da keine Zukunft. Das Ehepaar hatte zwar keine Kinder, aber es bestand niemals die Möglichkeit, dass er auch nur ein Körnchen Sand vom Hof würde erben können. Was war dann, wenn der Bauer und seine Frau nicht mehr da waren?

Vielleicht würde man ihn aber schon viel früher zur Wehrmacht stecken. Auch wenn bei seiner Musterung noch niemand davon gesprochen hatte.

Nach dem, was er aus der Tageszeitung oder dem Radio wusste, hatte er kein Vertrauen in die Regierung, die seit 1933 das Sagen hatte. Aufgrund seiner Kindheit im Waisenhaus und seinen Erfahrungen mit den für ihn zuständigen Behörden befürchtete er, dass sich niemand für seine Wünsche interessieren würde. Er musste also selbst entscheiden, wie er seine Zukunft gestalten wollte, und er musste die Entscheidung umsetzen, und zwar bald!

Er hatte von der Fremdenlegion in der Zeitung gelesen, und sein Interesse war geweckt. Es war von Abenteuern in fremden Ländern die Rede, von sehr guter Verpflegung, Kameradschaft und freundschaftlicher Atmosphäre und von sehr guten Zukunftsaussichten im Führungskader der Legion. Voraussetzungen gab es so gut wie keine, lediglich eine gewisse körperliche Fitness sollte man mitbringen. Und fit, das war Hans!

So war also der Gedanke zur Flucht vom Bauernhof im Laufe der Zeit immer weiter gewachsen und Hans hatte immer mehr Details durchdacht: Wann wäre es am besten, sich auf den Weg zu machen? Welchen Weg sollte er nehmen, damit man ihn nicht unterwegs abfangen würde? Wie und wo würde er am besten über den Rhein kommen? Das alles und noch vieles mehr war ihm durch den Kopf gegangen. Er hatte sich sogar Französischlehrbücher besorgt, um nicht ohne Sprachkenntnisse nach Frankreich zu kommen.

Und jetzt, als er an das alles zurück dachte, war er einerseits stolz darauf, was er geschafft hatte. Andererseits war ihm etwas mulmig zumute. Er spürte ganz deutlich, dass es jetzt erst richtig losgehen würde mit seinem Abenteuer. Und damit sollte er Recht behalten. Über diesen Gedanken schlief Hans in seiner Waggonecke ein und erwachte erst gegen Morgen, als die Sonne schon zu erahnen war.

Sie mussten schon hinter Lyon sein, denn durch das Fenster sah er einen breiten Fluss und am gegenüber liegenden Ufer Weinberge, soweit das Auge reichte. Das Rhonetal war erreicht und Hans richtete sich neugierig auf.

Die Reise zu neuen Ufern, das, was er sich in den letzten zehn Jahren immer gewünscht hatte, hatte jetzt wirklich begonnen. Und er wusste immer noch nicht, wohin sie ihn bringen würde.

Als langsam der Abend dämmerte, verlangsamte der Zug seine Fahrt und die Schienen führten durch spärlich bebaute Gegenden. Hans und seine Kameraden hatten den ganzen Tag damit verbracht, über den Inhalt ihrer Mission zu spekulieren, obwohl sie nicht genau wussten, wohin sie letztlich gebracht wurden. Dass es nach Algerien gehen sollte, das hatte man ihnen kurz vor dem Einsteigen in den Zug mitgeteilt. Auch dass die Reise über Marseille mit dem Schiff nach Oran gehen und ungefähr zwei Tage dauern sollte. Alle weiteren Befehle und Informationen über den Zielort sollten sie während der Schiffsreise bekommen. Alle waren voll freudiger Neugierde und alberten übertrieben miteinander herum. Bei genauerem Hinsehen konnte der aufmerksame Beobachter aber auch erkennen, dass unterschwellig große Unsicherheit bestand. Wenn auch niemand offen darüber redete.

Ihre Kompanie war aus Mitgliedern ihres Ausbildungskorps zusammengestellt worden, welches sich aus Männern aus vielen verschiedenen Ländern Europas zusammensetzte. Neben einer großen Anzahl von Deutschen waren auch Polen, Tschechen, Ungarn, Österreicher und sogar jeweils ein Belgier und ein Engländer dabei. Sie unterhielten sich entweder in ihrer Muttersprache – wenn der Gesprächspartner aus demselben Land kam – oder notgedrungen auf Französisch. Entsprechend schwierig waren die Unterhaltungen und den wenigsten gelang es, ihre Gedanken in die richtigen Worte zu fassen.

Dies tat der guten Stimmung keinen Abbruch, zumal die Kompanie- und Zugführung für sehr gutes Essen und guten Wein gesorgt hatte. Niemand war auf die Idee gekommen, dass sich die hervorragende Verpflegung möglicherweise nach der Landung in Algerien schlagartig ändern würde. Jedenfalls waren die meisten zumindest ein wenig angeheitert, als der Zug endlich hielt.

Jeder war mit seinem Gepäck einer nach dem anderen zur Waggontür gedrängt.

Auf dem Bahnsteig angekommen, blickten sie zunächst unsicher und fragend um sich, bis ein lauter Befehl gebrüllt wurde: „Alles antreten! Stillgestanden!"

Sie sammelten sich hastig auf dem Bahnsteig, so, wie sie das lange geübt hatten, und in kurzer Zeit stand die Einheit in einer Dreierreihe stramm.

Ein junger Feldwebel trat vor die Legionäre und brüllte sofort den nächsten Befehl hinterher: „Rechts um, im Gleichschritt Marsch!" Und der Trupp setzte sich in Bewegung.

Hans befand sich in der dritten oder vierten Reihe von vorne. Sie marschierten eine Straße entlang, die zu beiden Seiten von Lagerhallen und Fabrikgebäuden gesäumt war.

Andere Leute konnte er nicht ausmachen. Entweder waren die alle schon nach Hause gegangen, weil schon Feierabend war, oder sie ließen sich einfach nicht blicken, solange die Legionäre vorbei marschierten.

Nach ungefähr zwanzig Minuten hatten sie eine Anhöhe erreicht. Von dort oben sah man einen wolkenfreien Himmel, der durch die untergehende Sonne in ein leichtes Orangerot getaucht war. Und über die unter ihnen liegenden Häuserdächer sah man den Hafen und das Meer, ein Blick bis zum Horizont…

„Das Meer!" Unwillkürlich hatte der eine oder andere diese zwei Worte geformt und so seinem Staunen Ausdruck verliehen.

Hans war sprachlos. Er hatte sich diesen Augenblick so oft ausgemalt. Das erste Mal das Meer zu sehen – er hatte sich nicht vorstellen können, wie überwältigend der Anblick tatsächlich war.

Den meisten stand der Mund offen, trotzdem marschierten sie weiter, wenn auch etwas holpriger, als dies sonst üblich war.

Sie hatten sich einigermaßen wieder gefangen, als sie in eine breite Straße einbogen, an deren Anfang auf einem Schild der Name Fos stand.

Hans hatte während seiner Vorbereitung im Ausbildungslager in verschiedenen Büchern über Frankreich auch über den Hafen von Marseille gelesen, der im Stadtteil Fos lag. Sie waren jetzt ganz in der Nähe des Liegeplatzes ihres Schiffes, welches sie nach Afrika bringen sollte.

Tatsächlich tauchte nach ein paar Minuten der Bug eines großen Dampfers vor ihnen auf. Auf der Steuerbordseite, die am Kai fest gemacht war, stand mit großen Lettern „Soleil du Sud".

Afrika

Die „Sonne des Südens" war bei genauerem Hinsehen ein alter verrosteter Massengutfrachter, dessen bessere Tage schon mehr als dreißig Jahre vorüber waren.

In der Mitte des Schiffsrumpfes führte ein Holzsteg in einem halsbrecherischen Winkel von ungefähr fünfundvierzig Grad zu einer Luke, die sich etwa in acht oder zehn Metern Höhe über dem Kai befand.

Der Feldwebel hatte die Einheit angehalten und auf dem Kai antreten lassen.

„Achtung! Stillgestanden!", brüllte der Feldwebel. „Sie werden auf mein Kommando einzeln über den Steg auf das Schiff gehen. Und zwar flott und ohne stehen zu bleiben, wir haben hier nicht den ganzen Tag Zeit! Auf Deck stellen sie sich in Reihe auf, bis alle an Bord sind!"

„Links um! Der erste: Marsch, Marsch!"

„Und der nächste: Marsch!"

So ging es weiter, der Feldwebel schickte die Legionäre einen nach dem anderen im Abstand von fünf Metern den Holzsteg hinauf.

Als Hans an der Reihe war, trat er auf die Bretter und ging schnellen Schrittes die steile Gangway hinauf. Ohne nach unten zu sehen hatte er in kurzer Zeit die offene Luke erreicht und sich auf das Deck des Schiffes geschwungen.

Dort angekommen, wurde er von einem Mann in Matrosenuniform angewiesen, sich den schon oben Angetretenen in Reihe anzuschließen. Es dauerte nahezu eine Stunde, bis alle Mann an Bord waren.

Zuletzt war der Feldwebel an Bord gekommen. Und er gab weitere Befehle: „Stillgestanden! Durchzählen!"

Nachdem fest stand, dass alle Mann an Bord waren und keiner fehlte, ging es weiter, alle marschierten über das Deck Richtung Heck des Schiffes.

Dort, direkt hinter den Aufbauten der Kapitänsbrücke und dem Ruderhaus, führten drei Stufengestelle abwärts in den Schiffsrumpf. Sie stiegen einer nach dem anderen nach unten und gelangten in einen großen Raum, der nur durch das einfallende fahle Licht durch weit oben angebrachte Bullaugen erhellt wurde. Da die Dämmerung bereits weit fortgeschritten war, konnte man in dem dunklen Laderaum so gut wie gar nichts erkennen.

Erst, als sich die Augen langsam an die Dunkelheit gewöhnt hatten, konnten sie Pritschen sehen, die in einem Abstand von circa einem Meter in mehreren Reihen aufgestellt waren.

„Jeder Soldat nimmt ein Bett in Beschlag! Das Gepäck wird unter dem Bettgestell gelagert. Essen und rauchen streng verboten, trinken erlaubt!", schrie der Feldwebel durch den dunklen Schiffsrumpf. „Die Überfahrt nach Oran wird genau dreizehn Stunden dauern. Die Toiletten befinden sich am hinteren Ende dieser Kabine, dort gibt es auch Wasser!

Morgen früh wird auf Befehl an Deck angetreten. Dort wird Kaffee ausgegeben, sowie der Proviant und das Wasser für den ganzen Tag. Achten Sie insbesondere darauf, dass sie so viel Wasser wie möglich abfüllen, es wird ein heißer staubiger Tag werden!"

Die Männer hatten jeder ein Bettgestell in Besitz genommen und sich entweder niedergelegt oder auf die Kante gesetzt. Sie sprachen leise miteinander und waren alle gespannt, wie es weiter gehen würde.

Plötzlich grollte ein mächtiges Dieselaggregat auf und der Schiffsrumpf erzitterte unter der sich drehenden Schiffsschraube, die sich dem Krach nach nicht weit unter der „Schlafkabine" der Männer befinden konnte. Das Schiff setzte sich langsam in Bewegung und der eine oder andere streckte die Arme aus, als wolle er sich irgendwo festhalten oder ausbalancieren.

Der Motor wurde lauter und man konnte spüren, wie das Schiff sich allmählich vorwärts schob. Fast unmerklich neigte sich der Boden zuerst nach vorne, dann langsam wieder zurück. Gleichzeitig hatte man das Gefühl, der

Boden bewegte sich einmal nach rechts unten und dann wieder nach links unten.

Hans hatte sich hingelegt. Das war auch nicht besser. Die schlingernden Bewegungen des Schiffes übertrugen sich auf eine Weise, die einen ganz schwindelig werden ließ.

Er schloss die Augen. Das machte es noch schlimmer. Von der Seekrankheit hatte er gelesen. Er hatte auch gehört, dass sie schrecklich sei. Er hoffte, dass es ihn nicht treffen würde, und konzentrierte sich auf die Geräusche im Schiff, um sich abzulenken.

Nach einer Weile setzte er sich auf und sprach seinen Nachbarn an: „Meinst du, dass es hier drin Licht gibt?"

„Keine Ahnung. Fragen kann man ja auch keinen. Ist ja keiner da."

„Wir könnten eine Delegation nach oben schicken und fragen, oder?"

„Ja, könnten wir. Und wer bildet die Delegation, du?"

„Warum nicht, verboten hat das ja niemand, oder? Gehst du mit?"

Sein Nachbar stand auf und rief: „Alle mal herhören!"

Er hatte Deutsch gesprochen und jetzt war ihm klar geworden, dass ihn nur die Hälfte der Männer verstehen konnte. Er fing noch einmal an, und jetzt auf Französisch:

„Alle mal herhören. Wir wollen eine Delegation bilden, die nach oben gehen soll, um verschiedene Fragen zu klären. Erstens: gibt es eine Beleuchtung in unserer ‚Kabine'?"

Das Wort Kabine hatte er mit einem ironischen Unterton versehen

„Zweitens: Kann man die Nacht auch an Deck verbringen, wenn einem das lieber ist? Drittens: Was macht einer, dem schlecht wird? Wenn noch jemand Fragen hat, die zu stellen wären, dann soll er sie vorbringen!"

Zustimmendes Gemurmel drang aus dem Dunkel.

„Ja, das ist gut. Wer geht?", fragte jemand.

Hans war aufgestanden und sagte „Mein Nachbar und ich wollen nach oben gehen. Ist das in Ordnung oder möchte noch jemand mit?"

Niemand meldete sich und die beiden tasteten sich langsam durch die Dunkelheit Richtung Treppenaufgänge.

Dort angekommen, hielten sie sich am Geländer fest und stiegen hinter einander die Stufen empor. Als sie über die Schwelle getreten waren, die Türen waren offen, breitete sich ein sternenklarer Himmel über ihren Köpfen aus. Der Anblick war faszinierend.

Die Augen gewöhnten sich schnell an das fahle Mondlicht und sie konnten die dunkle Wasserfläche hinter dem Heck erkennen, die sich im Unendlichen verlor. Beide drehten sich in Richtung Bug um und sahen die beleuchteten Fenster des Ruderhauses vor sich. An Deck war auf den ersten Blick niemand zu erkennen. Langsam gingen sie in Richtung Bug und zum Ruderhaus.

„Halt, wer da?!", rief jemand vor ihnen und sie blieben erschrocken stehen.

„Zwei Mann von der dreiundzwanzigsten Infanteriekompanie" sagte Hans in ruhigem Tonfall. „Wir haben ein paar Fragen und möchten deshalb den Vorgesetzten sprechen."

„Den Vorgesetzten sprechen – ihr seid wohl nicht ganz bei Trost. Es ist jetzt zehn Uhr in der Nacht. Da gibt es keine Fragen zu stellen. Macht, dass ihr wieder in eure Betten kommt, sonst mache ich euch Beine!"

„Wir wollen nur wissen, ob es im Schiffsrumpf Licht gibt. Außerdem geht es einigen der Männer sehr schlecht. Die kotzen die Toiletten voll. Können wir nicht an Deck kommen. Das ist doch besser, als in dem dumpfen Laderaum zu hocken!"

„Das kennen wir" sagte der Matrose. „Immer wollen die Leute an Deck. Dann können sie sich über Bord werfen, wenn sie richtig seekrank sind. Wir können es uns aber nicht erlauben, nicht vollzählig in Oran einzulaufen, versteht ihr?"

„Wir werden schon aufpassen, dass keiner ins Wasser geht. So schlecht geht es nun auch keinem."

Hans hatte dem Matrosen auf die Schulter geklopft und hoffte, dass dieser zustimmen würde.

„Ich kann das sowieso nicht erlauben. Aber ich werde den Kapitän suchen und ihn fragen."

„Sehr gut, das wäre toll, danke", sagte Hans und die beiden Männer zogen sich an die Wand des Ruderhauses zurück, um dort auf die Rückkehr des Matrosen zu warten.

Fünf Minuten später kam dieser aus der unteren Luke des Ruderhauses und rief schon von weitem: „Ihr habt Glück, der Kapitän ist guter Laune. Ihr könnt an Deck. Aber ihr dürft euch nur im Bereich des Hecks aufhalten. Und ihr seid selbst verantwortlich dafür, dass keiner über Bord geht."

Hans und sein Kamerad gingen mit schnellen Schritten zu den Treppenabgängen und erstatteten Bericht. Sofort standen alle Mann auf und stiegen hinter einander die Treppen hinauf. Sie ließen sich in kleinen Gruppen an Deck nieder. Mit großem Erstaunen sahen sie auf das Meer hinaus und bewunderten den sternenübersäten Himmel.

Rund um das Schiff lief die Bordwand, die etwa einen Meter hoch war und an der Verbindung zu den Deckplanken jeweils in einem Meter Abstand durchbrochen war, sodass bei Bedarf überkommendes Wasser abfließen konnte.

Hans hatte sich hingesetzt und mit dem Rücken an die Bordwand gelehnt. Er schaute nach oben in den Nachthimmel und hing seinen Gedanken nach.

Als er so da saß, fiel ihm Peter ein, sein Freund aus dem Waisenhaus. Warum er jetzt gerade an ihn denken musste, wusste er nicht. Vielleicht, weil er zuerst in die Hocke gegangen war, bevor er sich setzte. Denn das war die beliebteste Sitzart von Peter gewesen.

Immer, wenn es irgendwie möglich war, ließ er sich in die Hocke nieder und berührte mit dem Hinterteil die Hacken. Er konnte stundenlang so sitzen, ohne dass er sich bewegen musste oder ihm etwas wehtat. Seine Arme ließ er dabei rechts und links an den Knien nach vorne baumeln. Er erinnerte einen dann an die Affen im Zoo in Karlsruhe, die auch ab und an so vor sich hin schauten.

Ja, Peter war ein seltsamer Zeitgenosse. Nie hatte er etwas über die Jahre vor dem Waisenhaus erzählt. Auch er war schon recht früh dort eingezogen, er musste ungefähr fünf oder sechs Jahre alt gewesen sein. Es gab also schon das eine oder andere zu erzählen. Er sprach aber nie darüber

Peter war zurückhaltend und eher berechnend, wenn es darum ging, Entscheidungen zu treffen. Ärger ging er am liebsten aus dem Weg. Und wenn es unbedingt sein musste, dann nahm er auch einmal die Beine in die Hand und gab Fersengeld. Auf jeden Fall zog er das üblicherweise vor und ließ sich nur im äußersten Notfall auf ein Kräftemessen ein.

Hans konnte sich an eine Begebenheit erinnern, bei der Peter bewiesen hatte, dass ein ganz anderer Kerl in ihm steckte, als alle zuvor vermutet hatten.

Im Heim gab es ab und zu am Nachmittag eine Sportstunde, bei der in der Regel mit einem Ball gespielt wurde. Die Betreuer zogen es bei diesen Gelegenheiten vor, den Kindern vorzugeben, was sie spielen sollten und zogen sich dann in ihre Zimmer zurück. Oft setzten sich dann die Jungen durch und es wurde Fußball gespielt. Die beiden besten Fußballer, meist waren dies die älteren Jungen, nahmen dann die Wahl der Mannschaften vor.

„Gerade!" rief einer der Kontrahenten.

„Ungerade!" schrie der andere zurück.

Beide nahmen ihre zu Fäusten geballten Hände auf den Rücken und einer zählte dabei auf drei. Bei der letzten Zahl rissen beide eine Hand nach vorne und zeigten eine beliebige Zahl an Fingern. Einer hob beispielsweise den Zeigefinger und den Mittelfinger in die Höhe, der andere Ballte die Faust und zeigte damit eine Null an. Die beiden Zahlen zwei und null wurden zusammen gezählt und der Spieler mit der „Gerade" hatte gewonnen und durfte mit der Wahl der Spieler und Spielerinnen beginnen.

Die Wahl erfolgte abwechselnd, sodass am Anfang die vermeintlich besten Fußballer jeweils zu ihren Mannschaftsführern standen und nach und nach auch die Mädchen gewählt wurden.

Oft kam es dabei vor, dass Peter erst gegen Ende der Auswahl bestimmt wurde. Manchmal sogar erst, nachdem die Mädchen zugeteilt waren. Das war in aller Augen eine Schande, was aber Peter nicht im Geringsten beeindruckte. Jedenfalls ließ er sich nichts anmerken. So war er in Sachen Sport eher zu den Nieten zu rechnen, was ihn aber nicht dazu brachte, sich in dieser Hinsicht weiter entwickeln zu wollen.

Durch den Sportbeauftragten des Waisenhauses wurden manchmal auch Fußballspiele mit Mannschaften aus der Südstadt von Karlsruhe organisiert. Einmal stand ein Match gegen die B-Jugend-Mannschaft des VFB Südstadt an.

Der Sportplatz befand sich an der Landstraße in Richtung Ettlingen und die Waisenhaus-Mannschaft war zu Fuß dorthin gelangt.

Neben den etwa zwanzig Spielern durften an diesem Tag auch alle Kinder ab dem siebten Lebensjahr mitgehen, wenn sie es wollten. Fast alle waren mitgekommen. Auch, weil man sich versprach, auf dem Sportplatz möglicherweise ein Getränk oder sogar eine Brezel zu ergattern. Dies wurde von den Vereinen meist gemacht, wenn die Waisenkinder zum Spiel kamen.

Das Spiel begann und die Spieler des Heims konnten gut mithalten. Es stand lange null zu null, da die beiden Torhüter bis etwa zur Mitte des Spiels keine Schwächen gezeigt hatten. Die Südstädter wollten auf jeden Fall gewinnen. Es war eine Blamage unter den etablierten

Fußballvereinen, wenn eine Jugendmannschaft gegen das „Heim" verlor.

Es ging daher immer härter zur Sache und bald humpelte der erste Spieler vom Platz. Es war der beste Spieler vom Waisenhaus. Die Kinder begannen sofort damit, den Schiedsrichter zu bedrängen, dass es ein schweres Faul war, und dass er darauf achten müsse, dass der Gegner nicht noch weiter unfair spielen sollte.

Der Schiedsrichter kam vom Verein und er neigte dazu, eher den eigenen Spielern Vorteile zu gewähren. Nicht lange dauerte es, und das nächste Mitglied der Gastmannschaft humpelte vom Platz. Natürlich wieder einer der besseren.

Keine zwei Minuten später fiel dann auch das erste Tor für den VFB.

Die Heimkinder saßen während der Halbzeitpause zusammen und überlegten, wie sie weiter machen sollten. Nach längerer Diskussion wurde entschieden, auf keinen Fall Mädchen zum Zuge kommen zu lassen. Es war zu gefährlich. Deshalb fiel die Wahl schließlich auf Peter.

Man konnte den einzelnen Mitspielern ansehen, dass sie sich keine großen Hoffnungen machten, mit dem neuen Spieler besser da zu stehen als zuvor. Sie sollten sich irren!

Peter ging nach der Halbzeit mit den anderen auf das Feld und zog sich auf die rechte Verteidigerseite zurück. Sein Gegenspieler war dadurch einer der besten der Südstädter

Das Spiel wurde erneut angepfiffen. Der linke Außenstürmer der Südstadt-Mannschaft wurde angespielt und setzte zu einem Dribbling an. Auch er war der Meinung, dass ihn Peter nicht würde stoppen können. Weit gefehlt!

Als er den Ball an Peter vorbei spielen wollte, grätschte dieser in den Ball und schob ihn ins Aus. Gleichzeitig zog er den andern Fuß in hohem Tempo nach und senste den Angreifer um. Dieser fiel mit einem Aufschrei ins Gras, der Schiedsrichter pfiff.

Peter war schon wieder auf den Beinen und lief schnell rückwärts auf das eigene Tor zu.

„Ich habe den Ball gespielt. Kann nichts dafür, wenn der gleich umfällt!"

Ein Ruck ging durch die Mannschaft. Ab diesem Moment fingen alle Heimkinder an zu kämpfen und gleichzeitig alles zu geben, um den Ball vor das gegnerische Tor zu bringen. Dies gelang auch ab und zu. Und bei einem guten Angriffszug am Ende der Partie gelang den Waisenkindern der Ausgleich.

Peter war während der gesamten Spielzeit dadurch aufgefallen, dass er sich gnadenlos reinhängte. Er hatte vor nichts Angst. Es war ihm egal, ob er sich wehtat.

Ab diesem Tag wurde er von allen ganz anders wahrgenommen und bei der Wahl zu den Mannschaften war er immer unter den ersten. In den Spielen innerhalb des Heimes konnte man ihn aber nie rennen oder gar kämpfen sehen. Anscheinend sah er dies als nicht notwendig an und es war ihm offenbar unwichtig, ob seine Mannschaft gewann oder verlor.

Hans dachte an Peter und daran, ob er ihn jemals wieder sehen würde. Was er wohl jetzt gerade tat? Er hoffte, dass es ihm gut ginge. So gut, wie es ihm selbst jetzt ging. Auf dem Deck eines Dampfers im Mittelmeer und auf dem Weg in das Abenteuer seines Lebens.

Die Sonne war aufgegangen. Die Zeit auf dem Dampfer inmitten seiner Kameraden aus dem Ausbildungslager im Elsass war unmerklich verstrichen. Beeindruckt von den Ereignissen während der Fahrt, von den unglaublichen Blicken über das Meer oder nachts in den Sternenhimmel, schien die Zeit einmal still zu stehen, ein andermal war sie vergangen wie im Fluge.

Das Schiff hatte merklich die Motoren gedrosselt und es hallten Befehle über das Deck. Die Matrosen waren eifrig damit beschäftigt, Taue von den Pollern zu ziehen, und das Schiff glitt in langsamer Fahrt auf eine Hafeneinfahrt zu.

Hinter den Kaimauern erstreckte sich eine dicht bebaute Stadt, die ganz anders aussah als alle, die Hans bisher gesehen hatte. Die Häuser, das Licht, die Farben, die Palmen, die eigenartig klare Luft und der besonders hellblaue Himmel, alles wirkte zusammen zu einem völlig neuen Eindruck, einer ganz anderen Welt.

Hans war überwältigt von dem Anblick. Er war mit seinen Kameraden auf am Hafen bereit stehende Lastwagen gestiegen. Die Soldaten saßen auf den offenen Pritschen auf dort angebrachten metallenen Sitzbänken, Rücken an Rücken in Reihen von jeweils zehn Mann.

Die Fahrt führte sie durch ein hohes Tor, welches sich in der den Hafen umgebenden Mauer befand. Gleich nach der Tordurchfahrt zogen sich zu beiden Seiten der breiten Straße Häuserreihen hin, so weit das Auge reichte.

Die meisten Häuser waren zweistöckig, dazwischen ein paar höhere. Die Wände waren meist hellbraun, als ob der Verputz aus Lehm bestand und nicht getüncht worden war. Manche der Häuser waren aber auch grellweiß. Diese leuchteten in der gleißenden Sonne so stark, dass man die Augen abwenden musste.

Die Wagenkolonne bewegte sich in gemächlichem Tempo vorwärts. Rechts und links am Straßenrand gingen unzählige Menschen in alle möglichen Richtungen, überquerten die Straße, standen in schattigen Ecken und unterhielten sich oder dösten auf Stühlen vor den dunklen Eingängen.

Die Passanten warfen vereinzelt Blicke in Richtung der Legionäre, als diese vorbei fuhren. Hans glaubte, in deren Augen Abneigung und Verärgerung zu lesen.

Ihm war aufgefallen, dass ausschließlich Männer zu sehen waren. Auch bei genauerem Hinsehen war keine Frau auszumachen.

Man hatte ihnen zwar während der Ausbildung gesagt, dass in den Ländern Nordafrikas die Frauen nur vollständig verschleiert aus dem Hause gingen, aber dass überhaupt keine zu sehen war, wunderte Hans nun doch. Immerhin waren sie in einer großen Stadt und er war davon ausgegangen, dass es in den Städten freizügiger zuging als auf dem Lande.

Der Gruppenführer hatte ihnen nach dem Ausschiffen gesagt, dass sie in Oran angelandet seien. In welchem Land sie waren, das hatte er nicht gesagt. Hans meinte, dass Oran eine Hafenstadt in Algerien war. Sicher war er sich aber nicht. Vielleicht waren sie ja auch in Marokko gelandet. Es war ja auch egal, dachte er sich.

Nach etwa einer halben Stunde wurden die Häuser immer seltener. Es gab immer mehr Abschnitte rechts und links, wo sich nur Sand ausbreitete. Nirgends war auch nur ein Grashalm, geschweige denn ein Strauch zu sehen. Allerdings standen vereinzelt und auch in Gruppen immer wieder hohe Palmen sowohl am Straßenrand als auch zwischen den Häuserzeilen.

Jetzt war Hans aufgegangen, warum das Häusermeer, das sie durchfuhren, ihm so fremd vorkam. Alle Fenster schlossen nach oben mit einem Rundbogen ab. Rundbogen, die vollkommen mit den Palmen harmonierten. Aus den Palmblättern und den Rundbogenfenstern hatte sich ein Ensemble gebildet, das sich völlig von den Häusern und Dörfern in der Heimat unterschied. Außerdem war die Luft so klar und durchsichtig, wie er sie noch nie gesehen und gespürt hatte. Jedenfalls erinnerte er sich nicht daran, auch nur ähnliche Stimmungen jemals erlebt zu haben. Überhaupt nicht vergleichbar mit klaren Frühlingstagen im Schwarzwald.

Als die Fahrzeugkolonne die letzten Häuser von Oran hinter sich gelassen hatte, wurde die Umgebung eintönig und leer. Soweit das Auge reichte waren Sandflächen, große und kleinere Steine, sanfte Hügel und ein unendlicher Himmel zu sehen. Am Horizont türmte sich ein mächtiges Gebirge auf. Man konnte sogar meinen, dass die höchsten Gipfel weiß von Schnee und Eis waren.

Es wurde immer heißer. Hans wusste jetzt, warum die Vorgesetzten so oft darauf hingewiesen hatten, dass die Wasserflaschen bis zum Rand gefüllt werden sollten. Die Legionäre saßen in voller Montur auf den Ladeflächen in der prallen Sonne.

Der einzige Schutz war die Schirmmütze und der anhängende Nackenlappen, der aber auch nicht verhinderte, dass alle in ihrem eigenen Schweiß badeten.

Die Fahrt zog sich hin. Die Umgebung änderte sich kaum, manchmal wurden die Hügel etwas steiler, manchmal zogen sie sich wieder in sanften Bögen dahin. Alle Gespräche waren längst verstummt und jeder hing seinen eigenen Gedanken nach.

Mehrere Stunden später erschien am Straßenrand wieder die erste Palme. Jetzt hob der eine oder andere den Kopf, um zu sehen, ob sie eine bevorstehende Veränderung in der Landschaft anzeigte. Und tatsächlich vermehrte sich der Palmenbestand zusehends. Langsam bildete sich ein kleines Palmwäldchen und man hatte das Gefühl, dass die Luft etwas weniger heiß wäre. Vielleicht war das aber auch nur Einbildung, die durch den Anblick der grünen Palmwedel erzeugt wurde.

Dann tauchte ein Haus auf. Ein einstöckiges Gebäude mit einer dunklen Holztür, jeweils rechts und links von der Tür eine Fensteröffnung, die weder eine Scheibe noch ein Laden erkennen ließ. Drinnen war es stockdunkel. Nach und nach nahm die Anzahl der Häuser am Straßenrand zu. Menschen waren keine zu sehen.

Die ersten Lastwagen drosselten das Tempo und langsam kam die Fahrzeugkolonne zum Stehen. Männer sprangen aus den Fahrerkabinen und stellten sich zur Einweisung der LKW an den Straßenrand.

Die Fahrzeuge wurden in Reih' und Glied an eine etwa drei Meter hohe lehmfarbene Mauer geparkt, die sich scheinbar endlos dahin zog.

Befehle wurden gebrüllt und die Männer mussten absitzen. Hans hatte Mühe, die Beine wieder in Schwung zu bringen. Aber es tat gut, wieder in Bewegung zu kommen. Sie hatten immerhin tagelang mehr oder weniger nur gesessen. Auf dem Schiff und davor auf der Zugfahrt von Colmar nach Marseille. Es wurde Zeit, dass sich etwas tat!

Nachdem die Kompanie angetreten war, die Gruppenführer zum Strammstehen brüllten, war der Befehlshaber der Garnison vor die Neuankömmlinge getreten und hatte sie in der Kaserne willkommen geheißen.

Sidi bel Abbes

Sie waren in Sidi bel Abbes, dem Hauptquartier der französischen Legionäre in Algerien. Hier sollten sie während der nächsten drei Monate auf ihre Einsätze vorbereitet werden und danach in die endgültigen Einsatzgebiete verlegt werden.

Sie waren in die Unterkünfte abkommandiert worden. In einer Gemeinschaftsdusche wurden Schweiß und Staub abgewaschen. Dann ging es in die Mannschaftskantine zum Abendessen.

Jetzt wurde erstmals deutlich, dass man sich im Einsatz befand. Die Güte des servierten Essens war weit von dem entfernt, welches man ihnen im Elsass geboten hatte. Von Wein keine Spur. Getrunken wurde lauwarmes Wasser, das auch noch schmeckte, als ob es abgestanden war.

Es gab staubtrockenes Fladenbrot, das zwischen den Zähnen knirschte, als ob man Papier esse. Im Teller befand sich eine Art Gulasch, dessen Geschmack fremdartig war. Später erfuhren sie, dass die Fleischrationen ausschließlich vom Hammel stammten. Das war Geschmackssache.

Hans saß nach dem Abendessen auf dem Rand seiner Pritsche und räumte seinen Seesack aus. Ihm gegenüber hatte ein Landsmann ein Bett und einen Spind beschlagnahmt, der ebenfalls beim Ausräumen war.

Er schaute zu ihm rüber und sagte: „Ich bin Josef und komme aus Berlin. Wie heißt du und wo kommst du her?"

„Ich bin Hans. Geboren bin ich in Karlsruhe, gewohnt habe ich aber während der letzten fünf Jahre im Schwarzwald."

Im Laufe der nächsten Wochen freundeten sich die beiden an und oft trafen sie sich abends an ihren Betten, um über den Tag und das Erlebte sowie über ihre Vergangenheit zu sprechen.

Josef stammte aus einer Arbeiterfamilie in Berlin-Pankow und hatte noch sieben Geschwister. Er war 22

Jahre alt und Anfang September vergangenen Jahres zur Legion gekommen.

Nach der Schule hatte er versucht, bei verschiedenen Handwerksbetrieben eine Lehre zu absolvieren. Es klappte aber nirgends. Entweder er war zu langsam oder zu blöd oder der Umgang der Vorgesetzten mit den Lehrlingen passte Josef nicht.

„Ich bin doch kein Arschloch und putze denen den Hintern!", ereiferte er sich bei seinen Erzählungen. „Du musst dir mal vorstellen, einer hat sogar zu mir gesagt, ich solle nach der Arbeit seiner Frau beim Putzen in der Wohnung helfen. Da habe ich ihn gefragt, was das mit meiner Ausbildung zu tun hätte. Und Peng! schon hatte ich eine in der Fresse! Ich bin dann lieber gegangen und nicht mehr wiedergekommen. Meinem Vater habe ich nichts gesagt, denn sonst hätte es von dieser Seite auch Prügel gesetzt. Das wollte ich auf jeden Fall vermeiden. Meine Sammlung an Ohrfeigen und Arschtritten ist schon groß genug!" Er lachte lauthals und schlug sich mit der Hand auf den Oberschenkel.

An einem dieser Abende kamen die beiden zu der Frage, was sie denn nach der Zeit bei der Legion machen wollten. Sie hatten sich für fünf Jahre verpflichtet. Ganz sicher wusste das aber keiner von beiden.

„Ich", sagte Hans, „ich weiß überhaupt noch nicht, wie es danach weiter gehen soll. Ich bin einfach abgehauen, als es mir auf dem Bauernhof nicht mehr gefallen hat. Außerdem wollte ich auf keinen Fall zur Wehrmacht eingezogen werden. Das ist nichts für mich, glaube ich.

Manche sagen, der Herrgott wird dir irgendwann einmal die Hand auf die Schulter legen und sagen: ‚So mein Kleiner, jetzt wollen wir doch mal sehen, was wir aus dir machen… Was möchtest denn du am liebsten sein? Heimleiter? Oder Feuerwehrmann? Vielleicht hast du ja einen noch besseren Vorschlag!'"

„Glaube mir", sagte Hans zu Josef, „ich wüsste nicht, was ich ihm sagen sollte. Ich weiß nicht, was ich machen will, wenn wir irgendwann einmal nicht mehr hier sind.

Ich habe dir ja erzählt, dass ich im Waisenhaus groß geworden bin. Als ich ungefähr zwölf Jahre alt, war habe ich den Heimleiter gefragt, woher ich denn gekommen bin und wer meine Eltern waren. Er sagte mir, dass ich Karlsruher sei und bei meinem Großvater gewohnt hätte, bis dieser gestorben sei.

Über meine Eltern wisse er nicht viel. Man hat sich erzählt, dass meine Mutter kurz nach meiner Geburt gestorben ist. Wer mein Vater ist, das hat niemand gewusst, noch nicht einmal der Großvater, erzählte man mir.

Das ließ mir keine Ruhe und ich fragte unseren Religionslehrer, der Pfarrer in unserem Stadtteil ist. Er war zuerst sehr abweisend, weil er eine Abneigung gegen uns Heimkinder hat.

Als ich nicht locker ließ und ihm sagte, dass ich doch getauft sei und im Taufregister etwas stehen müsste, versprach er mir, danach zu sehen und mir wieder Bescheid zu geben. Tatsächlich hatte er mir nach ein paar Tagen einen Zettel in die Hand gedrückt, auf dem der Name meines Großvaters, meiner Mutter und eine Adresse in Karlsruhe stand.

Der Heimleiter erlaubte mir, dort hin zu gehen und mein Elternhaus zu suchen. Die Durlacher Straße ist ganz in der Nähe unseres Heimes und ich brauchte nur ungefähr zwanzig Minuten, bis ich vor dem Haus mit der Nummer 52 stand. Das war die Adresse, die mir der Pfarrer auf den Zettel geschrieben hatte.

Ich drückte einfach an der ersten Klingel. Der Name „Schäfer" stand da. Nach kurzer Zeit wurde die Tür geöffnet und vor mir stand eine junge Frau. Sie fragte mich nach einigem Zögern, wer ich sei und was ich wolle. Ich sagte, dass ich Hans Rosenheimer sei und wissen wolle, ob sie mir sagen könnte, ob meine Mutter und mein Großvater hier einmal gelebt hätten.

Die junge Frau Schäfer zögerte kurz und gab mir zuerst keine Antwort. Dann löste sich ihre Erstarrung und sie nahm mich in die Wohnung. Sie bot mir einen Platz in ihrem Wohnzimmer an und erzählte mir, dass der Großvater tatsächlich bis zu seinem Tod im Jahre 1921 hier gewohnt hätte. Erst Jahre danach sei sie mit ihrem Mann in die Wohnung gezogen. Von meiner Mutter wisse sie aber nichts. Sie wüsste noch nicht einmal, dass der Großvater eine Tochter gehabt hätte.

Sie fragte mich, wo ich denn wohnen würde und wie es mir ginge.

Ich sagte ihr, dass ich im Waisenhaus sei und dass es mir ganz gut ginge.

Plötzlich war sie aufgestanden, hatte mich gebeten zu warten und war aus dem Zimmer gegangen.

Als sie nach kurzer Zeit zurückkam, fragte sie mich, ob ich Mundharmonika spielen könne. Ich war erstaunt über diese Frage. Hatte ich doch zwar schon von Mundharmonikas gehört, aber noch nie eine gesehen, geschweige denn, in der Hand gehalten.

Sie öffnete die kleine Schachtel, die sie mitgebracht hatte, und entnahm ihr eine silberne Mundharmonika. Auf der einen Seite war in der glänzenden Metallabdeckung der Name Hohner-Mundharmonika eingraviert, auf der Rückseite stand der Name Robbi.

Sie sagte, dass sie mir diese Mundharmonika schenken wolle und ich sie in Ehren halten solle. Mit ein bisschen Übung würde ich sicher lernen, darauf zu spielen.

Ich habe die Mundharmonika nur zögerlich angenommen. Man würde mir im Heim diese Geschichte nicht abnehmen. Wer schenkte schon einem Waisenkind ein solch wertvolles Instrument? Ich nahm sie trotzdem und beschloss, sie niemandem zu zeigen.

Hans hatte, während er diese Geschichte erzählte, in seinem Seesack gekramt und einen kleinen ledernen Beutel herausgeholt. Er leerte den Inhalt auf die Bettdecke. Neben der Mundharmonika-Schachtel fielen noch ein Taschenmesser und ein grüner Ledergürtel heraus.

„Siehst du", sagte Hans, „hier ist das gute Stück. Und ich kann sogar ein paar Lieder darauf spielen!"

„Dann leg mal los, Kumpel!", rief Josef, und es wurde noch ein schöner musikalischer Abend in der Legionärsbaracke.

Von diesem Tag an trug Hans seine Mundharmonika immer mit sich. Bei jeder Gelegenheit forderte Josef ihn auf zu spielen. Mit der Zeit war es den beiden gelungen, ein kleines musikalisches Programm auf die Beine zu stellen, wobei Josef den Gesangspart übernahm und nicht nur deutsche Lieder vortrug, sondern auch immer besser auf Französisch sang.

Nachdem die Einheiten organisiert waren, Hans kam zu einer Infanteriekompanie, wurde die im Elsass begonnene Ausbildung fortgesetzt.

Am Morgen um sechs Uhr war Wecken, danach stand entweder Schießausbildung auf dem Dienstplan oder es wurden Märsche durchgeführt. Die Schießübungen waren nicht besonders anstrengend, der Übungsplatz lag nur eine knappe Marschstunde vom Camp entfernt. Bei den Märschen war es anders. Entweder man startete direkt vom Camp aus und es ging den ganzen Tag in einem großen Bogen vom Camp weg hinaus in die Wüste und man kehrte am Abend zurück. Oder die Kompanie wurde auf Transportern hinaus gefahren und dann erfolgte die Marschausbildung im bergigen Gelände weitab von den nächsten Ansiedlungen oder Truppenstandorten. Die Märsche waren sehr anstrengend.

Am Anfang war Hans im Binden der Gamaschen und der Fußbänder nicht sehr geübt. Es bildeten sich schon nach ein paar Stunden blutige Blasen an den Füssen. Einmal war es so schlimm, dass er ins Lazarett musste und eine ganze Woche lang vom Marschieren befreit war. Mit der Zeit war es ihm aber gelungen die Fußbänder und die Gamaschen so sicher zu binden, dass sich weder Druckstellen noch Reibungspunkte in den Schuhen bildeten. Jetzt konnte er den ganzen Tag marschieren, ohne dass ihn die Füße schmerzten.

Eines Abends saßen er und Josef sich auf ihren Bettkanten gegenüber. Sie hatten wieder einen Tagesmarsch hinter sich und waren schon beim Abendessen gewesen. Jetzt wollten sie nur noch ausruhen.

„Josef, du kommst doch aus Berlin. Kennst du eigentlich den Icke?"

„Was? Wer ist das"

„Na der Icke! Der Dicke aus Obernai. Kannst du dich nicht mehr erinnern?"

„Ach so, ja! Der Icke. Natürlich kenne ich den. Den kennen alle in Berlin. Ist doch klar."

„Wieso kennen den alle in Berlin? Was ist mit dem los?"

„Das war einmal ein berühmter Boxer in Berlin. Der hätte es weit bringen können. Aber dann ist etwas passiert. Man hat sich erzählt, dass er in einem Kampf seinen Gegner totgeschlagen hat. Ob das stimmt, weiß ich nicht. Jedenfalls wurde es erzählt. Wahrscheinlich ist er deshalb abgehauen."

„Aber wenn das in einem offiziellen Kampf passiert ist, dann hätte man ihn doch nicht belangen können. Sein Gegner ist sich doch des Risikos bewusst gewesen, oder nicht?"

„Ja, ich denke schon. Aber wer weiß, was ihm im Kopf herum gegangen ist. Entweder er hatte Angst, dass sie ihm den Prozess machen. Oder er ist einfach aus Frust abgehauen, weil es passiert ist. Man sagt, dass er ein guter Kerl sei. Vielleicht hat ihm der Todesfall so zu schaffen gemacht und er hat es nicht verkraften können. Keine Ahnung!"

„Was soll der sein? Ein guter Kerl? Der hat doch unsere Katze im Lager tot gemacht!"

„Ja, ich weiß. Du bist damals auf ihn losgegangen. Sei froh, dass er sich nicht gestellt hat. Das hätte böse für dich ausgehen können, mein Lieber."

„Das Arschloch hat doch einfach die Katze in die Nägel springen lassen. Bloß, weil sie ihm etwas weggefressen haben soll. Das ist kein guter Kerl, das kann ich dir sagen!"

„Weißt du, da, wo der herkommt, da wandern Katzen auch mal in den Kochtopf, wenn es hart wird. Und Hunde, die erzieht man mit einem richtigen Arschtritt. Trotzdem, ich glaube nicht, dass er das war mit dem Nagelbrett."

„Wer soll es denn sonst gewesen sein. Er hat ja auch mit keinem Wort gesagt, dass er es nicht gewesen ist."

„Heraus kriegen wir das nur, wenn wir ihn direkt fragen."

„Wieso, ist er auch hier? Ich habe ihn noch nicht gesehen."

„Doch, in der Kantine sehe ich ihn ab und zu. Es scheint so, als dass er bei der C-Kompanie ist. Die sind im Bau direkt an der Mauer zur Straße hin."

Hans war an diesem Abend ins Bett gegangen und hatte noch lange an die Begebenheit im Lager in Obernai gedacht. Sollte es tatsächlich so sein, dass Icke nichts mit der Sache zu tun hatte? Er nahm sich vor, bei der nächsten Gelegenheit zu versuchen, mit Icke darüber zu sprechen.

Es war inzwischen Sommer geworden und die Hitze war tagsüber unerträglich. Nachts kühlte es jedoch so stark ab, dass manchmal am Morgen in der Dämmerung vereinzelt Raureiftropfen an den Pflanzen zu ahnen waren. Man erzählte, dass die Temperaturen manchmal sogar bis an den Gefrierpunkt fallen würden. Messen konnte das niemand, weil keiner ein Thermometer hatte.

Die Übungen gingen weiter und die Truppe war inzwischen sehr kampfstark geworden. Schießen konnten die meisten hervorragend und sie wurden mit jedem Tag ungeduldiger, weil sich das Leben im Lager immer im Kreis drehte, was zur Langeweile führte. Das sollte sich jedoch bald ändern!

An einem Morgen, es war kurz nach sieben Uhr und sie hatten schon ihr Frühstück gehabt, wurde zum Antreten befohlen. Alle hatten ihr Sturmgepäck aufgenommen und den Karabiner umgehängt. Die Wasserflaschen waren gefüllt, das Bajonett hing am Gürtel und die Essensration für den Tag war im Rucksack verstaut.

Der Kommandeur war aus einer Baracke getreten und einer der Kompanieführer rief: „Bataillon stillgestanden!"

Ein Ruck ging durch die Einheit und alle standen stramm.

Der Offizier begann: „Soldaten! Der Feind hat während der letzten Wochen seine Aktivitäten stark ausgeweitet. In Algier gibt es inzwischen fast täglich Angriffe auf unsere Posten und Attentate auf Regierungseinrichtungen und Behörden sowie auf Polizeistationen. Durch verlässliche Quellen haben wir erfahren, dass die Befehlshaber der Aufständischen in der Region der Gelben Berge ihren Unterschlupf haben. Es ist an der Zeit, dass wir etwas dagegen unternehmen. Und wir werden heute damit beginnen.

Vor dem Camp stehen Transportfahrzeuge mit Ausrüstung und die Verpflegung für mehrere Tage bereit. Sie werden jetzt aufsitzen und dann wird sich der Kampfverband in Richtung Gelbe Berge in Marsch setzen. Die direkten Befehle werden Sie von Ihren Gruppenführern erhalten. Ich wünsche Ihnen guten Erfolg bei Ihrer Mission. Für Frankreich!"

Die letzten beiden Worte hatte er laut ausgerufen und dabei die rechte Hand an die Mütze gehoben und militärisch gegrüßt.

Hans konnte nicht anders. Er war fast gerührt, die Emotionen stiegen hoch und es war ein Hochgefühl entstanden. Endlich sollte es losgehen.

Die Gruppenführer hatten die Kompanie in Bewegung gebracht und nach kurzer Zeit waren sie auf die Ladeflächen der bereit stehenden Lastwagen aufgesessen.

Die Fahrt ging los und es entstand ein wildes Sprachendurcheinander zwischen den Soldaten. Alle sprachen gleichzeitig. Meist in ihren Muttersprachen, dann jedoch immer mehr auf Französisch. Nach und nach begriffen alle, dass es nun in den Kampf gehen sollte. Langsam wurde es wieder stiller, bis keiner mehr etwas sagte. Es war inzwischen auch dem Letzten aufgegangen, dass sie sich wie kleine Jungs verhalten hatten.

Ein Gruppenführer, der auf dem Fahrzeug der Freunde ganz vorne saß , und bis jetzt gar nichts gesagt hatte, ergriff das Wort. „Ja, so ist das, wenn es losgeht. Das habe ich schon mehr als einmal mitgemacht. Ist aber normal.

Ich werde euch jetzt sagen, welche Pläne zu befolgen sind und wie der Marschbefehl lautet. Es gibt ziemlich genaue Informationen darüber, wo die Kommandozentrale der Rebellen sein soll. Wir werden bis zum Rand des Gebietes auf den Transportern gebracht. Von dort aus werden mehrere Suchtrupps zu Fuß aufbrechen, die genauere Angaben auskundschaften sollen. Wir müssen wissen, wo sich die feindlichen Einheiten befinden und wie stark sie sind. Wenn das klar ist, dann werden die Angriffe koordiniert vorgetragen. Die Feinde sollen vernichtet werden. Wenn sie sich ergeben, dann werden sie zurück ins Camp gebracht. Noch Fragen?"

Keiner sagte etwas.

Nach mehreren Stunden Fahrt, unterwegs war zweimal Rast eingelegt worden, ging es den Berg hinauf. Bemerken konnte man dies daran, dass der Lastwagen langsamer wurde und der Fahrer einen Gang runter schalten musste.

Der Weg war auch steiniger geworden und die Schlaglöcher wechselten sich in kurzen Abständen ab.

Plötzlich hörte man einen Schuss, dann mehrere. Der Wagen kam mit einem Ruck zum Stehen. „Absitzen, schnell!", brüllte der Gruppenführer. Das Gepäck und die Waffen wurden aufgenommen. Diejenigen, welche ganz hinten saßen, klappten das Verdeck hoch und sprangen von der Ladefläche. Draußen war es inzwischen fast dunkel geworden.

Die Männer sprangen einer nach dem anderen vom Wagen und hasteten sofort zum Rand der Piste. Dort gingen alle in die Knie. Wo es möglich war, wurde Deckung hinter Felsbrocken gesucht. Da, wo keine Deckung war, legte man sich flach auf den Boden.

Jetzt ratterte es mit ohrenbetäubendem Lärm los. Vorne links in Fahrtrichtung konnte man Mündungsfeuer erkennen. Es lag in einer Hügelkette, die sich direkt der Straße entlang hinzog.

Hans kroch auf einen Felsblock zu, der etwa fünf Schritte vor ihm am Straßenrand lag. Dort angekommen, bemerkte er, dass schon zwei andere in Deckung lagen. Einer von ihnen war Josef.

„Hast du gesehen, ob die Wagen vor uns auch angehalten haben?"

„Ja, die stehen im Abstand von ungefähr fünfzig Metern voneinander auf der Straße. Wir sind der dritte. Die anderen sechs Autos müssen hinter uns sein."

Es war schon dunkel geworden, sodass man nicht mehr erkennen konnte, ob das so stimmte. Motoren waren jedenfalls keine mehr zu hören.

Plötzlich rief jemand in die eingetretene Stille: „Kompanie herhören! Vor uns befinden sich feindliche Verbände. Sie haben aus einem Hinterhalt in den Hügeln vor uns auf die ersten Fahrzeuge geschossen. Zwei Fahrer wurden getroffen.

Die Gruppenführer kommen jetzt zum zweiten Lastwagen nach vorne. Nutzen Sie die natürliche Deckung.

Die Befehle für die Mannschaften werden dann durch die Gruppenführer erteilt. Bis dahin absolute Stille!"

Man konnte im Dunkeln den einen oder anderen der Gruppenführer zum Treffpunkt hasten hören. Nach kurzer Zeit war alles ruhig.

Hans nahm die Wasserflasche vom Gürtel und trank einen großen Schluck.

„Willst du auch?", fragte er Josef und hielt ihm die Flasche hin.

„Behalt' dein Wasser. Vielleicht brauchst du es ja noch. Ich nehme mein eigenes."

„Was meinst du, was passiert jetzt? Sind die noch da, oder haben sie sich schon aus dem Staub gemacht?"

„Keine Ahnung. Will ich aber auch nicht unbedingt herauskriegen. Könnte mich den Arsch kosten."

„Was war das?", fragte Hans.

Man hatte zwei Mal ein leises Plopp gehört, danach ein leises Rauschen. Dann krachte es fürchterlich, direkt hinter der Ladefläche ihres Transporters. Eine Granate war eingeschlagen, die halbe Ladefläche war weggerissen und die Einzelteile fielen wie Regen vom Himmel. Instinktiv hielten alle die Arme über den Kopf, um sich zu schützen.

Der zweite Einschlag erfolgte kurz danach. Wieder krachte es, diesmal etwa fünfzig Meter weiter hinten. Ob etwas getroffen war, konnte man nicht erkennen. Es war schon zu dunkel.

Jetzt schlugen Flammen aus dem LKW-Wrack.

„Was machen wir?", fragte Josef. „Wenn der Tank hochgeht, dann sind wir vielleicht doch etwas zu nahe dran, oder?"

„Was sollen wir machen, etwa auf die andere Seite des Felsens kriechen? Dann sind wir gegenüber der Hügelkette ungeschützt."

„Von dort aus können die uns aber nicht mehr sehen. Wir kriechen um den Stein herum und bleiben ganz unten", sagte Josef und fing an davon zu robben.

Hans und der andere Kamerad, der noch kein Wort gesprochen hatte, folgten ihm.

Im selben Moment kam der Gruppenführer von der Lagebesprechung zurück.

„Herhören! Fünf Mann zu mir. Wir bilden einen Spähtrupp. Unter meiner Führung werden wir auskundschaften, wo der Feind sich eingenistet hat. Offensichtlich ist man auch mit Mörsern bewaffnet. Die müssen unschädlich gemacht werden."

Überall konnte man hören, wie sich die Männer in Richtung Gruppenführer bewegten.

„Ich habe gesagt, wir gehen zu sechst hinaus, nicht zu sechzigst! Oder habt ihr Angst davor, hier alleine zurück bleiben zu müssen?" Er lachte und deutete dann auf fünf Soldaten, die nebeneinander im Sand kauerten.

„Ihr fünf und ein Funker gehen mit mir. Ich gehe voraus, ihr folgt im Abstand von fünf Schritten. Wenn es nicht mehr vorwärts geht, dann gebt ihr Zeichen. Wir sind nicht die einzigen, die sich auf den Weg machen. Um Freund und Feind voneinander unterscheiden zu können, werden wir über Funk Kontakt halten. Alles klar?"

Der Trupp setzte sich in Bewegung. Die Soldaten, die zurück blieben, richteten sich auf ihren Plätzen auf dem Wüstenboden zwischen den Felsen ein. Sie mussten jetzt warten. Und viel Geduld aufbringen, ehe sich wieder etwas tat.

Josef, Hans und der dritte Mann hatten sich hinter den Felsen hingekauert und es sich so bequem wie möglich gemacht. Die Anspannung war aber noch lange nicht gewichen. Angestrengt lauschten sie in die Dunkelheit. Zu hören war so gut wie gar nichts, wenn man das Prasseln der Flammen des brennenden LKW ausblendete. Die befürchtete Explosion des Tanks war ausgeblieben. Sie nahmen an, dass er fast leer gewesen sein musste. Reservekanister befanden sich auf einem der letzten LKW, von denen zum Glück keiner getroffen worden war. Als die Spähtrupps aufgebrochen waren und sich in Richtung

Hügelkette in Bewegung setzten, konnte man das eine oder andere Geräusch aus der Nacht hören. Aber schon nach ein paar Minuten war es wieder totenstill.

„Meinst du, dass die immer noch da vorne in den Hügeln auf uns warten?", fragte Josef.

„Keine Ahnung, weiß nicht, wie die sonst ihre Überfälle durchziehen." Hans hatte wie Josef nur flüsternd gesprochen.

„Ach, du bist ja der Katzenliebhaber", sagte der dritte Mann, der sich direkt neben Hans an den Felsen gelehnt hatte.

„Was, wer bin ich?", fragte Hans.

Und dann fiel es ihm wie Schuppen von den Augen. Der andere Mann war der Icke. Der, dem er beinahe den Schädel eingeschlagen hatte, nachdem er den toten Kater gefunden hatte.

„Ach, du bist das!" sagte Hans. „Derjenige, der aus lauter Fresssucht Katzen aufspießt."

„Du spinnst doch! Ich habe das verdammte Nagelbrett nicht dorthin gelegt. Auch wenn der verdammte Kater ab und zu meine Wurst weggefressen hat. Ich war das auf jeden Fall nicht. so etwas kommt bei mir nicht in Frage. Auch wenn man bei uns in schlechten Zeiten mal Dachhasen im Topf findet." Icke lachte leise vor sich hin, als er dies sagte. „Ich kann mir aber vorstellen, wer es gewesen sein könnte."

„Wer soll das denn dann gewesen sein, wenn du nichts gemacht hast?"

„Neben mir lag im Ausbildungslager ein Typ, der sich immer bei mir anbiedern wollte. Er hieß Pavel oder Piotr, weiß nicht mehr genau. Weiß auch nicht, ob er Pole oder Tscheche war. Jedenfalls hatte er mir einmal gesagt, dass er sich darum kümmern werde, als ich ihm sagte, dass der Kater wieder meine Ration aufgefressen hatte. Vielleicht hat er sich ja wirklich darum gekümmert."

Hans schluckte und sagte nichts mehr.

„Ja, das nächste Mal solltest du erst einmal nachdenken, bevor du wie wild auf andere losgehst."

„Vielleicht hast du recht", sagte Hans. „Es tut mir Leid. Aber ich kann es nicht ab, wenn unschuldige Tiere so misshandelt werden, dass sie dabei auch noch krepieren. Ich war einfach der Meinung, dass es nur du gewesen sein konntest. Aber damals hatte ich noch gar nichts von dir gewusst. Und vielleicht habe ich ja wirklich nicht gut genug nachgedacht. Tut mir Leid."

„Alles klar, habe mir schon gedacht, dass du einer von denen bist, die erst einmal jähzornig durch die Gegend rennen und erst danach anfangen zu denken. Sei froh, dass ich dich nicht ganz ernst genommen habe. Habe ja schon vorher gedacht, dass du noch ein ganz junger Bursche bist. Einundzwanzig, wie es eigentlich Vorschrift ist, bist du bestimmt jetzt noch nicht, oder?"

Hans gab keine Antwort. Er drehte den Kopf weg, obwohl ihm klar war, dass Icke nicht sehen konnte, wie er rot wurde. Es war viel zu dunkel.

„Also, das nächste Mal erst denken, dann losrennen." Icke lachte und schlug ihm auf die Schulter. „Und noch etwas: hier draußen, da musst du dir das erst recht zu Herzen nehmen. sonst wirst du nicht alt werden, mein Lieber."

„Ja, danke, Icke. Ich werde es mir merken."

Sie lagen die ganze Nacht hinter ihren Felsen und als die Dämmerung heraufzog, hörten sie Geräusche aus Richtung der Hügel. Die Spähtrupps kamen zurück. Und zwar nicht in Abständen und unter Ausnutzung der natürlichen Deckung, sondern sie marschierten in Reih' und Glied. Der Kommandeur erschien am Pistenrand und befahl einem der Gruppenführer, die Soldaten aufsitzen zu lassen. Da zwei Wagen zerstört waren, sollten sich die Männer auf die anderen LKW aufteilen.

„Der Feind ist abgerückt." Der Kommandeur war vor die Truppe getreten und hatte eine kurze Erklärung abgegeben. „Die Feiglinge wagen es nicht, uns direkt gegenüber zu treten. Wir müssen also immer damit rechnen, dass es zu solch hinterhältigen Überfällen kommt. Das heißt, dass alle besonders aufmerksam sein müssen. Zum Glück sind die beiden Fahrer nur leicht verwundet. Sie wurden nicht getroffen, nur durch die berstenden Scheiben verletzt. Die Kameraden werden zurück in die Garnison gefahren. Wir werden unseren Auftrag weiter verfolgen."

Mit diesen Worten hatte der Kommandeur kehrt gemacht und war zu seinem Jeep gegangen. Die Unterführer und Gruppenführer hatten den Befehl zum Aufsitzen gebrüllt und kurz darauf setzte sich der Konvoi wieder in Richtung der voraus liegenden Hügelkette in Bewegung.

Nach ungefähr zwei Stunden, die Männer hatten sich auf den Ladeflächen leise unterhalten, stoppte die Fahrt plötzlich mit scharfer Bremsung. Die Männer mussten sich aneinander festhalten, um nicht umzufallen.

„Alle Mann absitzen!", brüllte es von der Straße her und alle beeilten sich, die Fahrzeuge schnellstens zu verlassen. Draußen wurde in Reihe angetreten.

„Soldaten! Wir werden jetzt gruppenweise in die Hügel vor uns vorrücken. Es gibt Hinweise darauf, dass sich eine größere Kampfeinheit von Tuareg in dieser Gegend versteckt. Außerdem sollen in unregelmäßigen Abständen auch Verbände von Berberstämmen hier auftauchen, die dann gemeinsam mit den Tuareg Terroranschläge starten. Wir müssen diese Verbände aufstöbern und unschädlich machen. Alles Weitere werden Sie von ihren Vorgesetzten direkt erfahren."

Hans, Josef und Icke waren übereingekommen, dass sie versuchen wollten, zusammen zu bleiben. Dies gelang auch. Sie wurden einem Unterführer zugeteilt, den sie schon von der Ausbildung in Obernai her kannten. Dieser hatte sie mit noch einigen anderen zu einem Trupp zusammengestellt.

„Männer, wir werden jetzt in Reihe den Hügel hinauf gehen. Auf der anderen Seite der Hügelkette soll sich ein Lager der Rebellen befinden. Gleichzeitig gehen rechts und links von uns weitere Gruppen in die Hügel. Sobald wir auf der anderen Seite sind und Sichtkontakt zum Feind hergestellt ist, wird die Kompanieführung den Befehl zum Angriff geben. Als Angriffsbefehl ist der Abschuss einer Leuchtrakete geplant. Vorher ist absolute Ruhe einzuhalten. Bewegt euch also wenn möglich so leise wie Indianer auf dem Kriegspfad. Noch Fragen?"

Keiner sagte etwas und der Truppführer drehte sich in Richtung Hügel um und ging voran. Im Abstand von jeweils fünf Schritten folgten die Legionäre. Ihre Gewehre hielten sie im Anschlag. Unbewusst gingen sie mit eingezogenem Genick und leicht gebückt die Hügel hinauf.

Die Sonne war inzwischen aufgestiegen und es wurde immer heißer. Die Landschaft bestand nur aus Sand und Steinen. Unterbrochen wurde die Einöde durch große Felsbrocken und steile Felswände, die sich bis zu zehn Meter Höhe auftürmten. Die Felsen und Steilwände mussten umgangen werden. Dem Gruppenführer fiel es nicht immer leicht, einen begehbaren Pfad zu finden.

Endlich, nach mehr als zwei Stunden anstrengendem Aufstieg in unwegsamem Gelände, waren sie auf dem Kamm der Hügelkette angekommen. Der Truppführer lugte vorsichtig um einen großen Felsbrocken, der die Sicht den Abhang hinunter versperrte.

Er drehte sich zu seinen Männern um, die in einigem Abstand stehen geblieben waren. Er hob die rechte Hand und winkte sie heran. Dann legte er den Zeigefinger zum Zeichen der Ruhe an die Lippen.

Als alle sich bei dem Felsen versammelt hatten, sagte er leise: „Vor uns den Hügel hinab, ungefähr zweihundert oder zweihundertfünfzig Meter entfernt, stehen zehn bis zwölf Zelte in einem Halbkreis mit der Rückwand zum Abhang. Außerdem sind gegenüber mehrere Fahrzeuge abgestellt. Männer habe ich keine gesehen. Vielleicht sind die in den Zelten und machen es sich im Schatten gemütlich.

Wir müssen jetzt auf das Angriffssignal warten. Viel näher können wir nicht herankommen. Der Abhang vor uns ist fast ohne Deckung. Nur Sand und kleinere Steine."

Plötzlich knallte es links von ihnen und sie sahen die Leuchtrakete aufsteigen.

„Also Männer, jetzt geht es los. Wir verteilen uns rechts und links im Abstand von ungefähr fünf Schritten voneinander und laufen den Abhang hinunter! Sobald sich der Feind sehen lässt, Feuer frei!"

Die Männer verteilten sich wie befohlen schnell und es ging den Hang hinunter.

„Angriff!!"

Hans und Josef waren nebeneinander geblieben, im Abstand von weiteren fünf Schritten rannte Icke. Die Männer versuchten, in etwa gleich schnell zu laufen, damit nicht einzelne Leute zu weit nach vorne kämen.

Jetzt erschienen unten auf dem Platz vereinzelt Personen vor den Zelten. Sofort knallte von allen Seiten am Hang Gewehrfeuer. Hans sah unten den ersten Gegner zu Boden gehen. Die anderen warfen sich auf die Erde und versuchten, Deckung zu finden. Allerdings gab es um die Zelte herum kaum größere Felsbrocken, die Deckung geboten hätten.

Immer mehr Rebellen in dunklen Umhängen strömten aus den Zelten und das Feuer der Legionäre wurde immer heftiger, je näher sie dem Feind kamen.

Hans hatte bisher keinen einzigen Schuss abgegeben und starrte auf die vor ihm tobende Szene. Er und seine Kameraden waren inzwischen so nahe gekommen, dass er glaubte, schon die blutenden Verletzungen der Getroffenen erkennen zu können.

Das Gewehrfeuer wurde immer heftiger und jetzt merkte Hans, dass von den Feinden schon niemand mehr aufrecht stand. Der ganze Platz vor den Zelten war übersät von Verletzten oder Toten, die keinen Mucks mehr von sich gaben.

„Feuer einstellen!", brüllte jemand.

Sofort wurde es still und gleichzeitig blieben die Legionäre alle wie angewurzelt dort stehen, wo sie inzwischen angekommen waren.

Einer der Kommandeure ging langsam auf den Platz zu, das Gewehr im Anschlag.

„Achtet auf die Feinde. Wenn sich einer bewegt, dann knallt ihn ab!" Der Kommandeur hatte diesen Befehl gerufen, indem er langsam weiter ging.

Icke hatte sich Hans genähert und duckte sich jetzt neben ihm hinter einen Felsbrocken. Sie lugten beide auf die unwirklich erscheinende Szene vor ihnen.

„Meinst du, dass noch Kämpfer in den Zelten sind?"

„Weiß nicht, keine Ahnung, wie die das machen."

Hans war stark erregt. Er atmete heftig und der Schweiß stand ihm im Gesicht. Sein ganzer Körper war nass geworden. Das kam nicht vom zweistündigen Marsch hierher. Er hatte erst zu schwitzen begonnen, als die ersten Schüsse abgegeben worden waren.

Obwohl bis jetzt keine Gefahr vom Feind ausgegangen war, hatte Hans doch Angst. Er wunderte sich darüber. Er hatte nicht gedacht, dass er so eine Angst haben würde.

„Zu den Zelteingängen, jeweils fünf Mann!" Wieder brüllte einer der Offiziere und die einzelnen Gruppen machten sich auf den Weg.

Hans, Josef und Icke waren mit zwei anderen Kameraden an einen Zelteingang getreten.

„Gebt mir Feuerschutz!", sagte Icke, trat vor und schob mit dem Gewehrlauf vorsichtig den Stofffetzen in die Höhe, der den Zelteingang verdeckte. Sofort trat er wieder zurück.

„Stockdunkel da drin. Was machen wir? Wenn da noch jemand ist, kann der uns problemlos abknallen."

„Wir geben einfach vorher eine Salve ab. Wenn noch jemand da ist, dann ist der eben hinüber!"

Der Soldat, der das gesagt hatte, drehte sich um und schaute den Hang hinauf. Ihm war auch klar, dass dies kein so guter Gedanke war.

Plötzlich rief einer der Kommandeure „Wir haben hier einen Soldaten der algerischen Armee. Dieser wird in der Sprache der Araber die Anordnung geben, dass alle aus den Zelten kommen sollen. Wir warten dann eine halbe Minute. Danach werden die Zelte mit Benzin übergossen und angezündet!"

Jetzt sah Hans den algerischen Soldaten vortreten. Er rief etwas in unverständlicher Sprache. Dann warteten alle. Es tat sich nichts. Niemand kam unter den Zeltvorhängen hervor.

„Die Männer mit den Kanistern vortreten! Gießt das Benzin über die Zelte!"

Der Geruch von Benzin zog auf und die brütende Sonne ließ es noch schneller verdunsten, als man es sonst gewohnt war.

„Anzünden!"

Feuer flammte auf und wie von Geisterhand standen die Zelte in Flammen. Dunkler Rauch stieg auf. Keiner der Männer sagte ein Wort. In der unheimlichen Stille hörte man nur die Flammen rauschen. Als das erste Zelt zusammenbrach konnte man sehen, dass auch die darin stehenden Holzmöbel Feuer gefangen hatten. Die Männer wichen vor der Hitze zurück.

Offensichtlich waren alle, die sich im Zeltdorf befunden hatten, im Feuer der Legionäre umgekommen. Es regte sich jedenfalls nichts mehr. Bewaffnete Soldaten gingen über den Platz und inspizierten die Leichen.

„Der lebt noch!", schrie einer der Soldaten und deutete auf den vor ihm liegenden Körper eines Rebellen.

Schnell liefen Sanitäter zu dem Mann und knieten sich nieder. Einer nahm eine Armlange Stichwaffe vom Gürtel des Verletzten. Er tastete ihn weiter ab, konnte jedoch keine weiteren Waffen finden. Gemeinsam drehten sie dann den Verletzten auf den Rücken und versorgten die

Schusswunde. Den großen Blutfleck konnte man schon von weitem sehen.

„Alle Mann antreten!", wurde ein Befehl geschrien

Hans und seine beiden Begleiter rannten mit den anderen an den Rand des großen Zeltplatzes. Sie reihten sich wie geübt ein und standen Stramm.

„Männer, das war unser erster Streich. Bis jetzt haben wir keine Verluste zu verzeichnen. Unser Ziel haben wir allerdings noch nicht erreicht. Das ist nicht das Lager, das wir suchen.

In einer halben Stunde ist Abmarsch, bis dahin ruhen Sie sich aus.

Keiner entfernt sich ohne Begleitung von der Truppe. Wir wissen nicht, ob sich in den Felsen um uns herum noch Feinde befinden. Die Truppführer teilen Wachen ein."

Der Kommandeur drehte sich um und ging zu den Gruppenführern zurück, die sich ein paar Meter entfernt um einen Felsbrocken herum niedergelassen hatten. Dort fand die Lagebesprechung statt und die neuen Befehle wurden ausgegeben.

Eine Gruppe von Soldaten kümmerte sich zusammen mit den Sanitätern um die gefallenen Rebellen. Sie legten die Leichen auf Bahren und brachten sie an einen Sammelplatz.

Hans saß mit seinen Freunden zusammen beim Essen und schaute dem Treiben zu. Er fand, dass einige der weggebrachten Körper recht schmächtig aussahen. Es sah fast aus, als wären es Kinder.

„Sag mal, sind die Berber oder Tuareg oder Beduinen alle so klein?" Er schaute dabei Josef an.

Dieser hob den Kopf und sah zu den Sanitätern hinüber, die gerade eine Leiche auf eine Bahre luden.

„Wieso klein? Was meinst du damit?"

„Na, die Leichen sind fast alle so klein! Schau doch mal genauer hin. Das sind doch keine Männer, oder?"

Josef war jetzt aufgestanden und Icke gesellte sich zu ihm.

„Ja, die sind wirklich etwas klein. Müssen mal die Sanis fragen, was da los ist."

Als die Arbeiten beendet waren - die bis auf den Boden abgebrannten Zelte wurden nicht weiter beachtet - wurde zum Antreten befohlen.

„Männer, wir werden jetzt unsere Suche in gleicher Richtung fortsetzen. Nach unseren Informationen muss hier in der Nähe das Rebellenlager sein. Da wir nicht ausschließen können, dass der Feind unser Gewehrfeuer hören konnte, ist für den weiteren Vormarsch äußerste Vorsicht geboten. Jeder hat sofort Meldung zu machen, wenn er eine verdächtige Beobachtung macht.

Ich will aber nicht, dass jede Sekunde ein anderer losbrüllt. Nur wenn wirklich etwas gesehen wird. Vögel, Mäuse und anderes Getier muss nicht gemeldet werden!!"

Beim letzten Satz zog ein Lächeln über sein Gesicht. Die vor ihm stehenden Soldaten konnten allerdings mit diesem Humor nicht viel anfangen. Lachen konnte man jedenfalls keinen hören.

Die Trupps fanden sich in gleicher Besetzung wie vor dem Angriff zusammen, dann ging es in Reihe wieder den nächsten Hügel hinauf. Angestrengt schauten die Männer in die Einöde vor sich. Kein Lüftchen rührte sich. Hans schätzte, dass es gut fünfzig Grad heiß sein musste. Die Sonne stand im Zenit. Es war weit und breit kein Schatten zu sehen.

Icke war näher zu ihm aufgerückt.

„Es waren wirklich Kinder. Und Frauen. Nur ein paar alte Männer waren unter den Toten. Die Sanis haben es mir gesagt."

„Was? Wieso Kinder? Was machen Kinder hier mitten im Krieg?", Hans war laut geworden.

„Halt die Fresse!", fauchte Icke. „Du sollst leise sein. Wenn wir nur Frauen und Kinder erwischt haben, dann werden die Männer schon noch kommen. Die werden schon auf uns warten. Warts nur ab!"

Verbissen gingen die Männer Schritt für Schritt den Hang hinauf. Die Augen wanderten unablässig von links nach rechts und wieder zurück. Jeden Moment rechnete man mit den Angriff. Die Männer mussten ja in der Nähe sein. Die ließen doch ihre Frauen und Kinder nicht einfach in der Wüste zurück. Sie mussten doch damit rechnen, dass Legionäre angreifen würden.

Nachdem etwa zwei Stunden vergangen waren begann plötzlich ein reger Funkverkehr. Die Gruppenführer befahlen, anzuhalten.

Nach einem kurzen Gespräch mit der Führung der Mission stellte sich der Gruppenführer von Hans und seinen Freunden vor die Männer und sagte: „Wir gehen zurück zu den Fahrzeugen. Eine Übernachtung hier in den Hügeln wäre zu unsicher. Außerdem gehen die Wasservorräte zur Neige. Also in Reihe wie bisher zurück zu den Kameraden!"

Die Legionäre gaben Laute der Zustimmung von sich und sie machten sich sofort auf den Rückweg.

Als die Abenddämmerung hereinbrach, waren sie noch immer nicht zum Ausgangspunkt zurückgekehrt, wo die LKW auf sie warteten, die sie zurück ins Lager bringen sollten. Sie wurden langsam unruhig, weil sie fürchteten, es nicht mehr vor Einbruch der Nacht zu schaffen.

Das Tempo wurde unwillkürlich immer schneller und mancher fiel in einen leichten Trab, immer in Richtung LKW-Stellplatz am Rande der Hügelkette.

„Halt!" Der Gruppenführer war stehen geblieben und hob die linke Hand in die Höhe. „Ruhe! Habt ihr das auch gehört? Schüsse!"

Bewegungslos verharrten die Männer und lauschten. Ja, es waren entfernt Geräusche vernehmbar, die man durchaus als Schüsse deuten konnte.

„Weiter! Wir müssen schon ganz nahe bei den Lastwagen sein. Vielleicht werden sie angegriffen!"

Sie fielen in einen leichten Trab und bemerkten, dass auch die anderen Soldaten die Schüsse gehört haben mussten. Die ganze Mannschaft war in Laufschritt gefallen.

„Alle Mann in Deckung!" Dieser Befehl war von ganz vorne gekommen.

Jeder duckte sich so gut er konnte hinter den nächstgelegenen Felsbrocken.

Die Schüsse konnte man jetzt deutlich hören. Vor ihnen fand ein Gefecht statt. Man hörte sowohl einzelne Gewehrschüsse als auch Salven von Maschinengewehren. Lautere Detonationen ließen den Einsatz von Handgranaten vermuten.

„Alle Mann in Reihe vorrücken und Deckung ausnutzen! Abstand drei bis vier Meter!" Der Gruppenführer hatte zum Angriff befohlen. Die Männer arbeiteten sich von einem Felsen zum anderen vor.

„Josef, was meinst du?" Hans und Josef standen zusammen hinter einem großen Felsen und hatten kurz innegehalten.

„Hört sich so an, als ob die Rebellen uns ganz schön verarscht haben. Die haben uns ins Leere laufen lassen und sich zwischenzeitlich hierher durchgeschlagen.

Jetzt versuchen sie, unsere Wagen mit der Munition und der Ausrüstung zu klauen. Zum Glück hat der Kommandeur eine ganze Kompanie zum Schutz der Fahrzeuge zurück gelassen. Auf geht's, weiter!"

Sie hasteten den anderen Kameraden hinterher. Es war schon fast Nacht geworden. Auf der Hügelkuppe angekommen, konnten sie unten im Tal Mündungsfeuer erkennen. Rechts und links von ihrem Standpunkt aus befanden sich die Rebellen. Sie hatten sich etwa auf halber Höhe des Hügels verschanzt.

Die Kameraden waren hinter den in einer Reihe abgestellten Lastern in Deckung gegangen und erwiderten das Feuer. Die Dunkelheit ließ keine genaue Erörterung der Lage zu.

Wieder konnte man hastigen Funksprechverkehr hören. Der Gruppenführer trat ein paar Schritte zurück hinter einen Felsen und befahl seine Männer zu sich.

„Es ist schon zu dunkel, um einen Angriff zu wagen. Wir versuchen, uns zu den Kameraden durchzuschlagen. Der Feind kann uns nicht mehr sehen. Wir gehen nicht davon aus, dass sie über Leuchtraketen verfügen. Also wird der Marsch nach unten ohne Risiko sein. Wir müssen uns aber mucksmäuschenstill verhalten. Klar?"

„Und wenn sich vor uns auch noch Feinde verschanzt haben? Kann ja sein, dass die gerade nicht schießen und wir sie deshalb nicht bemerken."

„Das glaube ich nicht. Die haben noch nicht bemerkt, dass wir da sind. Warum sollten sie dann das Feuer einstellen? Da unten direkt vor uns sind keine! Abmarsch, und leise!"

Sie teilten sich auf und schlichen in kurzen Abständen den Hang hinunter. Jeder achtete darauf, dass er seine Nebenmänner rechts und links nicht aus den Augen verlor. Wirklich sehen konnte man sich zwar nicht mehr, aber die Schritte und das Stolpern über die Steine gab genug Hinweise darauf, dass sich da einer der Kameraden nach unten bewegte.

Tatsächlich kamen sie langsam aber sicher vorwärts. Das Gefecht war inzwischen zu Ende. Es war einfach zu dunkel, um noch ein Ziel zu finden. Da sich zwischen den feindlichen Verbänden eine Geröllhalde von mindestens zweihundert Metern befand, war es unmöglich, gezielte Aktionen durchzuführen.

Hans und seine Gruppe trafen bei den Lastwagen ein. Die zurück gebliebenen Kameraden waren vorher über Funk von deren Ankunft informiert worden. So konnte der Rückzug der Einheit ohne Verluste durchgezogen werden. Die Männer suchten Deckung bei den Lastwagen und hinter am Pistenrand liegenden Felsen.

„Männer, wir können jetzt nichts machen und müssen warten, bis es hell wird. Ruht euch aus. Munition, Wasser und Verpflegung werden bei den Lastern ausgegeben. Bleibt in Deckung!"

Hans hatte keinen einzigen Schuss abgegeben. Seine Wasserflasche war allerdings leer. Seine Essensration war noch ausreichend für die folgende Nacht.

„Gebt mir eure Flaschen, ich hole Wasser." Icke war heran gekommen und nahm ihnen die Flaschen ab. Dann war er auch schon in Richtung LKW verschwunden.

„Ob die morgen noch da sind?" Josef hatte sich neben Hans im Sand nieder gelassen.

Sie lehnten wie schon am Tag ihrer Ankunft an einem Felsen und hatten es sich einigermaßen bequem gemacht.

„Hast du gesehen, wie die das machen? Lassen uns ins Leere laufen, und wir Arschlöcher schießen auf Frauen und Kinder!"

„Ich habe auf kein Kind geschossen. Und auch nicht auf eine Frau oder auf sonst irgendjemanden." Hans war laut geworden. „Soll das eine Strategie sein?"

„Pass auf, dass dich keiner der Offiziere hört. Sonst könnte das blöd für dich werden."

Die Gruppenführer hatten befohlen, dass je Gruppe abwechselnd ein Soldat zwei Stunden Wache halten sollte. Die anderen sollten sich zum Schlafen hinlegen. Man ging davon aus, dass die Nacht über nichts mehr passieren würde. Und so war es auch.

Hans hatte die letzte Wache ab vier Uhr und fühlte sich einigermaßen ausgeschlafen, als gegen sechs Uhr Leben ins Lager kam. Überall hörte man das Scheppern von Essgeschirr und Wasserflaschen. Auch hörte man den einen oder anderen, wie er fluchend hinter dem nächstgelegenen Felsbrocken verschwand um sich zu erleichtern. Offenbar hatten alle vergessen, dass sie sich im Kampf befanden.

„Sag mal, wo sind denn die Beduinen abgeblieben? Hier tun alle so, als ob wir auf einem Sommerausflug wären."

„Du hast recht!", sagte Josef und duckte sich unwillkürlich neben den Felsbrocken, hinter dem sie die Nacht verbracht hatten.

Alle schauten nach vorne in Richtung der Hügel, wo sich am Abend zuvor die feindlichen Einheiten versteckt gehalten hatten. Es war nichts zu sehen.

Hans schaute sich um und sah, dass auch die Kameraden inzwischen wieder aufmerksam zur Hügelkette blickten und den Hang nach Rebellen absuchten.

„Gruppe angetreten!" Der Gruppenführer stand hinter einem der Lastwagen und wartete darauf, bis sich die Männer einer nach dem anderen im Laufschritt bei ihm einfanden.

Jeder hatte hastig sein Gepäck aufgenommen und das Gewehr geschultert. Jetzt standen sie in Reih' und Glied vor ihrem Kommandanten.

„Kurz bevor es hell geworden ist, hat der Kommandeur einen Spähtrupp ausgeschickt. Der Feind ist abgerückt. Wir haben damit gerechnet. In der Regel stellen sich die Berber nicht dem offenen Gefecht. Dazu sind sie zu wenige und zu schlecht bewaffnet.

Jetzt aufsitzen, wir rücken in Kürze ab!"

Eilig machten sie sich auf den Weg zu ihrem Fahrzeug und jeder begab sich auf den Platz auf der Ladefläche, den er schon auf dem Hinweg eingenommen hatte.

„Habt ihr gesehen, wie die Laster abgestellt waren? Ganz schön ausgefuchst. Dadurch, dass sie in einem flachen Halbkreis mit der Schnauze nach vorne abgestellt worden waren, konnten die feindlichen Schützen nur die Vorderseite der LKW unter Beschuss nehmen. Dabei sind zwar alle Windschutzscheiben zu Bruch gegangen, aber kein einziger Reifen war kaputt. Habt ihr das gesehen?"

Icke schaute sie ganz begeistert an. Er hatte wohl befürchtet, dass die Wagen alle zusammen geschossen wären und sie den Rückweg zu Fuß zu bewältigen hätten.

„Und die Motoren?", fragte Josef. „Was ist mit denen passiert? Die befinden sich doch wohl alle direkt hinter den Kühlern."

Icke sagte: „Die sind mit extra starken Metallgittern geschützt. Gewehrkugeln, die aus einer Entfernung von mehr als hundertfünfzig Metern abgegeben werden, können diese Panzerung nicht durchschlagen. Höchstens ein paar Dellen habe ich gesehen. Super, oder?"

Die Motoren wurden angelassen und die Kolonne von jetzt nur noch sieben Fahrzeugen machte sich auf den Rückweg in die Kaserne nach Sidi bel Abbes.

„Na, das war ja ein großer Erfolg, was?" Hans schaute erst zu Icke und dann zu Josef.

Die anderen Kameraden im Laster drehten interessiert ihre Köpfe und schauten zu den dreien, die nebeneinander saßen.

Icke schüttelte unwillig den Kopf und sagte leise: „Sei still. Das will keiner wissen, ob das gut oder sehr gut war."

Hans ließ nicht locker: „Na schön, wir sind zwei Tage lang unterwegs, verlieren in einem Hinterhalt zwei Lastwagen, ein paar Verletzte werden zurück ins Lager gebracht. Soweit so gut.

Wir marschieren stundenlang über Geröllhalden, erschießen ein paar Frauen und Kinder, vielleicht auch noch ein paar alte Männer und zünden ihre Zelte und ihre Habseligkeiten an.

Auf dem Rückweg stellen wir dann fest, dass unsere Gegner zwar tatsächlich da waren, aber nicht da, wo wir sie gerne gehabt hätten.

Jetzt stellt sich noch die Frage, wer von unseren Kameraden alles hat dran glauben müssen, als die Berber angegriffen haben."

Josef beugte sich zu ihm hin und sagte nachdrücklich: „Halt die Fresse, Mann!"

„Na gut, dann reden wir halt zu Hause darüber. Ich muss das auf jeden Fall erst einmal verstehen, was das für eine Strategie sein soll und wie wir so mit den Rebellen fertig werden wollen.

Ich denke es war höchste Zeit, uns auf den Weg zurück zum Lager zu machen. Die Männer, die vor uns in den Hügeln lagen, waren inzwischen bestimmt schon in ihrem abgebrannten Lager. Wehe, wenn die uns vor die Flinte kriegen. Da wird es um den letzten Blutstropfen gehen. Ich würde jedenfalls so reagieren, wenn ich nach Hause käme und meine Angehörigen sind alle tot. Oder was würdest du machen?" Hans hatte sich zu dem nächst sitzenden Kameraden umgedreht.

Dieser schaute ihn nur an.

Die drei hatten auf Deutsch miteinander gesprochen. Wahrscheinlich hatte der andere Legionär überhaupt nichts von dem verstanden, was Hans gesagt hatte.

Die Rückfahrt dauerte etwa eineinhalb Tage. Da die Piste in der Wüste kaum zu erkennen war, mussten die Fahrer höllisch aufpassen, um nicht an den zahlreichen Felsbrocken hängen zu bleiben. Es ging also nur langsam voran.

Gesprochen wurde nicht viel. Die meisten versuchten immer mal wieder ein Schläfchen zu halten. Die Fahrpausen wurden dazu genutzt, sich die Beine zu vertreten und die Notdurft zu verrichten.

Einen Tag, nachdem sie in die Kaserne eingerückt waren, wurde die ganze Einheit zum Appell befohlen. In langen Dreierreihen standen die Kompanien auf dem Hof.

„Stillgestanden!" Ein Unterführer hatte den Befehl über den Hof gebrüllt, sich dann dem ranghöchsten Offizier zugewandt.

Mit militärischem Gruß meldete er: „Bataillon angetreten!"

Der Kommandeur, ein Oberstleutnant, erwiderte den Gruß kurz mit der Hand an der Mütze und trat einen Schritt auf die Legionäre zu.

„Männer! Der Einsatz war ein voller Erfolg. Wir konnten dem Feind eine empfindliche Niederlage zufügen. Es gab bei uns lediglich zwei Leichtverletzte, wenn auch der Verlust von technischem Material zu bedauern ist.

Unsere Agenten innerhalb der algerischen Rebellen werden uns in Kürze wieder Informationen über ihre Pläne zukommen lassen. Wir können dann von Fall zu Fall entscheiden, wo wir als nächstes zuschlagen werden. Bis dahin wird die Ausbildung fortgeführt. Die Befehle dazu erhalten sie wie immer von ihren Gruppenführern."

Der Kommandeur machte eine Kehrtwendung und ging gemessenen Schrittes zu seiner Unterkunft davon.

„Soldaten herhören!" Die Unterführer übernahmen das Kommando und die einzelnen Verbände begannen mit der Weiterführung der Ausbildung.

Die einen wurden zum Schießstand befohlen, die anderen erhielten Formalausbildung, wieder andere mussten zu einem längeren Marsch antreten.

Tage später stand morgens der Gruppenführer vor Hans und fragte: „Warum hast du nach dem Gefecht in den gelben Bergen deine Munitionsration nicht unverzüglich aufgefüllt?"

„Ich habe keine Munition gebraucht, Herr Feldwebel." Hans stand stramm und schaute geradeaus.

„Wie, nicht gebraucht? Hast du noch genügend Munition gehabt?"

„Ich habe keinen Schuss abgegeben, Herr Feldwebel." Er vermied es, seinem Vorgesetzten in die Augen zu schauen.

„Um neun Uhr meldest du dich bei der Kommandantur. Ist das klar?"

„Jawohl, Herr Feldwebel. Um neun Uhr bei der Kommandantur."

„Du hast doch die Munitionskarten bekommen, bevor wir ausgerückt sind, oder?" Icke fragte Hans und setzte sich dabei auf seine Bettkante.

„Ja, ich habe drei Stück. Habe aber keine gebraucht."

Aus Sicherheitsgründen wurde Munition nur gegen Einzug von Munitionskarten ausgegeben. Diese Karten waren von der Kommandoführung abgestempelt und jeweils mit dem Namen und der Einheit des Besitzers versehen.

Wem die Munition zur Neige ging, der konnte sich unter Vorlage einer Munitionskarte beim Schirrmeister melden und bekam von ihm die entsprechende Patronenanzahl ausgehändigt. Gewöhnlich erhielt man pro Karte zwanzig Schuss. Auf einer Namensliste wurde dann eingetragen, wer wann wie viel Munition ergänzt hatte.

Kurz vor neun Uhr stand Hans vor der Kommandantur und meldete sich beim Wachsoldaten. „Legionär Rosenheimer zum Rapport!"

„Warte hier.!", sagte der Soldat und ging in die Baracke.

Kurz darauf kam er wieder heraus und sagte zu Hans: „Folge mir."

Sie gingen in einen etwa zwanzig Quadratmeter großen Raum in der Baracke, der von drei Seiten durch Fenster erhellt wurde.

„Warte hier. Du wirst gerufen!"

Während Hans wartete, wurden nach und nach noch vier weitere Legionäre vom Wachhabenden hereingeführt.

Dann ging eine Tür an der linken Seite der Rückwand auf und eine Stimme befahl in ruhigem Ton „Legionär Rosenheimer, antreten!"

Hans ging schnellen Schrittes auf die Tür zu und trat in das Zimmer. Es war ungefähr gleich groß wie das vorherige. Rechts und links befanden sich ebenfalls Fenster, die aber mit Stoff abgedunkelt waren. In der Mitte des Zimmers stand ein großer Schreibtisch aus dunklem Holz. Dahinter ein Stuhl mit Armlehnen. An der Rückseite des Raumes waren Metallschränke aufgereiht, deren Türen alle verschlossen waren.

Hinter dem Schreibtisch stand der Kommandeur. Auf dem Tisch war eine kleine Tafel aufgestellt, auf der „Oberstleutnant Muller" stand.

Vor ihm lag eine lange, unordentlich gefaltete Liste.

„Sie haben laut Eintrag in die Munitionsausgabeliste keine Munition erhalten. Stimmt das?"

„Jawohl, Herr Oberstleutnant."

„Haben sie vergessen, ihre Munition wieder zu ergänzen?"

„Nein, Herr Oberstleutnant. Ich habe keine Munition gebraucht."

„Sie haben also während des Angriffs auf den Feind in den gelben Bergen nur so wenige Schüsse abgegeben, dass sie noch keine Munitionsergänzung brauchten?"

„Nein, Herr Oberstleutnant, ich habe keinen Schuss abgegeben."

„Hat ihr Karabiner geklemmt?"

„Ich bin nicht zum Schießen gekommen. Bis wir, ich meine unsere Gruppe, nahe genug waren, war alles schon vorbei."

„So, alles war schon vorbei. Es rentierte sich nicht mehr. die Kameraden hatten schon alles erledigt. Oder was?" Die beiden letzten Worte hatte der Kommandeur gebrüllt.

Hans war zusammengezuckt. Was wollte der Kommandeur von ihm?

„Wenn alle so lange warten, bis die Kameraden die Drecksarbeit erledigt haben, dann können wir einpacken! Wenn alle so „kämpfen" wie du – ich lach mich tot – dann gibt es in unseren Reihen mehr Tote, als du dir vorstellen kannst! Hast du das kapiert?" Der Kommandeur wartete nicht auf eine Antwort von Hans. Er brüllte weiter: „Wie heißt du?"

„Legionär Rosenheim..."

Der Kommandeur unterbrach ihn und brüllte: „Deinen Vornamen will ich wissen! Nicht wie du sonst noch heißt. Das muss ich mir wirklich nicht merken!"

„Ich heiße Hans, äh Hans Robert."

„Du heißt nicht mehr Hans, du heißt jetzt Johanna! Ja, Johanna Roberta Arschklemmer! So heißt du jetzt! Verstanden!?!"

134

Hans sagte nichts und schaute vor sich zu Boden.

„Verstanden!?!"

„Jawohl, Herr Oberstleutnant!"

Der Kommandeur fuhr fort: „Solche Feiglinge wie dich können wir hier nicht gebrauchen! Wenn das noch einmal vorkommt, dann tauschst du dein Gewehr mit einem Schälmesser! Dann wirst du Tag und Nacht Kartoffeln schälen! Und wenn Papi dann heimkommt, dann wirst du ihm zuerst einmal einen blasen bevor das Essen aufgetragen wird. Ist das klar, Johanna?"

„Jawohl, Herr Oberstleutnant." Hans stand ganz stramm und starrte völlig verkrampft ins Leere.

„Wegtreten, Johanna!"

Hans drehte sich um und rannte fast aus dem Zimmer. Während er auf die nächste Tür zuging, hörte er den Kommandeur, wie er den nächsten der Männer zu sich rief. Jetzt war seine Stimme wieder ganz beherrscht und ruhig.

Langsam ging Hans zu seiner Unterkunft zurück. Es ging ihm durch den Kopf, dass der Kommandeur nicht ganz falsch lag. Ob er aber aus Angst den Abzug nicht gedrückt hatte oder aus einem anderen Grund, das wusste Hans auch nicht.

Er verharrte an einer Hausecke auf dem Weg und dachte darüber nach, was ihn beschäftigt hatte, als der Angriff in den gelben Bergen erfolgte.

Zuerst war es Angst gewesen! Er hatte sich davor gefürchtet, von einer gegnerischen Kugel getroffen zu werden. Deshalb hatte er ununterbrochen die Senke vor sich mit den Augen abgesucht, um beim Anblick eines Rebellen sofort in Deckung zu gehen. Ja, es stimmte, während sie den Abhang hinunter gelaufen waren hatte er versucht, den Karabiner an die Schulter zu heben, um einen Gegner ins Visier zu nehmen. Um richtig zielen zu können hätte er aber stehen bleiben müssen. Das hatte er nicht riskieren wollen und war weiter gelaufen.

Gleichzeitig hatte er die rechts und links von ihm laufenden Kameraden beobachtet. Er hatte gesehen, wie der eine oder andere immer wieder stehen blieb, das Gewehr hoch nahm und abdrückte. Schon während des Spannens des Abzugshahns liefen sie wieder los. Er hatte wieder darüber nachgedacht, ob er auch stehen bleiben sollte, um zu schießen. Er war aber zu dem Schluss gekommen, dass es nicht notwendig sei, weil der Feind ohnehin schon keinen Widerstand mehr leistete. So war das gewesen.

Seinen Freunden erklärte er am Abend nur, dass er befragt worden sei, warum er keine Munition geholt habe. Es sei überprüft worden, ob vielleicht vergessen worden war, eine entsprechende Eintragung in der Liste zu machen.

Ihm ging die Sache nicht mehr aus dem Kopf. Die Art und Weise, wie der Oberstleutnant mit ihm umgesprungen war, hatte ihn aus der Fassung gebracht. Der Offizier war ihm gegenüber ohne jeglichen Respekt und völlig würdelos aufgetreten. Dies widersprach der Vorstellung, die Hans vom Verhalten eines Offiziers gehabt hatte.

Er erinnerte sich daran, wie während des Geschichtsunterrichtes in der Schule stolz über die Heldentaten der Offiziere und Mannschaften während des Krieges berichtet wurde. Viele Straßen und Plätze in Karlsruhe trugen die Namen berühmter Feldherren und Generäle.

Oft wurden als Vorbilder für Kameradschaft, Ehrlichkeit, Vaterlandstreue, Tapferkeit und Klugheit hohe Offiziere angeführt. Man wurde auch im Hinblick auf Pünktlichkeit, Sauberkeit, Höflichkeit und Charakterfestigkeit auf die Offiziersehre und deren Verhaltenskodex aufmerksam gemacht. Kurz und gut: der Offizier war schlicht und einfach eine Art Übermensch, dem es nach zu eifern galt.

Und diesen Vorstellungen hatte der Kommandeur überhaupt nicht entsprochen. Er hatte sich eher auf die Stufe eines ungebildeten und charakterschwachen Straßenjungen begeben.

Die Tage vergingen und es wurde eisern geübt, es gab Märsche in die Umgebung, daneben wurden immer wieder Kampfeinsätze bis hin zum Häuserkampf trainiert.

Es war Sonntag. Wie zu Hause in Europa ein Ruhetag. Josef, Icke und Hans standen im Hof vor ihrer Unterkunft.

Sie beobachteten, wie zwei Kameraden am Haus der Kommandantur eine größere Tafel anbrachten. Die drei Freunde gingen näher und sahen, dass es sich um eine geographische Karte handelte. Sie war etwa einen Quadratmeter groß und hinter Glas eingearbeitet. Die beiden Soldaten hatten zwei Nägel in die Holzwand neben der Eingangstür eingeschlagen und hängten gerade die Landkarte auf.

Als die beiden Legionäre ihr Werkzeug aufgenommen hatten und weggegangen waren traten die Freunde näher an die Karte heran.

„Das ist Nordafrika, wenigstens ein Teil davon", sagte Josef. „Siehst du, hier ist Oran, die Hafenstadt wo wir in Algerien gelandet sind. Und hier, etwas weiter südlich ist Sidi bel Abbes. Da sind wir gerade."

Icke und Hans traten näher und Icke meinte: „Ja, da sind wir gerade. Ganz schön weit weg vom Hafen, nicht?"

„Ja, gut, wenn du meinst. Aber was heißt schon ganz schön weit weg? Wie viele Kilometer sind das? Was schätzt du?", fragte Hans.

„Keine Ahnung, sind ja nirgends Entfernungsangaben gemacht. Wenn ich überlege, wie lange wir damals auf der Fahrt vom Hafen bis hierher gebraucht haben, dann müssten es schon ein paar hundert Kilometer sein, oder?"

Josef meinte: „Klar sind das ein paar hundert Kilometer. Algerien ist ein riesiges Land. Andererseits kann man von der Fahrzeit nur schlecht auf die Entfernung schließen. Bei den Straßenverhältnisse ist es schwer, eine Geschwindigkeit konstant einzuhalten."

„Ja, das stimmt", sagte Icke.

„Und das da links, das ist Marokko. Hier ist die Hauptstadt Rabat, hier Marrakesch und an der Atlantikküste im Süden liegt das berühmte Casablanca. Da wäre ich auch gerne einmal." Hans lächelte, als er mit dem Zeigefinger auf die Landkarte gedeutet hatte. „Ob wir auch einmal nach Marokko versetzt werden, was meint ihr?"

„Keine Ahnung, was die mit uns vorhaben. Man erfährt ja noch nicht einmal, was in den nächsten Tagen auf uns zukommen wird."

Icke hob die Hand und sagte „Oh, ich habe von einem Stabsdienstsoldat gehört, dass zur Zeit über einen Einsatz beim Straßenbau beraten wird!" Er lachte laut, als er das gesagt hatte.

„Schaut nicht so blöd. Wir werden keine algerischen Straßen bauen, wir sollen nur die Arbeiter schützen. Die Straße soll in den Süden des Landes führen und man befürchtet, dass Rebellen die Baustellen angreifen könnten. Immerhin führen die Arbeiter auch Fahrzeuge und Proviant mit sich. Dies könnte die Rebellen dazu verleiten, einen Angriff zu starten, um das Material zu erbeuten."

„Das wäre ja mal eine Abwechslung", meinte Josef. „Wenn dazu freiwillige Kräfte gesucht werden, sollten wir uns melden. Was meint ihr?"

Beide nickten und die drei drehten sich um und gingen in ihre Unterkunft zurück.

Kurz vor der Tür sagte Hans plötzlich: „Bis später, ich gehe in die Kapelle. Das wollte ich schon lange einmal machen. Bin gespannt, wie es dort aussieht."

Icke und Josef blieben erstaunt stehen, sagten aber nichts und gingen durch die bereits geöffnete Tür in die Unterkunft.

Hans war in Richtung Kapelle weitergegangen, die direkt an der Mauer zur Straße stand. Es handelte sich um ein hölzernes Gebäude mit einem Winkeldach. Sogar einen kleinen Turm hatte man angebaut und auch dieser wurde von einem spitzen Dach gekrönt.

Hans blieb ein paar Schritte vor der kleinen Kapelle stehen und schaute. Irgendwie freute es ihn, dass die Legion dafür gesorgt hatte, dass ein richtiges christliches Gotteshaus zur Verfügung stand.

Leise öffnete er die Holztür und ging hinein. In der Kapelle war es düster und nach der blendenden Helligkeit auf dem Hof brauchten seine Augen eine Zeit, um sich an die Dunkelheit zu gewöhnen.

Hans stand im Mittelgang, rechts und links von ihm reihten sich kleine hölzerne Sitzbänke. Der Raum war schätzungsweise fünfzehn Meter lang.

Hans ging langsam nach vorne. Seine Schirmmütze hatte er unwillkürlich abgenommen. Er passierte etwa zehn bis zwölf Sitzreihen und erst jetzt bemerkte er, dass die Kapelle ganz und gar nicht leer war. Im Gegenteil, es befanden sich auf jeder Sitzbank Personen. Alle waren sehr still und man konnte fühlen, dass jeder mit sich selbst beschäftigt war.

Als Hans neben sich eine freie Stelle in einer Bank bemerkte, trat er kurz entschlossen in die Reihe und setzte sich.

Er schaute nach vorne und blickte auf ein Holzkreuz, das an einer schweren Kette von der Decke hing. Es war ein schlichtes Kreuz ohne Jesusfigur.

Im Verhältnis zur Kapelle war das Kreuz groß, etwas zu groß, fand Hans.

Als er so da saß dachte er an die Zeit im Waisenhaus in Karlsruhe, an die Gebete, die er, Peter und Rudolf als „Schmerzverhinderer" vor sich hin gesagt hatten, wenn es wieder einmal Prügel setzte.

Er dachte an die Zeit auf dem Bauernhof und an die Pläne, die er in den langen Nächten dort geschmiedet hatte. Nie hatte sich dabei auch nur die kleinste Zukunftsaussicht herauskristallisiert. Er hatte nie gewusst, was jemals aus ihm werden sollte. Er hatte sich nie getraut, ein Berufsziel für sich zu definieren, weil er nicht glaubte, dass es erreichbar sein könnte.

Jetzt war er hier bei der Fremdenlegion. Entschieden hatte er sich nicht bewusst dafür. Es war ihm als die einzige Möglichkeit erschienen, überhaupt ein neues Leben finden zu können.

Bei der Legion war es das erste Mal, dass er einen Lohn für seine Arbeit erhielt. Hier wurde das zwar Sold genannt, aber das war egal. Nach Beendigung der Dienstzeit stand einem sogar eine Abfindung zu, die einen neuen Anfang erleichtern würde. Aber bis dahin sollte noch viel Zeit vergehen.

„Vater unser der du bist im Himmel ….."unwillkürlich hatte er ganz leise angefangen zu beten.

Als er in Gedanken zum Ende gekommen war, stand er auf und verließ die Sitzbank. Ohne es verhindern zu können, beugte er im Mittelgang das rechte Knie, wie er es als Kind gelernt hatte.

Schnell drehte er sich um und ging zum Ausgang.

Schon zwei Tage später wurde der Befehl gegeben, einen Bautrupp zu begleiten, der eine Straße in den Süden Algeriens vorantrieb. Es sollte über fünfhundert Kilometer weit in die Wüste gehen.

Entsprechend umfangreich waren die Ausrüstung und die Instruktionen.

„Hast du gesehen, es sind insgesamt zehn Lastwagen. Acht als Mannschaftstransporter, zwei als Materialwagen.

Vor allen Dingen wird ein Haufen Sprit benötigt. Tankstellen gibt es nämlich keine unterwegs" sagte Josef und lachte.

Auf jedem Mannschaftswagen befanden sich zwölf Legionäre. Dazu kamen je ein Fahrer und ein Beifahrer. Das war meist der Unterführer. In der Fahrerkabine war es bequemer als hinten auf der Pritsche.

Da für Hin- und Rückweg insgesamt etwa 1200 km gerechnet wurden, musste eine große Menge Treibstoff geladen werden. Die Motoren hatten einen hohen Verbrauch.,

Für die Hinfahrt wurde eine Fahrzeit von über zwei Tagen kalkuliert. Nachts konnte nicht gefahren werden, es gab einfach zu viele Steine, Felsen und Löcher auf den kaum befestigten Pisten. Man fuhr also von Sonnenaufgang bis Sonnenuntergang.

Erst, wenn die bereits fertig befestigte Teilstrecke von Rabat nach Tamanrasset erreicht war, konnte schneller gefahren werden.

Die Männer auf den Ladeflächen wurden durchgeschüttelt, dass es fast nicht auszuhalten war. Auch die Fahrer mussten alle vier bis fünf Stunden ausgewechselt werden. Es gelang ihnen dann einfach nicht mehr, das Fahrzeug auf der Strecke zu halten.

Schließlich aber, am dritten Tag gegen zehn Uhr am Vormittag langte man an der weit südlich gelegenen Baustelle an. Überall wimmelte es von Arbeitern.

„Wir sind da!", brüllte Josef. Er saß hinten und hatte von dort aus den besten Überblick.

Schon nach ein paar Metern parkte der Lastwagen am Straßenrand. Die nachfolgenden Fahrzeuge reihten sich dahinter ein.

„Absitzen!", konnte man aus unterschiedlichen Richtungen hören und die Soldaten hatten es eilig, die Fahrzeuge zu verlassen.

„Endlich, habe gedacht, wir kommen überhaupt nicht mehr an." Hans trat von einem Bein auf das andere, um das Blut wieder in Bewegung zu bringen.

Sie schauten sich um.

„Legionäre antreten!"

Der Unterführer hatte schon wieder gerufen und die Gruppe versammelte sich vor ihm am Rande der Piste.

„Als erstes werden euch die Unterkünfte zugewiesen. In einer halben Stunde wird genau hier am Straßenrand wieder angetreten. Verstanden?"

„Jawohl!", tönte es aus der Mannschaft.

„Mir folgen! Linksum Marsch!"

Der Gruppenführer hatte sich umgedreht und die Männer schlossen im Gleichschritt zu ihm auf. Es ging die Piste entlang und tatsächlich konnte man erkennen, dass da, wo sie marschierten, eine Art Straße angelegt worden war. Nicht, dass diese etwa asphaltiert worden wäre. Nein, es war nur eine Sandpiste. Aber immerhin gab es weder größere Steine noch Löcher.

Außerdem waren in mehr oder weniger unregelmäßigen Abständen Metallbretter quer zur Straße zur Verstärkung der Sandpiste in den Boden eingelassen.

Sie passierten einige größere Zelte und kamen dann zu einem Platz, der von Fahrzeugen, Zelten und Baumaschinen verschiedener Art umgeben war. Weiter hinten konnte man eine Art Wasserbehälter ausmachen.

„In Reihe antreten!", rief der Gruppenführer. „Jeweils zwei Mann bauen sich zusammen ein Zelt an dieser Seite des Platzes." Er deutete zu einer Lücke in der Umrandung zwischen den geparkten Fahrzeugen. „Sie werden nicht in den großen Zelten untergebracht. Diese sind für die Arbeiter und Bauleiter reserviert.

Die Zelte sind im Abstand von einem Meter aufzubauen, drei Reihen zu je 10 Zelten! Ich will eine saubere Zeltstadt sehen, kein Ferienzeltlager, ist das klar!?!"

Damit hatten die Männer nicht gerechnet. Andererseits war klar, dass es irgendwann einmal so kommen musste. Nicht umsonst hatten sie das Zusammenbauen der Zweimannzelte bis zum Erbrechen geübt. Jetzt konnten sie es in der Praxis anwenden.

„Hans, machen wir ein Zelt zusammen?" Josef hatte gefragt und Hans hatte kurz zu Icke gesehen und dann Josef zugenickt.

Icke hatte sich schon mit einem anderen Kameraden zusammen getan und sie suchten jetzt alle nach einer passenden Stelle im Sand, wo sie ihr Zelt aufbauen konnten.

Danach, eine halbe Stunde später, war die Einheit angetreten. Es wurden Wachen eingeteilt, Einweisung in die Essensausgabe und in die Diensteinteilungen gegeben. Diejenigen, die nicht eingeteilt waren, konnten das Lager und die Baustelle inspizieren.

Icke war in eine der Wacheinheiten befohlen worden, sodass Hans und Josef ohne ihn durch das Lager streiften.

Sie beobachteten, dass in ihre Mannschaftstransporter eine Kompanie Legionäre gestiegen waren, die auf direktem Wege zurück nach Sidi bel Abbes gefahren werden sollten.

„Die waren jetzt zwei Wochen da, habe ich von einem der Kameraden erfahren. Jetzt geht es wieder zurück ins Lager", bemerkte Josef.

„Die werden froh sein, wenn sie wieder unter eine richtige Dusche kommen. Das Essen wird hier draußen wohl auch nicht besonders gut sein, oder?"

„Weiß nicht. Wird kein großer Unterschied zu dem Fraß sein, den wir in der Kaserne bekommen. Viel schlechter geht es ja nicht. Gemüse, Gemüse und am Sonntag zur Feier des Tages Gemüse. Dazu Hirse, Hirse und noch - Hirse. Ab und zu verirrt sich dann mal ein Hammel in den Topf. Das Fleisch essen dann wohl aber andere, denn wir bekommen nur die Knochen…" Josef schüttelte sich.

„So ist es. Das habe ich mir auch etwas besser vorgestellt, als ich mich zur Legion habe einschreiben lassen. Gesagt haben sie jedenfalls, dass die Verpflegung sehr gut sei."

Es war also so, dass die ankommenden Truppen sich einrichteten, die anwesende Truppe mit denselben Fahrzeugen wieder zurück gebracht wurde. Die Arbeiter, es waren auf den ersten Blick fast alles Araber, blieben offensichtlich für längere Zeitdauer im Bautrupp.

Nachdem die Nacht hereingebrochen war, wurde es still im Lager. Mit Ausnahme der Wachsoldaten hatten sich alle nach und nach in ihre Unterkünfte zurückgezogen. Eine fast greifbare Stille überzog die dunkle Wüste. Nur selten konnte man Geräusche vernehmen, die entweder von Wachsoldaten verursacht wurden oder von einem der zahlreichen Kamele, die bei den Bauarbeiten tagsüber wichtige Aufgaben übernahmen.

Am nächsten Morgen wurde zum Frühstück angetreten. Die Unterführer gaben die notwendigen Anweisungen, wer sich wo und wann zu melden hatte. Gleichzeitig wurde der Tagesbefehl ausgegeben.

Hans und seine beiden Freunde waren dazu eingeteilt, die vorderste Kolonne der Straßenbauer abzusichern.

Diese befand sich ungefähr einen halben Kilometer südlich des Lagerplatzes. Die Legionäre hatten am Morgen den Befehl erhalten, täglich ihre gesamte Ausrüstung inklusive der Zelte mit sich zu nehmen.

Durch das Voranschreiten der Bauarbeiten Richtung Süden war es notwendig, jede Nacht ein neues Lager zu errichten. Der Plan lautete, täglich mindestens drei Kilometer voran zu kommen.

„Schau mal, die bauen eigentlich keine Straße, die räumen nur Steine weg." Josef hatte Hans am Arm genommen und deutete auf einen Trupp, der gerade mit Hilfe eines Kamels einen etwa mannshohen Felsen zur Seite zog.

Ganz vorne waren drei Mann damit beschäftigt, mit technischem Gerät die Himmelsrichtung zu prüfen.

„Die sagen, wo es lang geht", sagte Hans. „Hoffentlich vertun die sich nicht. Nicht dass wir wieder an der Küste landen. Mir hat einer gesagt, dass die Straße nach Tamanrasset führen wird. Das ist eine Stadt am Südrand der Sahara."

„Wie weit ist das?"

„Hat er mir nicht genau sagen können. Er hat aber von tausend oder zweitausend Kilometer gesprochen. spinnt wohl, was?"

Die Legionäre patrouillierten jeweils zu zweit entlang der Piste und behielten aufmerksam die Umgebung im Auge. Es hatte geheißen, dass durchaus mit Überfällen von Rebellen gerechnet werden musste.

Hans war aber der Meinung, dass es fast unmöglich war, ihre Truppe in diesem Gelände anzugreifen. Rundherum war alles eben und übersichtlich. Ganz weit vorne am Horizont konnte man undeutlich eine Bergkette erkennen. Dort war es bestimmt viel gefährlicher.

„Da kommen die Jungs mit den Holzmasten!" Josef wandte sich nach hinten, von wo sich mehrere Trupps mit Masten auf den Schultern näherten.

Im Lager war eine große Halde Holzmasten aufgestapelt. Diese wurden an der rechten Straßenseite im Abstand von ungefähr fünfzig Schritten im Boden verankert. Sobald sie aufgestellt waren kam ein anderer Trupp, der ein Kabel am oberen Ende der Masten befestigte.

„Ist das Strom oder Telefon?", fragte Hans.

„Weiß ich nicht. Habe noch niemanden gefragt. Denke aber, dass es sich um Telefonkabel handelt. Ich glaube, dass eine direkte Telefonverbindung hier wichtiger ist als Strom. Glühbirnen haben wir ja keine dabei, oder? Und eine Kochplatte auch nicht, leider." Josef verzog das Gesicht.

Der Tag verging ohne besondere Vorkommnisse. Das Räumen der Piste ging gut voran und die Legionäre schauten den Arbeitern zu, während sie links und rechts der Piste patrouillierten.

Als die Dämmerung hereinbrach, wurde befohlen, das Nachtlager aufzuschlagen.

Wie am Vortag schlossen sich Josef und Hans zusammen. Icke war mit seinem Partner wieder beim

Zeltaufbau. Nach dem Abendessen gingen alle recht früh zum Schlafen in ihre Zelte.

Hans war aufgewacht. Erschrocken hatte er die Augen geöffnet und er lauschte angestrengt, ohne zu wissen, was ihn eigentlich geweckt hatte.

„Josef, hörst du?"

„Ja, bin auch gleich aufgewacht. Was ist das denn? Hört sich an wie Regen…"

„Ja, hört sich so an. Seltsam." Hans hatte sich aufgerappelt und war zum Zelteingang gekrochen.

Er schlug die Zeltplane hoch und hielt die Hand nach draußen.

„Tatsächlich, Wasser!", rief er erstaunt.

„Das gibt es doch nicht!" Josef war auch zum Zeltausgang gekommen und hatte die Hand nach draußen gestreckt.

Es tropfte tatsächlich Wasser auf ihre Hände.

Jetzt hörten sie auch, dass draußen im Dunkeln schon einiges los war. Überall hörte man Fußgetrappel. Dazwischen jauchzte irgendwo eine Männerstimme.

Beide krochen aus ihrem Zelt. Regen klatschte ihnen auf die Köpfe und auf die Schultern und hatte innerhalb kürzester Zeit ihre kurz geschorenen Haare durchnässt.

Beide begannen wie die Kinder im Kreise herum zu tollen. Sie hatten die Arme in die Höhe gehoben und tanzten wie nach einem ungehörten Rhythmus umeinander herum.

„Ja, ja, ja, es regnet!" Hans hatte angefangen vor sich hin zu singen.

Josef stimmte ein und sie sangen beide denselben unsinnigen Text und tanzten umeinander, wobei sie immer höhere Sprünge machten.

Sie lachten. Auch um sie herum wurde es immer fröhlicher und die anderen Männer im Lager verhielten sich offenbar ähnlich. Man konnte zwar in der Dunkelheit der Nacht nichts erkennen, aber von überall her erklangen ähnliche Gesänge und Freudenrufe.

„Weißt du, wie lange das schon her ist?" Hans hatte es heraus gebrüllt.

„Ewig ist das her! Mehr als ewig. Was ist das überhaupt? Champagner?"

Josef tanzte in immer größeren Kreisen um ihre Zelte herum und Hans folgte ihm. Beide lachten und erst nach einigen Minuten wurden sie ruhiger.

„Mann, das ist ja wahnsinnig. Hat dir irgendeiner erzählt, dass es hier regnen kann?"

„Nein", antwortete Hans. „Über Regen habe ich hier noch mit niemandem gesprochen. Hier in der Sahara ist das ja wirklich kein Thema."

Es hatte über einen längeren Zeitraum heftig geregnet und keiner der Männer war in sein Zelt zurück gekrochen, bevor der Regen nicht wieder versiegte. Und dies tat er genauso abrupt, wie er eingesetzt hatte.

Der nächste Tag verging wie die vorherigen. Die Arbeiter kamen mit der Straße weiter voran, räumten Felsen und Steine an den Pistenrand. Der Leitungsbautrupp stellte die Masten auf und spannte die Leitung. Die Legionäre gingen Streife und mehr als die brütende Hitze hätte nicht als Gesprächsstoff zur Verfügung gestanden, wenn es nicht die unerwartete Abkühlung der vergangenen Nacht gegeben hätte.

„Ich habe überhaupt nicht mehr gewusst, wie sich Regen anfühlt." Hans hatte sich an Josef gewandt, mit dem er am Straßenrand Streife ging. „Weißt du, ob das hier öfter vorkommt?"

„Einer der Araber, den ich vom Essenfassen kenne, meinte, dass im Herbst ein oder zweimal ein Regenschauer zu erwarten sei. Dies hinge davon ab, ob der Westwind stark genug wehe, um die Wolken vom weit entfernten Meer bis hierher zu schieben. Wenn es regnete, dann immer nur während der Nacht. Warum das so ist, das wusste er nicht."

„Wäre schön, wenn das nicht das letzte Mal war , nicht?"

„Ja, da hast du recht. Wäre schön, wenn es ab und zu wieder regnen würde."

Hans und Josef waren nach Ende ihrer Wache schon früh zum Essen gegangen. Wie fast jeden Tag gab es aus einer großen Gulaschkanone einen undefinierbaren Gemüseeintopf. Sie hatten sich inzwischen halbwegs an dieses Essen gewöhnt.

Seit sie hier draußen beim Straßenbau waren, gab es fast überhaupt kein Fleisch mehr. In dieser Gegend gab es offenbar keine Schaf- oder Ziegenherden. Es war auch die ganze Zeit weit und breit kein Grashalm zu sehen gewesen, der solche Herden ernähren könnte.

Es war dunkel geworden, die Männer schliefen aber noch nicht. Icke war zum Zelt von Josef und Hans gekommen.

„Kommt mit, ich möchte euch etwas ganz Besonderes zeigen!"

„Was hast du? Was ist los? Wo willst du mit uns hin? Bitte keine kilometerweite Wanderung, bin heute schon genug gelaufen", nörgelte Josef.

Hans war noch beim Zelt zurück geblieben und hatte seine Wasserflasche aufgenommen, ehe er den beiden Freunden folgte.

Erst jetzt wurde ihm bewusst, wie unterschiedlich die beiden doch waren. Bisher war ihm noch nie aufgefallen, dass Icke bald zwanzig Zentimeter größer war als Josef. Wahrscheinlich war er auch fast doppelt so schwer.

Hans schätzte Icke auf mehr als einenmeterneunzig. Josef war etwa zwanzig Zentimeter kürzer. Icke hatte bestimmt an die hundert Kilo, Josef wog vielleicht gerade einmal sechzig.

Hans hatte zu den beiden aufgeschlossen, die sich über den Sternenhimmel unterhielten.

„Hast du gesehen, ein ganzer Schwarm Sternschnuppen?" Josef zeigte mit dem rechten Zeigefinger in den Himmel. Als Icke und Hans seinem Blick folgten, war schon nichts mehr zu sehen.

„Schon wieder verglüht. Schade." Josef erzählte ihnen, dass er fast jede Nacht solche Erscheinungen sah. Immer, wenn er nicht schlafen konnte, ging er ins Freie und suchte sich einen guten Platz, um den Himmel zu beobachten.

„Es gibt immer ganz schöne und unwahrscheinliche Bilder. Sternschnuppen, leuchtende Sterne und andere flackernde Lichter. Einen solchen Himmel, wie hier in der Wüste, habe ich noch nirgends gesehen." Josef war begeistert.

Icke ging etwas schneller und ihr Weg führte sie einen Hang hinauf. „Wartet mal ab. Ich werde euch noch etwas viel Schöneres zeigen. Etwas, das ihr noch nie gesehen habt und das ihr auch nicht kapieren werdet."

Hans und Josef waren inzwischen richtig neugierig und gingen schnellen Schrittes hinter ihrem Freund her.

Oben auf dem Kamm angekommen, blieb Icke stehen.

„Schaut mal. Habt ihr so etwas schon einmal gesehen?"

Hans und Josef sahen in das vor ihnen liegende flache Tal hinab. Es zog sich weit vor ihnen hin und verschmolz in der Ferne mit dem Horizont und den darüber scheinenden Sternenhimmel.

„Was meinst du, was ist da Besonderes?"

„Ja, siehst du denn nicht, was das ist? Das ganze Tal ist voller Gras!" Die letzten Worte hatte Icke fast gerufen, gleichzeitig war er losgerannt.

Nach kurzem Zögern folgten Hans und Josef und rannten ihm hinterher.

„Gras? Spinnt der jetzt?"

Kaum hatte Hans den Satz ausgesprochen, bemerkte er aber tatsächlich, dass sich der Untergrund verändert hatte – das war nicht mehr der gewohnte allgegenwärtige Sand und Kies. Es fühlte sich tatsächlich an, als würde er durch knöchelhohes Gras laufen.

Gleichzeitig blieben alle drei stehen und bückten sich, um den Boden mit den Händen zu berühren. Um sie herum breitete sich ein dichter etwa fünfzehn Zentimeter hoher Grasteppich aus.

„Ja, was ist denn hier passiert? Das gibt es doch gar nicht!" Hans hatte sich hingeworfen und rollte im Gras hin und her, wie er es als kleiner Junge gemacht hatte, wenn sie Ausflüge an den Rhein gemacht hatten, wo am Ufer damals auch hohe Wiesen waren.

Kurz darauf standen die drei zusammen und blickten andächtig über den schier endlosen Pflanzenteppich.

„Das habe ich heute Mittag entdeckt. Einer der arabischen Arbeiter hat mir erzählt, dass nach den seltenen Regenfällen an manchen Stellen innerhalb von nur wenigen Stunden riesige Grasteppiche wüchsen, die aber in der Tageshitze nach wenigen Stunden schon wieder verwelkt sind. Er hat mir in etwa die Richtung angegeben und ich habe dies hier gefunden.

Horcht mal, ihr glaubt nicht, dass es hier jetzt auch Millionen von Insekten gibt."

Icke hatte sich an den Rand des Grases etwas erhöht am Hang hingesetzt. Hans und Josef taten es ihm gleich. Still lauschten sie dem Summen und Brummen über der Grasnarbe.

„Tatsächlich. Das sind Fliegen und andere Brummer. Wo die wohl so schnell herkommen?", fragte Josef.

„Dies scheint ein Wadi zu sein, ein ausgetrocknetes Flussbett. Ich habe einmal darüber gelesen, dass solche Wadis wieder zum Leben erwachen, wenn es regnet, und manchmal sogar für eine gewisse Zeit Wasser führen. In dieser Zeit legen die Insekten ihre Eier ab. Und die überdauern eine ewige Trockenphase und erwachen erst dann zum Leben, wenn das nächste Mal Wasser kommt. Und jetzt ist es wieder soweit." Hans verstummte nach dieser Erklärung.

Sie saßen nebeneinander und schauten über das weite Tal. Der Himmel war von Sternen bedeckt und das Schwirren der Grasflieger gab ihnen ein ganz beruhigendes Gefühl.

„Da sitzen wir in einem ganz großen Land und staunen über die wunderschöne Natur. Man glaubt gar nicht, dass hier irgendetwas passieren könnte. Schade, dass wir nicht wieder herkommen können, wenn der Krieg vorbei ist." sinnierte Hans nach einer Weile.

„Was für ein Krieg? wir sind doch hier nur im Urlaub, oder?" Josef lachte kurz auf und stand dann auf.

„Kommt, lasst uns zurückgehen. Nicht, das wir noch vermisst werden. Glaube nicht, dass der Kommandeur es gerne sähe, dass seine Männer mitten in der Nacht Ausflüge in die Natur veranstalten. Und das auch noch unbewaffnet."

Langsam trotteten die drei zum Lager zurück. Einschlafen konnten sie nach diesem Erlebnis lange nicht.

Während der nächsten Tage wurde die Straße weiter nach Süden vorangetrieben. Jeden Abend wurden die Zelte an einem anderen Ort aufgebaut. Die Wachsoldaten bekleideten ihre Aufgaben, indem sie auf Streife gingen und die Arbeiter bewachten. Oft lachten sie einander zu, wenn sie sich am Pistenrand begegneten.

„Na, wie viele Beduinen habt ihr heute aufgestöbert?", machten sie sich lustig und gingen dann weiter die Straße entlang.

„Wie lange sind wir eigentlich für diese Mission eingeteilt?" Hans hatte diese Frage in die Runde geworfen, als sie am Abend am Lagerfeuer saßen und aus ihrem Essgeschirr ihre Gemüsesuppe löffelten.

„Ich habe langsam die Schnauze voll. Ewig nur Katzenwäsche, weil das Wasser zu knapp ist für eine Dusche. Jeden Tag denselben Fraß aus Wasser und Gemüse. Ein Festtag, wenn man mal eine Prise Salz herausschmeckt. Geht es euch nicht auch so?"

„Ich schätze, dass jede Kompanie ungefähr zwei Wochen hier sein muss, bis die Lastwagen kommen und neue Leute herbringen. Stimmt doch, oder?" Icke hatte das gesagt und dabei Josef angeschaut.

„Woher soll ich das wissen, bin auch das erste Mal hier." Josef löffelte weiter seine Suppe und schaute dabei von einem zum anderen.

„Ich bin aber überhaupt nicht unzufrieden mit diesem „Einsatz". Was hätten die uns sonst noch zu bieten? In Sidi bel Abbes wird es auch nicht gemütlicher sein. Da kann man zwar duschen, wenn man die Nacht im Camp verbringt.

Tagsüber ist man dann aber entweder auf dem Marsch durch die Wüste und schwitzt wie eine Sau, oder man liegt im Schießstand und ballert in der Gegend herum. Schlimmstenfalls nimmt man an der Nahkampfausbildung teil. Das kann man auch nicht gerade als Aufmunterung im Alltag bezeichnen. Ist doch gar nicht so schlecht hier in der Wüste!"

Hans dachte über die Worte von Josef nach. Eigentlich hatte er ja Recht. Vor allem der Nahkampf, das war vielleicht eine Scheiße.

Die Jungs, die etwas auf dem Kasten hatten, gingen ganz schön zur Sache im Kampf Mann gegen Mann. Das ging manchmal sogar so weit, dass es Verletzte gab, manchmal sogar Knochenbrüche.

Entweder war es die Langeweile, die manche dazu brachte, ihren Gegner im Nahkampf so anzugehen, dass dieser Angst haben musste. Oder es war einfach nur die innere Einstellung des einen oder anderen, die ihn bewog, seinen Trainingspartner als Feind zu behandeln.

Die Nahkampfausbildung war sehr hart und sehr brutal. Männer wie Icke, die von Natur aus für diese Art von Kampf vorbereitet waren, sahen die Ausbildung nur als willkommene Abwechslung vom Alltag.

Für eher schlanke und normale Staturen war es immer gut, wenn sie ihre Trainingseinheit ohne größere Verletzungen überstanden. Hans jedenfalls tat alles, um sich davor zu drücken.

Sie standen kurz vor dem Ende ihres Einsatzes. Am Tag zuvor hatten die Unterführer mitgeteilt, dass am übernächsten Tag die Lastwagen eintreffen sollten und die Rückfahrt nach Sidi bel Abbes bevorstand.

Die Einheit war wie jeden Morgen vor dem Kantinenzelt angetreten und der diensthabende Kommandeur trat vor die Mannschaft.

„Da fehlen doch ein paar! Was ist denn hier los? Die Unterführer zu mir!" Den letzten Satz hatte der Kommandeur laut ausgerufen.

Die Unterführer liefen auf ihn zu und stellten sich in Reihe vor ihm auf.

„Sind die Truppen vollzählig angetreten? Wer kann dazu etwas sagen?"

Der erste von links trat einen Schritt nach vorne und ergriff das Wort: „Habe meine Truppe nicht vorher antreten lassen. Weiß also nicht, ob alle da sind. Werde ich aber sofort nachprüfen, wenn es erlaubt ist."

„Ist es. Und das gilt auch für alle anderen. Abtreten und in fünf Minuten alle wieder hier mit genauem Lagebericht und, wenn nötig, Erklärung für das Wegbleiben der Leute."

Die Unterführer liefen zu ihren Einheiten und überall konnte man die Befehle zum Antreten und Abzählen hören. Hastig liefen einzelne Kameraden zu den hinter den Mannschaftszelten gelegenen Schlafstätten und durchsuchten die einzelnen Zweimannzelte.

„Hierher, schnell!", rief ein Soldat, der sich über ein Zelt beugte.

Einer der Unterführer lief nach hinten und schaute kurz in das Zelt hinein. Dann kam er in schnellem Lauf zurück gerannt und stellte sich vor dem Kommandeur auf.

„Herr Kommandeur, im kontrollierten Zelt in der letzten Reihe liegen zwei tote Legionäre."

„Was ist los? Tote? Wie kann das sein?" Der Kommandeur rannte hastig auf das Zelt zu, vor dem noch immer der Legionär stand, der die erste Meldung gemacht hatte.

Dort angekommen ging er in die Hocke und schaute in das Zelt hinein. Dann stand er wieder auf und kam zurück. Er wechselte ein paar Worte mit einem der Unterführer, wonach dieser nach vorne trat, Haltung annahm und zum Antreten rief. Die gesamte Kompanie stand stramm.

„Männer!", rief der Kommandeur. „Im kontrollierten Zelt liegen zwei tote Kameraden. Ihnen wurden die Kehlen durchgeschnitten. Es ist davon auszugehen, dass heute Nacht eine feindliche Gruppe im Lager war und für diese feigen Morde verantwortlich ist.

Jede Gruppe bestimmt zwei Mann, die die Zelte untersuchen. Es muss noch mehr Tote geben, beim Antreten fehlten hier mehr als zwei Mann.

Die Gruppenführer erstatten mir unverzüglich Bericht, sobald die Untersuchung beendet ist.

Die nicht eingeteilten Legionäre gehen solange zum Essen fassen. Wegtreten!"

Hans, Icke und Josef waren nicht zur Suche nach weiteren Opfern eingeteilt und gingen deshalb zum Kantinenzelt.

„Was ist denn da los? Glaubt ihr wirklich, dass sich da heute Nacht jemand anschleichen und den Jungs die Kehlen aufschlitzen konnte, ohne dass irgendjemand etwas gemerkt hat? Das gibt es doch nicht. Wir haben doch Wachen aufgestellt." Hans schüttelte den Kopf. Er konnte es nicht glauben.

„Was soll denn sonst passiert sein? Es war stockdunkel heute Nacht. Der Mond ist jetzt erst wieder zunehmend. Außerdem waren schon gestern Abend ein paar Wolken unterwegs. Hatte schon gedacht, dass es vielleicht wieder regnen könnte." Josef hatte seine Meinung gesagt, während er sein Frühstück aß.

„Das ist aber hinterlistig. Das ist doch kein Krieg. Wir bauen denen eine Straße und die schneiden einem die Kehle durch. Völlig ohne Grund. Wir haben denen doch nichts getan." Hans konnte sich einfach nicht beruhigen.

Zehn Minuten später waren alle wieder auf dem Vorplatz angetreten. Der Kommandeur hatte berichtet, dass insgesamt sieben Tote zu beklagen waren. Ein Zelt sei nur von einem Mann belegt gewesen.

Zu einer schnellen Vergeltungsaktion würde es nicht kommen, weil am nächsten Morgen die Rückfahrt nach Sidi bel Abbes anstand. Die neue Einheit würde sich darum kümmern. Dieser hinterhältige Überfall würde nicht ungesühnt bleiben. Für den letzten Tag und die bevorstehende Nacht wurden die Wachen verstärkt. Es gab keine weiteren Zwischenfälle.

Am nächsten Tag erschienen kurz vor Mittag die angekündigten LKW. Die neue Truppe stieg ab und baute ihr Lager auf.

Hans und seine Freunde nahmen die Plätze auf dem zugewiesenen Fahrzeug ein und alle waren froh, dass sie den Einsatz hinter sich hatten. Die Rückfahrt dauerte knapp drei Tage, da man jetzt auf einer befestigten Piste fuhr, obwohl der Weg jetzt wesentlich länger war, als auf der Anreise. Die Straße war in den letzten beiden Wochen um einige Kilometer weiter nach Süden voran getrieben worden.

Hinten auf der Ladefläche hatten es sich die Männer so bequem gemacht, wie es unter den Umständen möglich war. Da die Straße jetzt ganz gut ausgebaut war, war es nicht mehr so stark von Bodenwellen und herum liegenden Steinen abhängig, wie der Fahrer das Fahrzeug durch die Wüste steuerte.

Man konnte sich also ganz gut während der Fahrt unterhalten, ohne dass man sich dauernd irgendwie festhalten musste.

„Weißt du", sagte Hans, „im Waisenhaus haben wir viel gebetet. Die Nonnen haben uns erzählt, dass wir zu einem guten und allmächtigen Gott beten müssten, damit er uns für den Himmel vorbereiten konnte. Sie sagten uns, dass unser lieber Gott alles tun könnte, was ihm in den Sinn käme. Auch würde er alles sehen, sodass es keinen Sinn machte, etwas vor ihm verbergen zu wollen. Er sei der Schöpfer von allem und jedem auf der ganzen Welt. Und wenn er wollte, dann könnte er alles zu Ende gehen lassen, was ja auch irgendwann einmal geschehen würde, nämlich am jüngsten Tag." Hans schaute von einem zum anderen. „Kennt ihr diese Geschichte auch? Hat man euch das auch erzählt, als ihr klein wart?"

„Ja, das stimmt. Allmächtig und gut ist er, unser lieber Gott. Und er ist der Allwissende", sagte Josef mit einem ironischen Unterton.

„Amen", stimmte Icke zu.

„Und warum hat er uns Menschen dann so gebaut, dass man mit einem einzigen Schnitt eines Messers jemanden tot machen kann? Wieso hat er uns dann so gebaut?"

Josef und Icke schauten Hans nur an. Niemand gab ihm eine Antwort.

„Und wieso ist man tot, wenn einer einem den Hals zudrückt und man zwei Minuten lang keine Luft mehr kriegt? Wieso ist man dann schon tot?

Und wieso ist man schon tot, wenn man von einem Hausdach fällt, das gerade mal drei Meter hoch ist? Wieso fällt man denn überhaupt wie ein Stein auf den Boden, wenn man nicht aufpasst?"

Keiner sagte etwas.

Nach einer viertel Stunde meinte Josef: „Na gut, unser Herrgott konnte nicht wissen, dass die Menschen Gewehre bauen und sich damit Bleikugeln durch die Brust schießen würden. Das konnte er nicht wissen, sonst hätte er uns vielleicht einen Brustpanzer wachsen lassen. So einen, wie die Römer sich gebaut haben.

Aber er hätte wissen müssen, dass sich die Menschen Schwerter bauen würden. Denn in der biblischen Geschichte hatten ja auch schon die Engel solche Schlachtermesser, oder?"

„Ja, richtig. Der Erzengel Gabriel hat Adam und Eva aus dem Paradies getrieben. Und dabei hatte er ein Schwert in der Hand. Also davon muss Gott gewusst haben."

Icke lachte leise.

„Ja, das Bild habe ich auch im Gedächtnis. Guter Gott, gibt es dich wirklich? Und wenn ja, wo bist du dann an manchen Tagen?

Vielleicht hast du ja zu viel zu tun. Dann musst du dir halt noch ein paar Götter zur Verstärkung holen."

Nach nicht ganz drei Tagen beschwerlicher Reise ohne besondere Zwischenfälle waren sie endlich in der Kaserne in Sidi bel Abbes angekommen.

Die gesamte Wäsche und die Uniform wurden getauscht. Sie wurden völlig neu eingekleidet. Ihre Ausrüstung mussten sie gründlich reinigen.

Der Alltag hatte sie schnell wieder eingeholt. An einem Morgen musste die komplette Einheit in voller Kampfausrüstung und bereit zum Abrücken antreten.

Der Kommandeur trat vor die Mannschaft und erklärte:

„Unsere Späher haben im Südosten ein Rebellenlager entdeckt, von dem aus bereits mehrere Anschläge in Algier verübt worden sein sollen. Auch der Überfall und der Mord an unseren Kameraden bei der Straßenbaustelle nach Tamanrasset sollen auf das Konto dieser Terroristen gehen.

Wir werden dieses Schlupfloch ausheben und Vergeltung für die feigen Anschläge üben!

Sie haben sich bereit zu halten. Die Unterführer geben die Befehle zum Aufbruch, sobald die LKW bereit sind.

Wegtreten!"

Eine knappe Stunde später waren sie wieder auf dem Weg in die Wüste. Es war wirklich kein Zuckerschlecken auf den Ladepritschen, denn die Lastwagen fuhren querfeldein, befestigte Straßen gab es nicht.

„Das kann ja wieder heiter werden." dachte Hans und hielt sich mit beiden Händen an den Verstrebungen der Plane und der Rückenlehne der Sitzbank fest. Die anderen taten es ihm gleich. Ein Gespräch kam nicht auf. Alle hingen ihren Gedanken nach und hofften auf ein baldiges Ende der Fahrt. Es sollte aber insgesamt drei Tage dauern, bis sie endlich mitten in der Sahara endgültig anhielten.

Als sie alle abgesessen waren, erfolgte der Befehl, das Lager aufzubauen. Bis zum Einbruch der Dämmerung hatten sie ein ordentliches, fast schon komfortables, Lager eingerichtet. Es gab ein großes Kantinenzelt, einen Wassertank, unter welchem verschiedene Abtrennungen aufgebaut waren, die man als Duschen nutzen konnte. Für den nächsten Tag waren Operationen geplant, über deren Inhalt und Ausführung noch informiert werden sollte.

Wie immer nutzten jeweils zwei Legionäre zusammen ein Zelt. Müde gingen sie schlafen, froh darüber, nicht mehr auf den wackelnden Autos schlafen zu müssen, was ohnehin fast unmöglich gewesen war. Entsprechend fielen die Männer schnell in einen tiefen, traumlosen Schlaf.

Nach dem Frühstück wurden Spähtrupps von jeweils zwölf Mann zusammengestellt. Insgesamt fünf Trupps wurden auf drei Lastwagen verteilt und der kleine Konvoi machte sich auf den Weg in die voraus liegende Hügelkette. Die Truppführer hatten den Männern gesagt, dass die feindlichen Einheiten in einer Schlucht vermutet wurden, die in etwa zwanzig Kilometern Entfernung zwischen den Hügeln lag.

Im ersten LKW fuhr ein Beduine mit, der offensichtlich genaue Kenntnisse über das Gebiet besaß.

„Dann hoffen wir einmal, dass unser heutiger Führer uns nicht wieder in ein Kinder- und Frauenzeltlager führt." Josef hatte bei diesem Satz ein Lächeln aufgesetzt.

Icke und Hans, die in der gleichen Gruppe wie Josef waren, wussten aber genau, dass es ihm nicht zum Lachen zumute war.

„Ja, vielleicht gibt es ja dieses Mal ein paar richtige Terroristen zu sehen. Ich habe bis jetzt noch nicht begriffen, was die Franzosen hier in Algerien vorhaben. Ein paar Berber oder Beduinen zur Strecke zu bringen kann wohl nicht das große Ziel sein, für das die Legion unterwegs ist, oder?", meinte Hans.

„Ich weiß auch nicht", sagte Icke, „das kann es ja wirklich nicht sein. Ich habe mir gedacht, dass Frankreich sich die Ölvorkommen unter den Nagel reißen will und deshalb Soldaten ins Land bringt. Was solche Aktionen wie diese hier bringen sollen, das habe ich nicht begriffen."

Nach einer knappen Stunde kam der Wagen mit einem Ruck zum Stehen. Der Gruppenführer, der auch hinten mitgefahren war, sich aber an dem Gespräch zwischen den drei Freunden nicht beteiligt hatte, war aufgestanden und von der Ladefläche gesprungen.

„Gruppe angetreten!"

Die Männer reihten sich jeweils zu zwölf Mann in ihre Gruppen ein. Die Gruppenführer hatten sich vor den Männern aufgebaut und einer ergriff das Wort: „Die Gruppen rücken jetzt im Abstand von etwa einhundert Metern voneinander in die Hügel vor. Wir müssen jederzeit mit einem Angriff rechnen. Der arabische Führer weiß ganz genau, wo sich das Lager der Terroristen befindet und wird uns genau dorthin führen.

Das Feuer ist frei gegeben! Bei der kleinsten Bewegung müssen wir sofort reagieren. Der Feind ist hinterlistig und mit allen Mitteln zu bekämpfen. Es werden keine Gefangenen gemacht! Der Feind kennt keine Gnade und darf deshalb auch keine erwarten!"

Josef, Icke und Hans bewegten sich innerhalb ihrer Truppe im Abstand von jeweils etwa fünf Schritten hintereinander auf die vor ihnen liegende Hügelkette zu. Die Sonne stand hoch am Himmel und brannte gnadenlos herunter. Die Männer hatten die Gewehre im Anschlag, das Bajonett war aufgepflanzt. Angestrengt suchten sie die Hügel mit den Augen ab.

Plötzlich krachte ein Schuss. Die Gruppe, welche links von Hans und seinen Freunden vorrückte, war plötzlich nicht mehr zu sehen. Alle Männer hatten sich zu Boden geworfen oder waren hinter Felsbrocken in Deckung gegangen.

Es war nicht klar, ob der Schuss von einem Legionär abgefeuert worden war, oder ob es ein feindlicher Schuss war. Alles blieb still. Die Gruppenführer nahmen untereinander Funkkontakt auf. Dann befahlen sie weiter zu gehen. Die Spannung nahm zu. Hans musste sich andauernd den Schweiß aus den Augen wischen. Er schätzte, dass es bestimmt über fünfzig Grad heiß war. Sie waren diese Hitze zwar gewohnt, aber im Kampfeinsatz empfand man die Temperatur immer viel schlimmer, als wenn man nur irgendwo in der Sonne saß.

„Alle Mann in Deckung!" Der Gruppenführer war hinter einen Felsen gesprungen. Alle reagierten sofort und suchten Deckung. Von vorne knatterten ein paar Schüsse los. Um die Männer herum schlugen Kugeln ein und Fontänen von Steinen und Sand spritzten in die Höhe. Ab und zu jaulte ein Querschläger durch die Gegend, der an einem der zahlreichen Felsbrocken abgeprallt war.

Jetzt ratterte ein Maschinengewehr los. Die linke Gruppe der Legionäre hatte ihr MG in Stellung gebracht und beschoss die Hügel. Hans suchte angestrengt den Hang ab, konnte aber keine Menschenseele erkennen.

„Wo sind die Kanaken?" Josef hatte laut geschrien und war im selben Moment aufgesprungen und nach vorne gestürmt. Nach etwa zehn Schritten nahm er hinter dem nächsten Felsen Deckung. Er lugte über den Rand und winkte dann nach hinten.

„Ihr könnt weiter nach vorne kommen. Die trauen sich nicht hinter ihrer Deckung hervor, solange das MG Zunder gibt."

Die Männer stürmten nach vorne und gingen wieder in Deckung.

So ging es weiter. Das Maschinengewehr gab Feuerschutz und die Legionäre arbeiteten sich immer weiter die Hügelkette empor. Von oben kam nur vereinzelt Gewehrfeuer, das aber bisher keinen Schaden anrichten konnte.

Als die Männer auf dem Kamm der Hügelkette angekommen waren, konnten sie in eine schmale, etwa fünfhundert Meter lange Senke sehen. Es standen vereinzelt Zelte im Tal, außerdem konnte man auch Fahrzeuge ausmachen. Es waren kleine Transporter, die eine Ladefläche hatten und auf dem Dach der Fahrerkabine mit einem Maschinengewehr bestückt waren.

Männer befanden sich aber weder auf den Fahrzeugen noch vor den Zelten.

Der Führer von Hans´ Truppe gab den Befehl, in Deckung zu bleiben. Man müsste erst erkunden, wo die Feiglinge sich versteckt hielten. Die Gruppenführer nahmen wieder über Funk Kontakt miteinander auf. Es wurde beschlossen, die Zelte mit dem MG unter Beschuss zu nehmen. Immerhin musste man davon ausgehen, dass die Terroristen in den Zelten Deckung genommen hatten.

Das MG wurde also neu in Stellung gebracht und dann wurde ein Zelt nach dem anderen durchgesiebt. Hans hatte sieben Zelte gezählt.

Nach ungefähr einer viertel Stunde waren alle Zelte von Kugeln durchlöchert, der Lauf des Maschinengewehrs glühte dunkelrot.

„Das gibt es doch nicht." Der Gruppenführer war stinksauer, weil sich im Tal immer noch nichts regte.

„Auf geht's, Männer. Angriff!"

Mit diesem Satz sprang der Gruppenführer auf und die Männer folgten ihm in unregelmäßigem Abstand. Jeder sprang von Fels zu Fels und versuchte, die natürliche Deckung so gut es ging auszunutzen.

Sie kamen am ersten Zelt an. Zwei Mann gingen gleichzeitig mit dem Gewehr im Anschlag auf den Eingang zu. Sie warfen einen schnellen Blick hinein und zogen sich sofort wieder zurück.

„Es ist niemand drin!" rief einer der Männer.

Alle Trupps waren inzwischen im Tal angekommen und die Männer machten sich an die Durchsuchung der Zelte. Sie waren leer. In den Fahrzeugkabinen war ebenfalls niemand zu finden. Allerdings fehlten die Zündschlüssel und es konnte auch keine Munition gefunden werden.

Die Gruppenführer waren zusammengekommen und besprachen sich. Bei ihnen war der Beduinenführer. Der Rest der Truppe hatte sich im Tal verteilt und die Männer suchten die Hänge ab. Jeder hatte Angst davor, dass der Feind sich irgendwo versteckt hielt und es jeden Moment zu einem Feuerüberfall kommen würde. Es tat sich aber nichts.

„Männer, der Feind hat sich wohl aus dem Staub gemacht. Die Zelte werden niedergebrannt, die Fahrzeuge unbrauchbar gemacht und die Maschinengewehre nehmen wir mit."

Schnell wurde versucht, die Zelte in Brand zu setzen, was aber gar nicht einfach war. Sie hatten kein Benzin dabei und nirgends war etwas zu finden, mit dem man die Zelte hätte abfackeln können. Einer war auf die Idee gekommen, das Benzin aus den Fahrzeugen abzuzapfen. Nur, wie das gehen sollte, das wusste keiner. Sie hatten weder einen Schlauch noch etwas Ähnliches dabei, mit dem man die Tanks hätte leeren können.

„Also, wenn das nichts wird mit dem Abbrennen, dann reißen wir die Zelte ab und machen sie unbrauchbar. Danach nehmen wir die MGs und gehen zurück zu unseren Fahrzeugen."

Sie machten sich immer noch äußerst angespannt auf den Rückweg. Sie konnten einfach nicht glauben, dass dieser Angriff wieder ohne Gegenwehr über die Bühne gegangen sein sollte.

Auf halbem Weg zurück zu den Wagen hörten sie vor sich Schüsse. Sie kamen aus der Richtung, wo ihre LKW auf sie warteten. Sie beschleunigten ihre Schritte und fielen in einen leichten Trab. Diejenigen, die die erbeuteten Maschinengewehre schleppten, konnten nicht mithalten. Die Truppe, die nur mit Gewehren bewaffnet war, kam also zuerst auf dem Hügelkamm an. Von dort konnten sie die Fahrzeuge unten stehen sehen.

Die zurückgebliebenen Kameraden waren in ein Feuergefecht verwickelt. Wieder waren die Rebellen ihnen aus dem Weg gegangen und hatten dann die Nachhut angegriffen.

Jetzt griffen die Zurückkommenden in den Kampf ein und schossen nach rechts in die Hügelkette hinein, wo sich die Feinde eingenistet hatten. Da die Feuerkraft der Legionäre um einiges größer war als die der Angreifer, erlosch deren Gegenwehr nach wenigen Minuten. Offensichtlich hatten sie sich davon gemacht. Denn die nachrückenden Einheiten der Legionäre konnten keine Feinde mehr finden.

Unten bei den LKW angekommen, mussten sie leider feststellen, dass acht Männer tot waren, dreizehn waren verletzt.

Der zurückgebliebene Gruppenführer berichtete, dass ungefähr eine halbe Stunde, nachdem die Gruppen sich auf den Weg gemacht hatten, die Rebellen ihren Angriff gestartet hatten. Sie hatten sie aus sicherer Deckung vom Hügelkamm aus unter Beschuss genommen und sofort bei der ersten Salve die Legionäre niedergemäht. Bis sie alle in Deckung waren, mussten einige sterben oder wurden verletzt.

Die Gruppenführer gaben den Befehl, die Toten hier zu begraben. Bei dieser Hitze war es unmöglich, sie zurück ins Lager mitzunehmen, zumal man den Rebellen weiter auf den Fersen bleiben wollte.

Nachdem sie dieser traurigen Pflicht nachgekommen waren, stiegen sie wieder auf die Laster und fuhren etwa einen Kilometer weit von ihrem Standort am Hügelabhang weg in die Wüste hinein. Einer der LKW brachte die Verletzten zurück ins Lager nach Sidi bel Abbes.

Der neue Lagerplatz war von ebener kahler Landschaft umgeben, die einem Feind keine Deckung für einen Angriff bieten würde. Trotzdem stellten sie verstärkt Wachen auf, da in der absoluten Dunkelheit des herrschenden Neumondes ein Angriff nicht ganz ausgeschlossen werden konnte. Die übrigen Legionäre blieben auf den Fahrzeugen um zu schlafen.

In der Nacht war alles ruhig geblieben. Bei Anbruch der Morgendämmerung wurde geweckt und alle nahmen ein schnelles Frühstück zu sich. Dann wurden wieder drei Trupps eingeteilt, zwölf Mann pro Gruppe.

Man wollte das tags zuvor entdeckte Lager noch einmal aufsuchen um zu sehen, ob die Feinde sich dorthin zurückgezogen hatten. Es ging also denselben Weg über die Hügel in Richtung Tal wie am Vortag.

Dort angekommen, spähten sie ins Tal hinunter. Die zerfetzten Zelte lagen noch so da, wie sie sie hinterlassen hatten. Die Fahrzeuge waren weg. Alles schien ruhig und verlassen.

„Wie haben die das gemacht? Wir haben ihnen doch die Reifen zerschnitten." Hans hatte in die Runde gefragt.

„Vielleicht sind sie auf den Felgen losgefahren. Wie sonst?"

„Dann kommen sie aber nicht weit, glaube ich." Icke hatte sich in das Gespräch eingeschaltet.

Die drei Freunde waren wieder beieinander geblieben und standen jetzt auf dem Kamm und blickten auf das schmale Tal hinunter.

„Auf geht's!", hatte der Gruppenführer gerufen und war in Richtung Talsohle losgelaufen. Die Männer folgten ihm. Auch die anderen Gruppen befanden sich auf dem Weg ins Tal.

Plötzlich kamen unter den Überresten der Zelte Männer hervor, Gewehre im Anschlag und feuerten sofort auf die anrückenden Legionäre. Überall hörte man Schreie von getroffenen Kameraden. Die Männer warfen sich zu Boden. Wer Glück hatte, konnte sich hinter einen der Felsen ducken und war so halbwegs geschützt. Vorsichtig spähten sie nach vorne und erwiderten das Feuer.

Jetzt fielen auch feindliche Männer mit Schmerzensschreien zu Boden. Die intensive Schießausbildung der Legionäre hatte sich ausgezahlt und dazu geführt, dass die meisten der Männer exzellente Schützen geworden waren. Das bekamen die Feinde jetzt zu spüren. Je länger das Gefecht dauerte, desto mehr der Araber wurden unschädlich gemacht. Sie ließen aber nicht locker. Immer wenn es schien, dass die paar, die noch Widerstand leisteten, sich ergeben würden, dann flackerte das feindliche Feuer erneut auf.

„Die halten nichts von Aufgeben, was?" Josef hatte Hans angesprochen, der nur wenige Schritte von ihm entfernt hinter einem Felsen kauerte.

„Nein, die gehen lieber zu Allah!"

Hans hatte zwar auch mehrere Magazine leer geschossen, getroffen hatte er aber keinen einzigen. Er hatte entschieden, erstmal zu bleiben, wo er war, solange kein Befehl zum weiteren Vorrücken kam.

Nach über zwei Stunden, solange hatten die Rebellen Widerstand geleistet, war der letzte der feindlichen Männer gefallen und das Feuer wurde eingestellt.

Die Legionäre näherten sich langsam den am Boden liegenden Feinden, die auf dem ehemaligen Lagerplatz verteilt lagen.

„Seid vorsichtig! Die Schweine sind vielleicht noch nicht alle tot. Die knallen euch auch jetzt noch ab, wenn sie eine Chance dazu haben!" Der Gruppenführer hatte sie laut rufend gewarnt.

Die Trupps gingen von einem zum anderen und stießen die am Boden liegenden Männer mit dem Fuß an, um zu sehen, ob sie noch am Leben waren. Tatsächlich konnte Hans mehr als einmal sehen, wie einer seiner Kameraden das Gewehr hob und einen am Boden liegenden Mann in den Kopf schoss.

Hans schaute weg. Er konnte das nicht mit ansehen und auch nicht verstehen, warum man die Leute nicht am Leben ließ.

Als das Tal abgesucht war, waren alle Feinde tot. Siebenundzwanzig Mann. Die Gruppenführer hatten den Befehl gegeben, sie zu zählen.

Dann wurde zum Antreten befohlen

„Wir haben nicht alle erwischt. Die Fahrzeuge sind weg, also sicher auch ein paar Männer abgehauen. Wir wissen aber nicht, in welche Richtung sie sich davon gemacht haben. Es hat daher keinen Sinn, sie zu suchen. Wir gehen zurück ins Lager."

Es war inzwischen Sommer 1939. Sie waren jetzt schon über ein Jahr in Algerien. Der Alltag in der Kaserne in Sidi bel Abbes war geprägt von Märschen, Schießübungen und Nahkampftrainings. Immer wieder wurden die Einheiten hinaus in die Wüste geschickt, um Strafexpeditionen durchzuführen.

Diese Aktionen waren grausam. Es gab immer Tote auf beiden Seiten. Die Legionäre machten keinen Unterschied zwischen Männern, Frauen oder Kindern. Hans hatte nicht ein einziges Mal miterlebt, dass auch nur einer der Gefangenen mit zurück gebracht worden wäre. Er selbst hatte sich geschworen, keine Menschen, die ihnen als Feinde präsentiert wurden, zu töten. Seit dem Erlebnis nach seinem ersten Einsatz, als er zum Kommandeur gerufen worden war, weil er keine Munition verbraucht hatte, verschoss er bei den Kampfeinsätzen eine gewisse Menge Kugeln, um nicht wieder aufzufallen. Aber er traf niemals.

Seine Freunde Icke und Josef hatten das inzwischen bemerkt. Sie sprachen ihn aber nie darauf an. Hans selbst wusste nicht, ob seine Freunde es ihm gleich taten. Er achtete einfach nicht darauf, weil er es nicht wissen wollte. Er meinte, dass sei besser für sie alle.

Ihre Überlegenheit bei den Missionen in der Wüste wurde darauf begründet, dass sie Nahrung, Wasser und Treibstoff in ausreichender Menge mit sich führten. Immer wurden genügend Lastwagen beladen, dass sogar ein Rest der mitgenommenen Ausrüstung wieder mit zurück gefahren werden konnte. Allerdings war ihr Aktionsradius dadurch eingeschränkt, dass nur eine begrenzte Anzahl an Fahrzeugen zur Verfügung stand.

Die Entfernungen in der Sahara waren riesig. Die Nahrung und vor allem das Wasser wurden mit der Zeit ungenießbar. Daher durfte eine Mission maximal vierzehn

Tage dauern. Spätestens dann fing das Wasser an zu faulen. Aber auch vorher musste es vor dem Trinken erhitzt werden, trotzdem bekamen viele Männer während der Kampfaktionen Krankheiten, die offenbar durch das schlechte Wasser ausgelöst wurden.

Hans hatte festgestellt, dass er im Laufe der Zeit eine Art Immunität gegen das Essen entwickelt hatte. Anfangs wurde er, wie viele seiner Kameraden, von Durchfall geplagt. In den letzten Monaten war dies nicht mehr der Fall gewesen. Die neu aus Frankreich hinzu gekommenen Legionäre waren viel stärker von den Ansteckungen betroffen, was die Theorie unterstrich, dass man tatsächlich mit der Zeit einen Kamelmagen entwickelte, wie es Icke scherzhaft ausdrückte.

Während der manchmal tagelangen Fahrten in die Einsatzgebiete staunte Hans immer wieder über die beeindruckende Natur, die sich ihnen auftat. Die Wüste war unfassbar, sie war endlos, Zeit und Raum verschmolzen am Horizont.

Wenn eine Rast eingelegt wurde, verließen die meisten Männer die Fahrzeuge und vertraten sich die Beine. Bei diesen Gelegenheiten standen die drei Freunde oft zusammen und bestaunten ihre Umgebung.

Überall Sand und Steine. Ebene, soweit das Auge blicken konnte. Ganz vereinzelt, man wusste nicht, wo sie herkamen, ein paar kleine, trockene Sträucher. Manchmal, einen oder zwei Tage nach Verlassen der Zivilisation, konnte man die eine oder andere Antilope sehen. Es war ihnen unverständlich, wie die Tiere hier überleben konnten.

Tagsüber waren es oft über fünfzig Grad Celsius. Nach Einbruch der Nacht fröstelte man und alle hielten sich in der Nähe der Lagerfeuer auf. In diesen Momenten, nach dem Abendessen, wenn es dunkel geworden war, erstreckte sich ein endlos erscheinender Sternenhimmel. Keiner konnte sich dem Eindruck dieses Naturschauspiels entziehen, Totenstille breitete sich aus. Keiner sagte etwas, niemand bewegte sich. Es war wie eine Andacht in der größten Kathedrale der Welt.

Es kam vor, dass sie kleinen Gruppen von Menschen begegneten. Diese waren immer mit Kamelen unterwegs, meist in Gruppen von etwa einem Dutzend Menschen, Männer, Frauen und Kinder. Die Männer waren immer einfach, aber auffällig schön gekleidet. Sie hatten oft tiefblaue Kopftücher umgebunden und ihre dunklen Augen blickten erhaben, aber freundlich in die Runde. Von den Frauen konnte man nichts sehen, außer ihren schönen Augen, die immer tiefdunkel, fast schwarz waren.

Wie überall konnten die Kinder ihre Neugierde nur kurz unter Kontrolle halten und bewegten sich schon nach wenigen Augenblicken ohne Scheu zwischen den Fahrzeugen und den fremdartigen Männern hin und her. Dabei betatschten sie die LKW und sie scheuten sich auch nicht davor, einzelne Männer anzufassen, weil sie wohl spüren wollten, ob das auch richtige Lebewesen wären. Oft ging es bald sehr lustig zu, auch bei den Legionären wuchs die Neugier und sie freuten sich über die Abwechslung durch die Begegnung mit den Kindern. Mit ihrer unbeschwerten offenen Art ließen sie die Soldaten für kurze Zeit ihr schweres Los und die ständige Isolation im Soldatenleben vergessen, so dass bei solchen Begegnungen eine Art kameradschaftliche Beziehung zwischen den Fremdlingen in der Wüste entstand.

Hans erinnerte sich, wie er während einer Anfahrt ins Einsatzgebiet einmal neben der Piste gestanden hatte und Icke zu ihm getreten war.

„Was schaust du so in die Gegend, ist da jemand?" Icke schaute ebenfalls angestrengt in die Ferne, in dieselbe Richtung wie Hans.

„Nein. Ich sehe überhaupt nichts, außer Sand, Sand und nochmals Sand. Als wir vor fünf Stunden angehalten haben, da hat es genauso ausgesehen wie jetzt. Man könnte fast meinen, dass wir keinen Meter weiter gefahren wären. Oder, dass wir im Kreis gefahren und wieder dort angekommen sind, wo wir heute Morgen waren. Das ist unglaublich! Hunderte von Kilometern, und nichts ändert sich. Wie leben die Leute hier nur?"

Darüber hatten sie immer wieder gesprochen. Wie machten es die Leute, hier in dieser Wüste zu überleben?.

Hans hatte sich Literatur über Arabien und die nordafrikanischen Länder besorgt. Viel zu kriegen war nicht, aber ein paar Bücher gab es in einer kleinen Bibliothek, die in der Kaserne in Algier vorgehalten wurde. Die Bücher konnte man bestellen, nach ungefähr einer Woche lagen sie in Sidi auf der Kommandantur zur Abholung bereit.

„Ja, es sind Araber. Und es sind Berber." Hans hatte seinen Freunden gerne Auskunft gegeben, nachdem er die Bücher durchgelesen hatte.

„Wir nennen sie auch Beduinen, was aber nicht richtig ist. Sie selbst nennen sich Bedu. Das bezeichnet den einzelnen, die Mehrzahl nennt man Bedui. Wir in Europa haben dann Beduinen daraus gemacht. Die Bedu sind Araber, weil sie alle – na ja, fast alle – arabisch sprechen. Natürlich gibt es eine Unzahl von verschiedenen Dialekten, die man aber anscheinend insgesamt als arabisch bezeichnet. Die Berber, das ist ein anderes Volk. Die kommen hauptsächlich aus dem Atlasgebirge und den angrenzenden Gebieten in Marokko, Algerien und Tunesien. Die Libyer und die Ägypter, das sind Araber."

„Woher weißt du denn das alles?" Josef hatte Hans nach seiner Rede anerkennend auf die Schulter geklopft.

„Gelernt ist eben gelernt. Ob das alles stimmt, weiß ich natürlich nicht. Habe ich aber so gelesen."

Hans schaute vor sich auf den Boden, weil er bemerkt hatte, dass er etwas zu sehr aufgetragen hatte. Es war ihm peinlich, weil er nicht protzen wollte mit seinem Gelesenen. Die Freunde waren aber wirklich beeindruckt und sie wollten noch mehr von ihm wissen.

„Lies du nur weiter und erzähle uns dann davon. Ist doch interessant, wenn man wenigstens weiß, warum man die Leute hier tot schießen soll…"

Josef hatte bei diesem Satz kein bisschen gelacht oder auch nur gelächelt. Ihnen war immer noch unklar, warum die Fremdenlegion hier in Algerien diesen Wüstenkampf führte, der alles andere als ein Krieg war. Sie hatten keinen schlüssigen Grund finden können, warum die französische Regierung in diesem Land solche Aktionen durchführte. Die Sicherung der Ölvorkommen konnte ihrer Meinung nach nicht der Grund sein, denn hier, mitten in der Wüste, wurde nicht nach Öl gebohrt. Die Ölförderung befand sich im Norden in der Nähe der Küste. Von dort konnte es leicht nach Europa geschafft werden.

Vielleicht waren die Aktionen dazu da, die Stämme in der Wüste zu halten. Vielleicht fürchtete man sich davor, dass die Kämpfer sonst zu weit nach Norden vordringen könnten.

Sie wussten es nicht. Oftmals sprachen sie aber in letzter Zeit davon, was sie tun könnten, wenn die fünf Jahre vorbei wären. Dabei träumten sie von einer Zukunft in Europa.

„Ich gehe wieder in den Boxring zurück. Hier habe ich ja gelernt, wie man einen Gegner umlegt." Icke lachte dabei und schlug Josef heftig auf die Schulter.

„Mich brauchst du aber nicht jetzt schon totschlagen, Mann. Das tut doch weh!" Josef rieb sich die Schulter, lachte aber dabei.

„Wir könnten auch einen Bauernhof gründen. Mit Schweinen kenne ich mich gut aus und jetzt habe ich erst die richtigen kennengelernt." Hans lachte laut auf und tanzte im Kreis herum.

„Viele, viele Schweine!", sang er dabei.

„Oder sind die echten Schweine vielleicht sauer, wenn sie erfahren, dass man den Legionären den selben Namen gibt wie ihnen. Was meint ihr?"

„Ja, da hast du recht. Unter unseren so genannten „Kameraden" gibt es wirklich Schweine."

Ein paar Tage später, es war schon nach neun Uhr abends, trat der Adjutant des Kommandeurs in die Baracke der drei Freunde. Der Feldwebel ging langsam durch die Reihen der Bettgestelle und blieb dann kurz vor Hans stehen.
„Legionär Hans Robert, zum Kommandanten, sofort!"
Hans war aufgesprungen und hatte vor seinem Bett Haltung angenommen.
„Meinen sie mich?"
„Gibt es hier noch einen anderen Hans Robert?"
„Soll ich in voller Montur antreten oder geht das auch so, wie ich bin?"
„So, wie du bist, ist gut. Folge mir!"
Der Feldwebel hatte sich umgedreht und Hans folgte ihm zur Tür. Icke und Josef schauten sich mit sorgenvollen Gesichtern an.

Der Feldwebel und Hans gingen über den Hof in Richtung Kommandantur.
„Warum muss ich zum Kommandeur, bitte?"
Hans ging kurz hinter dem Feldwebel, der sich ein wenig zu ihm umdrehte, dabei aber weiter ging.
„Das wirst du schon noch erfahren."
Hans überlegte, ob es wohl wieder wegen der Schießerei während des letzten Angriffs sein konnte. Dabei hatte er zwar geschossen, aber getroffen hatte er nichts und niemanden. Vielleicht war das ja jemandem aufgefallen.
Er überlegte, was er sagen sollte, falls man ihn direkt darauf ansprach.
Der Feldwebel war durch die Tür in den Vorraum der Kommandantur gegangen und wandte sich nach rechts. Am Ende des Raumes an der rechten Ecke befand sich eine weitere Tür, die Hans bisher nie aufgefallen war. Der

Feldwebel öffnete die Tür und stellte sich mit einladender Geste neben dem Durchlass auf.

„Bitte, Herr Legionär, sie werden schon erwartet.“

Hans trat langsam ein. Er befand sich in einem etwa zwanzig Quadratmeter großen Raum, in dessen Mitte ein Tisch und drei Stühle standen. Auf einem dieser Stühle saß der Kommandeur. Er trug nur Hemd und die Kniehose. Alles andere hatte er abgelegt. Seine käsigen Beine hatte er von sich gestreckt, in der rechten Hand hielt er ein halbvolles Glas. Hinter der Tischgruppe an der Wand befand sich eine große Couch. Daneben stand ein zweitüriger Schrank, der offen war. Im Schrank konnte man auf der einen Seite eine Kleiderstange erkennen, welche voller Kleidungsstücke hing. Die andere Hälfte war in Fächer eingeteilt. Der Inhalt war nicht auf den ersten Blick zu erkennen. Lediglich ein Fach wurde eindeutig als Vorratsregal für Getränke und Gläser genutzt.

„Na, da ist ja unser mutiger Legionär. Wie war noch mal der Name? Johanna, nicht war?“

Der Kommandant lächelte und blickte zu Hans auf. Dieser starrte die gegenüberliegende Wand an, nahm Haltung an und grüßte.

„Legionär Rosenheimer angetreten!“

„Mach er es sich bequem, mein Lieber.“ Der Kommandant war aufgestanden und mit dem Glas in der Hand auf Hans zu gegangen. Er legte ihm die freie Hand auf die Schulter.

„Na, wie klappt es denn in letzter Zeit mit dem Schießen? Schon mal etwas getroffen oder immer noch keine Lust, auf die Feinde zu ballern?“

„Habe den Befehlen gehorcht, Herr Kommandant. Wie viele ich getroffen habe, kann ich aber nicht sagen!“

Hans schaute stur geradeaus an die gegenüberliegende Wand, während der Kommandant langsam um ihn herum strich.

„Ja, er ist wirklich ein hübscher Junge, oder soll ich besser sagen, eine hübsche Johanna?“

Der Feldwebel lachte laut auf und auch der Kommandant fing an zu kichern.

Hans hatte gerochen, dass der Kommandant dem Anisschnaps gehörig zugesprochen haben musste. Er hatte eine mächtige Fahne. Außerdem meinte Hans, dass er auch nicht mehr ganz stabil auf den Beinen war. Auch seine Aussprache war etwas undeutlich.

Plötzlich sprang der Feldwebel auf Hans zu und stieß ihn zum Tisch. Er packte ihn an den Handgelenken und zog ihn mit einem kräftigen Ruck über die Tischplatte, so dass Hans ausgestreckt über dem Tisch hing. Auf der einen Seite stand er mit beiden Beinen auf dem Boden, während ihn der andere an den Handgelenken über den Tisch zog.

Jetzt spürte er den Kommandanten hinter sich, der wohl sein Glas abgestellt hatte und mit beiden Händen hinten in seinen Hosenbund gefahren war. Er zog an seinem Gürtel, als ob er ihm die Hose herunter ziehen wollte.

„Nein, nicht!", schrie Hans und trat mit dem Fuß nach dem Kommandanten. Dieser stand aber so dicht hinter ihm, dass er nichts ausrichten konnte.

„Na, jetzt hab dich doch nicht so, Johanna. Bist doch bestimmt sonst nicht so abweisend, oder?"

Wieder zog der Mann hinter Hans am Gürtel. Der war aber so fest zugeschnallt, dass die Hose nicht über die Hüften ging.

Hans bemerkte, dass der Kommandant ein Messer unter den Gürtel in seinem Rücken geschoben hatte und versuchte, diesen durchzuschneiden.

„Nein, nicht!, Nicht den Gürtel durchschneiden. Ich mach ja mit. Aufhören!" Es war der grüne Gürtel, an dem Hans so sehr hing. Er durfte auf keinen Fall zerschnitten werden.

„Loslassen. Ich mach ja mit. Aber nur, wenn der Feldwebel uns alleine lässt!"

Der Kommandant war einen Schritt zurück getreten und sagte: „Na also, tut auch gar nicht weh. Und macht so viel Spaß. Der Feldwebel soll uns also alleine lassen, meine liebe Johanna. Schämt sich das Mädchen, wenn jemand zuschaut. Das können wir ja ändern."

Der Feldwebel hatte die Handgelenke von Hans losgelassen und schaute den Kommandanten ernst an.

„Soll ich wirklich rausgehen, Herr Kommandant?"

„Ja, unser schöner Junge wird doch lammfromm sein, wenn er mit mir alleine ist, oder?"

Beim letzten Wort schaute er Hans freundlich ins Gesicht. Dieser hatte sich aufgerichtet und stand zwischen den beiden Männern.

Hans nickte nur und überlegte fieberhaft, wie er aus dem Schlamassel wieder heraus käme.

Der Kommandant machte eine Armbewegung und bedeutete dem Feldwebel mit dem Daumen, dass er sich davon machen sollte.

Sobald die Tür geschlossen war, trat Oberstleutnant Muller näher zu Hans und schob ihn zur Couch. Hans wich langsam zurück, voller Ekel über die Berührungen.

Als er mit den Beinen an die Couch stieß, knickte Hans in den Knien ein und setzte sich. Der Kommandant ließ sich rasch neben ihm nieder und versuchte, ihn zu umarmen. Er wollte ihn küssen.

Hans ließ sich zurückfallen und griff über die Lehne. Der Kommandant lag auf ihm und glaubte, er habe sich ergeben und spiele sein Spiel mit. Er jedoch suchte panisch nach irgendetwas, mit dem er sich wehren konnte. Plötzlich fühlte er einen Flaschenhals an seinen Fingern. Ohne weiter nachzudenken griff er zu und schwang die Flasche in einem Bogen nach oben und ließ sie direkt auf den Hinterkopf des Kommandanten krachen. Mit einem Splittern zerbarst die leere Flasche. Der andere sank ohne einen Laut auf ihm zusammen und blieb regungslos liegen.

Hans quetschte sich unter dem schweren, leblosen Körper des Kommandanten hervor und ließ sich auf den Boden gleiten. Er sprang auf und ließ den Flaschenhals, den er noch in der Hand gehalten hatte, zu Boden fallen.

Panisch schaute er sich um. Es gab nur die eine Tür. Also musste er da hinaus und hoffen, dass der Feldwebel nicht mehr da war. Er ging zur Tür und drückte langsam die Klinke nach unten. Vorsichtig zog er die Tür auf und spähte in den Vorraum. Es war dunkel und niemand war zu sehen. Er zog die Tür ganz auf und ging mit schnellen Schritten in den Hof hinaus. Auch draußen war niemand. Er rannte zu seiner Unterkunft, riss die Tür auf und stürmte zu seinem Bett.

Seine Freunde waren erschrocken aufgesprungen und kamen schnell zu ihm.

„Was ist los? Bist du verrückt geworden, hier so hereinzupreschen?" Icke hatte ihn an den Schultern gepackt und schüttelte ihn heftig.

Josef fasste Icke am Arm und fragte ruhig: „Was haben sie mit dir gemacht, Hans? Du bist ja völlig verstört! Erzähle, was ist passiert?"

„Das Schwein wollte mich vergewaltigen. Der Kommandant, die Sau! Der Feldwebel hat mich festgehalten. Zuerst. Dann ist er hinausgegangen. Der Kommandant hat dann gemeint, dass ich es mit ihm treiben würde, die Drecksau. Aber nicht mit mir!"

„Was hat der gemacht? Hast du Zeugen? Hat jemand etwas mitgekriegt?"

„Nur der Feldwebel. Aber der ist ja genau so eine Drecksau. Alles Schwule. Alles Arschficker!"

In diesem Moment krachte die Barackentür auf und herein kamen vier Legionäre. Mit schnellem Schritt marschierten sie auf die drei Freunde zu, die inzwischen von den anderen Mitbewohnern umringt waren.

„Zurücktreten, alle Mann!" Einer der vier Legionäre hatte den Befehl gerufen. Es war ein Unteroffizier. Die meisten der Legionäre gehorchten und traten an ihre Betten zurück. Es war plötzlich ganz still geworden.

„Legionär Rosenheimer, sie sind festgenommen. Nehmen sie Ihre Waschsachen auf und folgen sie ohne Widerstand. Dann wird Ihnen nichts geschehen."

„Icke stellte sich zwischen den Unteroffizier und Hans und fragte: „Warum wird er festgenommen? Was hat er verbrochen? Wohin bringt ihr ihn?"

„Das geht sie gar nichts an!" Bei diesen Worten senkten die drei anderen Soldaten ihre Gewehre und richteten sie gegen Icke. Die Bajonette waren aufgepflanzt.

Icke trat zwei Schritte zurück und sagte nichts mehr.

„Ich gehe ja mit. Ich habe keine Angst, habe ja nichts verbrochen. Das wird sich schon aufklären."

Bei diesen Worten war Hans langsam auf die Legionäre zugegangen, die ihn zwischen sich nahmen und geschlossen durch die Tür in den Hof traten. Der Unteroffizier übernahm die Führung und der kleine Trupp ging in Marschformation in Richtung Wachstube, wo sich auch die Arrestzellen befanden.

Diese waren fast alle belegt. Das war nicht außergewöhnlich im Camp. Immer wieder gab es Schlägereien, kleine Diebstähle und sonstige Verfehlungen, für die immer wieder Gefängnisstrafen ausgesprochen wurden. Diese wurden direkt im Camp verbüßt. Nur bei größeren Delikten, wenn es zu Todesfällen kam, wurden die Verurteilten in das Hauptgefängnis verfrachtet. Dieses sollte irgendwo im Süden am Rande der Sahara liegen. Wo es genau lag, wusste keiner der Legionäre. Wer dorthin kam, den sah man nicht mehr im Camp.

Hans wurde in eine Zelle gestoßen und die Tür hinter ihm abgeschlossen.

Die Soldaten gingen aus dem Gefängnistrakt hinaus und löschten das Licht. Es war stockdunkel.

„Na, was hast du ausgefressen?". Aus einer anderen Zelle hatte jemand gerufen. „Freu' dich, jetzt hast du ein paar Tage frei. Musst nicht mehr mit hinaus. Nicht mehr marschieren, keine Schießübungen, keine Nahkampfausbildung. Ist doch gar nicht so schlecht, oder?"

Hans antwortete nicht. Er war immer noch aufgewühlt. „Das gibt es doch nicht", dachte er bei sich. „Was hätte ich denn machen sollen? Das Schwein wollte mich vergewaltigen! Na, das werde ich den Leuten schon beibringen."

Er hatte kein gutes Gefühl. Und er sollte Recht haben. Die Sache würde ein schlimmes Ende nehmen. Wie schlimm, das konnte er sich in diesem Moment noch gar nicht ausmalen.

Erst Tage später wurde er zum ersten Verhör gebracht.

Neben dem Zellentrakt befand sich eine Art Gerichtssaal. Er war etwa zehn auf fünf Meter groß und so eingerichtet, wie man sich einen Gerichtssaal vorstellte. An der einen Längsseite der Wand befand sich erhöht eine Art Tresen. Dahinter standen drei große Holzstühle mit hohen Lehnen.

Vor dem Tresen stand ein einzelner Stuhl in der Mitte des Raumes. Rechts an der Stirnseite des Raumes war eine Art Schreibtisch, hinter dem sich zwei weitere Stühle befanden.

Hans wurde zu dem allein stehenden Stuhl geführt. Er trug Handschellen und man hatte ihm sogar Fußfesseln angelegt. Der Soldat, der Hans zu seinem Platz geführt hatte, bedeutete ihm, sich zu setzen.

Nach ungefähr fünf Minuten ging eine Tür auf, die sich neben dem Tresen in der Ecke des Raumes befand. Hindurch traten fünf Männer in Uniform. Drei Mann nahmen hinter dem Tresen Platz, die anderen beiden setzten sich an den Tisch rechts von Hans.

Hans konnte sehen, dass es sich bei allen um Offiziere handelte. Der Soldat vor ihm in der Mitte der Dreiergruppe hinter dem Tresen war ein Oberst.

Einer der beiden Männer rechts am Tisch stand auf.

„Legionär Rosenheimer, aufstehen!"

Hans stand auf und musste dabei aufpassen, dass er sich nicht in den Fußfesseln verheddderte.

Der Mann sprach weiter: „Sie sind Legionär Hans Robert Rosenheimer, Soldat in der Einheit von Oberstleutnant Muller, geboren in Karlsruhe, Deutschland, am 29. Juli 1916."

Hans schaute zu dem Fragenden und wusste nicht, ob er antworten sollte.

Jetzt sagte der Oberst: „Ist das korrekt, haben sie alles verstanden? Wir haben nicht soviel Zeit!"

Hans antwortete jetzt schnell: „Jawohl, verstanden! Alles korrekt."

Jetzt fuhr der Mann rechts fort: „Sie haben am zwölften September abends um neun Uhr dreißig den Oberstleutnant Muller mit einer leeren Anisette-Flasche niedergeschlagen und schwer verletzt?"

Hans hatte sich halb zu dem Sprecher umgedreht und antwortete laut: „Er hat mich vergewaltigen…!"

Der Oberst unterbrach ihn barsch: „Antworten sie mit Ja oder Nein. Wenn wir Erklärungen haben wollen, dann sagen wir Ihnen das. Also, haben sie ihn niedergeschlagen? Ja oder Nein?"

„Jawohl, Herr Oberst!" Hans hatte sich dem Offizier zugewendet und stand wieder stramm.

Jetzt sprach wieder der Mann rechts: „Nachdem sie ihn niedergeschlagen haben sind sie in Ihre Baracke geflüchtet, ohne sich um den verletzten Vorgesetzten zu kümmern. Ist das auch richtig?"

„Er wollte mich doch vergewaltigen…"

Der zweite Mann am rechten Tisch sprang auf und brüllte in voller Kasernenhoflautstärke: „Halten sie sich an die Anweisungen, Legionär! Ja oder Nein! Keine Rechtfertigungen oder sonstigen Ausflüchte! Ja oder Nein!"

Hans zog den Kopf ein und antwortete: „Jawohl, ich bin in meine Baracke zurück gegangen." Hans hatte leise gesprochen und schaute jetzt von einem zum anderen der Männer die oben hinter dem Tresen saßen.

Der Oberst schaute ihn an. Die beiden anderen rechts und links von ihm schenkten ihm keine Aufmerksamkeit.

178

Es schien, als ob sie gar nicht hier wären. Der eine schaute zum Fenster hinaus, der andere blätterte in einer Zeitschrift, die vor ihm auf dem Tresen lag.

Der Mann rechts zögerte kurz und schaute fragend zum Oberst. Dieser nickte und er erklärte: „Die Befragung ist damit fürs erste beendet. Sobald Oberstleutnant Muller wieder ganz hergestellt ist, wird ein Verhandlungstermin angesetzt. Legionär Rosenheimer bleibt solange unter Arrest. Abführen!"

Es sollten noch zwei Wochen vergehen, bis die Verhandlung weiterging. Er erhielt während dieser Zeit keinerlei Besuch. Offenbar war es seinen Freunden nicht erlaubt, nach ihm zu sehen. Sonst wären sie bestimmt gekommen, dachte er sich.

Das Essen war gut. Es war dasselbe, das auch in der Kantine gereicht wurde. Nur war es immer kalt.

Als er einmal den Wärter fragte, ob es denn nicht möglich sei, dass er warmes Essen bekäme, gab ihm dieser überhaupt keine Antwort darauf. Beim Weggehen drehte er sich um und sagte, dass er nichts machen könne. Das Essen wurde in diesem Zustand von der Küche gebracht und er habe keinen Ofen, mit dem er ihm das Essen hätte aufwärmen können. Der Wärter lachte und ging weg.

An einem Vormittag wurde Hans in ein Besprechungszimmer geführt. Man hatte ihm Fußfesseln angelegt, eine Kette von etwa vierzig Zentimetern Länge, die mit Ringen an beiden Fußknöcheln befestigt war. Man konnte mit dieser Fessel nur langsam trippeln. An eine Flucht war nicht zu denken, da man sofort hinfallen würde, sobald man schneller laufen wollte.

Aber an Flucht hatte Hans noch keinen Gedanken verschwendet. Er war sich sicher, dass sich die Sache würde aufklären lassen. Immerhin hatten ihn seine Vorgesetzten vergewaltigen wollen.

Die Tür ging auf und ein Soldat trat in das Besprechungszimmer.

„Na gut! Und einen schönen guten Tag", sagte der Mann.

Hans sah an den Abzeichen, dass der Mittdreißiger Leutnant war. Im Raum befand sich ein Tisch mit zwei Stühlen. Der Leutnant zog einen der beiden Stühle unter dem Tisch hervor und während er Platz nahm, bedeutete er Hans, sich ebenfalls zu setzen.

„Ich bin Ihr Anwalt, oder besser gesagt Ihr Verteidiger."

Der Leutnant schaute ihn noch nicht einmal an. Er nahm aus einer mitgebrachten braunen Ledertasche einen Schreibblock und zog dann einen Stift aus seiner Brusttasche.

„Also, was ist passiert? Warum hat man sie eingesperrt? Was kann ich tun, damit sie wieder hier rauskommen?"

„Ich bin zu Unrecht hier drin! Die haben mich vergewaltigen wollen und ich habe mich nur dagegen gewehrt. Sonst gar nichts!"

Hans war laut geworden und hatte sich leicht vom Stuhl erhoben. Langsam setzte er sich wieder, als der Leutnant ihm gegenüber beschwichtigend beide Hände in Kopfhöhe hielt.

„Aber ja. Aber ja", sagte er dabei. „Jetzt erzählen sie mal der Reihe nach, Legionär. Schön langsam, damit ich alles verstehen kann. Sie sprechen gut Französisch."

„Ja, ich spreche gut Französisch. Bin jetzt schon mehr als zwei Jahre hier. Da lernt man das dann schon ganz gut."

Hans wunderte sich, dass der Leutnant weder seinen eigenen Namen genannt hatte noch wissen wollte, wie er hieß. Er beschloss zu fragen, wie der Leutnant denn hieße und woher er käme.

„Wie ist denn bitte Ihr Name, Herr Leutnant. und wo kommen sie her? Wer hat sie beauftragt?"

„Mein Name tut ja nichts zur Sache, aber ich heiße Lemonde, Leutnant Lemonde. Beauftragt bin ich vom Oberkommando der Legion. Ich weiß, dass sie Ihrem Kommandanten, immerhin einem Oberstleutnant, eine

Flasche über den Kopf gehauen haben. Obwohl der Oberstleutnant schwer verletzt war, haben sie ihn dann liegen lassen und sind abgehauen."

„Der Oberstleutnant hat ausgesagt."

Bei diesem Satz zog der Leutnant ein Stück Papier aus seiner Tasche und suchte mit dem Finger auf der dicht beschriebenen Seite die betreffende Stelle.

Er las vor: „Legionär Rosenheimer wurde von mir zum Rapport befohlen. Es bestand der Verdacht, dass er während einer Mission in der Sahara absichtlich den Feind geschont hatte. Da dies schon einmal Gegenstand einer Untersuchung war, habe ich ihn erst am späten Nachmittag antreten lassen, weil ich genügend Zeit haben wollte, um herauszufinden, was mit dem Legionär los ist. Dieser war bisher sonst nie negativ aufgefallen.

Als ich ihn auf die Munitionsverschwendung angesprochen hatte, wurde der Legionär laut und er griff nach einer neben dem Tisch stehenden leeren Zweiliterflasche, die er mir dann, ohne dass ich reagieren konnte, über den Schädel zog. Zeugen für diesen Vorfall gibt es keine, da ich den Adjutanten hatte wegtreten lassen. Ich wollte mit dem Legionär alleine sein, um ihm die Scheu zu nehmen, offen über sein Problem reden zu können."

Der Anwalt oder besser Verteidiger schaute Hans ins Gesicht. Er wartete darauf, ob Hans alles verstanden hatte.

„Was sagen sie dazu, Legionär?"

„Das ist alles Schwachsinn. Der hat mit mir überhaupt nicht über Munitionsvergeudung gesprochen. Der Feldwebel hat mich festgehalten und der Kommandeur wollte mich vergewaltigen!"

Hans hatte die letzten Worte heraus geschrien und war dabei aufgestanden.

„Aber ja, aber ja, aber ja." Wieder hob der Leutnant die Hände und bedeutete ihm, wieder Platz zu nehmen.

„Wie sie gehört haben, behauptet die Gegenpartei, dass der Feldwebel gar nicht im Zimmer war. Dessen Aussage hört sich ganz anders an. Wollen wir doch mal hören."

Bei diesen Worten kramte der Leutnant wieder in seiner Tasche und holte dann ein anderes Stück Papier heraus.

„Aber gut! Wo haben wir es denn?" Wieder suchte er mit dem Zeigefinger auf dem Blatt herum. „Na, da haben wir es ja. Der Feldwebel sagt: Ich habe den Legionär in der Baracke abgeholt. Den Befehl dazu hatte ich vom Oberstleutnant erhalten und er hatte mir gesagt, dass er den jungen Soldaten doch einmal befragen wolle, warum er bei den Einsätzen immer so auffällig Munition verbrauche und welches Problem er im Einsatz habe. Ich führte also den Legionär in die Kommandantur und habe dann das Hinterzimmer auf Befehl des Kommandeurs wieder verlassen. Als ich nach etwa zehn Minuten zurückkam, fand ich den Kommandanten bewusstlos im Zimmer liegend vor."

Der Leutnant hatte die Aussage vorgelesen und sah Hans fragend an.

„Das ist doch alles erlogen, erstunken und erlogen, sage ich! Die beiden stecken miteinander unter einer Decke. Der hat mich doch festgehalten."

„Auch wenn sie die Wahrheit sagen, es steht Aussage gegen Aussage. Aber ja, und die sind zu zweit und sie sind allein. Aber ja!"

„Warum sagen sie immer "aber ja," Herr Leutnant. Es ist nicht "aber ja". Es ist aber nein." Die lügen. Die geben natürlich nicht zu, dass sie schwul sind. Da müssten sie ja damit rechnen, dass sie aus der Legion fliegen. Das ist doch klar, oder?"

„Aber ja. Nein, in diesem Fall nicht. Äh, wie sollen wir das beweisen?"

Beide saßen sich schweigend gegenüber.

„Ich habe hier noch ein Protokoll." Der Leutnant zog noch ein Blatt aus der Tasche.

„Das ist Ihre Aussage. Soll ich vorlesen?"

„Aber ja!" Hans musste fast lachen, weil er die Redensart des anderen jetzt auch übernommen hatte.

„Also hier steht: Der Angeklagte gibt zu, dass er den Kommandanten mit einer leeren Flasche niedergeschlagen hat. Er gibt weiterhin zu, dass er ihn ohne Hilfe zu leisten liegen ließ und in seine Unterkunft floh, wo er sich versteckt hielt."

Der Leutnant hob die Augen und blickte Hans wieder an.

„Ja, das stimmt doch. Die wollten mich vergewaltigen. Habe ich doch dort auch gesagt. Nur hat das keinen interessiert. Die haben nur das aufgeschrieben, was ihnen in den Kram passt. Da habe ich keine Chance, oder?"

„Aber ja. Oder besser gesagt: aber nein, so nicht. So haben sie keine Chance."

Der Leutnant schob seine Unterlagen in die Tasche, machte diese zu und stand auf.

„Na, dann warten wir mal ab, was passiert. Ich werde wieder bei Ihnen sein, wenn die Verhandlung stattfindet. Wann das ist, das weiß ich nicht. Also, bis dann, mein Freund."

Diesmal hielt der Leutnant Hans eine Hand zum Gruß hin. Hans nahm sie und schüttelte sie unsicher. Dann stand auch er auf.

Der Leutnant ging zur Tür und dann war er verschwunden.

Hans ging ebenfalls zur Tür. Auf der anderen Seite wartete der Soldat, der ihn wieder zurück in die Zelle brachte.

„Aber ja, aber ja!" Hans konnte sich ein Lachen nicht verkneifen.

Das wird nichts werden. Da musst du dir etwas einfallen lassen. Die kriegen dich sonst am Arsch. Und das wird gar nicht lustig. Was tun? Hans legte sich in seiner Zelle auf die Pritsche und dachte nach. Eine Idee wollte ihm aber nicht kommen. Die Lage war recht hoffnungslos.

Und der Schein sollte ihn nicht trügen. Keine zwei Wochen später war es dann soweit. Die Verhandlung sollte stattfinden.

Hans wurde am Morgen gegen neun Uhr in der Zelle abgeholt. Die Fußfesseln musste er anlassen. Zwei Wachen begleiteten ihn rechts und links in den Verhandlungsraum. Wie beim letzten Mal musste er auf dem Stuhl vor dem Tresen in der Mitte des Raumes Platz nehmen.

Nach etwa fünf Minuten kamen wieder fünf Männer durch die Tür, die sich links im Eck neben dem Tresen befand. Drei Männer nahmen hinter dem Tresen Platz, zwei setzten sich an den Tisch rechts von ihm.

Jetzt ging die Tür hinter Hans auf und herein trat der Leutnant, sein Verteidiger.

„Entschuldigen sie bitte, Herr Oberst. Aber ja, ich habe mich verspätet. Auf dem Weg von Oran hierher wurden wir von Rebellen in ein Gefecht verwickelt. Hat leider etwas gedauert. Aber Ja."

Hans meinte, dass der Leutnant bei seiner Erklärung sogar ein Lächeln im Gesicht hatte. Der Oberst schaute nur kurz auf und sagte gar nichts.

Der Soldat rechts von ihm sagte: „Ist gut, Herr Leutnant. Nehmen Sie Platz. Fangen wir gleich an."

Er richtete seinen Blick auf die beiden Soldaten, die rechts von Hans am Tisch saßen. Einer von denen stand auf und ergriff das Wort:

„Der Legionär Hans Robert Rosenheimer wird beschuldigt, seinen Vorgesetzten, den Oberstleutnant und Kommandanten Muller vorsätzlich und mit Absicht niedergeschlagen zu haben. Weiterhin hat er den Tatort ohne Hilfe zu leisten verlassen. Und dies, obwohl der Oberstleutnant schwer verletzt war und hätte sterben können. Der Legionär hat versucht zu fliehen und sich in seiner Baracke zu verstecken.

Auf den Sachverhalt angesprochen und beschuldigt verweigert der Angeklagte jede Einsicht. Er behauptet, dass die Anschuldigungen nicht zuträfen. Zeugen für den

Vorfall sind Oberstleutnant Muller und sein Adjutant Feldwebel Kreis."

Der Oberst schaute zu Hans und bedeutete ihm, aufzustehen.

„Was haben sie dazu zu sagen, Angeklagter?"

„Der Kommandant und sein Adjutant wollten mich vergewaltigen. Ich habe mich gewehrt und…"

Der Oberst sprang auf und hob die Hand: „So geht das nicht! Sie können hier nicht so brüllen. Wir können Ihre Aussprache nicht verstehen. Reden sie langsam und sagen sie nur die Wahrheit."

Der Oberst setzte sich wieder.

Jetzt stand der Verteidiger auf und sagte: „Herr Oberst, mein Mandant ist leider nicht in der Lage, zu den Beschuldigungen ordentlich Stellung zu nehmen. Er ist etwas zurückgeblieben und man kann ihm deshalb nur bedingt Zurechnungsfähigkeit bescheinigen. Zu den Vorwürfen selbst hat er mir gegenüber immer die gleiche Geschichte erzählt. Er hat wohl geglaubt, dass man ihm zu nahe treten will. Warum dies von ihm so aufgefasst wurde, das ist nicht zu ermitteln. Leider hat er wohl in diesem Moment die Beherrschung oder besser gesagt die Kontrolle verloren und mit der Flasche zugeschlagen. Dann ist er in Panik davongerannt. Nach meiner Auffassung ist er aufgrund seiner geistigen Stellung nicht in der Lage zu begreifen, was er tatsächlich angestellt hat. Ich bitte um ein mildes Urteil unter Berücksichtigung des Geisteszustandes des Legionärs."

Der Leutnant setzte sich wieder. Jetzt stand der Mann rechts am Tisch auf.

„Ich kann das nicht bestätigen, Herr Oberst. Der Legionär ist kein Idiot. Er wäre sonst nicht bei der Legion. Also, wenn wir davon ausgehen, dass er tatsächlich zugeschlagen hat, dann muss das Strafmaß entsprechend angewendet werden." Er setzte sich wieder.

Hans hatte auch bei ihm den Eindruck, dass ein leises Lächeln um seine Mundwinkel spielte.

Hans hatte begriffen, dass sein Verteidiger ihn als Idioten hinstellte, um möglicherweise einen Freispruch wegen Dummheit zu erreichen. Er hatte daher beschlossen, nur noch auf Fragen zu antworten. Es wurden ihm aber keine Fragen mehr gestellt.

Der Oberst stand auf, die beiden Soldaten neben ihm taten es ihm gleich.

„Das Militärgericht zieht sich zur Beratung zurück, soweit keine Anträge mehr vorgebracht werden können, wovon ich ausgehe."

Die drei Männer verließen den Raum durch die Tür neben dem Tresen. Die beiden Männer am rechten Tisch, der Verteidiger und Hans blieben und warteten.

Nach fünfzehn oder zwanzig unendlichen Minuten ging die Tür wieder auf und die drei Offiziere traten mit ernsten Mienen hinter den Tresen. Sie blieben stehen und der Oberst forderte die Anwesenden auf, sich zu erheben.

„Nach eingehender Beratung kann das Gericht keine mildernden Umstände für den Angeklagten sehen. Die vom Verteidiger eingebrachte Behauptung, dass er nicht zurechnungsfähig sei, muss verneint werden. Es wird daher folgendes Urteil gefällt:

Der Angeklagte wird wegen versuchten heimtückischen Totschlags an einem Vorgesetzten zu fünf Jahren Haft verurteilt. Die Haft wird sofort angetreten. Revision ist nicht möglich.

Der Gerichtsschreiber ist aufgefordert, die Akten zu vervollständigen und ins Archiv zu überführen. Die Sitzung ist geschlossen."

Hans war aufgesprungen. „Sind sie verrückt? Ich habe nichts getan. Ich habe mich nur gewehrt! Die wollten mich vergewaltigen!"

Der Verteidiger war hinter ihn getreten und hatte eine Hand auf seine Schulter gelegt. „Aber ja, aber ja. Ist ja gut. Das nützt jetzt nichts. Werde versuchen, noch etwas für dich zu tun. Aber jetzt musst du ruhig bleiben."

„Das sind alles Arschficker! Deshalb halten sie zusammen. Alles Arschficker sind das!" Hans hatte die letzten Worte laut geschrien Die Richter hatten aber bereits den Raum verlassen und die Tür war schon zu gefallen.

Zwei Soldaten traten rechts und links zu ihm und führten ihn ab. Resigniert ging Hans neben den beiden her und er schaute auch nicht mehr zu seinem Verteidiger, der schräg hinter ihm ging. Er würde diesen nie mehr wieder treffen.

In dieser Nacht tat Hans kein Auge zu. Er dachte darüber nach, was passiert war. Was hatte er falsch gemacht? Wann und wo hatte er falsch reagiert?

Als sie ihm seinen Gürtel durchschneiden wollten, da war er fast durchgedreht. Sein grüner Ledergürtel, den er von seinen Bauern zum achtzehnten Geburtstag damals in Hüfingen geschenkt bekommen hatte. Sein erster Gürtel aus Leder, den er wie seinen Augapfel hütete.

Um diesen zu retten hatte er so getan, als ob er bereit sei, mitzumachen. Er hatte es sogar fertig gebracht, dass der Adjutant vom Kommandeur hinaus geschickt worden war. Warum hatte er mit der Flasche zugeschlagen? Er hatte doch auch die Möglichkeit gehabt, sich anders zu wehren. Es musste doch nicht gleich so brutal sein, wie er es mit der Flasche getan hatte.

Er dachte an die Zeit im Waisenhaus zurück.

Geprägt wurden die Waisenhauserinnerungen durch verschiedene Episoden am Ende der Schulzeit. Hans war zwölf Jahre alt und hatte sich mit zwei Buben aus dem Heim angefreundet. Das Waisenhaus lag am Ostrand der Karlsruher Südstadt. Es war ein dreistöckiges Sandsteingebäude, das von außen grob und abweisend wirkte. Im Erdgeschoss befanden sich die Zimmer der Heimschwestern. Es waren überwiegend Nonnen. Geführt wurde das Heim von einem Direktor, der keinem Orden angehörte. Genau wussten die Kinder darüber nicht Bescheid.

Die Freunde von Hans, Peter und Rudolf, waren in seinem Alter. Es trennten sie jeweils nur zwei bis drei Monate. Sie gingen in die gleiche Klasse in der Schillerschule. Die Grund- und Hauptschule lag in der Kapellenstraße in der Stadtmitte von Karlsruhe. Hans, Peter und Rudolf gingen stets zu Fuß in die Schule, Fahrräder besaßen sie nicht. Der Weg führte sie die Stuttgarter Straße entlang bis zum Bahnübergang am östlichen Ende des Güterbahnhofes. Dort mussten sie morgens oft lange warten, weil die Rangiertätigkeiten viel Zeit in Anspruch nahmen. Das bedeutete, dass sie frühzeitig losgehen mussten, um nicht Gefahr zu laufen, zu spät zur Schule zu kommen.

Ab dem 12. Lebensjahr etwa hatten die drei begonnen, sich gegen die ewigen Hänseleien der Mitschüler und der von ihnen empfundenen ungerechten Behandlung durch die Lehrer zu wehren. Dies äußerte sich immer öfter darin, dass man sich mit dem einen oder andren prügelte, sobald dieser sie wegen ihrer Zugehörigkeit zum Kinderheim hänselte.

Einen solchen Vorfall gab es einmal während der Pause zwischen der vierten und der fünften Stunde. Hans stand neben Peter im Bubenklo und pisste in die Wandrinne. In diesem Moment fiel ein anderer Schüler ihm in den Rücken, sodass Hans nach vorne gegen die Wand kippte.

Hans drehte sich ruckartig um und schlug mit der rechten Faust in das Gesicht des anderen. Sofort schoss Blut aus dessen linkem Nasenloch und tropfte auf den Boden. Er fuhr sich mit der linken Hand über die Nase und betrachtete das Blut. Dann begann er zu weinen.

Er war vielleicht so alt wie Hans, vielleicht auch ein Jahr jünger. Hans kannte ihn nicht und hatte ihn vorher noch nicht gesehen.

„Warum schlägst Du mich?", fragte der Junge schluchzend.

„Du hast mich in die Pisse gestoßen. Das lasse ich mir nicht gefallen" antwortete Hans böse.

„Mich hat jemand auf dich geschubst, ich war das nicht selbst", sagte der andere.

Sie gingen aus dem Klo und den Gang entlang, um in ihre Klassenzimmer zu gelangen. In diesem Moment trat der Pfarrer aus dem Lehrerzimmer in den Gang und sah die blutige Nase des Jungen. Er fragte ihn, was passiert sei. Der Junge deutete auf Hans und sagte ein paar Worte.

Der Pfarrer rief Hans beim Namen und kam auf ihn zu. „Warum blutet der Schmieder aus der Nase?" fragte Pfarrer Schneider. „Er hat mich…" – Peng, landete eine kräftige Ohrfeige auf der linken Gesichtshälfte von Hans.

„Ich habe gefragt, warum der Schmieder aus der Nase blutet!", sagte der Pfarrer etwas lauter.

„Er hat angefang…" die nächste Ohrfeige schlug ein. Jetzt hatte Hans verstanden.

„Ich habe ihn geschlagen", sagte er schnell.

„Und warum hast du das getan?", fragte der Pfarrer.

„Er hat mich ins Klo geschubst".

„Stimmt das?", fragte Pfarrer Schneider und drehte sich zu Schmieder um.

„Nein, es hat mich jemand von hinten gestoßen", sagte dieser.

„Du, Hans, heute Nachmittag ab 14:00 Uhr zwei Stunden Arrest".

Hans sagte kleinlaut: „Heute gehen wir in den Zoo, und das machen wir nur einmal im Jahr."

„Dann wirst du dich das nächste Mal ganz besonders daran erinnern, dass man nicht schlägt", sagte der Pfarrer und ging weg.

Hans war stinksauer, er konnte aber nichts daran ändern. Der Schmieder tat ihm auch ein bisschen Leid, weil er inzwischen glaubte, dass ihn tatsächlich jemand absichtlich auf ihn gestoßen hatte.

Etwa zwei Wochen später, es war kurz nach Schulschluss, trat Hans aus der Pforte an der Kapellenstraße. Er wandte sich in Richtung Park, der sich zwischen der Schule und der Kriegsstraße befand.

Ein Kiesweg führte quer durch die Wiesen, die von großen alten Platanen unregelmäßig geteilt wurde. Weiter vor ihm, kurz vor der Straße, die am Güterbahnhof entlang zur Stuttgarter Straße führte, sah er ein paar Schüler beisammen stehen.

Er erkannte, dass auch Peter und Rudolf dabei waren. Rudolf stand einem großen Jungen gegenüber, der gestikulierend auf ihn einsprach. Peter saß am Boden. Hans beschleunigte seine Schritte und traf am Ort des Geschehens ein

Der große Junge drehte sich ihm entgegen und lachte, „da kommt ja der Held, der kleine Jungs verhaut".

Peter weinte leise und schaute zu Hans auf. Dieser sah ihm gleich an, dass er das Weinen nur vortäuschte.

Das war eine Masche, mit der es Peter immer wieder schaffte, sich seine Feinde vom Leibe zu halten.

Rudolf war da etwas anders. Der schlug auch zurück, wenn die Chancen schlecht standen.

„Was ist los?", fragte Hans.

„Du hast doch den Schmieder blutig geschlagen. Das kann ja jeder. Wie sieht es aus, wenn wir beide aufeinander treffen? Bist du dann immer noch so mutig?"

Hans überlegte kurz und schaute in die Runde. Es waren vier bis fünf Jungen aus verschiedenen Klassen da und auch ein paar Mädchen, die neugierig und etwas aufgeregt das Geschehen verfolgten.

Es kam jetzt darauf an, sich Respekt zu verschaffen, das war ihm klar.

Der große Junge, er hieß Paul Grüner, war zwei Jahre älter als er. Er war in der achten Klasse, war aber schon ein Mal sitzen geblieben. Er kam aus der Altstadt beim Fasanenplatz und war dort einer der Anführer der Altstadtbande.

Hans sagte nichts und zog sich seinen Pullover über den Kopf. In diesem Moment schlug Grüner mit der rechten Faust zu. Der Schlag landete auf dem über dem Gesicht befindlichen Pullover und traf Hans an der linken Oberlippe. Die platzte sofort auf und begann heftig zu bluten. Er hatte den Schlag nicht kommen sehen. Es tat sehr weh und Hans dachte auch an seinen Pullover, der jetzt nicht mehr zu gebrauchen war. Es war sein einziger.

Er zog ihn vollständig über den Kopf und sah Grüner vor sich leicht tänzeln, so wie er es bei den Preisboxern in der Oststadthalle schon gesehen hatte. Es war ein Fehler gewesen, dass Grüner nicht noch ein zweites Mal zugeschlagen hatte. Dann hätte Hans bestimmt aufgegeben. Jetzt aber war er nur noch wütend.

Paul Grüner hatte nicht noch einmal zuschlagen können, weil schon seine erste Aktion feig war. Das wurde von den Schülern nicht geduldet. Es gab Regeln und an diese musste man sich halten.

Hans überlegte, wie er dem einen halben Kopf größeren Gegner zu Leibe rücken konnte und beschloss, auf ihn los zu stürmen, da er sonst aufgrund der Reichweite des anderen zu viel würde einstecken müssen.

Er rannte los, umfasste Grüner mit beiden Armen und warf ihn um. Grüner versuchte, ihn mit seinen Fäusten zu treffen, die Schläge hatten aber keine Wirkung, weil Hans viel zu nah an ihm dran war.

Als beide auf dem Boden gelandet waren, Hans auf Grüner drauf, ließ Hans los und schlug so schnell er konnte mit beiden Fäusten in das Gesicht des anderen.

Nach den ersten beiden Treffern auf Mund und Nase nahm dieser seine Hände vors Gesicht um sich zu schützen. Der Kampf war damit entschieden. Hans schlug noch zwei Mal und traf das linke Auge und die rechte Braue.

„Hast du genug?", fragte er ihn so laut, dass es alle umstehenden hören konnten.

„Ja", antwortete Grüner leise. „Ja, hör auf."

Hans stand langsam auf und Grüner rappelte sich hoch. Er drehte sich wortlos um und ging in Richtung Kapellenstraße davon.

Peter und Rudolf klopften Hans auf die Schulter und beglückwünschten ihn zu diesem Kampf.

„Der wird uns zukünftig in Ruhe lassen. Der hat die Schnauze voll", sagte Peter und hielt ihm seinen Pullover hin.

Rudolf wiegte nachdenklich den Kopf und meinte: „Da bin ich nicht so sicher. Der kann sich so eine Blamage nicht so einfach erlauben. Immerhin geht es dabei um seinen Ruf, den er nicht verlieren darf."

Die Sache erledigte sich von selbst. Grüner verließ ein paar Tage darauf die Schule. Er war mehr als eine Woche lang nicht zum Unterricht gekommen und seine Eltern hatten ihn krank gemeldet. Im Heim wurde nie darüber gesprochen, so dass Hans davon ausgehen konnte, dass niemand etwas erfahren hatte.

Gefängnis

Hans war in das Gefängnis der Legion überführt worden. Wo es genau lag, wusste er nicht. Es gab nirgends die Möglichkeit, auf eine Landkarte zu sehen und heraus zu finden, wo sich das Gefängnis befand.

Aus Erzählungen von Mitgefangenen hatte er erfahren, dass das Gefängnis ungefähr dreihundert Kilometer südlich von Sidi bel Abbes in der Sahara lag. Es war ein großer Gebäudekomplex, der gänzlich von einer hohen steinernen Mauer umgeben war. Die einzelnen Zellen waren in mehreren flachen, lang gestreckten Steingebäuden untergebracht.

Diese Zelltrakte waren ungefähr fünfzig Meter lang und eine Tür führte an jeder Stirnseite der Gebäude ins Innere. Hinter dem Eingang erstreckte sich über die gesamte Länge jedes Gebäudes ein Flur, der an der rechten Hauswand entlang führte.

Alle paar Schritte war eine Fensteröffnung in der Wand, sodass der Gang ausreichend erhellt wurde. Links vom Gang befanden sich die Zellen. Sie wurden durch Gitterstäbe untereinander abgetrennt.

Jede Zelle war etwa vier Meter tief und knapp drei Meter breit. An der Rückwand befanden sich keine Fenster. Luft und Licht kamen lediglich von den Fenstern im Flur.

An der Rückwand jeder Zelle war am Boden ein rundes Loch in die Hauswand geschlagen. Das Loch war kaum zehn Zentimeter im Durchmesser. Hier konnte Urin und Kot aus der Zelle gespült werden. Eine Toilette oder einen Latrineneimer gab es nicht.

An Möbeln, wenn man es so nennen konnte, befanden sich je eine Pritsche, ein Stuhl und ein kleiner Tisch in jeder Zelle. Das war alles. Auf jeder Pritsche war ein kleines mit Stroh gefülltes Kissen und eine grobe Wolldecke. In den oft eiskalten Nächten bot die Decke kaum Schutz und oft gingen die Häftlinge während der Nacht auf und ab, um sich warm zu halten.

Der Alltag bestand darin, dass am frühen Morgen mit einem lauten Pfeifen geweckt wurde. Das war in der Regel gar nicht notwendig, weil die meisten ohnehin schon auf waren. Nach dem Wecken ging ein Wärter durch den Gang. Er führte einen langen Schlauch mit sich, aus dem Wasser mit einem anständigen Druck hervor schoss. Hans wunderte sich immer wieder, woher das Wasser in dieser abgelegenen Gegend wohl kommen möge. Er wunderte sich auch über die leistungsstarke Pumpe, die es möglich machte, die Zellen durchzuspülen. So wurde also am Morgen zuerst einmal sauber gemacht. Den meisten Wärtern machte es Spaß, dabei die Häftlinge mit dem Wasserstrahl zu peinigen. Hans stellte sich immer mit dem Rücken zum Wärter und wartete, bis der kalte Wasserstrahl seinen Rücken massierte. Die Kälte und der harte Strahl waren vor allem in der kalten Jahreszeit kein Zuckerschlecken. In diesen Momenten dachte er oft an die Zeit im Waisenhaus gedacht. Er hatte dann ein Gebet gesprochen. So hatte er damals auch im Waisenhaus gebetet, wenn wieder einmal eine Strafe fällig war.

Peter, Rudolf und Hans hatten im Laufe der Zeit eine Technik entwickelt, mit der sie die regelmäßigen Prügelstrafen der Schwestern im Heim besser ertragen konnten.

Peter hatte es wieder einmal erwischt, weil er die Hausaufgaben nicht vollständig erledigt hatte. Er hatte seine zehn Stockhiebe erhalten und kam erstaunlich guter Dinge zu seinen Freunden zurück.

„War halb so schlimm!", sagte er. „Der Pfarrer hat uns doch einmal gesagt, dass wir, wenn es uns schlecht ginge, einfach das Vaterunser beten sollten. Und das habe ich getan, solange die Oberschwester gehauen hat."

„Was hast du? Das Vaterunser gebetet?"

„Ja, mit jedem Schlag habe ich eine Silbe gesagt, und es war vorbei, bevor ich es richtig gemerkt hab:

Va-ter-un-ser-der-du-bist-im-Him-mel. Das waren genau zehn Schläge. Gut, was?"

Alle lachten.

„Genial", rief Rudolf, „was sind dann zwanzig Schläge?"

Peter legte los: „Va-ter-un-ser-der-du-bist-im-Him-mel-ge-hei-ligt-wer-de-dein-Na-me-dein-Reich. Das sind zwanzig. Reich ist ein Zwanziger!"

„Himmel ist also ein Zehner und Reich ist ein Zwanziger", sagte Hans. „Mehr gibt es ja nicht, oder?"

„Bis jetzt habe ich nur höchstens Zwanziger bekommen. Hoffe, dass es nicht noch schlimmer wird!", sagte Rudolf.

Er täuschte sich, hatte Hans später feststellen müssen. Es gab auch noch mehr als zwanzig Hiebe. Und diese sollte er nicht nur einmal erleben.

Er dachte daran, wie er zum ersten Mal mit der Oberschwester an den Rand des Erträglichen gekommen war. Er war damals einem Mädchen aus der Schule, das ihm sehr gefiel, auf dem Heimweg gefolgt. Er hatte unbedingt wissen wollen, wo sie wohnte. Natürlich hatte er auch darauf gehofft, dass sie mit ihm sprechen würde. Leider kam es nicht dazu, da sie auf dem Weg nach Hause, bevor Hans den Mut gefasst hatte sie anzusprechen, von einer Frau, vielleicht ihrer Mutter oder ihrer Tante abgeholt worden war. Jedenfalls hatte er sich nicht mehr getraut, seine Monika, so hieß das Mädchen, anzusprechen. Als diese damals die Wohnungstür hinter sich zuzog, hatte sie ihm noch einen kurzen Blick zugeworfen und er war noch eine Weile stehen geblieben. Er hatte gehofft, dass sie wieder zu ihm auf die Straße kommen würde.

Natürlich war sie nicht gekommen. Langsam hatte er sich auf den Heimweg gemacht und war mehr als eine Stunde verspätet angekommen. Das Zuspätkommen war eine der schlimmsten Verfehlungen, die man im Heim begehen konnte.

Die Oberschwester hatte vom Direktor die Anweisung, dass alle Heimkinder pünktlich an den Mahlzeiten teilzunehmen hatten. Jegliche Verspätung war auszuschließen, da die Jugendbehörde ein strenges Auge auf die Waisenhäuser hatte. In unregelmäßigen Abständen kamen Beamte ins Haus, um zu prüfen, ob alles mit rechten Dingen zuginge. Dazu gehörte auch die fürsorgliche Überwachung der Schulkinder.

Es musste unbedingt verhindert werden, dass sich ein Heimkind aus dem Staub machte. Und wenn Jemand zu spät war, dann bestand der Verdacht, dass dieser jemand auf der Flucht war.

Hans wurde zur Oberschwester befohlen. Sie nahm ihn am Arm und führte ihn in die kleine fensterlose Kammer, die unter anderem auch als Arreststube missbraucht wurde.

In der Stube stand nur ein Stuhl. Die Schwester setzte sich auf den Stuhl, die Schlagrute hatte sie mitgebracht und hielt sie in der Hand.

„Du kennst ja den Ablauf", sagte sie.

Hans ging langsam auf sie zu und wollte sich quer über ihren Schoss legen, wie es alle machen mussten, wenn es Schläge setzte.

Sie stoppte ihn: „Halt, die Hose runter! Ich kenne die Tricks mit den Schulheften hinten drin. Das klappt nicht mehr!"

„Ich habe kein Heft in der Hose", sagte Hans.

„Das ist mir gleich, du machst, was ich gesagt habe!"

Hans knöpfte die Hosenträger vorn auf und zog die Hose bis zu den Knien herunter. Dann legte er sich über die Oberschenkel der Oberschwester.

Sie holte mit dem Stock aus und schlug zu. Es tat weh und Hans krampfte unwillkürlich mit beiden Händen in den Rock der Schwester. Er schloss im Takt der Schläge die Fäuste und mit einem Mal wurde ihm bewusst, dass er durch den Stoff des groben Rocktuches den linken Schenkel der Schwester fest massierte. Er spürte die Schläge überhaupt nicht mehr und er hatte das Gefühl, dass die Schwester nichts dagegen hatte, dass er sie mit beiden Händen malträtierte.

„Fertig!", sagte sie unvermittelt und wartete, bis er sich aufgerichtet hatte. „Das nächste Mal bist du pünktlich, verstanden?"

Sie ging ohne ein weiteres Wort aus dem Zimmer. Hans zog die Hose hoch und ging hinterher. Er wusste nicht, ob er zehn oder zwanzig Schläge bekommen hatte. Erst jetzt tat ihm der Hintern weh, aber irgendwie fühlte er sich nicht schlechter als vorher.

Peter und Rudolf hatten schon auf ihn gewartet und gefragt, ob er im Himmel oder im Reich gewesen war. Er antwortete ihnen nur vage und die beiden drehten sich danach wortlos um und gingen in ihren Schlafraum.

Dieses Erlebnis sollte sich noch mehrfach wiederholen. Immer wenn Hans etwas ausgefressen hatte, kam es zur Begegnung im Arrestzimmer. Und die Anzahl der Hiebe steigerte sich von Tag zu Tag. Schließlich hatte Hans den Rock immer schneller gerafft, sodass er schon ab dem sechsten oder siebten Schlag die Haut am Oberschenkel der Schwester an den Fingerkuppen spürte. Beiden, der Schwester und Hans, gefiel die Sache und manchmal konnte Hans nach einer Strafaktion fast nicht mehr laufen, weil die Anzahl der Hiebe im wahrsten Sinne des Wortes ungezählt waren.

Eines Abends, es war schon nach elf Uhr, hatte sich Hans wieder einmal aus dem Bett geschlichen und war auf bloßen Füssen durch das Haus gestreift. Wenn er noch nicht müde war, machte er das ab und zu. Das war zwar auch streng verboten, ihm war aber egal, ob er erwischt wurde. Er fürchtete die Strafe ja nicht mehr, im Gegenteil.

Er war im Erdgeschoss angekommen, wo sich die Zimmer der Schwestern, ihre Duschen und Toiletten und auch das Rektorzimmer befanden. Er schlich langsam den dunklen Gang entlang. Auf der Höhe des Rektorzimmers meinte er, ein leises Geräusch zu hören. Es war ein leises Stöhnen, dass sich in kurzen regelmäßigen Abständen wiederholte. Er schlich sich näher an die Zimmertür und spähte durch das Schlüsselloch, weil er glaubte, die Geräusche kämen aus diesem Zimmer.

Durch das Schlüsselloch sah er im ersten Moment gar nichts. Erst nach einigen Sekunden, als sich sein Auge an die Dunkelheit gewöhnt hatte, konnte er Umrisse im Zimmer erkennen. Gegenüber der Tür befand sich ein großes Fenster, durch das das Licht einer Straßenlaterne fiel. Im Zimmer selbst war es dunkel, es war kein Licht eingeschaltet, obwohl Hans ganz deutlich hören konnte, dass die Laute aus dem Zimmer kamen. Nach längerem Hinsehen meinte er, eine Gestalt vor dem am Fenster stehenden Schreibtisch zu erkennen. Die Gestalt bewegte sich langsam hin und her und im selben Rhythmus hörte man die leisen Seufzer. Er konnte erkennen, das die Gestalt ein Mann sein musste, denn man sah, dass er im Hemd da stand, welches ihm bis an die Oberschenkel hing, darunter konnte man die Hose erkennen, die bis zu den Knöcheln herunter gerutscht war.

Jetzt konnte Hans auch sehen, dass sich etwas auf dem Schreibtisch bewegte. Der Mann hatte beide Arme angewinkelt und hob damit die wollbestrumpften Beine einer Frau in Brusthöhe an. Die Frau lag rücklings auf dem Schreibtisch. Hans verstand zu diesem Zeitpunkt überhaupt nicht, was sich im Zimmer abspielte. Aber es erregte ihn, ohne dass er wusste, warum. Später, viel später wurde ihm klar, was er gesehen hatte. Als er seinen Kopf hob, weil ihm der Nacken wehtat, stieß er an die Türklinke.

Er warf einen schnellen Blick durch das Schlüsselloch. Der Mann hatte zur Tür geblickt und die Person auf dem Schreibtisch den Kopf gehoben. Es waren der Direktor und die Oberschwester. Hans rannte so schnell er konnte zur Treppe und verkroch sich schnellstens in seinem Bett.

Ungefähr drei oder vier Wochen später, als er wieder einmal im Arrestzimmer von der Schwester seine Strafe erhielt, war es zum Eklat gekommen. Hans hatte die Schläge fast als schön empfunden und er war so erregt, dass er ein steifes Glied bekommen hatte. Da die Oberschwester die Situation ebenso genossen hatte wie er, brauchte sie eine ganze Weile, bis sie gemerkt hatte, dass etwas passiert war. Sie sprang auf und Hans rollte von ihren Schenkeln auf den Boden. Er lag jetzt auf dem Rücken, die Hose bis zu den Knien herunter geschoben, und man konnte alles offen sehen.

„Du Schwein, du dreckiges!" schrie die Schwester und stürmte aus dem Zimmer.

Vorher hatte sie aber ihren Rock noch nach unten gezogen, denn dieser war von Hans´ Händen weit nach oben geschoben worden, damit er wieder die Schenkel der Schwester berühren konnte. Hans stand wie unter Schock, weil er nicht kontrollieren konnte, was mit ihm geschah.

Voller Wut rief er ihr hinterher: „Auf dem Schreibtisch vom Direktor macht es wohl mehr Spaß, was??"

Es war, so überlegte er viel später, dieser Satz gewesen, der ihn so schnell nach Hüfingen auf den Bauernhof gebracht hatte. Und dies, obwohl er gerade erst vierzehn Jahre alt geworden war. In der Regel wurde mit der Versetzung auf die Bauernhöfe gewartet, bis die Jungen fünfzehn waren.

Nach der Reinigungsaktion gab es Frühstück, wenn man dies so nennen konnte. Es gab oft sehr bitter schmeckendes Wasser. Dazu entweder trockenes, sandiges Brot oder eine Art Hafergrütze, die mit bitterem

Wasser gekocht worden war. Manchmal gab es auch überreife Datteln dazu.

Am Mittag gab es oft eine Art Gemüsesuppe, die ein bis zweimal im Monat mit etwas Hammelfleisch angereichert war. Nach dem Mittagessen konnten die Gefangenen im Hof umhergehen. Dabei durften keine Gruppen gebildet werden. Geduldet wurden höchstens zwei Personen zusammen. Sobald sich mehr als zwei Gefangene zusammenstellten, um zu reden, traten die Wachen dazwischen und trieben sie auseinander. Die Gefangenen trugen ständig Fußfesseln. An eine Flucht war also schon aus diesem Grunde nicht zu denken.

Am Abend gab es Wasser, manchmal auch eine Tasse Tee. Dazu wurde wieder trockenes Brot gegeben. Ganz selten wurden am Abend ein paar Datteln dazu gelegt.

Obwohl das Essen mehr als dürftig war, waren die meisten der Gefangenen bei guter Gesundheit. Da sie alle aus der Legion kamen und deshalb schmale Kost gewohnt waren, litt keiner sehr unter der bescheidenen Versorgung. Trotzdem redeten sie während des Hofgangs sehr oft von einer guten Mahlzeit. Dabei träumten sie von Ferkeln am Spieß oder auch von gebratenen Zicklein mit Gemüse und großen Schalen voll mit Obst.

Hans hatte sich mit einem Italiener angefreundet, der fast zur gleichen Zeit in die Legion eingetreten war wie er. Er hieß Carlo und kam aus der Gegend von Mailand. Die beiden trafen sich fast täglich während des Hofgangs.

Carlo war vierzig Jahre alt. Er war verheiratet und hatte zwei Kinder, wie er Hans erzählte. Zur Legion war er gegangen, weil er erwischt worden war, als er in ein Juweliergeschäft in Mailand eingebrochen war. Auf der Fahrt von der Polizeidienststelle zum Gericht war sein Wagen in einen Unfall verwickelt worden.

Carlo hatte das Durcheinander genutzt und war abgehauen. Auf Umwegen war er bis nach Frankreich gekommen, wo er sich bei der Legion einschrieb. Das war im September 1937 gewesen, etwa zur gleichen Zeit, als sich Hans im Elsass gemeldet hatte. Jetzt war es Anfang 1940.

Sie hatten gehört, dass in Europa Krieg ausgebrochen war. Es wurde erzählt, dass Deutschland Frankreich überfallen hatte und andere Länder in den Konflikt verwickelt worden waren, so dass man vom Zweiten Weltkrieg sprach. Im Gefängnis waren keine Einzelheiten zu erfahren. Man lebte nur von Gerüchten und Spekulationen.

Die Zeit verging und Hans hatte mit Carlo vereinbart, dass sie sich gegenseitig Unterricht in ihrer jeweiligen Muttersprache geben wollten. Sie hatten beim Gefängnisdirektor um Schreibzeug und Papier gebeten und hatten dann damit begonnen, jeden Tag mindestens eine Stunde Sprachunterricht zu nehmen. An einem Tag lehrte Hans seinen Freund Deutsch, am nächsten Tag war es umgekehrt und Carlo lehrte Hans Italienisch.

Oft lag Hans während dieser Zeit auf seiner Pritsche und dachte darüber nach, was er machen würde, sobald seine Strafe abgesessen war. Wo sollte er hingehen? Ihm war auch nicht klar, ob seine Zeit im Gefängnis Einfluss auf die Vertragsdauer für die Angehörigkeit zur Fremdenlegion haben würde. War seine Zeit bei der Legion im September 1942 um oder nicht? Er hatte schon versucht, von der Gefängnisleitung darüber Auskunft zu erhalten. Leider ohne Erfolg. Seine Fragen dazu wurden nicht beantwortet.

Hans hatte sich eine Art Kalender zugelegt. An der Rückwand seiner Zelle hatte er in der linken Ecke mit einem kleinen Stück Holz für jeden Tag einen Strich am Boden gezogen. Wenn der Monat voll war, löschte er die Striche und machte dafür einen kleinen Kreis an der Wand. Nach weiteren zwölf Kreisen machte er ein Kreuz an der Wand. Ein Kreuz bedeutete also ein Jahr. An seiner Wand waren zwei Kreuze, als an einem Morgen der Befehl gegeben wurde, dass alle Häftlinge im Hof antreten mussten. Neugierig standen sie draußen in Reih' und Glied und schwatzten durcheinander.

Dann kam der Gefängnisdirektor und hielt eine Ansprache.

„Häftlinge! In Europa tobt ein Krieg, wie wir ihn noch nie gehabt haben. Der Feind zieht nun auch unsere Ansprüche in Nordafrika in Zweifel. Wir gehen davon aus, dass uns die Deutschen in absehbarer Zeit in Algerien und Tunesien angreifen werden. Offensichtlich geht es dabei darum, unsere Ölförderanlagen zu erobern. Um unsere Anlagen zu verteidigen und den Feind zurückzuschlagen, werden Soldaten und Legionäre in die Gebiete abkommandiert. Die Gefangenen können sich dazu freiwillig melden. Wenn sie zum Dienst gegen den Feind angenommen werden, wird ihnen der Rest ihrer Strafe erlassen. Sie können sich also sofort nach meiner Ansprache einer nach dem anderen beim Gefängnisbüro eintragen lassen. Alles Weitere werden sie dort erfahren.

Ausgenommen von diesem Angebot sind Deutsche und Italiener sowie Österreicher. Diese Häftlinge bleiben weiter in Haft!"

Der Direktor drehte sich um und ging in sein Büro zurück. Carlo und Hans, die neben einander gestanden hatten, schauten sich verdutzt und erstaunt an.

„Sollen wir jetzt froh sein oder eher traurig?" Carlo schaute zu Boden und zog mit der rechten Fußspitze einen Kreis in den Sand.

„Froh? Traurig? Keine Ahnung, was das bedeutet... Wer weiß, wozu es gut ist, dass wir nicht an die Front müssen. Wenn man den ganzen Gerüchten Glauben schenken mag, dann geht es an der Front ganz schön rund. Die Deutschen hauen alles kurz und klein. Da ist es vielleicht besser, wir lernen weiter unsere Sprachen und warten ab, was passiert. Dann leben wir wenigstens noch. Gehen wir zurück in unsere Zellen und wünschen wir den Kameraden viel Glück. Die werden es brauchen können."

Schon tags darauf war der Zellblock fast leer. Jetzt waren nur noch ein paar Deutsche, Carlo als einziger Italiener und ein paar andere Gefangene da, wobei Hans nicht wusste, um welche Nationalitäten es sich handelte. Soweit er wusste, gab es eine ganze Reihe unter den Legionären, bei denen gar nicht geklärt war, woher sie kamen und wo sie geboren worden waren.

Während der folgenden Monate füllte sich das Gefängnis nach und nach wieder, bis keine Zelle mehr frei war. Carlo und Hans trafen sich jeden Tag beim Hofgang und führten ihren Sprachkurs fort. Bald konnten sie sich jeweils in der Sprache des anderen unterhalten.

Manchmal kamen neue Häftlinge, die vorher in Kampfhandlungen mit den Deutschen verwickelt gewesen waren. Sie berichteten von den Gefechten, die sich hauptsächlich in der Region um die Hauptstadt abgespielt haben sollten. Man hörte auch davon, dass ehemalige Häftlinge ganz vorne in den Kampflinien verwendet worden waren und deshalb oft nicht mehr von der Front zurückkamen.

„Ja, mein lieber deutscher Freund." Carlo legte die Hand bei Hans auf die Schulter. „Manchmal hat man auch Glück. Wer weiß, wo wir gelandet und ob wir noch am Leben wären, wenn wir an die Front gemusst hätten. Da haben wir wohl doch ganz schön Glück gehabt hier in unserem gemütlichen Gefängnis."

Beide gingen nebeneinander her und machten ihre Runden im Hof des Gefängnisses. Vor und hinter ihnen gingen andere Häftlinge. Fast jede kleine Gruppe unterhielt sich in einer anderen Sprache. Seit der große Krieg in Europa tobte und, wie man hörte, auch zwischen den Amerikanern und den Japanern im Pazifik Krieg war, kamen immer mehr Nationalitäten zur Legion. Dies schlug bis in die Gefängniszellen durch.

Es war inzwischen Herbst 1942. Wieder einmal zogen Carlo und Hans ihre Kreise im Hof. Sie unterhielten sich auf Deutsch miteinander. Carlo sprach schon ganz gut, wobei man den Akzent deutlich hören konnte. Hans war es aber gelungen, ihm ein ganz passables Deutsch beizubringen. Genauso gut sprach Hans jetzt Italienisch. Sie hatten vereinbart, abwechselnd einen Tag lang nur die eine oder die andere Sprache zu nutzen. So wurden sie in ihrem Wortschatz immer besser. Manchmal erzählten sie sich sogar Witze in der fremden Sprache.

Einmal hatte Hans begonnen, Carlo von seiner Zeit im Waisenhaus zu erzählen. Er versuchte dabei, ihm seine Geschichte auf Italienisch zu erzählen. Dabei mussten sie feststellen, dass es ganz schön schwer war, Stimmungen und Gefühle zu vermitteln, wenn man die fremde Sprache nicht vollständig beherrschte. „Da müssen wir noch weiter üben." Carlo lachte und plötzlich blieb er stehen.

„Hast du nichts bemerkt? Spinne ich oder hat es eben gezittert, überall gezittert?"

„Was zittert?"

Hans war auch stehen geblieben und blickte um sich. Er sah, dass die anderen Häftlinge ebenfalls alle wie angewurzelt stehen blieben.

Ein Rütteln durchfuhr den Boden unter ihnen. Die Männer schwankten und schwenkten die Arme nach rechts und nach links um das Gleichgewicht zu halten.

„He, was ist das? Was ist los?" Einer der Männer hatte erschreckt gerufen. Die anderen stimmten ein und ein Raunen ging durch den Hof. Wieder ging ein Ruck durch den Boden. Einer der Männer fiel hin. Die anderen fingen an zu laufen. Hans und Carlo rannten in Richtung ihrer Zellen. Sie öffneten die Tür zum Zellentrakt und traten in den Flur. Sie hatten nicht darüber nachgedacht, wohin sie in ihrem Schrecken gehen sollten.

„Was machen wir hier drin? Ich glaube, das ist ein Erdbeben!" Den letzten Satz hatte Carlo geschrien. Jetzt drehte er sich um und rannte zurück zum Ausgang. Hans folgte ihm.

Ein heftiger Erdstoß brachte sie beide zu Fall. Der nächste Stoß riss die Gitterstäbe aus den Verankerungen der Zellwände. Die gesamte Gitterwand entlang des Flurs kam ins Wanken und kippte dann geschlossen nach vorne in den Flur. Hans und Carlo gingen in die Knie. Die Gitterwand fiel auf die Hauswand und die Gitterstäbe bohrten sich in die Gipswand. Hans und Carlo waren unter den Gitterstäben gefangen. Langsam gingen sie in Hockstellung weiter in Richtung Ausgang. Der nächste Erdstoß war so heftig, dass beide zu Boden fielen und der Länge nach auf dem Bauch lagen. Wieder rüttelte und schüttelte es. Sie sahen hoch und schauten angstvoll auf die Wände, die sich deutlich hin und her bewegten. Das Dach löste sich krachend von den Befestigungen an den Hauswänden und kam langsam herunter. Hans und Carlo lagen atemlos unter den Gitterstäben, die immer noch in der Hauswand verkeilt waren. Unbewusst hatten sie beide die Arme um den Kopf geschlungen und die Augen geschlossen.

So verharrten sie und warteten, dass die Decke auf sie herunter stürzen würde. Es krachte fürchterlich und die hintere Wand des Zellentraktes kippte in den Hof. Das Dach kam jetzt vollständig herunter. Halb schräg über den Gitterstäben, die über die gesamte Länge des Flures immer noch an der einen Wand verkeilt waren, kam das Dach zu liegen. Carlo und Hans waren eingeschlossen. Die Erde bewegte sich immer noch, das Gebäude gab aber nirgends mehr nach, denn es war vollständig zusammengebrochen.

Hans schaute auf. Waren jetzt dreißig Sekunden oder dreißig Minuten vergangen? Er wusste es nicht. Er schaute zu Carlo. Der lag keine zwei Meter von ihm entfernt auf dem Boden. Er schien unverletzt. Über den beiden hing schräg das Gitter der Zellwände und war tief mit den oberen Enden in den Gips der Hauswand eingedrungen. Darüber lag das Dach, hing schräg nach links und berührte am unteren Ende den Boden. Das Ganze wirkte relativ stabil. Hans und Carlo lagen in einem Hohlraum, der noch eine ganze Weile würde halten müssen. Allerdings wäre ein weiterer Erdstoß wahrscheinlich verheerend. Bei der nächsten Bewegung könnte das ganze Gebilde zusammen brechen. Dann würden sie beide zerquetscht werden.

„Carlo? Bist du in Ordnung?" Carlo hob den Kopf. „Ja, alles in Ordnung. Ein Erdbeben, oder? Das habe ich noch nie erlebt. Alles im Arsch. Mal sehen, ob wir jetzt abhauen können. Vielleicht sind ja auch die Außenmauern im Arsch. Vielleicht sind die Wärter im Arsch. Vielleicht ist die Legion im Arsch und braucht uns nicht mehr.

Hast du gesehen, ob noch andere hier im Gebäude waren?"

"Ich habe niemanden bemerkt. Weiß nicht, ob noch andere hier sind."

Hopp! Steh auf! Wir müssen sehen, dass wir hier rauskommen. Jetzt oder nie." Carlo rappelte sich hoch und kroch so gut es ging in Richtung Tür. Hans schaute ängstlich nach oben. Jeden Moment konnten die Gitterstäbe unter dem Gewicht des Daches nachgeben. Eile war also geboten. Auch er schob sich in Richtung Ausgang. Der aufgewirbelte Staub hatte sich langsam gelegt.

Vor sich, an der Stirnseite des Gebäudes, sahen sie ein helles Rechteck. Anscheinend war die Stirnwand nicht umgefallen und es drang Licht durch die Türöffnung. Sie krochen weiter. Jetzt sahen sie, dass die Tür nach außen gefallen war. Sie hatten Glück, denn die umgefallenen Gitter der Zellen lagen tatsächlich bis zur Tür so, dass man drunter durch schlüpfen konnte.

Hans stockte. Dann drehte er sich um und machte sich daran, den ganzen Weg wieder zurück zu kriechen.

„Wo gehst du hin, du Idiot? Was machst du denn? Wir müssen hier raus!" Carlo hatte kurz angehalten und nach ihm gesehen. Hans machte eine abfällige Handbewegung und kroch weiter unter dem Gitter zurück in die Zellenbaracke. Er suchte seine Zelle, denn dort waren seine Sachen. Bei seiner Zelle angekommen, konnte er sehen, dass das Gitter sich vom Boden etwas angehoben hatte. Es war nur ein schmaler Spalt. Aber es musste reichen. Er war dünn geworden. Er warf sich auf den Boden und kroch bäuchlings unter den Stäben hindurch.

Jetzt war er in seiner Zelle. Am Kopfende seiner Pritsche lag sein Rucksack. In ihm waren seine Sachen. Sein Messer, sein Gürtel und seine Mundharmonika.

Flucht

Carlo und Hans waren draußen im Hof. Beide richteten sich auf und kniffen die Augen zusammen. Die Sonne war grell und blendete sie nach dem staubigen Dämmerlicht im zusammengebrochenen Zellentrakt noch stärker als gewöhnlich. Langsam schauten sie sich um. Überall rannten Männer durcheinander. Gebäude lagen in Trümmern, irgendwo brannte es und man hörte jemanden nach Wasser rufen.

„Komm, lass uns sehen, was mit den Außenmauern passiert ist!" Hans hatte Carlo am Arm gepackt und ihn mit sich gerissen. Sie rannten beide zur Rückseite des Gefängnisses. Beim Haupttor befanden sich die Wachen, da würde es schwerer sein durchzukommen, auch wenn die Mauer eingestürzt sein sollte.

Jetzt sahen sie die hintere Mauer. Sie war teilweise eingestürzt. Von der rechten Ecke aus war ein etwa zwanzig Meter langes Teilstück nach außen gefallen. Es lag zwar nicht direkt am Boden, war aber soweit abgesenkt, dass man problemlos darüber hinweg steigen konnte. Sie rannten beide so schnell sie konnten. Ein Sprung auf den Mauerabsatz, drei Schritte die Schräge hinauf, dann einen Satz nach unten. Die Mauerkrone hing etwa eineinhalb Meter über dem Boden. Jetzt waren sie im Freien. Sie hielten kurz inne, schauten sich an. „Wohin?" Vor ihnen lag freie Fläche, Sand und Steine. In einiger Entfernung war eine Hügelkette zu erkennen.

„Da ist Süden. Dort ist nur Wüste. Wir müssen nach links um die Mauer herum und sehen, dass wir nach Norden kommen. In ein paar Kilometern Entfernung soll ein Dorf sein. Das ist unsere Chance."

Hans war mit diesen Worten schon losgelaufen. Carlo folgte ihm. An der Mauerecke angekommen, hielten sie an und spähten um sie herum. Es war niemand zu sehen. Die nördliche Mauer war heil geblieben.

„Los, weiter. Hilft nichts. Jetzt oder nie!" Carlo war wieder losgelaufen. Sie kamen an die nächste Ecke der Mauer. Jetzt sahen sie den Bereich um das Haupttor der Gefängnisanlage. Die vordere Mauer war zu großen Teilen eingestürzt. Vom Eingang war nichts mehr zu sehen. Lediglich das kleine Wachhäuschen im Innern des Gefängnisses stand noch, wie es immer gestanden hatte. Dort hielten sich eine ganze Reihe von Männern auf. Aus der Ferne konnte man nicht erkennen, ob es Wachen, Soldaten oder Häftlinge waren.

„Siehst du den Wagen dort?" Hans zeigte auf einen kleinen Lastwagen, der neben der eingestürzten Mauer hinter dem ehemaligen Haupteingang stand.

„Wir gehen jetzt ganz ruhig dorthin und sehen nach, ob der Zündschlüssel steckt. Normalerweise stecken die immer. Wenn es so ist, dann steigen wir ein und fahren davon. Machst du mit???"

„Klar, was soll ich noch hier, ist doch alles hinüber."

Sie gingen los. In dem herrschenden Durcheinander fielen sie nicht auf. Die Vorgesetzten riefen Befehle, keiner reagierte darauf.

Hans war beim Fahrzeug angekommen und an die Fahrertür getreten. Er hatte den Griff gepackt, riss die Tür auf und schwang sich in die Kabine. Gleichzeitig tat Carlo dasselbe an der Beifahrertür. Der Schlüssel steckte tatsächlich.

Hans nahm hinter dem Steuer Platz und drehte den Zündschlüssel. Der Motor stotterte zuerst langsam und kam dann in Schwung. Er sprang an und Hans legte den Gang ein. Noch bevor Carlo seine Tür zugezogen hatte, kam das Auto in Fahrt. Hans lenkte den Wagen durch die nicht mehr vorhandene Toreinfahrt und gab Gas. Bis die zurückgebliebenen merkten, was passiert war, waren sie schon ein paar hundert Meter weg. Die Befehle, die irgendein Unterführer im Gefängnis brüllte, konnten sie schon nicht mehr hören. Sie waren frei und in rasender Fahrt in Richtung Norden unterwegs.

Carlo lachte und Hans stimmte in sein Geheul ein. Sie lachten wie schon seit Jahren nicht mehr. Tränen rannen ihnen über das Gesicht. Tränen der Freude. Sie waren frei!!

Abrupt hatte Carlo mit Lachen aufgehört. Ernst schaute er zu Hans hinüber.

„Warum bist du Idiot zurück in die Zelle gegangen? Wir hatten Glück, dass nichts zusammen gebrochen ist. Wir hätten beide tot sein können."

„Ich musste zurück. Meine Sachen waren da. Meine Sachen. Und die müssen mit. Sonst kann ich auch da bleiben, verstehst du?"

„Was für Sachen? Was hast du denn in deinem Rucksack für Sachen, die wichtiger sind als dein Leben?" Carlo lachte.

„Ja, das kannst du nicht verstehen", sagte Hans und steuerte den Lastwagen um ein Schlagloch herum.

„Aber meine Sachen gehen immer mit mir. Weil es meine Sachen sind."

„Na gut, dann ist das in Ordnung. Ist ja nichts passiert, als wir deine Sachen geholt haben. Hoffe nur, dass sie es wert sind, deine Sachen."

Hans sagte nichts mehr und konzentrierte sich auf die vor ihm liegende Piste. Bis jetzt hatten sie keinen Menschen gesehen. Sie waren auch keinem anderen Fahrzeug begegnet.

„Wenn wir Glück haben, sind die Funkanlage und die Leitung auch hinüber. Sie können dann von unserer Flucht nichts melden.

Wahrscheinlich sind wir auch nicht die einzigen, die abgehauen sind. Vielleicht suchen sie uns gar nicht gleich. Vielleicht gibt es ja Wichtigeres zu tun."

Carlo gab keine Antwort. Woher sollte er auch wissen, was jetzt im Gefängnis los war. Sie wussten nicht, ob das Erdbeben regional begrenzt oder ob ganz Algerien betroffen war.

Irgendwie war es ihnen auch gleichgültig. Sie mussten einen Plan fassen, wie sie aus diesem Land verschwinden konnten. Denn immerhin waren sie entflohene Häftlinge. Also ab nach Norden in die Freiheit!

Plötzlich lenkte Hans den Wagen rechts an den Pistenrand. Er hielt an, zog die Handbremse und schaltete den Motor ab.

„Was ist? Warum fährst du nicht weiter?"

Carlo schaute Hans an und wartete auf dessen Antwort. Hans legte beide Hände auf das Lenkrad und sagte:

„Wir können nicht einfach drauflos fahren und hoffen, dass alles gut gehen wird. Wir wissen ja noch nicht einmal, wo wir sind, geschweige denn wohin wir unterwegs sind."

Er schaute zu Carlo hinüber und deutete dabei auf die Tankuhr. „Und der Tank ist noch nicht einmal halbvoll. In absehbarer Zeit geht der Motor aus und wir stehen irgendwo in der Wüste, ohne Wasser, ohne Nahrung und ohne Benzin. Was dann?"

Carlo nickte nachdenklich mit dem Kopf und schaute durch die Windschutzscheibe in die unendliche Weite, die sich ihnen beiden bot.

„Ja. Du hast Recht! Und zwei Tage später sind wir verdurstet. Wir müssen uns etwas einfallen lassen. Aber wie?"

„Also, dann machen wir einen Plan. Wo sind wir? Was haben wir? Wohin wollen wir? Was benötigen wir dazu? Dann legen wir doch einmal los!"

„Gut, wo sind wir?" Carlo machte mit der Hand eine Kreisbewegung in Richtung Wüste, die sich vor ihnen ausbreitete. „Wir sind in der Wüste. Ungefähr zwei Stunden nördlich des Gefängnisses, wobei wir nicht wissen, wie weit es bis zur nächsten Siedlung ist und ob unser Benzin ausreicht, um dieses Ziel zu erreichen. Und sonst haben wir gar nichts, überhaupt nichts, rein gar nichts!"

„Und wohin wir wollen, wissen wir auch nicht genau. Wir wollen weg aus Algerien. Wie das gehen soll, das wissen die Götter, und die auch nicht genau."

Beide saßen still auf ihren Sitzen und dachten nach.

„Wir haben nur eine Chance. Wir müssen zurück."

„Wie, zurück? Bist du nicht ganz richtig im Kopf? Ich gehe doch nicht zurück in die Zelle. Die gibt es ja ohnehin nicht mehr. Das heißt, dass wir unsere Zellen selbst wieder aufbauen müssen, um dann den Rest unseres Lebens darin zu verbringen. Nein, das mache ich auf keinen Fall. Dann krepiere ich lieber hier in der Wüste."

„Ich meine doch nicht, dass wir zurück in den Knast gehen. Wir gehen zurück zum Gefängnis, schleichen uns in der Nacht an und besorgen uns die Sachen, die wir zur Flucht benötigen. Das muss doch möglich sein. Die Mauern sind zum großen Teil eingestürzt und die Lagerräume werden auch nicht alle unbeschädigt geblieben sein."

Carlo dachte nach. Nach kurzem Schweigen sagte er: „Ja, du hast recht. Also, lass uns zunächst nachdenken; was brauchen wir?"

„Zuerst brauchen wir Benzin. Der Wagen verbraucht ungefähr fünfzehn Liter für hundert Kilometer. Wenn wir davon ausgehen, dass wir innerhalb von ungefähr fünfhundert Kilometer wieder eine Ansiedlung oder eine Stadt finden, dann benötigen wir also fünfundsiebzig Liter Benzin. Gelagert wird der Treibstoff in Zwanzig-Liter-Tanks. Wir gehen also zu zweit zweimal ins Tanklager. Jeder nimmt dabei immer zwei Kanister mit. Dann haben wir acht Stück mit je zwanzig Liter. Das reicht gut. Da können wir vielleicht sogar etwas davon verkaufen.

Dann brauchen wir Wasser. Pro Mann mindestens einen Liter je Tag. Gehen wir davon aus, dass wir für die fünfhundert Kilometer maximal drei Tage brauchen werden, dann reichen uns zwei Kanister mit jeweils zehn Litern. Da können wir uns sogar noch waschen und etwas abkochen."

„Vorsichtshalber nehmen wir aber auch hier acht Kanister mit. Sicher ist sicher!" Carlo hatte den Einwand gebracht und dabei sogar gelächelt.

„Dann brauchen wir noch etwas zu essen. Am besten wir nehmen uns einen Sack Reis, ein paar Pfund Datteln und, wenn wir es finden, getrocknetes Fleisch mit. Gemüse werden wir wohl kaum finden. Obst ebenso wenig. Aber wir werden sehen."

„Was brauchen wir noch?"

„Wir brauchen unbedingt einen Kompass. Wenn wir Afrika verlassen wollen, ist es besser, wir nehmen nicht den Weg über einen algerischen Hafen. Dort wird man uns eher suchen als in einem Nachbarland. Ich bin dafür, dass wir uns nach Nordwesten halten und versuchen, nach Marokko zu kommen. Was meinst du?"

Hans nickte. „Ja, das wird das Beste sein. Dort wird uns niemand suchen."

„Wenn wir den Kompass suchen, dann sollten wir unbedingt auch nach Waffen sehen. Gut wären ein oder zwei Pistolen und ein paar Gewehre. Natürlich die notwendige Munition dazu. Zum einen können wir uns dann Respekt verschaffen, falls wir unterwegs Schwierigkeiten bekommen. Zum anderen können wir die Waffen auch zu Geld machen. Wir haben ja keinen Pfennig. Und ohne Geld wird es schwierig sein, durch das Land zu kommen."

Hans nickte wieder und drehte den Zündschlüssel. Der Motor sprang sofort an. Hans legte den Gang ein und fuhr an. Er wendete das Fahrzeug auf der Piste und sie fuhren denselben Weg zurück, den sie gekommen waren. Plötzlich lachte Hans. Er lachte immer lauter, bis ihm die Tränen über das Gesicht rollten. Carlo stimmte in sein Lachen ein. Keiner von beiden wusste genau, warum sie jetzt lachten. Aber es war ja auch unwichtig.

Sie hatten ausgemacht, dass sie erst in der Abenddämmerung in Sichtweite des Gefängnisses vorstoßen würden. Sie wollten das Fahrzeug dann in einiger Entfernung vom Lager abstellen und den Rest zu Fuß zurücklegen. Mit etwas Glück würden ein paar Wolken aufziehen und den Mond verdecken. Dann hätten sie gute Chancen, unentdeckt hinein und wieder heraus zu kommen.

Es war ungefähr zehn Uhr abends, als sie an der nördlichen Mauer des Gefängnishofes kauerten. Sie gingen langsam hintereinander an der Mauer entlang, bis sie an die Stelle kamen, wo ein Teil der Mauer nach außen gebrochen war. Hans spähte um die Ecke in den Hof. Es war kaum etwas zu erkennen. Er hörte von Ferne leise Stimmen. Offensichtlich befanden sich die Häftlinge im Hof und unterhielten sich. Auf den ersten Blick sah es nicht aus, als wäre von irgendwo her Hilfe eingetroffen.

„Wo ist das Tanklager? Weißt du den Weg?" Hans schaute Carlo an, der direkt hinter ihm war.

„Ja, ich gehe voraus. Du folgst mir. Los!" Sie drehten sich um die Mauerecke, wobei sie über die Reste der zusammen gefallenen Wand steigen mussten. An der Innenseite der noch stehenden Mauer, die völlig im Dunkeln lag, tasteten sie sich in Richtung der Lagergebäude. Nach etwa zwanzig Schritten standen sie vor einer Holztür.

„Das ist das Tanklager. Scheint heil geblieben zu sein. Wie kommen wir da hinein?"

Carlo rüttelte an der Klinke und plötzlich bewegte sich die Tür und ging auf. Beide schreckten zurück. Sie lauschten durch den Türspalt. Es war nichts zu hören.

„Also los jetzt. Jeder zwei Kanister und dann denselben Weg zurück, den wir gekommen sind.

Gesagt, getan. Keine Minute später befanden sich beide mit je zwei Kanistern in den Händen auf dem Rückweg.

Als sie um die Mauer gebogen waren, sagte Hans zu Carlo:

„Am besten, wir stellen alles hier an der Mauer ab und holen gleich den Rest. Wenn wir alles hier her gebracht haben, gehen wir die zweite Etappe an und bringen eins nach dem anderen zum Auto. Was meinst du?"

„Ja, so machen wir´s"

Sie fanden auch das Lager mit den Wasser- und Essensvorräten. Sie nahmen, was sie tragen konnten und auch diese wurden hinter die Mauer verfrachtet. Beide waren völlig durchgeschwitzt, als sie damit begannen, das Waffenlager zu suchen.

„Weißt du, wo die Gewehre und die Pistolen sind? Gibt es überhaupt ein Waffenlager oder wird nur die Zusatzmunition irgendwo aufbewahrt?" „Das ist ja keine Kaserne im Sinne von Sidi. Hier gibt es nur Waffen für das Wachpersonal. Aber, soweit ich weiß, werden die Waffen während der Nacht abgegeben und nur das diensthabende Personal ist bewaffnet. Ich meine, dass ich beim Wachhaus am Haupteingang im hinteren Raum schon Gewehre gesehen habe."

„Also, dann nichts wie hin zum Wachhäuschen. Das Tor gibt es ja nicht mehr. Sicher gibt es dort genügend Deckung, die Trümmer des Tores und die Mauerreste sind bestimmt noch nicht weggeräumt worden in der kurzen Zeit."

Wieder machten sich die beiden auf den Weg. Das Wachhäuschen war noch in Ordnung. Bei näherem Hinsehen konnte man aber erkennen, das die Fenster zerborsten waren. Man konnte also einsteigen, weil sich keine Fensterläden an den Nischen befanden. Sie schlichen sich an eines der Fenster, das in Richtung des ehemaligen Tores lag. Carlo spähte über die Fensterbank in das Innere des Häuschens. Drinnen war es stockdunkel. Er konnte nichts erkennen.

„Gehen wir einfach hinein? Ich weiß nicht, ob wir hier richtig sind."

Carlo hatte sich leise flüsternd Hans zugewandt.

„Besser, wenn nur einer hinein geht und der andere am Fenster wartet. Wenn wir etwas finden, kann es gleich hinausgereicht werden, ohne dass wir einen riesigen Krach machen müssen."

Carlo schwang bereits, sein rechtes Bein über die Fensterbank. Hans gab ihm Hilfestellung und kurz darauf stand Carlo im Raum. Er tastete sich weiter an der Wand entlang in den hinteren Bereich des kleinen Zimmers. An der Rückwand stieß er dabei tatsächlich auf ein Regal, auf welchem sich Munitionskisten stapelten. Ohne zu zögern nahm er die erste Kiste hoch, sie war schwer, und schleppte sie zum Fenster.

„Da, nimm! Schau nach, ob wir die richtige Munition haben. Ich suche weiter."

Carlo ging wieder zurück. An der rechten Seite fand er ein Regal, an dem mehrere Gewehre hingen. Er nahm gleich drei auf einmal und schleppte sie zum Fenster. Dann rannte er zurück und suchte nach Handfeuerwaffen. Weiter unten auf einer Holzbank fand er welche. Es waren Revolver. Passende Munition lag gleich daneben. Er steckte sich die kleinen Pappschachteln in die Taschen, bis diese voll waren.

„Ich glaube, das reicht. Wir hauen ab. Komm raus."

Von der Rückseite des Hauses her hörten sie plötzlich Schritte, die direkt auf sie zukamen. „Raus, schnell!"

Hans zog Carlo am Arm aus dem Fenster, kaum dass dieser den Fuß auf das Fensterbrett gestellt hatte. Carlo fiel auf ihn und sie lagen beide auf dem Sandboden. Keine Sekunde zu früh, denn in diesem Moment hörten sie, wie drinnen eine Tür aufging.

„Ich hole jetzt noch ein paar Gewehre. Wir müssen die Wachen verstärken. Mit den Gefangenen ist nicht zu spaßen. Die kommen vielleicht auf dumme Gedanken und hauen ab."

Hans und Carlo hatten den Wachsoldaten mit einem Kollegen sprechen hören, der offenbar im anderen Raum auf ihn wartete.

Sie machten sich schleunigst auf den Weg zurück zu ihrem Lagerplatz hinter der Mauer. Dort lag das gesamte

Material unberührt und immer noch so, wie sie es dort deponiert hatten.

„Ich gehe zurück zum Laster und versuche, so leise wie möglich näher heran zu kommen. Du trägst derweil die Sachen in meine Richtung. Komme mir mit deiner ersten Ladung soweit entgegen, bis wir zusammen treffen. Dort lassen wir dann den Wagen stehen und ich helfe dir beim Abholen der Ausrüstung."

Hans war schon weg und Carlo nahm die ersten beiden Benzinkanister hoch und trabte hinter Hans her.

Plötzlich rief er ihm nach: „Hans, du Depp. Du kannst doch auch schon etwas mitnehmen, oder? Muss ja nicht gleich das schwerste Stück sein. Der Sack Reis tut es auch oder vielleicht die Datteln. Aber leer kommst du mir nicht davon."

Carlo lächelte bei diesen Worten vor sich hin. irgendwie machte ihm die ganze Aktion Spaß. Bis jetzt hatte ja auch alles wunderbar geklappt. Wenn es so weiter ginge, dann wären sie in einer halben Stunde voll beladen mit allem, was sie brauchten, unterwegs nach Marokko.

Bis jetzt hatten sie Glück gehabt. Während ihrer Aktion befanden sich Männer innerhalb des Gefängnishofes und unterhielten sich, ohne die beiden zu bemerken. Diese konnten die Wortfetzen hören, allerdings nicht verstehen, worum es in den Gesprächen ging.

Carlo blieb stehen. Hans hastete noch drei Schritte weiter und hielt dann auch inne. Er drehte sich zu Carlo um.

„Was ist, hast du keine Lust mehr?"

„Wir müssen zurück. Wir haben etwas Wichtiges vergessen. Etwas ganz Wichtiges."

„Was haben wir vergessen? Wir gehen nicht mehr zurück. Bis jetzt hatten wir riesengroßes Glück. Das dürfen wir nicht überstrapazieren. Wir gehen nicht mehr zurück. Wir haben alles!"

„Nein, wir haben nicht alles. Feuer! Wir brauchen Feuer. Ein Feuerzeug, Zündhölzer. Oder ein Brennglas. Wir brauchen irgendwelches Feuer. Sonst können wir uns keinen Reis kochen und auch keinen Tee."

Hans nickte betroffen. Nachdenklich schaute er vor sich in den Sand.

„Ja. wir brauchen Zündhölzer, unbedingt. Die müssten auch in der Vorratskammer sein. Was meinst du? Wer geht zurück?"

„Ich gehe zurück. Habe ich ja schon gesagt. Bis nachher."

Mit diesen Worten drehte sich Carlo um und verschwand in der Dunkelheit. Hans ging weiter mit seinen Sachen auf den Wagen zu, der irgendwo vor ihm im Dunkeln verborgen stand.

Eine Stunde später befanden sie sich auf der Fahrt nach Norden. Sie hatten wieder die gleiche Straße genommen wie vorher. An der ihnen bekannten Weggabelung, die ihnen vom Transport ins Gefängnis noch im Gedächtnis war, wollten sie sich nach Westen wenden. Auch einen prüfenden Blick auf einen der gestohlenen Kompasse bestätigte ihre Route. Sie fuhren fast direkt in Richtung Norden. Irgendwo vor ihnen in der Wüste würde die Gabelung sein. Dort hieß es dann ab nach Marokko.

Sie kamen in der Nacht nur sehr langsam voran, weil die Piste zwar festgefahren und fast frei von größeren Steinen war. Dennoch gab es Schlaglöcher, die umfahren werden mussten. Dies kostete viel Zeit und auch viel Konzentration für Hans, der am Steuer saß.

Irgendwann gegen Morgen legten sie eine Pause ein.

„Wir müssen von dieser Straße wegkommen. Sobald die in Sidi erfahren, dass im Gefängnis ein Erdbeben war, wird ein größerer Verband aufbrechen, um nach dem Rechten zu sehen. Wenn wir auf die treffen, dann gute Nacht."

Hans nickte Carlo zu. Das war ihm auch schon durch den Kopf gegangen. Aber es gab keinen anderen Weg. Sie mussten so schnell wie möglich an die Straßengabelung kommen.

„Lass uns weiterfahren." Carlo war aufgestanden und zur Fahrertür gegangen.

„Kannst du denn fahren? Wo hast du das gelernt?"

„Ich habe es in der Legion gelernt. Wie du auch. Jetzt kannst du dich ein wenig ausruhen. Ich fahre. Wenn wir an die Kreuzung kommen, wecke ich dich."

Die Sonne war gerade rechts von ihnen am Horizont aufgetaucht, als sie tatsächlich an der Kreuzung standen. Die Pisten waren im Dämmerlicht zwar kaum zu sehen, aber am Straßenrand standen Schilder. Eines zeigte von Süden nach Norden, das andere von Osten nach Westen. Die arabischen Schriftzeichen konnten sie nicht entziffern. Unter den Richtungsbeschreibungen standen allerdings Zahlen, die sie durchaus lesen konnten.

Nach Norden hieß es 280. Nach Westen 590.

„Sind das Angaben über Kilometer oder Meilen, was meinst du?" Carlo hob die Schultern.

„Keine Ahnung. Gehen wir einmal davon aus, dass es Kilometer sind. Dann liegt die nächste Stadt im Westen 590 Kilometer von hier entfernt. Wenn wir im Durchschnitt dreißig Kilometer pro Stunde schaffen, dann können wir an einem Tag etwa dreihundert Kilometer zurück legen. Zehn Stunden lang ist es ja so hell, dass man fahren kann. Das sollten wir hinkriegen."

Carlo lenkte den Wagen nach links und sie folgten der Piste Richtung Westen. Beide waren erleichtert, weil sie jetzt darauf hoffen konnten, nicht mit der Einheit der Legion zusammen zu treffen, die wahrscheinlich bereits unterwegs zum Gefängnis war.

Carlo saß hinter dem Steuer und blickte zu Hans hinüber. Er sah, dass auch dieser interessiert nach vorne sah.

„Mann, ich habe in diesem Land noch nie eine Frau gesehen. Ich meine, noch nie eine unterwegs auf der Straße oder in einem Automobil oder auf einem Kamel. Es ist einfach keine da, keine einzige Frau."

„Warst du nie im Bordell in Sidi? Dort gibt es genug Frauen."

„Ja, einmal bin ich mit den anderen dort gewesen. Ehrlich gesagt, ich hatte zu viel Angst mich anzustecken. Außerdem fehlt mir dazu irgendwie die Verbindung. Da bring ich keinen hoch."

„So ging es mir auch." Hans nickte." Ich weiß sowieso nicht genau, wie es bei mir ist. Natürlich habe ich auch schon gesehen, dass manche Frauen wunderschön sind. Wenn ich nur an Rebecca denke!"

„Wer ist denn Rebecca?" Carlo lachte.

„Das erzähle ich dir ein anderes Mal. Was machen denn die Kameraden, die hier über Jahre ohne Frauen sein müssen?"

„Die einen gehen ins Bordell, die anderen machen etwas anderes, und die noch anderen lieben sich gegenseitig."

„Meinst du wirklich, dass viele schwul sind, wie der Kommandant, der mich vergewaltigen wollte?"

Carlo zuckte mit den Schultern. Nach kurzer Pause begann er:

„Dreißig von hundert sind ganz normal, so wie du und ich. Die wollen nur Frauen. Und sonst nichts. Wieder dreißig von hundert, die sind zwar nicht vom anderen Ufer, aber sie sind bereit, sich kaufen zu lassen für Privilegien, weniger Wachdienste, besseres Essen und was weiß ich für was noch. Wieder dreißig von hundert sind sowohl als auch. Verheiratet, zwei Kinder und ab und zu in unregelmäßigen Abständen eine Geschichte mit einem anderen Mann. Davon gibt es anscheinend mehr, als man glauben mag. Zuhause spielen die den Familienvater und wenn es am richtigen Ort den richtigen Partner gibt, dann passiert es. Eigentlich sind das arme Schweine, weil sie nicht wissen, wohin sie gehören. Ich glaube, dass dein Kommandant auch zu der Sorte gehört. Und dann gibt es da noch zehn von hundert, die stockschwul sind. Die möchten nichts wissen von Frauen und stehen auch dazu. Das sind die Ärmsten, weil sie wie Ausgestoßene behandelt werden, obwohl alle wissen, dass sie nichts dagegen machen können. Die Sorte ist in der Legion selten anzutreffen, weil sie nicht genommen werden. Manche verheimlichen es erfolgreich und kommen dann doch bis hierher. Denen sieht man es aber meist schon von weitem an, dass sie vom anderen Ufer sind."

„Ach so, und du meinst, dass ich meinen Kommandanten hätte schonen müssen, dieses Schwein?"

„Schonen ist vielleicht zu viel verlangt. Aber du hättest ihn ja nicht gleich totschlagen müssen, oder halbtot. Wie du erzählt hast, hattest du ihn ja schon soweit, dass er dir vertraute. Als der Feldwebel draußen war, hättest du ihn halt noch mit Anisette abfüllen müssen, bis er von alleine von der Couch gefallen wäre. Dann hättest du dich verpisst und alles wäre in Ordnung gewesen. Im Gegenteil, er wäre in deiner Schuld gestanden. Aber nein! Der deutsche Schäferhund, der beißt kräftig zu. Erst mal zuschlagen, dann denken."

Hans sagte nichts dazu. Carlo hatte Recht. Er musste einfach lernen, sein Hirn einzuschalten.

"Wenn wir schon dabei sind! Warum bist denn du eigentlich im Knast gelandet? Du hast zwar erzählt, warum du zur Legion gegangen, aber nicht, wie du ins Gefängnis gekommen bist."

"Na ja, das ist schnell erzählt. Wir waren in einen Kampf mit Berber in den Bergen verwickelt. Als sie nieder gekämpft waren, durchsuchten wir ihre Zelte. Mir sind zwei Krummdolche in die Hände gefallen, die ich eingesteckt habe. Weißt du, es waren zwei herrliche Schmuckstücke mit Silbergriffen und Edelsteinen. Leider hat es einer bemerkt und mich verpfiffen. Den Rest kannst du dir denken. Und schwupps war ich im Knast."

Es war Abend geworden und sie hatten unterwegs Rast gemacht, Benzin nachgefüllt, gegessen und getrunken und sich die Beine vertreten. Dann war Hans wieder ans Steuer gegangen.

„Wir suchen jetzt einen Lagerplatz für die Nacht." Carlo schaute sich um. Hans fuhr weiter.

„Los, halt jetzt an. Es reicht für heute." Carlo hatte ihm die Hand auf den Arm gelegt und drückte ihn.

„Nein, wir fahren noch weiter. Der Tank ist noch fast halbvoll. Das heißt, dass wir unsere dreihundert Kilometer noch nicht geschafft haben können. Wenn wir jetzt schon anhalten, dann schaffen wir morgen die zweite Etappe nicht. Eine weitere Übernachtung möchte ich aber nicht haben, bevor wir wissen, wie es weitergehen wird."

Hans hatte das letzte Wort fast gerufen, denn im selben Moment wurde ihm das Lenkrad aus der Hand gerissen und der Wagen machte eine jähe Bewegung nach rechts. Das ganze Fahrzeug begann sich nach links zu neigen. Hans lenkte dagegen. Das Auto fiel wieder auf alle vier Räder und kam nach einer heftigen Bremsung zum Stehen. Carlo hing mit beiden Händen aufgestützt an der Windschutzscheibe.

„Sag mal, was machst du denn? Hast du den Knall gehört?" Schon sprang Carlo aus dem Fahrerhaus und lief nach vorne. Hans war auch ausgestiegen. Sie sahen mit Entsetzen, dass das linke Vorderrad kaputt war. Der Reifen war geplatzt und hing in Fetzen von der Felge.

„Scheiße. Das hat uns gerade noch gefehlt. Hoffentlich hat die Achse nichts abbekommen."

„Siehst du? Hättest du gleich angehalten, wie ich es gesagt habe. Dann wäre das nicht passiert!"

„Hättest du die Schnauze gehalten und mich nicht andauernd genervt, dann hätte ich den Stein gesehen."

Sie starrten sich wütend an. Beide machten ein paar Schritte voneinander weg. Nach einer Minute kamen sie zum Auto zurück.

„Also lass uns essen und dann schlafen. Jetzt können wir eh nichts machen. Es ist schon zu dunkel."

Carlo ging zum Fahrzeug und kramte die Sachen heraus, die sie zum Essen benötigten. Sie gingen ein paar Schritte weg von der Piste und legten in einer Senke Steine zu einem Kreis zusammen. Dann entfachten sie mit dem gesammelten Holz ein kleines Feuer. Carlo hatte in einen Blechtopf Wasser und Reis gegeben. Den Topf stellte er auf die Feuerstelle.

Hans hatte zwei Schalen aus dem Auto geholt und jeweils ein paar Datteln hinein gegeben. Dazu legte er noch zwei Streifen getrocknetes Fleisch. In den Reistopf kamen noch ein paar getrocknete Gemüsestreifen von Sellerie und Karotten. Jetzt warteten sie darauf, dass der Reis gar wurde. Beide hatten einen Becher voll Wasser in der Hand und prosteten sich zu. Carlo stellte seinen halbvollen Becher auf einen Stein neben sich auf den Boden. Dann kramte er ein weißes Papiertütchen aus der Hosentasche und hielt es hoch.

„Was glaubst du, was hier drin ist?" Strahlend hob Carlo die flache Hand und schaute zu Hans.

„Woher soll ich das wissen?"

„Das, mein lieber Freund, das ist das kostbarste Gewürz, das es gibt." Carlo machte eine Pause. „Das hier, meine Damen und Herren, das hier ist - Salz!!"

Das letzte Wort sang er in einem langen Atemzug durch die inzwischen angebrochene Nacht.

Carlo nestelte am Tütchen herum und nahm dann eine Prise Salz zwischen Daumen und Zeigefinger. Vorsichtig rieb er es in den Reistopf.

„Auf, noch eine Prise!" Hans gab ihm mit der Hand ein Zeichen, indem er auch den Daumen und den Zeigefinger in der Luft aneinander rieb.

„Nein. In der Wüste benötigt man auf der einen Seite genügend Salz, weil man wegen der Hitze viel schwitzen muss, andererseits bedeutet zu viel Salz auch Durst. Und das ist schlecht. Denn unser Wasser könnte noch knapp werden."

Wieder dachte Hans, dass er unbedingt mehr auf Carlo hören musste. Der hatte einfach die besseren Ideen. Er war eben älter und deshalb auch mit mehr Erfahrung und vor allem Ruhe und Gelassenheit beschlagen.

Nach dem Essen zogen sie sich in das Fahrzeug zurück. und es dauerte nur ein paar Minuten, bis sie beide fest eingeschlafen waren.

Hans war zuerst aufgewacht. Er bemerkte, dass Carlo noch schlief, und bemühte sich deshalb, leise aus dem Auto zu steigen. Es war früh am Morgen, die Sonne noch nicht aufgegangen.

Er ging an die Rückseite des Lasters und wollte das Ersatzrad abmontieren. Der Schreck fuhr ihm in die Glieder, als er hinter dem Wagen stand. Es war kein Ersatzrad da. Es gab zwar eine Hängevorrichtung, aber die war leer.

„Scheiße, scheiße, scheiße!" Hans ging im Kreis herum und kickte vor Wut Steine durch die Gegend. „Wir Idioten haben uns einen Wagen ausgesucht, der kein Ersatzrad hat." Er schaute sich die anderen Räder an und er konnte tatsächlich sehen, dass das hintere linke Rad ersetzt worden war. Die Felge sah viel neuer aus als die anderen.

Hans dachte nach. „Was machen wir jetzt? Dreihundert Kilometer nach vorne oder nach hinten? Selbst, wenn wir am Tag vierzig Kilometer zu Fuß schaffen, für acht Tage Fußmarsch haben wir zu wenig Nahrung und viel zu wenig Wasser. Wir haben keine Chance mehr."

Resigniert ging er zur Beifahrertür, wo Carlo im selben Moment erwachte. Carlo drehte den Kopf zum Seitenfenster und grinste Hans an. Sein Grinsen verflog sofort, als er den ernsten Ausdruck in dessen Gesicht erkannte.

Er öffnete die Tür. „Was ist passiert? Ist die Welt untergegangen?"

Während Carlo ausstieg deutete Hans mit ausgestrecktem Arm und Zeigefinger auf das linke Hinterrad.

„Ich wollte das Drecksrad auswechseln, aber sieh selbst, ist das ein neues Rad?"

Carlo schaute ihn ungläubig an.

„Wenn es noch nicht ausgetauscht ist, dann ist es noch kein neues Rad. Spinnst du jetzt komplett, oder was? Wo ist das Rad? Ich werde es montieren und dann geht es weiter."

Mit diesen Worten ging Carlo um das Auto herum und blieb dann fragend hinter dem Wagen stehen.

„Wo hast du es hin getan? Mach jetzt keinen Blödsinn. Wir haben wenig Zeit."

Hans hatte sich vor ihn hingestellt und schaute ihn trotzig an:

„Ich weiß nicht, wo das Scheißrad ist. Ich habe es nicht. Hast du es vielleicht?"

Carlo hatte begriffen. Er drehte sich im Kreis und sagte vor sich hin: „Scheiße, Scheiße, Scheiße. Was sind wir doch für Vollidioten. Jetzt haben wir ja doch etwas Wichtiges vergessen, was?"

„Das kannst du laut sagen. Was machen wir jetzt? Dreihundert Kilometer in die eine Richtung und mindestens dieselbe Entfernung in die andere. Das wird nichts mehr, mein Lieber!"

Jetzt war Hans laut geworden. Carlo starrte ihn an. Sie sagten beide nichts mehr. Jeder hing seinen Gedanken nach. Auf der Suche nach der Lösung ihres Problems. Es gab aber keine Lösung, die sie selbst hätten einleiten können. Es gab nur eine Möglichkeit: Sie mussten warten und auf Hilfe hoffen. Für ein paar Tage hatten sie Proviant. Sie hatten Waffen und Feuer. Vielleicht gab es ja auch die Chance auf Wild. Hans hatte schon erzählen hören, dass es in der Gegend Antilopen gäbe.

Nachdem sie sich darüber klar geworden waren, dass nur mit fremder Hilfe ein Fortkommen möglich war, begannen sie damit, ein Lager einzurichten.

Sie stellten den Wagen so hin, dass er je nach Sonnenstand den größtmöglichen Schatten warf. Unter dem Wagen breiteten sie Decken aus. Dort wollten sie die heißesten Tageszeiten verbringen. Neben dem Wagen errichteten sie eine Kochstelle. Sie ergänzten die schon vorhandene mit weiteren Steinen, die sie in der Umgebung zusammensuchten.

Im Wagen selbst sortierten sie ihre Vorräte. Sie verschafften sich einen Überblick über die Nahrungsmittel und die Wassermenge.

Die Waffen und die Munition verstauten sie so im Wagen, dass sie jederzeit griffbereit waren. Jeder nahm sich einen Revolver, geladen hatten sie sie vorher.

Sie setzten sich in den Schatten des Automobils und Carlo schrieb mit einem Stock einige Zahlen in den Sand.

„Also, pass' auf. Das ist ungefähr die Wassermenge, die uns noch zur Verfügung steht. Ein Drittel davon brauchen wir zum Kochen, den Rest zum Trinken. Das reicht ungefähr zehn Tage, wenn wir uns knapp halten.

Beim Essen sieht es besser aus, weil wir da mit sehr wenig auskommen können, wenn wir sowieso nichts Anstrengendes zu tun haben. Jetzt wollen wir doch einmal davon ausgehen, dass man diese Straße nicht umsonst gebaut hat und tatsächlich ab und zu jemand hier vorbeikommt. Das wird ja nicht nur alle paar Monate der Fall sein. Also alles halb so schlimm, mein Lieber."

Carlo hatte sogar seine Mundwinkel zu einem Lächeln nach oben gezogen.

„Wir machen jetzt Folgendes. Einer bleibt beim Wagen, der andere sucht Brennholz. Wir teilen die Umgebung in Sektoren ein, die wir systematisch absuchen. Überall findet man das eine oder andere Stückchen. Wenn man genau hinsieht, kann man auch Wurzelstücke im Sand erkennen. Die müssen wir ausgraben. Du bleibst hier, ich fange an."

Bei diesen Worten stand Carlo auf und machte eine Handbewegung in Richtung Süden.

„Links vom Wagen auf der Südseite der Piste ist Sektor eins. Ich gehe jetzt ungefähr hundert Schritte die Straße nach Osten. Dann biege ich nach Süden ab, wieder hundert Schritte. Dann komme ich zurück zum Wagen. Ich ziehe einen Stock hinter mir her und zeichne damit die Grenzen von Sektor eins in den Sand. Diesen durchsuche ich dann, indem ich immer hin und her gehe und den Boden durchforste. In ein paar Stunden müsste ich den Bereich durchkämmt haben. Morgen kommst du dann dran. Je nachdem, wie viel Holz wir finden, können wir die Intensität der Suche variieren. Wenn wir nichts finden, geht es eben weiter, bis Holz zum Brennen da ist. Wenn sofort viel gefunden wird, dann hat man Glück und kann abbrechen. Alles klar?"

Hans nickte. Wieder bewunderte er die Fähigkeit von Carlo, in dieser katastrophalen Situation so überlegt zu handeln und konkrete Problemlösungen zu planen, dass man sich gleich wieder viel besser fühlte.

„Gut, so machen wir es. Es wird schon jemand vorbeikommen. Derjenige, der am Wagen Wache hält, muss darauf achten, dass er ein eventuell herannahendes Fahrzeug rechtzeitig erkennt. Da es hier aber immer sehr still ist, dürfte das kein Problem sein."

"Es kommt darauf an, von wo der Wind bläst. Bei Gegenwind kann man einen Motor erst spät hören. Und wie ist es mit deiner Sektorlinie, wenn der Wind sie zugeweht hat?"

"Na ja, dann weiß man trotzdem wenigstens einigermaßen, wo das Gelände schon abgesucht ist."

Am Abend saßen sie um ihr Feuer und schwatzten über ihre Jugendzeiten. Hans hatte in seinem Rucksack gekramt und Carlo sein Messer, seinen grünen Ledergürtel und die Mundharmonika gezeigt.

„Und deshalb sind wir damals in den Zellblock gegangen, obwohl es hundsgefährlich war? Wegen dieser Sachen? Das darf doch nicht wahr sein. Kein Mensch war drin – zum Glück, sonst hätte es bestimmt ein paar Tote gegeben. Waren ja alle im Hof zu dem Zeitpunkt.“

„Ja, deswegen bin ich in meine Zelle gegangen. Das sind meine Sachen.“

„Kannst du wenigstens darauf spielen?“

Hans gab keine Antwort, holte aber vorsichtig die kleine Mundharmonika aus der Pappschachtel heraus und führte sie an die Lippen. Er probierte ein wenig, blies das eine und das andere Mal hinein und entlockte ihr so ein paar unzusammenhängende Töne. Dann zögerte er kurz, nahm die Mundharmonika zwischen die Lippen und fing an ein Lied zu spielen. Nach einer Weile klatschte Carlo mit den Händen den Takt dazu. Nach drei, vier Minuten setzte Hans das Instrument ab.

„Na, was meinst du? Klappt doch ganz gut, obwohl ich schon lange nicht mehr gespielt habe.“

„Ja, das ist schön. Du musst unbedingt ein paar Lieder aus meiner Heimat lernen. Ich werde sie dir vorsingen und du spielst dann mit.“

„So einfach geht das nicht. Ich muss erst einmal die Melodie lernen. Vielleicht gibt es ja auch Lieder, die wir beide kennen. Es gibt ja Musikstücke, die sowohl in deinem Land als auch in meinem bekannt sind. Das sind beispielsweise Melodien aus bekannten Opern. Da seid ihr in Italien ja schon immer führend gewesen. Ich habe darüber einiges in der Zeitung gelesen, als ich noch zu Hause war."

„Bei Opern kenne ich mich nicht aus. Ich kenne nur ein paar Volkslieder. Aber die kannst du ja auch lernen, oder nicht?"

„Ja, bestimmt, wir haben ja Zeit…"

Mit diesen Worten setzte Hans seine Mundharmonika wieder an und begann eine andere Melodie.

Es war schon dunkel geworden und nur um das Feuer herum war die Umgebung zu erkennen. Die unsagbare Stille wurde jetzt von den Klängen der Mundharmonika durchdrungen. Carlo kam es sehr laut vor. Es war als ob eine riesengroße Mundharmonika spielen würde. Man konnte gar nicht glauben, dass dieses kleine Instrument so laute, schöne Töne hervorbringen konnte.

Mitten im Spiel brach Hans plötzlich ab. Er starrte vor sich in die Nacht. Unsicher hob er einen Arm und zeigte über die Flammen hinweg in die Dunkelheit.

„Da, da steht wer. Da stehen zwei." Er hatte ganz leise gesprochen.

„Was, wo? Wo steht was?" Auch Carlo flüsterte und ihm quollen fast die Augen aus den Höhlen, so starrte er in die Nacht hinaus.

„Na da. Zwei Zwerge, zwei kleine Männer. Nein, es sind Kinder, wirklich, es sind Kinder."

Jetzt sah auch Carlo zwei kleine Gestalten, die ungefähr fünf Schritte vom Feuer entfernt im Sand standen. Sie waren nicht gleich groß. Eine Gestalt war etwa fünf Zentimeter kleine als die andere. Beide trugen lange, helle Hemden, die bis zu den Fußknöcheln reichten. Die Ärmel fielen glockenförmig aus. Die Hemden waren vorne am Hals v-förmig ausgeschnitten. Die runden Gesichter waren umrandet von dunklem Haar, das bis auf die Schultern fiel.

Carlo und Hans starrten mit offenen Mündern auf die beiden und waren unfähig, sich zu regen.

Die kleinere Gestalt machte zaghaft zwei Schritte auf ihr Feuer zu. Die andere folgte ihr und sie traten beide näher. Beide zeigten ihre kleinen schneeweißen Zähne, weil sie beide vorsichtig lächelten.

Es waren Kinder, zwei kleine Jungen, das war jetzt deutlich erkennbar. Zwei arabische Kinder, mitten in der Wüste. Unfassbar!

Der Kleine plapperte los und deutete auf Hans.

Sie konnten nicht verstehen, was er sagte. Es war aber klar, dass er wollte, dass Hans wieder Musik machte.

Zögerlich nahm Hans die Mundharmonika wieder an den Mund und fing leise an, eine tragende Melodie zu spielen. Die beiden Kinder strahlten über das ganze Gesicht und kamen noch näher. Dann setzten sie sich ihnen gegenüber an das Feuer.

Im Augenwinkel hatte Hans hinter den beiden Ankömmlingen eine Bewegung wahrgenommen. Ja, da war noch jemand. Jetzt trat ein Mann in den Lichtkreis. Carlo und Hans blieben wie erstarrt sitzen, Hans spielte sogar weiter seine Melodie. Der Mann, er war etwa so groß, wie sie beide, kam näher und man konnte sehen, dass auch er lächelte. Er trug ein Gewehr in der rechten Hand, hatte es aber nicht im Anschlag.

Er war mit einem dunklen, langen Hemd bekleidet und hatte einen Gürtel um die Taille geschlungen. Im Gürtel steckte ein Krummdolch, dessen Griff mit Silberornamenten reich verziert war. Seine Sandalen waren aus feinem Leder gefertigt. Auf dem Kopf trug er ein samtenes Tuch, das durch einen fingerdicken silbernen Reif festgesteckt war. Er trug einen Vollbart, seine dunklen Augen waren von ebenfalls dunklen Brauen beschattet und gaben so den gleichmäßigen Gesichtszügen den orientalischen Ausdruck.

Der Mann trat ans Feuer und hob die Hand zum Gruß. Gleichzeitig begrüßte er sie auf Arabisch.

Die Grußformel hatten Hans und Carlo schon ab und an gehört und konnten sie deshalb verstehen. Carlo fasste als erster Mut und stand auf. Hans folgte seinem Beispiel und Carlo entgegnete den Gruß auf Französisch.

Der andere wiederholte ihren Gruß jetzt auch auf Französisch. Er wartete. Nach kurzem Zögern hatte sich Hans auch wieder in der Gewalt und lud den Mann mit einer Handbewegung ein, näher zu kommen und sich zu setzen. Seine Einladung unterstrich er mit den entsprechenden Worten auf französischer Sprache. Mit Verwunderung mussten die beiden feststellen, dass der Fremde ihre Einladung verstand und dann sogar annahm. Er setzte sich im Schneidersitz neben die beiden Kinder und legte sein Gewehr in den Sand.

„Mein Name ist Salim Bin Ahmadi, das sind meine Kinder. Wer sind sie und woher kommen sie?"

Der Fremde hatte in perfektem Französisch gesprochen. Nachdem die beiden ihre Schockstarre überwunden hatten, antwortete Carlo:

„Ich bin Carlo aus Lierna, das ist mein Freund Hans aus Karlsruhe. Wir sind unterwegs an die marokkanische Atlantikküste."

„Der Araber nickte und fragte dann: „Woher kommen sie? Sie sind doch Mitglieder der Fremdenlegion. Und die Legion ist nach meinem Wissen in dieser Gegend nicht aktiv."

Hans hatte kurz überlegt, dabei Carlo angesehen, und dann entschieden, mit der Wahrheit heraus zu rücken.

„Wir sind geflohene Häftlinge. Die Legion ist hinter uns her. Wir möchten weg aus Afrika und zurück in unsere Heimat nach Europa. Wir haben nichts Schlimmes getan. Wir hatten nur Pech."

„Sie werden es nicht schaffen, die Küste zu erreichen. Ihr Automobil ist nicht zu reparieren. Was haben sie vor?"

Carlo gab zu, dass sie hier auf Hilfe warten wollten, weil ihnen auch klar war, dass es sonst keine Möglichkeit geben würde, ihre Pläne umzusetzen.

Jetzt begann Carlo, den Araber mit Fragen zu bombardieren.

„Was machen sie denn hier in der Wüste? Mit welchen Fahrzeugen sind sie denn unterwegs? Können sie uns vielleicht mitnehmen? Wir sind gerne bereit, ihnen alles zu geben, was uns zur Verfügung steht. Können wir mit Ihnen gehen, Herr Ahmadi?"

„Ich bin schon seit vorgestern hier. Wir haben unser Lager ungefähr dreihundert Schritte von der Piste in nördlicher Richtung aufgebaut. Wir lagern nie direkt in Straßennähe. Das ist zu gefährlich, weil viel Gesindel unterwegs ist. Wir haben sie ankommen hören, als der Reifen an ihrem Automobil geplatzt ist. Wir haben abgewartet, wie sie reagieren würden. Dass sie kein Ersatzrad hatten, war uns zu diesem Zeitpunkt nicht klar. Als wir gemerkt haben, dass sie nicht mehr weiter kommen, da hatte ich Bedenken, uns zu offenbaren. Wir wussten ja nicht, ob sie Freunde oder Feinde sind. Wir hatten vor, heute während der Nacht unsere Reise fortzusetzen. Die Gefahr war zu groß, dass sie uns nicht gut gesinnt sind. Nach Ankunft an unserem Zielort hätte ich dafür gesorgt, dass sich ein Hilfstrupp zu ihnen auf den Weg macht. Jetzt ist das aber anders gekommen. Wir haben Ihre Musik gehört und die Kinder haben gesagt, dass jemand, der so schön spielen kann, auf keinen Fall ein Feind sein könne. Sie wollten unbedingt hierher kommen. Nachdem ich sie auch gehört habe, war ich auch davon überzeugt, dass wir Reisegefährten sind. In der Wüste gibt es das ungeschriebene Gesetz, dass sich Reisegefährten immer und ohne Ausnahme gegenseitig helfen. Wenn man einen Reisegefährten im Stich lässt, ist das die größte Sünde, die man begehen kann. Gott wird diese Sünde hart bestrafen. Jetzt ist ja alles gut."

Der Araber hatte sie eingeladen, mit zu ihm ins Lager zu kommen. Carlo und Hans wollten aber den Wagen mit ihrer gesamten Ausrüstung auf keinen Fall allein zurücklassen und schlugen vor, am nächsten Morgen zu ihm zu kommen. Sie wollten allerdings ihre Ausrüstung mit sich führen.

Salim Bin Ahmadi stimmte zu und bot ihnen an, am nächsten Morgen beim Transport der Sachen zu helfen. Er würde dann seinen Diener und zwei Kamele mitbringen.

Hans und Carlo waren an diesem Abend voller Freude schlafen gegangen. Allerdings konnte von Schlaf keine Rede sein. Sie waren viel zu aufgeregt. Außerdem waren sie kein bisschen müde. Sie hatten ja den ganzen Tag über gefaulenzt.

Gastfreundschaft

Am nächsten Morgen, die Dämmerung war gerade angebrochen, waren sie schon beide emsig am Zusammenpacken. Ihr neuer Reisebegleiter, wie er sich selbst genannt hatte, wollte gleich bei Sonnenaufgang zu ihnen stoßen, um das weitere Vorgehen zu besprechen. Er hatte sie eingeladen, mit ihnen zu reisen. Dazu wollte er schon früh bei ihnen sein, um die Ausrüstung und sie beide abzuholen.

Hans und Carlo hatten ihre Nahrungsvorräte am Pistenrand aufgestapelt, ebenso die Wasserkanister, die Waffen und die Munition. Die Benzinkanister hatten sie vorerst im Wagen gelassen, weil sie nicht wussten, ob die Transportkapazitäten ausreichen würden, um die gesamte Ausrüstung übernehmen zu können.

„Da, schau!" Carlo zeigte mit ausgestrecktem Arm nach Norden. Hans sah in der Ferne ein paar dunkle Umrisse, die noch nicht gänzlich vor dem ebenfalls dunklen Hintergrund zu erkennen waren.

Wie jeden Morgen wurde es jedoch sehr schnell hell und die ersten Sonnenstrahlen schossen über die Sanddünen und Felsen, die vereinzelt vor ihnen lagen. Jetzt konnte man die Gestalten deutlicher sehen. Es waren zwei Reiter auf Kamelen auszumachen. Weiterhin führten diese drei oder vier Kamele mit sich. Die Gruppe näherte sich in gemächlichem Tempo ihrem Standort.

„Siehst du, er hat noch einen anderen Mann dabei. Hoffentlich ist er wirklich so freundlich und hilfsbereit, wie er gestern schien." Hans war unruhig geworden. Er überlegte, ob sie nicht lieber vorsichtshalber zu den Waffen greifen sollten.

Dann verwarf er den Gedanken und sagte sich, dass ihr neuer Freund in Ordnung sein musste. Sonst hätte er sie schon vorher erledigt. Das wäre ein Leichtes gewesen, während sie im Wagen geschlafen hatten.

Die kleine Karawane war jetzt so nah herangekommen, dass man Salim erkennen konnte. Der zweite Mann auf einem anderen Kamel trug einen langen Bart, der schon weitestgehend ergraut war. Er trug einen Patronengurt um die Schulter und hatte ein Gewehr umgehängt. An seinem Kamel waren noch drei andere festgemacht, die von ihm heran geführt wurden.

„Guten Morgen, hattet Ihr eine friedliche Nacht?" Salim begrüßte sie mit einem Lächeln und die beiden Freunde erwiderten den Gruß.

„Das ist mein Diener und Freund Kazim. Er ist mir schon viele Jahre ein treuer Begleiter und Vertrauter. Das, mein lieber Kazim, sind Hans und Carlo, unsere neuen Weggefährten, die wir gerne mit auf den Heimweg nehmen werden. Ihre Ausrüstung wollen wir auf die Kamele verteilen. Den Weg bis zu unserem Lager werden wir dann gemeinsam zurücklegen. Ihr beide müsst dieses Stück zu Fuß gehen, Wir konnten nicht noch mehr Kamele mit her bringen. Aber es ist nicht sehr weit bis zum Lager. Dort werdet ihr eure eigenen Reittiere bekommen."

Salim und sein Diener hatten ihren Kamelen den Befehl zum Abknien gegeben und stiegen ab. Hans und Carlo schauten ihnen staunend zu, wie sie es fertig brachten, die großen Tiere so zu führen. Obwohl sie beide schon ein paar Jahre hier in der Sahara waren, hatten sie so etwas noch nie so hautnah miterleben können.

Carlo schaute Salim an und trat zu ihrer aufgestapelten Ausrüstung: „Salim, hier ist alles, was wir dabei haben. Bitte entscheide du, was wir mitnehmen wollen und was hier bleibt."

Salim trat mit seinem Diener ebenfalls zu den Vorräten und sie beschauten die einzelnen Teile.

„Die Nahrungsmittel und das Wasser nehmen wir auf jeden Fall mit. Kann sein, dass wir euer Wasser in Häute umfüllen werden. Die Kanister sind nicht sehr gut zum Transport auf den Kamelen geeignet.

Salim bückte sich und nahm eines der Gewehre in die Hand.

„Die nehmen wir auch mit und auch die Munition. Waffen sind immer gut. wir sind zwar gut ausgestattet, aber ihr könnt diese Gewehre und auch die Handfeuerwaffen am Zielort zu Geld machen. Ihr braucht ja vielleicht Geld, oder?"

„Ja, Geld konnten wir keines mitnehmen. Da wird es schon von Vorteil sein, wenn wir etwas zu verkaufen haben." Hans begann, die Nahrungsmittelpakete aufzunehmen und reichte sie an Kazim weiter, der sie auf die Packkamele verteilte. Nach zwanzig Minuten war alles verstaut. Salim ging zum Wagen und schaute durch die Fenster ins Innere.

„Was habt ihr noch, das wir mitnehmen sollten? Was ist mit diesen Kanistern?" Er deutete auf die Benzinbehälter.

„Da ist Benzin drin. Das können wir jetzt nicht mehr brauchen. Ist auch zu schwer, um es mit zu schleppen, oder?"

Carlo hatte sich an den Diener gewandt, der ihn nur fragend ansah.

„Kazim spricht kein Französisch. Er spricht nur unsere Sprache. Wenn ihr mit ihm sprechen wollt, dann muss ich übersetzen. Das Benzin nehmen wir nicht mit. Die Kanister sind zu schwer.

Wir konnten zwar hier am Lagerplatz unsere Wasservorräte auffrischen, die nächsten sieben Tage werden wir aber keinen weiteren Brunnen nutzen können. Es gibt keinen anderen mehr auf unserem Weg. Die Kamele können deshalb nur ein bestimmtes Gewicht aufnehmen. Sie werden sonst zu schnell müde und es besteht die Gefahr, dass sie nicht durchhalten werden, wenn wir sie überanstrengen.

Hans ging zum Wagen und sagte zu Salim gewandt:

„Sollen wir das Benzin ausschütten oder im Wagen lassen?"

„Ich denke, wir lassen es da. Vielleicht kommt ja jemand vorbei, der das Benzin brauchen kann. Wir haben keinen Vorteil daraus, wenn wir es vernichten. Ein anderer könnte aber großen Nutzen daraus ziehen."

Hans dachte, dass er Recht hatte. Hier in der Wüste sollte man überhaupt nichts vernichten. Alles hatte vielleicht irgendwie und irgendwo einen Wert.

„Wir machen uns auf den Weg. Ihr geht hinter uns her Es sind nur ein paar hundert Meter."

Mit diesen Worten stiegen die beiden Araber auf ihre Kamele. Wieder staunten Hans und Carlo über die Tatsache, dass ihre Kamele ohne erkennbaren Befehl in die Knie gegangen waren und ihre Reiter aufsitzen ließen.

Die Karawane setzte sich in Richtung Norden in Bewegung. Nachdem sie nur wenige Minuten in gemächlichem Tempo gegangen waren konnte Hans in einiger Entfernung vor sich eine dünne Rauchsäule erkennen. Sie stieg kerzengerade in den hellblauen Himmel. Die Sonne stand inzwischen schon hoch und es war warm geworden. Es regte sich kein Lüftchen, aber die Wärme und die Sonne waren überhaupt nicht störend. Sie hatten sich an das Klima während der letzten Jahre gewöhnt. Nach weiteren paar Schritten sahen sie vor sich in einer Mulde ein dunkles, fast schwarzes Zelt.

Als sie näher kamen, sahen sie die beiden Kinder aus dem Zelt kommen. Kurz darauf traten zwei weitere Personen zu ihnen. Bei näherem Hinsehen konnten sie erkennen, dass es sich um zwei junge Frauen oder Mädchen handeln musste. Die beiden trugen schöne, saubere Umhängekleider, die bis zum Boden reichten. Eines war dunkelgrün, das andere orangefarben. Sie trugen beide Kopftücher in derselben Farbe wie ihre Gewänder.

Die Gesichter waren unverschleiert und Hans und Carlo staunten über die schön geschwungenen Gesichtszüge. Als sie nahe genug heran waren konnte Hans sehen, dass die größere von beiden wohl auch die ältere war. Er schätzte sie um die dreißig Jahre alt. Die kleinere von beiden, die im rot-gelben Kleid, war vielleicht vier oder fünf Jahre jünger. Aber es war nur sehr vage zu schätzen. Beide hatten dunkle Augen, die von braun ins Schwarze gingen. Ihre Gesichtsfarbe war beige bis goldgelb, schwer zu beschreiben. Beide lächelten ihnen zu. Salim wechselte ein paar Worte mit ihnen. Carlo und Hans konnten nichts verstehen.

Die Kamele wurden an einen Platz hinter dem Zelt gebracht, auf dem Sträucher und sogar Büsche wuchsen. Die Kamele, denen die beiden Kinder die Vorderfüße zusammen gebunden hatten, begannen sofort damit, das Grünzeug von den Pflanzen zu fressen.

„Das ist unsere Weide", sagte Salim lächelnd. „Diese Tiere sind sehr bescheiden und sie sind schon glücklich darüber, wenn sie ein paar trockene Büsche zum Fressen bekommen.

Er wandte sich zum Zelt: „Das sind meine Frauen, sie tun alles dafür, dass wir gut versorgt werden mit Essen und Trinken." Wieder lachten die beiden Frauen zu ihnen herüber, dann verschwanden sie im Zelt.

Das Zelt war aus festem, dickem, aus Kamelhaar gewebtem Stoff. Es war fast schwarz und sah sehr stabil aus. Außen war es ungefähr eineinhalb Meter hoch, in der Mitte wurde es durch eine zwei Meter lange Stange hochgehalten. Die äußere Zeltwand wurde durch sechs Hölzer stabilisiert. Es gab einen Eingang, der durch einen Vorhang geschlossen werden konnte. Vor dem Eingang waren rings um eine Feuerstelle Teppiche auf dem Boden ausgelegt. Hier brannte bereits ein Feuer, über dem ein Topf stand, in dem etwas vor sich hin kochte und köstlich duftete. Carlo rieb sich den Zeigefinger unter der Nase hin und her und ließ ein lautes MMMH folgen.

„Ihr habt Hunger." Salim hatte Carlos Geste bemerkt und sagte ein paar Worte auf Arabisch. Sofort kam eine der Frauen aus dem Zelt und begab sich zu der Kochstelle. Sie hatte einen Löffel in der Hand und rührte in dem Topf. Dann sagte sie zu Salim etwas, und Salim forderte Hans und Carlo auf, sich zu setzen.

Sie nahmen auf den Teppichen Platz, auch der Diener saß dabei. Die Frau im grünen Kleid war ins Zelt gegangen und mit Schüsseln zurückgekehrt. Die zweite Frau war jetzt auch da und sie füllte die Schüsseln

Jede Schale wurde gleichmäßig gefüllt. Zuerst bekamen Hans und Carlo ihre Portionen, dann der Diener und erst danach erhielt Salim seine Schüssel. Als die Männer alle ihre Ration in Händen hielten, kamen die Kinder mit ihren Schüsseln zur Feuerstelle, wo auch ihre Behältnisse gefüllt wurden. Ganz zum Schluss nahmen sich die Frauen ihren Teil, wobei diese nicht bei den Männern aßen, sondern im Zelt verschwanden.

Hans und Carlo schauten sich mit großen Augen an. Es duftete großartig. Sie konnten sich nicht mehr daran erinnern, wann sie das letzte Mal so gut gegessen hatten. In der Schüssel schwammen Fleischstücke in einer Brühe. Sie konnten auch Gemüse erkennen, allerdings war ihnen nicht ganz klar, um was es sich dabei handelte.

Jeder hatte einen Löffel bekommen und alle aßen mit großem Appetit ihre Schüsseln leer. Die Brühe war gut gewürzt. Sie schmeckten neben Salz und Pfeffer auch verschiedene für sie undefinierbare andere Gewürze und Kräuter heraus.

Salim hatte zwischen zwei Löffeln gesagt, dass es sich um Ziegenfleisch handelte. Jetzt erst bemerkten die beiden Legionäre, dass in einiger Entfernung vom Lagerplatz ein paar Tiere standen. Es waren Ziegen und Schafe, die jeweils an Pflöcken im Boden festgebunden waren.

Salim erklärte ihnen während der Mahlzeit, dass sie am nächsten Morgen sehr früh aufbrechen würden. Man müsste noch festlegen, wie die Ausrüstung verteilt werden sollte. Jeder von ihnen würde sein eigenes Kamel bekommen. Heute sollten Hans und Carlo noch gezeigt bekommen, wie die Tiere zu Reiten waren. Das war, wie es sich zeigen sollte, gar nicht so einfach.

Am nächsten Morgen waren sie schon alle auf den Beinen, bevor die Sonne hinter dem Horizont aufstieg. Die Kamele waren bereits gesattelt. Auf einem war das Zelt befestigt, das die Frauen abgebaut hatten. Auch die Kinder hatten beim Packen tatkräftig mitgeholfen. Alles war ohne viele Worte abgegangen. Alle waren sehr miteinander vertraut und jeder kannte seine Aufgaben genau.

Kurz nach Sonnenaufgang waren sie bereit zum Aufbruch. Auch Hans und Carlo saßen auf den ihnen zugewiesenen Kamelen und sie schauten zuversichtlich in die Marschrichtung, die sie nach Westen führen sollte. Dann ging es los. Salim ritt ganz vorne, sein Diener Kazim hielt sich direkt hinter ihm. Dann folgten die Kinder, die zu zweit auf einem Kamel saßen. Hinter den Kindern ritten die Frauen, an deren Kamele die Lasttiere festgemacht waren.

Ganz hinten kamen Carlo und Hans. Sie waren völlig damit beschäftigt, nicht von den Kamelen zu fallen. Vor den Höcker der Kamele war eine Art Sattel gebunden. Der Sattel war ein Brett, auf dem ein Lederpolster befestigt war. Am Vorabend hatten ihnen Salim und Kazim gezeigt, wie man darauf ritt. Man kniete auf dem Sattel vor dem Höcker und hatte den Kopf des Kamels vor sich. Am Kopf war ein Zügelleder befestigt, das man locker in der Hand hielt. Man hatte ihnen eingeschärft, immer ein wenig straffer zuziehen, wenn die Kamele damit begannen, dahin zu gehen, wo sie hin wollten.

Nachdem die beiden Freunde sich an den Trott gewöhnt hatten, lief es ganz gut. Allerdings fingen die Knie und die Beine nach ungefähr zwei Stunden heftig an zu schmerzen. Sie waren das einfach nicht gewohnt. Salim hatte ihnen eine andere Stellung gezeigt, wobei man rittlings auf dem Sattel Platz nahm und die Beine nach unten hängen ließ. Carlo und Hans hatten diese Sitzposition ausprobiert, mussten aber feststellen, dass man sich kaum halten konnte. Da das Kamel einen wiegenden Gang hatte, schwang der Sattel immer von rechts nach links, und es war auf den Knien viel einfacher, diese schwankende Bewegung auszugleichen, als dies in sitzender Stellung möglich war. Es blieb ihnen also nichts anderes übrig, als auf den Knien zu reiten.

Hans und Carlo hatten schon bemerkt, dass die Kinder und die Frauen Witze über ihre Reitkunst machten und immer wieder miteinander lachten. Man konnte es ihnen nicht verübeln. Sie mussten beide keine guten Figuren machen, so wie sie in den Sätteln hingen. Aber sie schafften es immerhin bis zur ersten Rast, die nach ungefähr drei Stunden von Salim angeordnet wurde.

Carlo und Hans waren diese Stunden wie eine Woche vorgekommen. Sie konnten kaum auf den Füssen stehen und mussten sich gegenseitig stützen, als sie von den Kamelen gestiegen waren. Die Kinder tanzten um sie herum und lachten herzlich. Das kleinere von beiden hatte Hans dabei an der Hand genommen und auf ihn eingeredet. Hans verstand rein gar nichts.

„Du sollst Musik machen, dann wird es dir wieder besser gehen", übersetzte Salim. Auch er und Kazim konnten ein Lächeln nicht unterdrücken.

Carlo und Hans stapften und hüpften aber erst mal weiter auf dem Lagerplatz umher, um wieder Leben in ihre Beine zu bringen, die durch die Haltung im Sattel eingeschlafen waren. Nach ein paar Minuten ging es wieder und Hans kramte in seinem Rucksack herum, wo er die Mundharmonika suchte. Dann setzten sich die Männer und die Kinder um ein vorher entfachtes Feuer, während die Frauen das Essen vorbereiteten. Hans spielte die Mundharmonika und Carlo sang dazu eine italienische Weise, die er in seiner Kindheit gelernt hatte. Es breitete sich eine wohlige Stimmung aus und Hans dachte während einer Spielpause daran, welches Glück sie doch gehabt hatten, diesen Mann und seine Familie zu treffen.

Als das Essen fertig war, erhielt jeder eine Schale von den Frauen gereicht. Dann setzten sich auch diese zu ihnen und alle aßen voller Freude und gutem Appetit. Nachdem alle gegessen hatten, traute sich Hans, dem Araber eine Frage zu stellen, die ihm schon länger auf der Seele brannte.

„Salim, darf ich eine Frage stellen?"
„Ja, bitte."
„Wo hast du unsere Sprache gelernt und woher kommst du?"
Carlo fügte noch hinzu: „Ja, und woher kommt ihr jetzt und wohin seid ihr unterwegs?"
„Das ist eine etwas längere Geschichte. Aber wir haben ja noch Zeit, bis wir uns wieder auf den Weg machen müssen.
Meine Familie stammt aus Marrakesch. Mein Onkel gehört zur Königsfamilie in Marokko. Unsere Sippe ist mächtig und wohlhabend. Meine Brüder, meine Vettern und auch ich sind alle zur Universität nach Rabat gegangen. Während der Ausbildung ging ich für zwei Jahre nach Paris. Dort habe ich eure Sprache gelernt. Studiert habe ich Soziologie und Religionswissenschaften." Salim lachte, als er das erzählte.
„Mein Studium hat bisher nicht viel gebracht. Jedenfalls konnte ich meiner Familie bei ihren Geschäften und auch sonst nicht viel helfen."
„Hast du in Paris Freunde gewonnen, mit denen du heute noch Kontakt hast?", wollte Carlo wissen.
„Kennen gelernt habe ich nur wenige Menschen. Freunde sind keine dabei. Wir Araber wurden nur von wenigen Studenten angenommen. Die meisten wollten nichts von uns wissen. Also, Freundschaften, nein, die sind

nicht entstanden. Und Kontakte gibt es deshalb auch keine."

Salim stand auf um die Kamele von der Weide zu holen. Na ja, Weide war wohl nicht das richtige Wort. Die Tiere knabberten die Blätter von den kargen Büschen, die rund um den Lagerplatz vereinzelt wuchsen. Salim hatte ihnen gesagt, dass sie genau deshalb diesen Lagerplatz gewählt hatten. Damit die Kamele etwas zu fressen hatten. Jetzt wollten sie sich wieder auf den Weg machen.

Als Salim aufgestanden war, folgten alle anderen seinem Beispiel sofort und alle hatten ihre Aufgaben übernommen, um die Reise fortsetzen zu können. Selbst die Kinder halfen mit, die Utensilien zu verstauen.

Hans trat zu Salim und fragte: „Salim, wärst du damit einverstanden, wenn Carlo und ich die Reise zu Fuß fortsetzen würden? Wir sind es gewohnt, lange Märsche durchzuhalten. Wir würden es gerne ausprobieren. Wir sind sicher, dass wir euch damit nicht aufhalten werden. Das mit dem Kamelreiten ist nicht so unser Fall...." Er lächelte etwas verzerrt.

Salim hatte nichts dagegen.

„Wir werden unser bisheriges Reisetempo beibehalten. Und wenn ihr müde werdet, könnt ihr ja immer noch auf die Kamele sitzen."

Und so konnte man nach kurzer Zeit die Karawane losziehen sehen, vorne Salim und Kazim auf ihren Kamelen, dahinter die Frauen und die Kinder mit den Lasttieren, und neben der Gruppe Hans und Carlo auf Schusters Rappen. Da die Strecke einigermaßen eben war und auch nur vereinzelt Steine im Weg lagen, kamen die beiden genauso schnell voran wie die Reiter.

Nach ungefähr drei Stunden hatte Salim den beiden geraten, auf ihre Kamele zu sitzen und sich tragen zu lassen. Dies taten sie auch gerne, weil sie zwischenzeitlich müde geworden waren und ihre Füße schmerzten.

Die Gangart der Kamele vermittelte den Eindruck, dass sie langsam und träge unterwegs waren. Die beiden marscherprobten Legionäre merkten aber schon nach den ersten Metern, dass die Tiere doch ein gutes Tempo vorlegten. Um mit ihnen Schritt zu halten, mussten sie schnell gehen.

Die Reise verlief ohne Zwischenfälle. Sie begegneten keiner Menschenseele. Sie hatten genügend Nahrung, die Sonne war gut zu ertragen, da es momentan am Tag selten besonders heiß wurde und aus dem Norden immer eine Brise wehte.
Manchmal ging Kazim auf die Jagd und kam dann mit einer Oryxantilope zurück, die noch am gleichen Abend köstlich zubereitet wurde. Fast jeden Tag wurde musiziert und gesungen. Die Kinder sprachen die beiden jetzt mit ihren Namen an und auch Hans und Carlo hatten die Namen der Kleinen gelernt.

Am siebten Tag nach ihrem Aufbruch in der Wüste beim Autowrack hatte Salim ihnen am Lagerfeuer gesagt, dass sie am nächsten Tag an ihrem Zielort ankommen würden. Es handele sich um eine Stadt, die durch eine Eisenbahnlinie mit der Hauptstadt Rabat verbunden sei. Sie sollten sich überlegen, wie sie ihre Reise zu den Atlantikhäfen in Marokko fortsetzen wollten.
Sie mussten damit rechnen, dass sie von den Behörden nicht ohne weiteres unbeachtet blieben. Seit in Europa Krieg ausgebrochen war, wurden auch in Marokko Ausländer streng überwacht. Für sie beide, die aus der Fremdenlegion geflohen seien, sei es besonders gefährlich, sollten sie in die Hände der französischen Behörden fallen. Die Weiterreise mit seiner Gruppe sah er als gefährlich an, da man auf den ersten Blick sehen konnte, dass sie keine Einheimischen waren.

Carlo und Hans hatten sich darüber unterhalten und waren zu dem Schluss gekommen, dass sie sich von ihren Begleitern trennen mussten. Sie wollten unter keinen Umständen dafür verantwortlich sein, dass ihrem Beschützer Schaden entstünde, weil er sie geführt hatte. Ihre Unterhaltung hatten sie im Beisein von Salim geführt, sodass dieser alles mitbekam. Salim nickte ihnen bestätigend zu und stand auf, um zu seinen Leuten zu gehen und ihnen zu sagen, dass sie sich am nächsten Morgen trennen würden.

An diesem Abend war die Stimmung gedrückt. Auch die Mundharmonika konnte nichts dagegen machen. Und Carlo brachte an diesem Abend keinen Ton über die Lippen.

Am nächsten Morgen brachen sie schon zeitig auf. Als sie die ersten Häuser der Stadt erreichten, hielt Salim die Karawane an. Alle stiegen von ihren Reittieren. Salim ging auf Hans und Carlo zu. „Nehmt die Dinge mit, die ihr unbedingt braucht. Keine Gewehre. Nur die Kurzwaffen und die müsst ihr gut unter eurer Kleidung verstecken. Genauso ist es mit der Munition. Nehmt vorsichtshalber jeder einen Wasserschlauch mit und auch etwas zu essen."

Die beiden suchten ihre Habseligkeiten zusammen und packten alles so gut es ging über die Schulter und um den Bauch. Dann traten sie abwechselnd zu Salim, umarmten diesen und verweilten einen kurzen Augenblick. Sagen konnten sie nichts, weil sie sich fürchteten, in Tränen auszubrechen. Dann umarmten sie Kazim, wobei dieser freundlich lächelte und ihnen eine gute Reise wünschte. Die Kinder gaben ihnen verschämt die Hand und schauten dabei vor sich in den Sand. Die beiden Frauen blieben in einem Abstand von zwei Schritten vor ihnen stehen und verbeugten sich leicht. Sie sagten nichts.

Dann stieg Salim auf sein Kamel und die anderen taten es im gleich. Salim trabte los und seine Gefährten folgten ihm, ohne noch einmal zurück zu blicken.

Plötzlich rannte Hans hinter ihnen her und rief: „Halt, Salim. Bitte, sage mir, wo du genau wohnst und wie ich dich einmal finden kann. Wie ist deine Adresse und wo wohnst du?"
Salim hielt an und kam ein Stück des Weges zurück. Er antwortete freundlich: „Frag in Marrakesch einfach nach Salim Bin Ahmadi. Meine Familie ist in der ganzen Stadt bekannt. Du wirst mich dann schon finden." Damit wendete er sein Kamel wieder und trabte los. Hans und Carlo blieben am Pistenrand zurück und schauten ihm und seiner Familie nach.

„Und jetzt, was machen wir?" Carlo atmete tief durch und schaute sich um.
Vor ihnen lag eine Straße aus fest gestampftem Lehm, die sich zwischen einigen Häusern in die Stadt hinein zog.
„Ich denke, wir gehen einfach weiter und versuchen, den Bahnhof zu finden. Salim hat doch gesagt, dass hier eine Bahnlinie vorbei führt, die bis nach Rabat läuft. Vielleicht können wir ja mit der Bahn fahren. Was meinst du?"
„Gut, dann gehen wir und suchen den Bahnhof. Wir müssen die Augen offen halten. Mir erscheint es komisch, dass man keine Menschenseele sieht. Es ist doch heute nicht so heiß, dass alle deswegen drin bleiben. Wahrscheinlich werden wir aus allen Ecken beobachtet. Schauen wir, dass wir weiter kommen. Je schneller wir am Bahnhof sind, desto besser."

Damit machten sie sich auf den Weg die Straße entlang.
„Wo sind wir denn hier überhaupt? Hat Salim gesagt, wo wir sind?" Carlo schaute Hans fragend an.

„Nein, er hat nicht gesagt, wie die Stadt heißt. Aber da vorne scheint ein Schild zu stehen. Vielleicht steht ja etwas darauf, das wir entziffern können."

Das war aber nicht so. Es gab zwar ein Hinweisschild. Sie konnten aber die Schrift nicht lesen. Sie wussten nicht, wo sie angekommen waren. Und sie wussten auch nicht, wie weit es noch war bis zu einem Hafen am Atlantik, wo sie ein Schiff finden mussten, das sie nach Europa bringen würde.

Sie gingen weiter die Straße entlang, vorbei an weißgetünchten Häusern, deren Türen alle geschlossen waren. Die Fensteröffnungen waren dunkel und es war niemand zu sehen. Salim hatte ihnen gesagt, dass die Eisenbahnstrecke nördlich der Stadt verlief. Sie bogen deshalb an der nächsten Möglichkeit nach rechts in eine Querstraße ab.

Nach ein paar hundert Metern kamen sie an einen Platz, der von Palmen gesäumt war. In der Mitte des Platzes sprudelte tatsächlich ein Brunnen. Dort begegneten sie erstmals einigen Leuten. Vor den zum Teil offen stehenden Türen der Häuser rund um den Platz saßen alte Männer auf ihren Stühlen und unterhielten sich. Am Brunnen waren ein paar Kinder, die mit einem Ball spielten. Aus einer anderen Straße kamen zwei Frauen auf den Platz, die jeweils einen Krug auf dem Kopf trugen.

Hans und Carlo wussten nicht, ob sie sich freuen oder eher fürchten sollten. Sie gingen langsam weiter und überquerten den Platz. Als die Kinder sie sahen, unterbrachen sie ihr Spiel. Auch die Männer hielten in ihren Gesprächen inne, sobald sie sie gesehen hatten. Carlo und Hans gingen weiter und waren froh, als sie den Platz hinter sich gelassen hatten

Ihr Weg führte sie weiter in Richtung Norden und nach ungefähr zwanzig Minuten wichen die Häuser einem immer dichter werdenden Palmenhain. Es handelte sich um

Dattelpalmen, deren Früchte goldbraun in der Sonne leuchteten.

„Da vorne! Siehst du, dort sind Schienen!"
Carlo deutete mit dem Finger nach vorne. Sie beschleunigten ihre Schritte. Jetzt konnte man es klar erkennen. Vor ihnen verliefen Schienen in einem Schotterbett, das man von weitem kaum erkennen konnte, weil die Steine dieselbe Farbe hatten wie der sie umgebende Sandboden.

An den Schienen angekommen, blickten sie prüfend in beide Richtungen. Von ihrem Standort aus konnten sie nicht erkennen, wo sich der Bahnhof befand. Es gab nirgends eine Überdachung oder gar ein größeres Gebäude, das man als Bahnhof hätte einstufen können.

„Ich denke, wir gehen weiter nach Westen. Die Stadt scheint sich in diese Richtung auszudehnen. Der Bahnhof müsste also eher dort sein als im Osten. Was meinst du?"

„Ja, du hast Recht. Gehen wir dorthin!"
Carlo war in die Gleismitte getreten und nahm mit langen Schritten eine Schwelle nach der anderen in Richtung Westen. Hans folgte ihm, wobei er alle paar Meter über die Schulter zurück blickte. Irgendwie war es ihm nicht ganz wohl bei dem Gedanken, es könnte sich ein Zug von hinten nähern.

„Mach dir nicht in die Hose! Wenn ein Zug kommt, wirst du ihn schon rechtzeitig hören. Keine Angst!"

Carlo lachte und gab noch mehr Gas. Er konnte es kaum erwarten, am Bahnhof anzukommen.

Eine halbe Stunde war zwischenzeitlich vergangen und sie waren an einer Stelle angekommen, die man als Haltestelle für einen Zug bezeichnen konnte. Es gab zwar auch hier keinerlei Überdachung, auch kein Bahnhofsgebäude oder etwas Ähnliches. Aber es sah so aus, als ob hier die Haltestelle wäre. Der Boden rechts und links der Geleise war festgestampft und zeugte davon, dass sich hier regelmäßig größere Menschengruppen aufhielten.

„Da hinten, da sind ein paar Palmen. Da können wir uns in den Schatten setzen und auf den Zug warten, was meinst du?" Hans deutete auf eine Stelle ungefähr fünfzig Schritte von den Schienen entfernt.

„Ja, das ist gut. Ganz schön heiß heute, was?" Carlo setzte sich schon in Bewegung und Hans trabte hinterdrein.

Bei den Palmen angekommen, schnallten sie die Rucksäcke los und lehnten ihre Ausrüstung an die Baumstämme. Sie ließen sich daneben nieder und machten es sich bequem. Sie hatten auf ihrer Wanderung die Schienen entlang keinen Menschen getroffen, nicht einmal von weitem jemanden gesehen.

„Komisch, wo die wohl alle sind? Es gibt einen ganzen Haufen von Häusern. Also muss es auch einen ganzen Haufen von Arabern geben, oder nicht?"

Carlo schaute sich bei diesen Worten um und suchte die Umgebung nach irgendeiner Bewegung ab.

„Na ja, jetzt warten wir halt. Mal sehen, was passiert. Irgendwann müssen die ja heraus kommen." Mit diesen Worten legte Hans sich ab, wobei er seinen Rucksack als Kopfstütze nutzte und in den Himmel schaute.

„Weißt du, seit ich den Himmel in der Wüste gesehen habe, seitdem weiß ich erst, was die Farbe Blau wirklich ist. Genauso ist es mit der Farbe Braun für den Sand. Es gibt weder ein Blau noch ein Braun. Es gibt von jeder Farbe tausende und abertausende Schattierungen. Stimmt´s?"

„Ja, du hast Recht. Vor allem die Wüste hat mich begeistert. Die Farben sind nicht zu beschreiben. Einmal ist der Sand fast schwarz, dann gehen die Farbspiele bis zu einem hellen Gelb. Dann gibt es wieder rote Töne und sogar grün ist keine Seltenheit. Die Felsbrocken und Steine sind genauso eintönig wie sie schillernd bunt sein können.

Wenn man das nicht selbst gesehen hat, dann glaubt man das nicht. Selbst ein begabter Künstler würde nur schwer diese Fülle an Farben mischen können, die von der Wüste und dem Sonnenlicht hervorgebracht werden. Unglaublich."

Die beiden lagen in der Nachmittagssonne und dösten vor sich hin. Nichts tat sich, außer dass ab und zu ein paar Vögel in den Palmen zu hören waren, während sie sich an den Datteln zu schaffen machten.

Als die Dämmerung langsam aufzog, kam plötzlich Leben in den Ort. Fast zeitgleich gingen an vielen Häusern die Türen auf und Menschen traten auf die Straßen. Männer, Frauen und eine Menge Kinder waren jetzt unterwegs. Die Leute, die an den beiden vorbei kamen, beachteten sie kaum. Überall war geschäftiges Treiben. Man unterhielt sich laut und gestikulierend über dies und das, wobei die beiden Legionäre die fremde Sprache nicht verstanden.

Hans richtete sich plötzlich auf und deutete mit angewinkeltem Arm unauffällig zu einer Straßenecke. Dort waren zwei Männer in Uniform aufgetaucht. Sie trugen beide Revolver am Gürtel und schlenderten gemächlich an den Häusern entlang. Sie unterhielten sich und grüßten im Vorbeigehen die Männer, die vor ihren Haustüren auf Stühlen saßen.
Carlo und Hans versuchten, sich unauffällig hinter die Palmenstämme zu schieben, um nicht gesehen zu werden. Es half aber nichts, denn einer der Uniformierten hatte sie bereits bemerkt und machte seinen Begleiter auf sie aufmerksam.
Jetzt kamen beide mit schnellen Schritten auf sie zu.
„Was machen wir? Sollen wir abhauen?" Hans schaute unbehaglich um sich und suchte einen Ausweg.

„Das bringt jetzt auch nichts mehr. Wir bleiben. Wir haben ja nichts verbrochen. Und Franzosen sind das keine, oder?"

Hans konnte keine Antwort mehr geben, denn die beiden Soldaten standen bereits vor ihnen. Einer war im Abstand von ungefähr drei Schritten stehen geblieben und hatte die Hand an den Revolverknauf gelegt. Der andere war vorgetreten und hatte mit der rechten Hand an der Schirmmütze salutiert.

Er sagte etwas auf Arabisch, das die beiden nicht verstanden. Hans hatte sich entschlossen, auf Französisch zu antworten und sich als Legionäre auszugeben.

Er grüßte und salutierte ebenfalls militärisch. Der andere antwortete jetzt auf Französisch und fragte sie, woher sie kämen und wohin sie unterwegs wären. Hans antwortete wahrheitsgemäß, dass sie mit einem arabischen Freund von Algerien bis hierher gereist seien und jetzt mit dem Zug weiter an die Küste wollten.

„Zeigen sie mir Ihre Papiere."

Der Soldat streckte die Hand aus und unterstrich so seine Forderung nach einem Ausweis. Hans und Carlo hatten keine Papiere und Carlo griff jetzt in das Gespräch ein.

„Wir sind aus der Haft bei der Legion in Algerien geflohen. Wir waren dort eingesperrt, weil wir uns geweigert hatten, auf Frauen und Kinder zu schießen. Wir haben keine Papiere. Wir wollen aber nur noch nach Hause, nach Europa. Und dazu müssen wir an die Küste, damit wir ein Schiff nehmen können."

„Das ist ja eine schöne Geschichte. Und die soll ich Ihnen glauben? Sie könnten genauso gut in Marokko aus dem Gefängnis geflohen sein. Woher soll ich wissen, dass sie mir die Wahrheit sagen? Und wer soll der Araber sein, mit dem sie aus Algerien durch die Wüste bis hierher gereist sein wollen?"

„Wir sind mit Salim Bin Ahmadi und seiner Familie gereist. Sein Diener Kazim war auch dabei."

Jetzt ging ein breites Grinsen über das Gesicht des zweiten Soldaten, der immer noch in einigem Abstand verhielt. Er kam die letzten Schritte zu den Männern und schlug Hans kräftig auf die Schulter.

„Ihr seid mit Salim Bin Ahmadi gereist? Das ist ja wunderbar. Dann müsste er ja auch hier sein, oder?"

„Salim wollte weiter reisen. Ob er noch in der Stadt ist, kann ich nicht sagen. Er könnte unsere Angaben bestätigen, wenn wir ihn fänden."

„Ich weiß, dass Salim Bin Ahmadi unterwegs ist. Ich habe ihn nämlich vor sechs Wochen auf dem Weg nach dem Süden hier in der Stadt getroffen und er hat mir von seinem Vorhaben erzählt, seine Verwandten im Süden zu besuchen. Eure Angaben scheinen wohl zu stimmen. Und was wollt ihr jetzt weiter tun?"

„Wir möchten mit dem Zug in Richtung Westen weiter fahren. Wir hoffen, dass der Zug hier anhält."

„Ein Zug kommt hier nur alle drei bis vier Tage vorbei. Es handelt sich um einen Güterzug, der von Oran kommt und bis nach Rabat fährt. Der Zug hält hier nicht regelmäßig. Nur wenn er Güter für die Händler hier in der Stadt mit sich führt, hält der Lokführer den Zug an. Wann das der Fall ist, kann man nicht im Voraus sagen."

Carlo und Hans schauten sich ratlos an.

„Wo können wir schlafen? Gibt es hier ein Lager für Reisende?"

„In unserem Land ist die Gastfreundschaft oberstes Gebot. Es wird schon etwas zu finden sein. Könnt ihr bezahlen?" Einer der beiden Soldaten hatte mit Daumen und Zeigefinger gerieben und die Geste für Kleingeld gemacht. Er lächelte dabei.

„Wir haben kein Geld. Wir haben aber noch zwei Pistolen mit Munition, die wir tauschen könnten."

„Das ist gut. Waffen sind immer gesucht. Jeder Araber hat mindestens einen Dolch und, wenn es möglich ist, auch eine Feuerwaffe. Dafür kann man auf jeden Fall Geld bekommen. Wir werden euch dabei helfen. Jetzt bleibt ihr am besten erst einmal hier wo ihr seid. Wir werden die Lage prüfen und dann wieder hierher zurückkommen. Ist das gut?"

„Ja, sehr gut. Und vielen Dank auch."

Als die beiden Soldaten sich entfernt hatten, schauten sich Carlo und Hans an. Hans fand als erster seine Sprache wieder: „Mann, haben wir ein Schwein. Das gibt es doch gar nicht, oder?"

„Ja, wenn wir Salim nicht getroffen hätten, dann wären wir zwar schon in der Wüste krepiert, wären jetzt aber wahrscheinlich auch nicht ohne weiteres aus dem Schlamassel heraus gekommen. Sein Name ist wie ein Reisepass hier in der Gegend. Kaum zu glauben, aber es ist so."

Beide setzten sich wieder und lehnten sich an die Stämme der Dattelpalmen. Sie beobachteten das Treiben um sie herum. Man nahm jetzt keine Notiz mehr von ihnen, weil ja die Soldaten sie schon überprüft hatten und daher davon auszugehen war, dass alles in Ordnung mit ihnen sei.

Nach einer kurzen Dämmerung war die Nacht hereingebrochen. Das Treiben in den Straßen und dem Platz in ihrer Nähe hatte sich noch verstärkt. Sie hatten den Eindruck, dass immer mehr Menschen ins Freie kamen. Vor den erleuchteten Türöffnungen konnte man Leute beieinander sitzen sehen. Sie unterhielten sich lebhaft gestikulierend. Man hörte immer wieder Lachen aus unterschiedlichen Richtungen, Kinder tollten in den Straßen umher. Sie spielten mit Hunden und manche führten kleine Zicklein an einer Leine mit sich. Es war angenehm warm und man konnte ein ständiges Gemurmel wahrnehmen, welches sich beruhigend auf Hans und Carlo auswirkte. Nach der Begegnung mit den Soldaten waren sie doch sehr nervös gewesen. Irgendwie konnten sie immer noch nicht glauben, dass alles so glimpflich abgelaufen war.

„Na ja, sieht ja jetzt ganz gut aus. Wir müssen halt irgendwie auf den Zug kommen. Dann sollten wir es schaffen, innerhalb der nächsten Tage an die Küste zu kommen. Was meinst du?"

Carlo hatte Hans am Arm berührt. Hans drehte den Kopf zu ihm und nickte nur.

„Hoffen wir, dass es wirklich so ist, wie es aussieht. Mir kommt das irgendwie spanisch vor. Aber vielleicht sind die Araber ja wirklich so gute Menschen, wer weiß?"

Kaum hatte Hans diesen Satz beendet, hörten sie beide heftige Laufgeräusche auf dem Platz hinter ihren Palmen. Jetzt bogen ein paar Männer um die nächste Ecke und schon standen sie mit vorgehaltenen Gewehren vor ihnen.

„Aufstehen!", brüllte einer der Männer, während die anderen sie mit ihren Waffen in Schach hielten.

Hans und Carlo rappelten sich langsam auf. Obwohl sie misstrauisch gewesen waren, waren sie jetzt doch sehr überrascht über diese Aktion.

„Nehmt eure Sachen auf, die Waffen lasst ihr am Boden liegen, dann folgt ihr uns ohne Widerstand. Ihr seid festgenommen!"

Wieder hatte derselbe Mann gesprochen und ihnen mit der Hand unmissverständlich angedeutet, dass es keinen Sinn machte, Widerstand zu leisten.

Hans und Carlo wurden in die Mitte genommen, der Sprecher ging leicht versetzt links vor ihnen Richtung Bahngleise, der vierte Mann folgte in kurzem Abstand mit dem Gewehr im Anschlag. Nach kurzem Marsch, sie waren kaum zehn Minuten unterwegs gewesen, kamen sie an ein großes Gebäude. Der Sprecher klopfte an eine massive Holztür. Diese wurde kurz darauf aufgezogen. Hinter der Tür befand sich ein geräumiger Gang, der hell erleuchtet war. Er zog sich gute zwanzig Schritte weit in das Innere des Gebäudes, rechts und links gingen im Abstand von drei Metern Türen ab.

„Vorwärts, bis vor die letzte Tür dahinten!" Der Sprecher hatte nach hinten in den Flur gedeutet und war vorangegangen. Hans und Carlo und ihre Wächter folgten ihm. Die Tür wurde geöffnet und Hans und Carlo gingen zögernd in den dunklen Raum. Als sie drin waren, schickte sie der Sprecher mit ausgestrecktem Arm zur rückwärtigen Wand.

„Stellt euch an die Wand und legt euer Gepäck ab. Wir werden das Gepäck durchsuchen. Ihr werdet es dann wieder zurückbekommen, sofern sich keine Waffen darunter befinden."

Einer der Soldaten trat vor und nahm die Ausrüstung der beiden hoch. Er verschwand durch die Tür in den Gang.

Der Sprecher, es war derselbe, der ihnen am Nachmittag gesagt hatte, dass alles in Ordnung sei und dass er Salim Bin Ahmadi kannte, hatte jetzt die Tür geschlossen. Er war jetzt mit Hans und Carlo allein in dem kleinen Raum, der mit zwei Bettgestellen und einem kleinen Tisch mit zwei Stühlen ausgestattet war. Die Fensteröffnung war vergittert.

„Setzt euch, ich erkläre euch was."

Hans und Carlo setzten sich langsam. Sie waren wie betäubt. Gespannt warteten sie auf die Ansprache des Soldaten.

„Ihr habt gesagt, dass ihr euch nichts habt zu Schulden kommen lassen. Also habt ihr nichts zu befürchten. Ihr habt auch gesagt, dass ihr an die Küste wollt, um von dort aus nach Europa zu kommen.

Wenn das alles stimmt, dann ist es das Beste, ich verhafte euch. Bei einer Verhaftung von Legionären besteht die Vorschrift, dass ihr in die Hauptstadt gebracht werden müsst, also nach Rabat. Morgen wird ein Zug erwartet. Ihr werdet in diesen verfrachtet und bis nach Rabat gebracht. Dort werdet ihr den Behörden übergeben.

Ob diese euch dann an die Franzosen ausliefern werden oder nicht, das weiß ich nicht. Jedenfalls werdet ihr so am schnellsten an die Küste kommen. Und bis dahin habt ihr nichts zu befürchten. Alles Weitere liegt dann bei euch. Ihr müsst entweder die Behörden überzeugen, dass ihr harmlos seid, oder ihr müsst abhauen. Zu allem wünsche ich euch viel Glück. Morgen werdet ihr zum Zug gebracht."

Mit diesen Worten drehte sich der Mann um, verschwand durch die Tür und schloss diese von außen ab.

Hans und Carlo schauten sich verdutzt an. Keiner sagte ein Wort. Sie mussten erst einmal überlegen, ob sie alles richtig verstanden hatten.

Plötzlich ging die Tür wieder auf und einer der Soldaten legte ihr Gepäck auf den Boden. Wortlos ging er wieder hinaus und schloss ab.

„Ist das jetzt gut oder schlecht?" Carlo hatte die Frage gestellt und grinste breit.

„Was lachst du so blöd? Meinst du, dass wir so durchkommen werden? So einfach?"

„Weiß ich doch nicht. Jedenfalls werden wir in ein paar Tagen das Meer riechen. Und dann müssen wir halt sehen, wie wir uns aus dem Schlamassel befreien können. Es hätte auf jeden Fall schlechter laufen können, oder nicht?"

Hans war aufgestanden und ging in der Zelle auf und ab. Er nickte vor sich hin und sagte nichts. Aber je mehr er darüber nachdachte, desto mehr glaubte auch er, dass dies nicht die schlechteste Entwicklung war.

„Auf nach Rabat!", rief er laut und jetzt lachte auch er.

Zwei Tage später saßen sie in einem Zugabteil und der Lokomotivführer hatte den Zug in Richtung Westen in

Bewegung gesetzt. Ihre blauen Legionärsuniformen hatten sie mit knöchellangen Überwurfhemden tauschen können.

Im Gefängnis hatte es keine spezielle Häftlingskleidung gegeben. Man trug seine Uniform, nichts anderes. Jetzt war es aber Zeit geworden, diese auffällige Kleidung loszuwerden. Hans hatte den Standortkommandanten gefragt, ob er ihnen im Tausch für zwei Pistolen neue Kleidung würde beschaffen können. Das tat dieser auch und schon nach ein paar Stunden konnten sie die Überhänge aus naturbelassener Baumwolle überstreifen. Ihre Kappen hatten sie behalten, da sie sonst überhaupt keine Kopfbedeckungen gehabt hätten. Sie sahen jetzt etwas seltsam aus mit ihren langen Hemden und den mit Nackenlappen versehenen Kappen. Aber das schien niemanden weiter zu stören. Jedenfalls hatten sie nicht das Gefühl gehabt, dass sie auf dem Bahnsteig besondere Aufmerksamkeit auf sich gezogen hätten.

Beim Besteigen des Zuges war auch kein großes Aufhebens seitens der Sicherheitskräfte gemacht worden. Einer der Soldaten war mit zum Gleis gegangen und hatte mit ihnen auf die Ankunft des Zuges gewartet. Er hatte sie sogar verabschiedet, als sie eingestiegen waren. Allerdings hatte er davon Abstand genommen, ihnen die Hände zu schütteln.

Jetzt saßen sie also im Abteil und lauschten dem rhythmischen Schlagen der Waggonachsen auf den holprigen Gleisen.

„Also, jetzt fassen wir einmal zusammen." Carlo saß Hans gegenüber auf einer Holzbank und schaute aus dem Fenster.

„In Europa ist Krieg. An manchen Stellen in Nordafrika haben sie auch schon damit begonnen, sich gegenseitig abzuschlachten, weil sie dringend Rohöl brauchen. Den Marokkanern scheint dies aber relativ unwichtig zu sein. Jedenfalls hat keiner bisher verlauten lassen, dass irgendjemand in den Krieg gezogen sei. Und den Marokkanern scheint es deshalb auch scheißegal zu sein, was mit uns beiden passiert, solange wir ihnen nicht auf den Geist gehen, oder?" Er schaute jetzt Hans an.

„Ja, scheint so. Habe nicht gedacht, dass wir so einfach davon kommen, nachdem sie uns vorgestern Abend verhaftet hatten. Und dass wir jetzt auch noch im richtigen Zug nach Westen sitzen, das begreife ich immer noch nicht so ganz." Hans schaute jetzt auch aus dem Fenster und betrachtete die karge Landschaft. Die Gegend war sehr zerklüftet und stieg schon nach einigen hundert Metern Abstand von den Schienen steil in die Höhe.

„Das muss das Atlasgebirge sein." Hans zeigte mit dem Finger auf einen steilen Berg in der Ferne. Im ersten Moment wollten sie es nicht glauben. Aber man konnte bei näherem Hinsehen tatsächlich weiße Bergkuppen erkennen. Es sah so aus, als ob da oben Schnee läge.

„Meinst du wirklich, dass wir da auf Schneefelder schauen?" Carlo wollte es auch nicht glauben.

„Ja, das Gebirge ist ganz schön hoch, soweit ich mich erinnern kann. Habe gehört, dass hier im Winter auch Schnee fällt. Dass ich das einmal selbst sehen würde, das habe ich mir aber nie vorstellen können."

„Was tun wir, wenn wir ankommen? Die haben noch nicht einmal das Abteil abgeschlossen. Denen ist es wohl ganz egal, ob wir bis nach Rabat durchfahren oder ob wir schon vorher an einer Haltestelle aussteigen."

„Vielleicht hält der Zug ja auch gar nicht mehr bis Rabat. Kann man ja nie wissen. Wir wissen ja ohnehin nicht, wo wir eingestiegen sind."

Carlo war aufgestanden und hatte aus seinem Rucksack, der neben ihm auf der Sitzbank lag, eine Flasche Wasser herausgeholt. Er schraubte den Verschluss ab und nahm einen Schluck. Dann schloss er die Flasche sorgfältig und legte sie wieder zurück in den Rucksack.

„Ja, wir wissen nicht, was man mit uns machen wird. Ich gehe aber davon aus, dass die Behörden in Rabat auch kein großes Interesse an uns haben werden. Kann aber sein, dass sie uns den Franzosen übergeben. Und dann werden wir wohl Probleme bekommen. Was meinst du?"

Hans überlegte. Er stützte sein Kinn in beide Hände und die Ellenbogen auf die Knie.

„Weiß nicht. Abgehauen sind wir vor ungefähr vierzehn Tagen. Wieweit die Nachrichtenleitungen vom Gefängnis nach Sidi Bel Abbes noch brauchbar waren, wissen wir nicht. Könnte also sein, dass unser Ausbruch erst vor ein paar Tagen gemeldet werden konnte. Jetzt stellt sich die Frage, ob die Legion in Algerien diese Meldung auch nach Marokko weiterleitet. Das ist zumindest anzuzweifeln. Nach meiner Einschätzung wissen die noch nicht einmal genau, wer nach dem Erdbeben abgehauen ist und wer schon vorher an die Front musste. So genau führen die über die Häftlinge nicht Buch, denke ich. Das könnte bedeuten, dass auch die Franzosen in Rabat nicht wissen, dass wir Flüchtlinge sind. Wir müssen uns jetzt eine gute und glaubhafte Geschichte einfallen lassen."

Carlo schaute wieder zum Fenster hinaus und dachte nach.

„Ja, erst einmal müssen wir entscheiden, aus welchem Land wir kommen und warum wir hier unterwegs sind. Dass wir Einheimische sind, wird man uns nicht abnehmen. Als Franzosen können wir uns auch nicht ausgeben. Deutsch oder Italienisch ist auch nicht gerade von Vorteil."

„Wieso nicht? Wir können doch sagen, dass wir Italiener sind, die bei der Ölförderung in Libyen stationiert waren und jetzt auf der Heimreise seien. Wir erzählen denen, dass wir unterwegs überfallen worden sind und deshalb keine Papiere mehr hätten. Wir erzählen ihnen von Salim bin Ahmadi. Vielleicht prüfen sie das dann nach und erhalten eine Bestätigung aus Marrakesch. Was hältst du davon?"

„Klingt nicht schlecht. Wirklich nicht schlecht. Wir müssen das mit Salim ausbauen. Das ist unsere einzige Chance. Wenn sie in Marrakesch anfragen und mit etwas Glück von Salim eine Bestätigung erhalten, dass wir uns kennen, dann lassen sie uns vielleicht einfach laufen."

Am nächsten Tag gegen Abend wurde der Zug merklich langsamer. Die Gleise führten durch eine kleine Siedlung. Rechts und links von den Gleisen tauchten vereinzelt Personen auf, die anscheinend auf den Zug warteten. Der Zug kam zum Stehen und Carlo und Hans zogen das Fenster herunter, um zu sehen, wo sie sich befanden. Das konnte nicht Rabat sein.

Von vorne kam ein uniformierter Posten langsam den Zug entlang. Carlo probierte es auf Französisch.

„Hallo, guter Mann. Wo sind wir hier, bitte?"

Der Posten schaute kurz auf und sagte dann tatsächlich einen Ortsnamen, den sie aber beide noch nie gehört hatten.

„Wie weit ist es noch bis nach Rabat?" Hans hatte auch den Kopf zum Fenster hinaus gestreckt.

„Wenn alles normal läuft, dann werdet ihr morgen gegen Mittag dort eintreffen." Der Posten hatte in etwas gebrochenem Französisch geantwortet.

„Hier ist eine Haltestelle, weil der Zug Wasser aufnehmen muss. Dann steigen auch ein paar neue Fahrgäste ein, und manchmal sogar einer aus."

Der Posten lachte und ging weiter am Zug entlang. Schnell war er außer Hörweite und Carlo schob das Fenster wieder hoch.

„Also morgen gegen Mittag."

Carlo schaute hoch. „Meinst du, wir sollten versuchen, vor dem Bahnhof abzuspringen?"

„Ich weiß auch nicht, was besser ist. Wir lassen es einfach laufen und sehen morgen, wie die Lage ist. Wenn es gefahrlos zu machen ist, dann ist es vielleicht besser, wenn wir uns vorher aus dem Staube machen. Wir werden sehen, oder?"

Carlo nickte nur. Sie hatten sich beide wieder auf ihre Plätze gesetzt und schon nach ein paar Minuten nahm der Zug quietschend Fahrt auf.

Es war fast eine Stunde vergangen, sie hatten beide ihren Gedanken nachgehangen, als Carlo plötzlich seinen Blick vom Fenster abwendete und Hans ansah.

„Das mit Libyen funktioniert nicht. Wir können denen nicht erzählen, dass wir von Libyen aus über Marokko nach Italien fahren wollen. Das nimmt uns niemand ab.

Italien und Libyen führen schon zig Jahre einen regen Handel miteinander. Da gibt es einen ganzen Haufen direkter Schiffsverbindungen von einem Land zum anderen. Da fährt man doch nicht erst nach Rabat, um dann ein Schiff nach Italien zu nehmen. So blöd sind die Marokkaner auch wieder nicht."

„Ja, du hast ja Recht. Das war in der Vergangenheit immer so. Jetzt ist aber Krieg, und da fahren die Handelsschiffe nicht auf ihren normalen Routen. Die Gefahr durch deutsche U-Boote ist ja schon fast legendär."

„Im Mittelmeer gibt es keine deutschen U-Boote, soweit ich weiß. Die Engländer bewachen die Straße von Gibraltar mit einer ganzen Armada von Kriegsschiffen. Da kommt kein U-Boot durch, oder?"

„Ja, das stimmt wohl. Aber von Triest aus könnten die Schiffe in See stechen, nicht wahr?"

„Aber nur, wenn sie schon vor dem Krieg dort stationiert waren. Oder wenn sie inzwischen dort auf einer Werft gebaut werden konnten. Das weiß ich nicht. Nein, das weiß ich wirklich nicht."

„Und die Beamten in Rabat, die wissen das auch nicht. Also lass es uns ihnen einfach so erzählen. Nachprüfen können sie es bestimmt nicht. Und in den Nachrichten werden auch nicht dauernd Geheimnisse der deutschen Seekriegsführung bekannt gemacht worden sein."

Wieder hingen sie ihren Gedanken nach und schauten der vorbei fliegenden Landschaft zu.

Obwohl sie beide müde waren, gelang es keinem von ihnen, während der folgenden Nacht zu schlafen. Vielleicht war der eine oder der andere ein paar Minuten eingenickt. Kann sein. Aber richtig schlafen konnte keiner von beiden. Sie waren viel zu aufgeregt darüber, was am nächsten Vormittag auf sie zukommen würde.

Es wurde langsam hell und der Zug fuhr mit gleichbleibender Geschwindigkeit nach Nordwesten. Sie hatten sich an das Rattern der Räder schon so gewöhnt, dass sie es gar nicht mehr wahrnahmen.
„Jetzt müsste es ja langsam soweit sein. Bis jetzt habe ich noch kein einziges Haus gesehen."
Carlo schaute zum Fenster hinaus. Dann stand er auf und zog die Scheibe nach unten. Vorsichtig schob er den Kopf nach draußen und schaute nach vorne.
„Da vorne sehe ich ein paar Palmen. Anscheinend gibt es da Wasser oder es regnet öfter einmal. Vielleicht sind wir bald da." Er hatte den Kopf wieder herein genommen und schaute Hans zu, wie dieser aufstand und seine Sachen zusammen kramte.
„Komm! Lass uns nachsehen, ob wir hinten den Waggon verlassen können. Wir müssen sehen, ob die Türen offen sind. Vielleicht können wir ja doch irgendwie vor der Ankunft im Bahnhof abhauen. Muss ja nicht unbedingt sein, dass wir bei der Polizei vorreiten müssen."
Carlo fing ebenfalls an, seine Habseligkeiten zusammen zu raffen. Sie zogen ihre Rucksäcke über und nickten sich aufmunternd zu. Hans zog die Schiebetür auf und spähte erst nach hinten den Flur entlang und dann nach vorne in

Richtung Lokomotive. Der Flur des Wagens war leer. Sie verließen ihr Abteil und gingen nach rückwärts.

Ganz am Ende des Ganges, sie waren ungefähr sieben oder acht Meter gegangen, befand sich eine Tür. In der Tür war ein Fenster eingelassen, welches bis etwa zur Mitte der Tür ging. Es war sehr staubig aber man konnte trotzdem den nächsten angehängten Waggon erkennen.

Hans drückte die Klinke nach unten und die Tür sprang tatsächlich auf. Vor der Tür war am Boden ein etwa einen Meter breiter Gitterrost angebracht, der über die ganze Breite des Waggons reichte. Nach hinten schloss ein Geländer das Gitter ab, rechts und links führten jeweils zwei Stufen nach unten, die auch aus Gittern gefertigt waren. Hans war auf den Gitterrost getreten und hatte sich am Geländer festgehalten. Die Räder machten einen Höllenlärm und Hans musste daher fast schreien, als er zu Carlo sagte, dass er hinaus kommen sollte. Jetzt standen sie beide auf dem Rost am hinteren Ende ihres Waggons und hielten sich mit einer Hand am Geländer fest.

Carlo hob eine Hand muschelförmig an seine Lippen und neigte seinen Kopf an ein Ohr von Hans.

„Wir bleiben jetzt hier stehen, bis wir in die Stadt einfahren. Vielleicht können wir ja abspringen, wenn der Zug langsam genug wird. Vielleicht hält er ja auch vor dem Bahnhof einmal an."

Hans nickte nur und beide warteten gespannt auf die weiteren Ereignisse, die noch auf sie zukommen sollten.

Plötzlich hörte man einen grellen Pfiff, der von der Lokomotive kam. Der Lokführer gab also ein Signal. Jetzt wurde es ernst. Sie meinten, dass der Zug langsam an Fahrt verlor. Ja, jetzt war es deutlich zu merken. Sie fuhren langsamer. Dann konnte man sogar die Bremsen quietschen hören.

Beide zuckten zusammen, als die ersten Häuser an ihrem Waggon vorbeihuschten. Irgendwie hatten sie gar nicht mehr damit gerechnet, dass endlich eine Stadt auftauchen würde. Jetzt war es soweit. Erst waren es nur vereinzelte Häuser, dann verschmolzen sie zu einer Häuserreihe, die nach ein paar Minuten eine undurchdringliche Wand neben den Gleisen ergaben. Währenddessen wurde der Zug immer langsamer.

Hans schaute nach beiden Seiten, konnte aber keinerlei Unterschied in der Bebauung entlang der Schienen feststellen.

„Es ist egal, ob wir auf dieser oder auf der anderen Seite abspringen. Überall sind Häuser. Ich springe hier und du auf der anderen Seite. Wir warten noch ein wenig, vielleicht wird er ja noch langsamer. Dann auf mein Kommando."

Beide waren auf die unterste Stufe ihrer Waggonseite getreten und schauten angestrengt in Fahrtrichtung. Der Zug wurde jetzt nicht mehr langsamer. Er hatte wohl auf die Geschwindigkeit herunter gedrosselt, mit der er in den Bahnhof einfahren konnte. Sie mussten also jetzt abspringen, sonst wären sie womöglich doch noch im Bahnhof angekommen. Und das wollten sie ja vermeiden.

Hans drehte sich zu Carlo um und brüllte: „Also los jetzt, auf Drei! Eins, zwei und drei!" Beide sprangen ab. Sie fielen in den festgestampften Sand und rollten sich ab.

Sie kamen sofort wieder auf die Füße und schauten sich um. Ein paar Schritte entfernt von den Schienen befanden sich die ersten Häuser. Personen konnten sie in direkter Nähe nicht erkennen. Die Waggons donnerten an ihnen vorbei und kurz darauf sahen sie dem letzten Wagen hinterher. Sie grinsten sich über die Schienen hinweg zu.

„Hat ja gut geklappt. Jetzt nichts wie weg, damit uns nicht doch noch jemand verhaftet." Carlo sprang lachend über die Schienen und sie umarmten sich kurz und klopften sich voller Freude über die abermals gelungene Flucht gegenseitig auf den Rücken.

Dann machten sie sich an den Häusern entlang zur nächsten Straßenecke auf. Als sie diese erreicht hatten, spähten sie in die angrenzende Straße. Wieder war keine Menschenseele zu sehen.

„Komm, lass uns weiter gehen!" Nebeneinander gingen sie die Straße entlang. Sie schauten sich an und beide lachten lauthals los. Wieder hatten sie Glück gehabt.

Italien

Drei Wochen waren vergangen. Carlo und Hans standen an der Reling eines Dampfers, der auf dem Weg nach Norden war. Sie hatten auf der „Regina di Palermo" angeheuert und freuten sich jetzt auf die Überfahrt nach Italien.

Als sie vor drei Wochen los gelaufen waren, um in den Hafen von Rabat zu kommen, hatten sie nicht gewusst, dass sie schon an einem Vorstadthalt aus dem Zug gesprungen waren. Sie hatten also noch einen gehörigen Marsch bewältigen müssen, bis sie dann endlich am Stadtrand von Rabat eingetroffen waren. Gut war, dass sich niemand um sie kümmerte. Ab und an begegneten sie Uniformierten, die aber keine Notiz von ihnen nahmen. Es war offensichtlich, dass die Behörden kein Interesse daran hatten, Ausländer oder andere Fremde auf ihre Absichten hin zu überprüfen. Man konnte sich jederzeit und überall in der großen Stadt bewegen.

Zum Schlafen hatten sie sich jeweils einen einigermaßen sicheren Unterschlupf unter Arkaden oder hinter großen Stadtgebäuden gesucht. Wasser bekamen sie an öffentlichen Brunnen. Mit der Nahrung war es etwas schwieriger. Sie hatten kein Geld und auch keine brauchbaren Tauschgegenstände bei sich. So kam es, dass sie sogar das eine oder andere Mal auf dem Markt ein paar Datteln oder auch einen Apfel stahlen. Sie hatten dabei immer das Gefühl, dass die Marktleute, die sie sich gerade ausgesucht hatten, durchaus bemerkten, dass sie bestohlen wurden. Sie ließen es aber immer geschehen.

Am Hafen angekommen, hatten sie sich sofort auf die Suche nach einem geeigneten Schiff gemacht, das für ihre Heimreise herhalten sollte. Auch im Hafen gab es überhaupt keine Kontrollen. Es schien so, als ob alles ohne

Zollbeamten oder Einwanderungsbehörden ablief. Allerdings wussten sie natürlich nicht, ob die entsprechenden Beamten und Sicherheitskräfte direkt auf den Schiffen ihre Arbeit taten.

„Schau mal, das ist ein italienisches Schiff." Carlo deutete auf den Bug eines etwa hundertfünfzig Meter langen Frachters, der am Kai lag. Hans blickte hoch und konnte in etwa sechs bis acht Metern Höhe den Schriftzug „Regina di Palermo" lesen.

„Wir müssen versuchen, hier Arbeit zu bekommen. So wie das aussieht, haben die gerade mit dem Löschen der Ladung begonnen. Vielleicht suchen sie ja noch fleißige Arbeiter. Komm, lass uns gleich fragen. Vielleicht haben wir ja Glück."

Carlo und Hans beschleunigten ihre Schritte und gingen zur Mitte des Schiffes, wo ein Ladekran Paletten aus dem Schiffsbauch hob und auf den Kai stellte. Die Paletten, die mit Kartons beladen waren, wurden von einer Reihe von Arbeitern entladen.

Gleich neben dem Stapelplatz stand ein Lastwagen, auf den die Kartons verladen wurden.

„Wer ist hier dafür verantwortlich, dass man Arbeit bekommen kann?" Hans hatte einen der Arbeiter auf Französisch angesprochen. Der Mann deutete mit dem Ellbogen auf einen Matrosen, der etwa zehn Schritte entfernt am Kai stand und die Bewegungen des Krans beobachtete. Carlo und Hans gingen weiter auf diesen Matrosen zu.

Er schaute ihnen entgegen und wartete, bis sie bei ihm angekommen waren.

„Sprechen sie Französisch?" Carlo hatte diese Frage gestellt, und zwar auf Französisch. Der Matrose zuckte mit den Achseln.

„Sprechen sie Italienisch?" Wieder hatte Carlo gefragt. Jetzt lächelte der Matrose und schaute sie beide abwechselnd an.

„Ja, klar. Bin doch Italiener. Oder besser, Sizilianer. Sprichst du Sizilianisch?"

Jetzt antwortete Hans auf Italienisch.

„Wir suchen dringend Arbeit. Wir sind sehr gute Arbeiter. Wir wollen auch kein Geld. Wir wollen nur mitfahren nach Italien. Und dann wollen wir noch etwas zu Essen und zu Trinken. Sonst nichts. Geht das?"

Der Matrose sagte erst einmal gar nichts. Er gab dem Kranführer immer wieder ein Zeichen, damit dieser die Paletten vom Schiff holen konnte.

Dann sagte er zu Carlo, den er wohl eher als einen Landsmann ansah, dass sie durchaus noch Arbeitskräfte für die Rückfahrt nach Italien einstellen wollten. Er müsse aber erst mit dem Kapitän darüber sprechen.

„Ihr wollt also mitfahren und dafür wollt ihr arbeiten. Ist das richtig?"

„Ja, das ist richtig. Wir wollen kein Geld. Nur die Überfahrt, Essen und Trinken."

„Ihr wisst doch überhaupt gar nicht, wohin wir fahren. Ist es euch denn gleichgültig, welches Ziel wir ansteuern werden?"

„Na ja, ganz egal ist es uns nicht. Es wäre schön, wenn es nach Italien ginge. Es wäre noch besser, wenn wir in den Norden kämen." Carlo hatte gelächelt, als er dies sagte. Nach dem Schiffsnamen zu urteilen war damit zu rechnen, dass das Schiff direkt nach Palermo fahren würde.

„Da habt ihr Glück. Wir nehmen hier Datteln und Gemüse in Dosen auf. Dann werden wir noch Rohstahl laden und ein paar Ölfässer. Die Ladung ist für verschiedene Importeure entlang der italienischen Küste bestimmt. Wir werden also verschiedene Häfen an der Westküste anlaufen. Der erste ist Genua. Dann geht es nach Livorno und weiter nach Neapel. Die letzte Anfahrt ist

Catania. Palermo fahren wir gar nicht an, obwohl das Schiff den Namen hat. Leider, denn meine Familie lebt in Palermo. Wäre schön, wenn wir wieder einmal Ladung für die Heimat hätten."

Hans und Carlo strahlten um die Wette. Sie hatten zwar noch keine Zusage, konnten sich aber jetzt schon vorstellen, dass es einfach klappen musste. Es musste klappen!

Und es klappte auch. Schon am nächsten Tag heuerten sie an. Sie erhielten einen Schlafplatz in einer großen Kajüte zusammen mit einem halben Dutzend anderer Arbeiter. Während der nächsten Tage halfen sie von früh morgens bis spät beim Löschen der Ladung. Es wurde von Sonnenaufgang bis Sonnenuntergang gearbeitet. Pause wurde nur zum Essen gemacht. Dennoch dauerte es fast zwei Wochen, bis das Schiff endlich leer war.

Der Kapitän hatte sie in ein Buch eingetragen und sie nach Namen und Adressen gefragt. Sie hatten ihre richtigen Namen angegeben und als Adresse die Wohnung von Carlo in Lierna am Comer See genannt. Dem Buchführer war das alles gleichgültig. Er schrieb alles so, wie sie es angaben. Ab und zu fragte er nach der Schreibweise. Der Rest schien im egal zu sein.

Während des Aufenthaltes auf dem Schiff hatten sie erfahren, dass in Italien inzwischen alliierte Streitkräfte bei Anzio und Nettuno gelandet seien. Wie weit die Amerikaner vorgedrungen waren, das wusste man aber nicht. Es war also derzeit nicht klar, unter wessen Kontrolle die Häfen seien würden, wenn die „Regina di Palermo" dort einlaufen würde.

Hans und Carlo hatten ohnehin vor, das Schiff schon im ersten Bestimmungshafen zu verlassen. Das wäre Genua. Und von dort aus, hatte Carlo gesagt, wären es gerade mal knapp zweihundert Kilometer bis zu ihm nach Hause.

Jetzt standen sie also auf dem Schiff und betrachteten das Meer. Sie hatten es geschafft. Bis hierher hatten sie es geschafft. Sie waren aus dem Gefängnis davongekommen und hatten sich quer durch die Sahara durchgeschlagen. Sie hatten die Autopanne überlebt und einen guten Freund in der Wüste gewonnen. Ja, sie hatten gute Menschen in Nordafrika getroffen. Sonst wären sie jetzt nicht da, wo sie waren.

Während der Nacht, weder Hans noch Carlo hatten Schlaf gefunden und sie standen deshalb an der Reling, konnte man in der Ferne vereinzelt Lichter sehen. Carlo fragte: „Was meinst du, was sind das für Lichter?"

„Der Chef hat heute Nachmittag gesagt, dass wir an den Inseln der Balearen vorbei kämen. Könnte also sein, dass wir jetzt auf der Höhe von Mallorca und den anderen Inseln sind."

Carlo hatte sich an der Bordwand niedergelassen und saß mit dem Rücken angelehnt auf dem Boden. Die Knie hatte er angezogen und er war dabei, sich eine Zigarette zu drehen. Hans schaute ihm dabei zu.

„Hast du eine für mich?"

Wortlos gab ihm Carlo seine fertig gedrehte Zigarette und begann damit, sich eine weitere zu drehen.

Sie trugen jetzt wieder europäische Kleidung. Der Chefmatrose hatte sie gefragt, ob sie keine Hosen hätten. Denn mit ihren Araberhemden könnten sie auf keinen Fall auf dem Schiff arbeiten. Da die beiden keine andere Kleidung besaßen, versorgte der Chefmatrose sie mit alten Hosen und Hemden. Sie trugen immer noch ihre Legionärsschuhe. Die typischen Kappen hatten sie inzwischen weggeworfen. Sie waren der Meinung gewesen, dass diese Kappen einfach zu auffällig waren. Immerhin befanden sie sich immer noch auf der Flucht aus dem Gefängnis in Algerien.

Jetzt sahen sie auch wieder aus wie zivilisierte Menschen. Während ihrer Reise durch die Wüste war keine Gelegenheit zum Haareschneiden oder Rasieren gewesen. Sie hatten weder eine Schere noch ein Rasiermesser gehabt. Außerdem war das Wasser viel zu knapp gewesen, als dass sie es zum Waschen hätte nutzen wollen. Es war viel zu kostbar.

Jetzt, nachdem sie in ihrem Schiff ihre Kabine bezogen hatten, war auch ein Waschraum vorhanden, den sie anfänglich weit über Gebühr nutzten. Es war wunderschön, mehrmals am Tag unter einer Dusche zu stehen. Dieses Gefühl hatten sie wochenlang vermisst.

Sie hatten einigermaßen annehmbare Frisuren und sie waren jeden Tag am Morgen glatt rasiert, nachdem sie ihre Morgentoilette hinter sich hatten. Unter der Dusche lachten sie sich immer gegenseitig aus, weil die Bräunung ihrer Haut mehr als komisch war. Im Gesicht und am Hals waren sie, wie auch an den Händen bis zu den Ellbogen, dunkelbraun gebrannt. Der Rest der Haut war fast schneeweiß. Carlo war zwar von Natur aus etwas dunkler als Hans, aber der Kontrast war bei ihm genauso ausgeprägt wie bei Hans.

„Wenn wir zu Hause sind, dann legen wir uns an den Strand am See und lassen uns die Sonne auf den Bauch scheinen. In ein paar Tagen werden wir dann gleichmäßig gebräunt sein." Carlo hatte Hans von seinem Dorf am Comer See erzählt. Seit sie auf der Rückfahrt nach Italien waren, war er jeden Tag ungeduldiger geworden, weil er es fast nicht mehr erwarten konnte, endlich seine Familie wieder zu sehen.

Hans hatte aber auch bemerkt, dass er das eine und das andere Mal im Schlafraum hin und her ging und über etwas nachgrübelte. Wahrscheinlich dachte er an zuhause. Wahrscheinlich grübelte er darüber nach, ob alles noch so wäre, wie er es verlassen hatte.

Immerhin war es jetzt September 1943. Er war vor mehr als fünf Jahren in die Legion eingetreten. Seit damals hatte er keinen Kontakt mehr mit seiner Frau gehabt.

„Meinst du, dass meine Frau noch auf mich wartet?" Die Frage kam für Hans völlig unvorbereitet und er wusste nicht, was er antworten sollte.

„Ich habe keine Erfahrung mit Ehen oder anderen Beziehungen zwischen Mann und Frau. Ich kenne auch deine Frau nicht, Carlo. Was soll ich dazu sagen? Was hast du zu ihr gesagt, als du abgehauen bist?"

„Weiß ich ehrlich gesagt nicht mehr. Es war ja so, dass ich abhauen musste, um nicht in den Knast zu kommen. Viel Zeit hatten wir nicht, um uns Treue zu schwören und einen Plan für die Zukunft zu machen. In der Legion habe ich dann versucht, mit ihr über die Post Kontakt aufzunehmen. Aber am Anfang war es uns nicht erlaubt, Briefe in die Heimat zu senden. Und dann sind wir ja beide wieder im Knast gelandet."

Hans konnte seinem Freund nicht helfen. Er hielt es auch nicht für gut, ihm Mut zuzusprechen. Es war einfach besser, ehrlich zu sein. Sie mussten abwarten und darauf hoffen, dass alles gut werden würde.

Kurz vor der Morgendämmerung waren sie in die Kojen geschlüpft.

Am nächsten Tag fragten sie den Chefmatrosen, wann sie Genua erreichen würden. Dieser meinte, dass sie in der kommenden Nacht soweit sein würden. Allerdings würden sie nicht nachts in den Hafen einlaufen, weil dies zu gefährlich sei. Sie würden also vor dem Hafen Anker werfen und erst am nächsten Morgen einfahren. Dazu käme ein Lotse an Bord. Außerdem müssten sie damit rechnen, dass Zollbeamte und vielleicht auch Grenzschützer an Bord kämen. Immerhin war ja Krieg und Genua war immer noch unter Kontrolle der Deutschen.

Hans und Carlo hatten darüber nachgedacht, ob sie es darauf ankommen lassen sollten, eventuell von deutschen Soldaten überprüft zu werden. Sie hatten keinerlei Papiere. Sie konnten zwar behaupten, beide aus Lierna zu stammen. Eine gute Adresse hatten sie ja vorzuweisen. Aber wie die Behörden dann reagieren würden und ob sie wissen wollten, warum sie nicht beim Militär waren, das konnten sie nicht abschätzen.

„Vielleicht sollten wir vor der Einfahrt in den Hafen von Bord springen und an Land schwimmen.“

Carlo schaute Hans mit offenem Mund an.

„Bist du verrückt. Ich kann nicht schwimmen. Am See in Lierna kann keiner schwimmen. Das Wasser ist viel zu gefährlich. Wir gehen nur bis an die Knie ins Wasser.“

Verschämt drehte er sich um und ging nach Backbord.

„Scheiße“, dachte Hans. „Vielleicht springe ich allein über Bord und wir treffen uns dann an Land wieder.“ Hans kam zu keiner Entscheidung und beide warteten nervös darauf, dass die italienische Küste in Sicht kommen würde.

Irgendwann mitten in der Nacht wurden die Motoren gedrosselt. Wie auf Kommando richteten sich die Stauer in ihren Kojen auf und jemand machte Licht. Auch Carlo und Hans standen auf und zogen sich hastig an. Alle begaben sich an Deck.

Der Himmel war wolkenverhangen und es war stockdunkel. Im ersten Moment konnten sie über die Schiffsreling hinaus überhaupt nichts erkennen. Erst als sie nach Backbord sahen, konnten sie in der Ferne eine Lichterkette sehen. Nachdem die Augen sich an die Dunkelheit gewöhnt hatten erkannte Carlo den Chefmatrosen, der vorne am Bug stand. Er gab Hans ein Zeichen und sie gingen zu ihm nach vorne.

„Guten Morgen, Chef. Sind wir angekommen?" Carlo war leicht versetzt hinter dem Matrosen stehen geblieben und hatte die Frage gestellt.

„Ja, da vor uns liegt Genua. Es ist jetzt aber noch vor fünf Uhr und vorher ist die Einfahrt in den Hafen nicht erlaubt. Der Kapitän hat schon mit der Hafenkommandantur gefunkt. Ein Lotse ist unterwegs. In einer knappen halben Stunde werden wir in den Hafen einlaufen."

Er hatte dabei den Ärmel am linken Arm etwas nach oben gezogen und auf seine Armbanduhr gesehen. Es war eine unbewusste Geste, denn es war zu dunkel, als dass er auf seiner Uhr etwas hätte erkennen können.

Carlo und Hans waren aufgeregt. Sie zogen sich etwas zurück und stellten sich in die Nähe des Ruderhauses.

„Was machen wir jetzt? Meinst du, wir kommen durch?"

„Weiß nicht… Wir müssen es versuchen. Wie wir es bisher immer gemacht haben. Wird schon gut gehen."

Überzeugend klangen diese Worte von Hans nicht. Aber sie hatten ja überhaupt keine Alternative. Selbst wenn sie ins Wasser springen wollten, es war unmöglich heil an Land zu kommen.

Nachdem man ein paar Mal das Tröten eines Horns gehört hatte legte ganz langsam ein kleines Schiff an der Steuerbordseite an. Das Meer war ruhig und so konnte das Manöver rasch und ohne Probleme durchgeführt werden. Die Dämmerung war langsam heraufgezogen und man konnte die Umrisse des kleinen Schiffes rechts vorne im Wasser erkennen. Eine Strickleiter wurde hinunter gelassen und ein Mann erklomm die Schiffswand. Oben angekommen, streckten sich ihm hilfreiche Hände entgegen und er schwang sich über die Reling. Der Lotse wurde vom Kapitän persönlich in Empfang genommen und beide gingen zusammen zum Ruderhaus.

Nach etwa einer halben Stunde wurden die Maschinen wieder angeworfen. Mit einem Ruck setzte sich die „Regina di Palermo" in Bewegung. Langsam glitt das Schiff in Richtung Hafeneinfahrt. Das kleine Lotsenschiff hatte schon gleich nach der Übernahme des Lotsen wieder abgelegt und war zurück zum Hafen gefahren.

Nach etwa einer Stunde hatte die „Regina di Palermo" an der Kaimauer im Hafen von Genua angelegt. Der Lotse hatte dem Kapitän die notwendigen Anweisungen gegeben und das Schiff war ohne weitere Zwischenfälle an den Pier manövriert worden. Jetzt wurden dicke Taue über die Reling geworfen und Hafenarbeiter auf dem Kai vertäuten das Schiff an den Pollern. Dann wurde ein Fallreep herunter gelassen und der Kapitän und sein Erster Offizier schritten die schiefe Ebene hinunter zum Kai. Die Mannschaft blieb an Bord.
Unten angekommen wurden die beiden von einem uniformierten Mann empfangen, der sie in eine Baracke in einiger Entfernung von der Anlegestelle führte. Es war inzwischen hell geworden und Carlo und Hans konnten von ihrem Standpunkt an Deck alles genau verfolgen. Nach einer Weile traten der Kapitän und sein Offizier wieder aus der Baracke und kamen zum Schiff zurück. Am unteren Ende des Fallreeps angekommen, gab der Offizier ein Zeichen und die Matrosen traten nacheinander auf das Reep und gingen nach unten. Der Chefmatrose hatte den Arbeitern gesagt, dass diese noch an Bord bleiben sollten. Es musste erst geklärt werden, ob von der Zollbehörde eine Inspektion zu erwarten sei. Außerdem sei es durchaus üblich, dass auch deutsche Soldaten an Bord kämen.

Die Spannung wurde für Carlo und Hans nahezu unerträglich. Vor ihnen der Kai, fast menschenleer. Und sie standen tatenlos an Bord, wo sie doch nur ein paar Schritte von der Freiheit entfernt waren.

„Sollen wir abhauen?" Hans hatte damit gerechnet, dass Carlo das erwägen würde.

„Gut, da unten scheint keine Gefahr. Aber wie sieht es weiter hinten aus? Gibt es vielleicht einen Zaun um den Hafen? Vielleicht gibt es auch Wachen an den Ausgängen? Und was machen wir dann?"

Unschlüssig standen sie sich gegenüber.

„Wir können ja nach unten gehen und so tun, als ob wir einen Auftrag hätten. Wir nehmen eine Kiste mit oder etwas ähnliches. Dann können wir erkunden, wie die Lage ist. Einverstanden?"

„Ich denke, es ist besser, wenn wir mit den anderen runter gehen. Wenn wir zu acht oder zu neunt da herumlaufen, dann fällt das nicht so auf. Am besten wird es sein, wir warten ab, bis mit dem Löschen der Ladung begonnen wird. Solange bleiben wir an Bord. Da ist am Wenigsten damit zu rechnen, dass wir kontrolliert werden. Während der Löscharbeiten können wir dann ja vielleicht abhauen. „Ja, so machen wir das. Wir warten ab".

Die Löscharbeiten dauerten nicht lange. Noch vor Einbruch der Dunkelheit waren die wenigen Paletten von Bord gehievt worden.

Jetzt standen der Kapitän und der Chefmatrose auf dem Kai und besprachen sich mit einem Vertreter der Lagerhäuser, in die die entladenen Waren inzwischen verbracht worden waren.

Hans und Carlo standen an der Reling und schauten dem Treiben zu.

„Was machen wir jetzt? Der Kapitän rechnet ja damit, dass wir an Bord bleiben. Sollen wir einfach abhauen? Wie geht es dann weiter? Wird er uns einfach gehen lassen?"

„Weiß ich nicht," antwortete Carlo. „Jedenfalls gehe ich jetzt von Bord. Ich fahre auf keinen Fall noch weiter mit nach Süden. Ich glaube, der nächste Hafen ist Livorno. Da bin ich ja noch weiter weg von zu Hause. Das kommt nicht in Frage."

„Wir gehen jetzt runter und sagen dem Kapitän, dass wir von Bord gehen. Was dann passiert, werden wir sehen."

Schon war Carlo losgegangen und setzte seinen Fuß auf die Fallreep, die zum Kai führte. Hans folgte ihm ohne nachzudenken. Wie sie es gelernt hatten, hielt er automatisch ein paar Schritte Abstand von seinem Vordermann, damit das Fallreep nicht zu schwer belastet wurde. Carlo kam unten auf dem Kai an und wandte sich dem Kapitän zu. Dieser schaute auf, als er bemerkte, dass sich ihm jemand näherte.

Carlo sprach ihn an: „Herr Kapitän, ich möchte Ihnen sagen, dass wir, also Hans und ich, das Schiff jetzt verlassen werden. Wir müssen dringend nach Hause fahren. Es geht leider nicht, dass wir weiter an Bord Ihres Schiffes bleiben. Ich hoffe, dass sie das verstehen."

Der Kapitän zögerte nur kurz und dann lächelte er. Er schien damit gerechnet zu haben. Er trat auf Carlo zu und nahm ihn beim Arm. Inzwischen war Hans auch zu den beiden getreten und alle drei gingen ein paar Schritte an der Bordwand entlang, die dicht an der Kaimauer nach oben ragte.

„Ich habe mir schon gedacht, dass ihr in Genua abheuern werdet. Das ist schon in Ordnung. Ihr müsst aber aufpassen, weil der Hafen vom deutschen Militär bewacht wird. Und die kennen keine Gnade."

Bei diesen Worten griff er mit einer Hand in die Innentasche seiner Uniformjacke und holte eine Brieftasche hervor. Er schlug die Ledertasche auseinander und zog dann zwei Geldscheine heraus. Er gab jedem einen Zehn-Lire-Schein in die Hand.

„Ihr habt gut gearbeitet. Mehr kann ich euch aber nicht bezahlen. Immerhin habt ihr ja auch euer Essen umsonst bekommen. Und dann auch noch die Kleider."

Carlo und Hans freuten sich ungemein und dankten dem Kapitän überschwänglich. Dieser drehte sich um und ging in Richtung Fallreep, um wieder an Bord zu kommen. Carlo und Hans standen unschlüssig am Kai und überlegten, wie sie weiter vorgehen sollten.

„Wohin gehen wir?" Um sie herum waren vereinzelt Arbeiter zu sehen, die eifrig Güter vom Kai in angrenzende Lagerschuppen verbrachten. Es war schon etwas dunkler geworden und Carlo und Hans machten sich auf den Weg vom Wasser in Richtung Hafenausgang. Da sie nicht wussten, wo das Hafentor war, gingen sie planlos an den Lagerhallen entlang. Immer wieder begegneten sie neben den Arbeitern auch deutschen und italienischen Soldaten. Sie waren zum Teil zu Fuß unterwegs, zum anderen Teil fuhren sie in Militärfahrzeugen durch den Hafen. Niemand nahm anscheinend von den beiden Notiz. Sie hatten daher die Hoffnung, dass sie es schaffen könnten, den Hafen unbehelligt zu verlassen.

Nachdem sie ungefähr eine halbe Stunde gegangen waren, der Hafen von Genua erstreckt sich über mehrere Quadratkilometer, sahen sie ein paar hundert Meter vor sich ein großes Tor, dessen Flügel bis auf einen schmalen Spalt geschlossen waren. An der rechten Seite befand sich ein Wachhäuschen. Das Tor wurde gesäumt von ungefähr fünf Meter hohen Drahtzäunen, deren Krone aus Stacheldraht bestand.

"Da vorne ist das Tor." Carlo zeigte nach vorne. Hans hatte es auch schon bemerkt.

„Ja, da müssen wir durch."

Sie holten tief Luft und gingen entschlossen weiter. Ein paar Meter vor dem Wachhäuschen verlangsamten sie ihre Schritte und warteten darauf, dass man sie ansprach. Als sie nicht mehr weit vom Tor entfernt waren, trat ein deutscher Soldat aus dem Wachhäuschen. Er war mit einer Maschinenpistole bewaffnet, die er vor sich auf den Boden richtete.

„Was ist mit euch?", fragte er auf Deutsch. Dann stotterte er dieselbe Frage in einem fast unverständlichen italienisch. Carlo ergriff das Wort und antwortete auch auf Italienisch.

„Wir haben Feierabend und wir wollen heim zu Muttern." Carlo lachte dabei und ging im selben Tempo weiter auf das Tor zu.

Der Soldat hob seine Waffe und rief: „Stopp!"

Hans und Carlo blieben stehen. Der Soldat rief etwas nach hinten zum Wachhäuschen hin und kurz darauf traten zwei weitere Soldaten heraus auf den Platz vor das Tor. Einer kam heran und sprach in gutem Italienisch zu den beiden.

„Wenn sie hinaus wollen, dann benötigen wir ihren Passierschein und ihre Papiere. Also, bitte zeigen sie die Dokumente vor. Sie müssten das ja wissen, wenn sie heute Morgen hier herein gekommen sind, oder?"

Carlo antwortete ihm, dass sie nicht heute Morgen in den Hafen gekommen, sondern mit einem Schiff aus Afrika gelandet seien. Er sagte ihm auch, dass sie keinen Passierschein besäßen und dass ihnen ihre Papiere gestohlen worden waren. Und das wäre schon vor einigen Monaten gewesen, weil sie in der französischen Fremdenlegion gewesen waren und jetzt wieder nach Hause wollten. Der Soldat musterte sie erstaunt. Dann erzählte er seinen Kameraden das Gesagte auf Deutsch. Hans konnte alles verstehen und er fand es sehr, sehr angenehm, wieder einmal seine Muttersprache hören zu können. Der Soldat bedeutete ihnen, dass sie ihm folgen sollten. Ohne Papiere konnten sie nicht einfach das Hafengebiet verlassen. Ihre Angaben mussten überprüft werden. Jetzt hatten die beiden anderen Soldaten ebenfalls ihre Waffen im Anschlag und die Gruppe setzte sich in Bewegung – immer noch innerhalb des Hafengeländes.

Nach ein paar Minuten kamen sie an eine niedere Baracke und wurden durch eine Holztür in die Stube geführt. Vor ihnen war ein Tresen, dahinter waren ein gutes Dutzend Männer in Uniform an Schreibtischen beschäftigt. Einer der Soldaten kam an den Tresen und einer der Begleiter sprach mit ihm. Dann wurden sie durch eine Tür geführt, die links neben dem Tresen in einen anderen Raum führte. In diesem Raum, er war keine zwanzig Quadratmeter groß und hatte an der Rückseite zwei Fenster, befand sich ein großer Tisch mit mehreren Stühlen.

„Setzen!" Der Anführer ihrer Eskorte hatte den Befehl gegeben und gleichzeitig zwei Stühle vom Tisch zurückgezogen. Hans und Carlo setzten sich. Sie warteten. Es dauerte eine ganze Weile bis sich etwas tat.

Dann öffnete sich die Tür, durch die sie gekommen waren. Herein trat ein Offizier. Bei näherem Hinsehen konnten sie erkennen, dass es sich um einen Leutnant der deutschen Wehrmacht handelte. Ihm folgte ein Offizier der italienischen Armee, ebenfalls ein Leutnant. Die beiden wechselten ein paar Worte mit den Soldaten und traten dann vor Carlo und Hans. Der Italiener begann die Befragung.

„Wie heißen sie und woher kommen sie?"

Carlo stand auf und wurde aber von einem der bewaffneten Soldaten sofort mit der Maschinenpistole auf den Stuhl zurück gedrückt.

„Ich heiße Carlo Mazetti und stamme aus Lierna am Comer See. Wir kommen aus Rabat. Wir waren während der letzten fünf Jahre bei der französischen Fremdenlegion und sind von dort geflohen. Das ist mein Kamerad Hans Rosenheimer aus Karlsruhe. Er hat dieselbe Geschichte wie ich vorzuweisen."

Jetzt trat der deutsche Offizier vor und lächelte Hans an: „Ach so, Hans, und wie war doch der Nachname? Rosenheimer? Klingt ja fast ein wenig nach Jude, oder?"

Hans war auch unwillkürlich aufgestanden und auch er wurde auf den Stuhl zurück gedrückt. Er antwortete: „Nein, ich bin kein Jude. Das wurde schon bei meiner Musterung in Donaueschingen geprüft."

„Aha, Musterung, sehr schön. Und warum ist der Herr dann nicht bei der Wehrmacht? Warum ist der Herr bei der Legion unseres Erbfeindes?"

Hans hatte sich dafür keine Antwort zurechtgelegt. Es war auch nicht plausibel zu beantworten. Er wusste nämlich selbst nicht, einzige Weg zu sein, seine Lage zu verändern.

Wieder staunte er über die Vermutung des Deutschen, dass er Jude sei. Und dies allein deshalb, weil er Rosenheimer hieß.

In den letzten Monaten in der Legion hatte er Gerüchte gehört, nach denen die jüdischen Geschäftsleute und Fabrikanten in Deutschland und den besetzten Gebieten von der deutschen Wehrmacht davongejagt worden seien, und das man ihnen ihr Hab und Gut weggenommen hatte. Was tatsächlich mit den Juden in Deutschland geschah, das war zu diesem Zeitpunkt nicht klar. Und es sollte auch noch lange im Verborgenen bleiben.

„Also, wer sagt uns denn, dass diese beiden hier keine Spione sind, die feststellen sollen, wie wir hier in Genua ausgestattet sind? Wer sagt uns denn, dass diese beiden hier nicht von den Franzosen oder von den Amerikanern geschickt wurden, um zu sehen, wie stark wir hier in der Hafenverteidigung stationiert sind."

Der deutsche Offizier hatte sich abgewandt und ging im Zimmer auf und ab. Er schaute dabei an die Decke und machte den Eindruck, als ob er angestrengt nachdächte.

„Also, damit hier keine Missverständnisse aufkommen. Beide gehen direkt in das Lager auf der anderen Seite des Zauns. Ihre Angaben werden aufgenommen und ans Hauptquartier gegeben. Dort soll geprüft werden, ob man ihre Angaben bestätigen kann. Ohne irgendwelche Papiere sehe ich schwarz. Wenn der Italiener tatsächlich am Comer See wohnt, dann gibt es ja dafür vielleicht eine Eintragung im Melderegister.

Was unseren kleinen Stinkjuden angeht, da werden wir wohl keine Möglichkeit haben, seine Angaben zu überprüfen. Donaueschingen ist sehr weit weg. Und wir haben Krieg. Und die beiden haben sich bisher wohl erfolgreich gedrückt. Das wird jetzt bald anders werden, das könnt ihr mir glauben!"

Damit verließ er den Raum und sein italienischer Kollege folgte ihm, ohne die beiden Gefangenen nochmals eines Blickes zu würdigen.

Hans und Carlo standen auf und wurden von den Soldaten flankiert. Die kleine Gruppe setzte sich in Bewegung. Carlo und Hans gingen nebeneinander. Einer der Soldaten ging voraus, die beiden anderen leicht versetzt rechts und links hinter der Gruppe. Beide hatten ihre Maschinenpistolen entsichert und im Anschlag.

Carlo neigte seinen Kopf zu Hans und flüsterte ihm ins Ohr. „Wir gehen auf die andere Seite des Zauns. Vielleicht können wir da ja abhauen."

Sie erreichten das Tor, es wurde einen Spalt breit geöffnet und die Gruppe ging einer nach dem anderen durch den Torspalt. Das Tor wurde rasch wieder geschlossen und sie gingen weiter.

Plötzlich erklang eine Sirene. Ein Ruck ging durch die Männer. Dann hörte man eine zweite aufheulen und schnell schlossen sich weitere an und der Lärm wurde immer stärker. Einer der Soldaten rief: „Luftalarm, alle Mann in Deckung." Die drei Soldaten rannten auf ein Gebäude am Rande der Straße zu und duckten sich dort neben der Hausmauer.

Hans und Carlo waren stehen geblieben. Sie schauten zu den Soldaten hinüber, die nur etwa zehn Schritte von ihnen entfernt an der Hausmauer kauerten. Die Sirenen jaulten unabhängig voneinander, sodass es einem in den Ohren wehtat.

„Jetzt oder nie!" rief Carlo und rannte los, die Straße weiter entlang. Hans hatte nicht gleich begriffen, was er vorhatte. Jetzt rannte auch er los.

Plötzlich krachte eine kurze Gewehrsalve in den Lärm der Sirenen. Carlo, der ungefähr fünf Meter vor Hans lief, stockte und griff sich mit beiden Händen an die Brust, dann sackte er auf die Knie und fiel nach vorne um. Hans erreichte ihn Sekunden später und kniete sich neben ihn auf den Boden. Er drehte ihn auf den Rücken und rief voller Panik seinen Namen. Carlo schaute ihn an. Hans nahm seinen Kopf hoch und legte ihn sich in den Schoß.

„Carlo, was machst du denn, Mensch? Du kannst doch nicht einfach davonrennen."

Carlo schaute zu ihm hoch und bewegte die Lippen. Hans musste sein Ohr nahe an Carlos Mund bringen, um ihn zu verstehen.

„In meiner Jackentasche, nimm das Heft. Bringe es meiner Frau, Maria Mazetti. Sag ihr, das ist von ihrem Bruno. Sag ihr, dass ich sie liebe, dass ich sie immer geliebt habe."

„Wie, warum Bruno. Du bist Carlo. Bist du jetzt total verrückt? Halt durch! Wir werden dich schon wieder hinkriegen. Wieso Bruno?"

„Mein Großvater hieß Carlo, mein Vater hieß auch Carlo. Und ich musste daher auch Carlo heißen. Aber das ist nur mein zweiter Name. ich bin Bruno Mazetti. Bruno C. Mazetti, verheiratet mit Maria Mazetti in Lierna. Bring ihr das Heft, versprich mir das."

Die letzten Worte hatte Hans fast nicht mehr verstanden. Er griff unter Carlos Jacke und tastete nach der Innentasche. Er fand tatsächlich ein zerknittertes Heft und zog es heraus. Er steckte es sich selbst in seine Jackentasche. Carlo hatte ihm dabei in die Augen gesehen und gelächelt.

Jetzt war sein Licht erloschen. Seine Augen waren starr geworden. Hans weinte und drückte seinen Freund an sich. Dann spürte er einen heftigen Schlag am Hinterkopf. Er sah einen hellen Schein, der dann rot wurde. Dann war alles schwarz.

Hans kam langsam zu sich. Um sich herum hörte er Gemurmel. Er hielt seine Augen noch geschlossen. Plötzlich spürte er einen heftigen Schmerz am Kopf. Es zog vom Hinterkopf an beiden Seiten über die Schläfen hinweg bis zur Stirn. Es tat höllisch weh.

Hans öffnete die Augen. Zuerst konnte er gar nichts erkennen. Dann wurde es über ihm hell, er schaute in eine nackte Glühbirne, die von der Decke baumelte.

„Da ist er ja wieder, unser kleiner Jude. Hätte nicht gedacht, dass er wieder zu sich kommt."

Hans hatte eine laute Männerstimme ganz in seiner Nähe gehört. Der Mann sprach Italienisch. Ein Schatten zog über sein Gesicht und jetzt schaute Hans in zwei dunkle Augen, als der Mann sich über ihn beugte.

„Na, geht es wieder?" Jetzt klang der Sprecher besorgt.

Hans hob den rechten Arm und griff sich an den Hinterkopf.

„Nein, nein, lass das. Finger weg. Das ist noch nicht gut verheilt. Ich wundere mich, dass du überhaupt überlebt hast."

Mit diesen Worten nahm der Mann seinen Arm und hielt ihn fest.

„Durst. Wasser, bitte."

Hans hatte die Worte ganz leise gestammelt.

Der Mann drehte sich weg von der Pritsche, auf der Hans lag, und war schon nach einem kurzen Moment mit einem Becher zurück. Er hob ihn Hans an die Lippen.

„Langsam trinken. Ich kann dir nicht helfen, den Kopf zu heben. Weiß nicht, wo ich hin fassen soll."

Hans schlürfte langsam einen Schluck nach dem anderen. Das Wasser floss seine trockene Kehle hinunter und er hatte das Gefühl, als ob es koche. Dabei war es angenehm kühl.

„Wo bin ich? Wer ist noch hier? Was ist passiert? Wo ist Carlo?"

„Eins nach dem anderen, bitte." Jetzt waren noch mehr Männer an die Pritsche heran getreten. Mehr als ein halbes Dutzend, schätzte Hans, standen in Zweierreihe um ihn herum.

„Du bist hier im Gefängnis der deutschen Wehrmacht im Hafen von Genua. Du bist schwer verletzt. So wie es aussieht, wurdest du von einem Gewehrkolben erwischt. Kannst von Glück reden, dass der dich nicht mit der anderen Seite seines Gewehres erwischt hat. Die tragen nämlich normalerweise Bajonette. Wenn du Glück hast, ist es nur eine schwere Gehirnerschütterung. Die bleibende Narbe wird man auch noch in zwanzig Jahren auf einen Kilometer Entfernung erkennen können. Wenn du Pech hast, dann haben wir vielleicht einen Schädelbruch. Dann kann alles passieren, alles." Der Sprecher machte eine bedeutungsvolle Pause. „Aber wenn es ein Bruch wäre, wärst du wahrscheinlich nicht mehr aufgewacht. Was deinen Freund angeht, so ist dieser nicht hierher gebracht worden. Das würde bedeuten, dass er tot ist. Verletzte kommen hierher, egal, wie schwer die Verletzungen sind, solange sie noch atmen. Die Toten werden irgendwo vergraben. Auf der Flucht erschossen, wie das so heißt."

Hans senkte die Lider. Er wollte vermeiden, dass ihm Tränen in die Augen traten. Seine Erinnerung war zurückgekehrt. Er versuchte, sich aufzurichten. Die Schmerzen im Kopf verstärkten sich explosionsartig. Er ließ seinen Kopf wieder zurück sinken. Als er die verletzte Stelle berührte, wuchs auch dieser Schmerz ins Unermessliche. Er schloss die Augen und blieb ganz ruhig liegen. Jemand führte wieder einen Becher an seinen Mund und er trank. Dann war er wieder weggetreten.

Zwei Tage später war Hans wieder so weit hergestellt, dass er sich aufsetzen konnte. Bis dahin hatten ihm die

Zellengenossen immer wieder mit Wasser versorgt. Jetzt trat einer zu ihm und hielt ihm ein Stück Brot hin.

„Da, du wirst Hunger haben. Vielleicht kannst du ja schon etwas essen. Kann auch sein, dass du alles wieder rauskotzen wirst. Die Gehirnerschütterung ist eine der größeren Art."

Der Mann lachte lautlos und schaute ihm zu, wie er langsam vom Brot abbiss. Hans kaute langsam. Erst jetzt merkte er, dass er schon eine ganze Weile nichts mehr gegessen hatte.

Mit dem rechten Zeigefinger fuhr er vorsichtig über die Kruste an seinem Hinterkopf. Sie war fast zehn Zentimeter lang und tat immer noch höllisch weh. Aber sie war inzwischen trocken und es schien, als ob sich nichts entzündet hätte. Er war halt ein zäher Bursche, oder er hatte einfach nur Glück.

Die Tage zogen sich dahin und die acht Männer in der Zelle gingen sich langsam aber sicher gegenseitig auf die Nerven. Außer Hans waren noch fünf Italiener, ein Pole und ein dunkelhäutiger Mann inhaftiert. Bisher hatte Hans nicht in Erfahrung bringen können, warum die anderen Leute gefangen gehalten wurden. Sie sagten alle, dass sie es selbst nicht wüssten. Alle waren im Hafen verhaftet worden, als sie versuchten, von einem Schiff an Land zu kommen. Keiner von ihnen hatte irgendwelche Ausweispapiere, und das konnten die Deutschen nun mal überhaupt nicht leiden. Auf die Frage, was sie wohl zu erwarten hatten, war auch keine Antwort zu erhalten. Es wusste schlicht und einfach keiner von ihnen, wie es weiter gehen würde. Sie bekamen ihre Rationen an Wasser und Brot, manchmal etwas Gemüse, das war's.

Hans war eingefallen, dass der Vorfall vor seiner Verhaftung und vor dem Tod von Carlo durch eine Art Feuerüberfall ausgelöst worden war. Er fragte seine

Genossen danach und wollte wissen, ob sie ihm dazu etwas mehr sagen konnten.

„Ja, das war ein Angriff der Amerikaner. Die sind schon so nah, dass ab und an Kampfflugzeuge anfliegen und ein paar Bomben abwerfen. Vorher schießen sie im Tiefflug ein paar Baracken in Schutt und Asche und dann fliegen sie wieder heimwärts. Das passiert in unregelmäßigen Abständen.“

Seit dem letzten Vorfall war also nichts mehr passiert, dachte Hans. Er musste darüber nachdenken, wie er seine Situation verbessern könnte. Es musste also etwas passieren. Vielleicht wäre da ja ein Luftangriff der richtige Moment.

Es geschah ein paar Tage später. Der Morgen dämmerte gerade langsam herauf, man konnte in der kaum dreißig Quadratmeter messenden Zelle im durch das vergitterte Fenster einfallenden fahlen Licht schon Umrisse erkennen und alle schliefen noch oder dämmerten vor sich hin. Plötzlich krachte es fürchterlich. Alle waren mit einem Satz auf den Beinen, selbst Hans mit seiner schweren Kopfverletzung. Sie standen wie versteinert in der Zelle und schauten in erschreckte Gesichter. Die Bombeneinschläge wurden heftiger und in immer kürzeren Abständen krachte es um sie herum. Der Boden zitterte bei jedem Einschlag und alle kauerten sich unwillkürlich auf den Boden und schützten ihre Köpfe mit den Armen. Dann gab es ein heftiges Donnern und Krachen und die Zellentür flog aus den Angeln. Gleichzeitig sackte die Decke um einen guten Meter nach unten. Offenbar hatte das Gefängnis einen Treffer bekommen. Hans schaute hoch. Jetzt oder nie, dachte er. Er kam hoch und ging leicht geduckt in Richtung Zellentür, die in den Angeln hin und her schwang. Er lugte um die Ecke in den davor liegenden Flur. Niemand war zu sehen. Draußen dröhnten Flugzeugmotoren und in regelmäßigen Abständen konnte man die Explosionen der abgeworfenen Bomben hören und auch spüren. Hans schlich vorsichtig den Gang entlang. Er schaute sich kurz um, um sicher zu sein, dass niemand aus der anderen Richtung kam. Da sah er, dass sich andere Zellengenossen an seine Fersen geheftet hatten.

Er ging jetzt schneller. Nach ein paar Schritten erreichte er eine Metalltür. Er drückte die Klinke und die Tür sprang sofort auf. Sie war nicht verzogen, obwohl das Gebäude sehr mitgenommen war. Hans spähte vorsichtig durch den Türspalt. Vor ihm lag ein großer Hof. Er suchte die Fläche ab. Niemand war zu sehen. Jetzt waren auch die anderen heran gekommen.

Hans wandte sich an seine Mitgefangenen: „Die haben sich alle in Sicherheit gebracht. Sollen wir es versuchen? Wer kennt sich aus? Wohin müssen wir, wenn wir rauskommen?"

Einer der Männer trat an die Tür und sagte: „Ich war schon im Hof zum Fegen eingeteilt, ich weiß ungefähr Bescheid. Lass mich mal einen Blick nach draußen werfen, dann kann ich bestimmt sagen, in welche Richtung wir gehen müssen."

Der Mann schaute in den Hof und öffnete dabei die Tür fast gänzlich. Nichts geschah. Es sah so aus, als ob sie im Moment niemand im Blickfeld hatte, der ihnen gefährlich werden konnte.

„Wir müssen quer über den Hof. Dort hinten an dem Haus müssen wir dann nach rechts. soweit ich weiß, ist dort das Hoftor. Das hier ist kein richtiges Gefängnis. Es wurde in einer Schule eingerichtet. Eine hohe Gefängnismauer und auch ein Wachhäuschen gibt es hier nicht. Die Deutschen gehen nicht davon aus, dass Häftlinge versuchen, abzuhauen."

„Also los jetzt!" Einer der Männer hatte gerufen und drängelte sich nach vorne. Schon lief er los und die anderen folgten. Sie rannten so schnell sie konnten über den Hof, kamen an die Hausecke, spähten herum und rannten dann weiter. Auch da war niemand zu sehen, obwohl die Flugzeuge nicht mehr zu hören oder zu sehen waren. Das Tor war in Sichtweite. Es stand offen.

Immer noch niemand zu sehen, es könnte klappen, dachte Hans und erhöhte sein Tempo nochmals, obwohl sein Kopf höllisch schmerzte. Langsam wurde ihm auch noch übel und er merkte, dass er durch die Verletzung doch ziemlich geschwächt war.

Jetzt waren sie durch das Tor. Auch davor war die Straße menschenleer. Es war schon merklich heller geworden, aber man konnte sich immer noch gut in den Schatten der Häuser verstecken. Schnell liefen sie dicht an eine Hauswand heran, die noch völlig im Dunkeln lag. Unbewusst hatten sie eine Reihe gebildet und eilten schnellen Schrittes an der dunklen Hauswand entlang, wobei sie sich immer weiter vom Gefängnistor entfernten.

Die nächste Ecke war auch geschafft. Jetzt rannten sie wieder los. Keiner achtete mehr auf den anderen und auch Hans traf seine Entscheidung, wohin er sich wandte, ohne Rücksicht auf seine Kameraden. Er wollte nur noch so schnell wie möglich außerhalb des Blickfeldes der Gefängnisstraße kommen und schnellstens einen Unterschlupf finden, wo er den Tag über unentdeckt bleiben würde. Er glaubte nicht, dass es ihm gelingen könnte, bei Tag durch Genua zu gehen, ohne dass ihn irgendjemand aufgreifen würde. Er war dazu zwar nicht besonders auffällig in Kleidung oder Aussehen, aber die Deutschen würden bestimmt sehr vorsichtig mit Unbekannten umgehen.

Er hatte eine kleine Seitengasse erreicht, in der Wohnhäuser mit Gärten standen. Von seinen Zellengenossen war nichts mehr zu sehen. In den Gärten wurde teilweise Gemüse angebaut. Es war nicht erkennbar, ob hier Zivilisten wohnten oder ob Militär einquartiert war.

Hans ging einen schmalen Weg zwischen zwei Häusern hindurch und kam so an die Rückseite der Häuserfront. Langsam ging er an den Gärten vorbei. Er blickte an den

Fenstern entlang und hatte das Gefühl, beobachtet zu werden. Nach ein paar Schritten öffnete sich plötzlich links von ihm eine Haustür einen Spalt weit. Eine Hand war zu erkennen, die ihm zuwinkte . Hans überlegte nicht lange, öffnete das Gartentürchen und ging auf den Eingang zu. Die Tür wurde ganz aufgezogen und er sah einen älteren Mann mit der Hand an der Türklinke.

„Schnell, komm rein, dass ich zumachen kann."

Hans trat ein und blieb im Gang stehen. Seine Augen mussten sich erst an die Dunkelheit im Hausflur gewöhnen, dann erkannte er die Gesichtszüge eines etwa sechzig Jahre alten Mannes, der ihn freundlich anschaute.

„Na, aus dem Gefängnis abgehauen, oder? War ja der richtige Moment. Die Amerikaner bombardieren nur ausgewählte Ziele. Die bekommen sie offenbar von den Partisanen gemeldet. Wir Privatleute haben jedenfalls nichts zu befürchten. Außer, wenn sich mal einer der Piloten verfliegt. Aber, da kann man nichts machen."

Mit diesen Worten ging der Mann den Gang entlang und öffnete eine Tür auf der linken Seite.

„Komm rein. Du wirst Hunger haben. Deine Wunde am Kopf muss man sich auch mal genauer ansehen."

Hans war ihm gefolgt und trat in eine großzügige Wohnküche. In einem Holzherd brannte Feuer und es war wohlig warm. Es war zwar erst Herbst, aber am frühen Morgen konnte man das Feuer schon gut vertragen. Der Mann zog einen von sechs Stühlen unter dem großen Holztisch hervor, der in der Mitte des Raumes stand und bedeutete ihm, Platz zu nehmen.

Hans folgte der Einladung und erst jetzt bemerkte er, dass er am ganzen Körper zitterte. Die schwere Verletzung, das wenige Essen während der letzten Tage – oder waren es Wochen gewesen? - die Flucht und die Angst, alles das hatte ihm ganz schön zugesetzt.

Der Mann holte eine halbvolle Weinflasche, ein Glas und dazu einen Teller, auf dem ein großes Stück Hartkäse und ein noch größeres Stück Brot lagen. Hans schaute zu dem

Mann hoch, der ihm gegenüber am Tisch stand. Dann schaute er auf den Teller vor sich.

„Na, nimm schon. Das ist für dich. Lass es dir schmecken!"

Hans konnte ein breites Grinsen nicht unterdrücken und vorsichtig nahm er das Stück Käse in die rechte Hand und das Brot in die linke. Andächtig schaute er die Sachen an, genüsslich zog er deren Duft ein. Irgendwie scheute er sich davor, hinein zu beißen. Es war schon zu lange her gewesen, dass er so etwas gegessen hatte.

Er legte beides wieder zurück und nahm dann langsam das halbvolle Weinglas zwischen die Finger. Der Mann hatte es ihm eingeschenkt. Auch daran roch er vorsichtig. Alle diese Gerüche waren für ihn fremdartig und unwahrscheinlich verlockend. Er wollte die Freude daran so lange wie möglich auskosten und sich noch nicht verleiten lassen.

Dann trank er vorsichtig den ersten Schluck. Er hustete. Entschuldigend hob er die Schultern. Dann griff er zum Käse und zum Brot und begann zu essen. Der Mann hatte sich ihm gegenüber hingesetzt und beobachtete ihn mit großem Interesse und auch mit unverhohlener Freude dabei, wie er sich den Bauch voll schlug.

Während Hans aß, erzählte ihm der Mann, dass sie sich westlich vom Hafen Genua befanden. Das in einer ehemaligen Schule eingerichtete Gefängnis der Deutschen lag in einem Vorort von Genua. Jetzt verstand Hans auch, warum die Umgebung eher dörflich gewirkt hatte und nicht so, als ob man sich in einer großen Hafenstadt befände.

„Solange es Tag ist, bleibst du besser hier", sagte der Mann. „Die Deutschen und auch die Faschisten fahren in unregelmäßigen Abständen Streife. Sie kommen auch manchmal bis hierher in den Vorort. Das Risiko, tagsüber erwischt zu werden, ist also ziemlich groß. Besser du wartest, bis es Nacht geworden ist."

„Wo willst du hin gehen?" Der Mann war aufgestanden und hatte das Essgeschirr abgeräumt. Das Glas und die Flasche, die noch nicht ganz leer war, hatte er stehen lassen.

„Ich muss an den Comer See. Ich weiß aber nicht, wie ich dort hinkommen soll. Ehrlich gesagt weiß ich noch nicht einmal, wo der See liegt."

Hans erzählte dem Mann die Geschichte von Carlo und dessen Tod und dass er eigentlich Bruno hieß und nicht Carlo.

„Der Comer See liegt nördlich von Mailand. Du musst also versuchen, zuerst einmal bis in die Gegend von Mailand zu kommen. Die Stadt selbst solltest du am besten meiden. Dort bekriegen sich die Faschisten mit den Kommunisten und auch die Partisanen mischen immer mehr mit. Da gerät man schnell zwischen die Fronten."

„Wie weit ist es bis nach Mailand?"

„Das sind ungefähr hundertfünfzig Kilometer. Kommt darauf an, ob man auf der Straße, über die Berge oder mit der Bahn reist."

„Ja, mit der Bahn, das wäre toll... Aber ohne Papiere wird das wohl kaum klappen können, oder?"

„Ohne Papiere? Nein, das kann nicht klappen. Die Züge werden streng überwacht, die Personenzüge. Papiere kannst du auch nicht ohne weiteres bekommen. Und wenn überhaupt, dann nur für einen Haufen Geld, den du bestimmt nicht hast, so wie du aussiehst, oder?"

„Nein, ich habe gar kein Geld und keine Papiere. Ich bin niemand."

„Na gut, keine Papiere, kein Geld und keine Identität. Gesucht von der deutschen Wehrmacht, wobei die ja nicht wissen, nach welchem Namen sie suchen müssen. Du hast ihnen ja vielleicht deinen richtigen Namen genannt, aber ohne Nachweis durch entsprechende Dokumente schreiben die Deutschen so eine Angabe nur widerwillig auf. Vielleicht ist also gar nicht bekannt, wen sie überhaupt suchen sollen, verstehst du? Wenn sie dich aber erwischen, dann nützt es dir auch nichts. Die sperren dich einfach ein, und basta!"

„Was kann ich also tun? Zu Fuß gehen?"

„Das ist gar nicht die schlechteste Idee. Da du aber nicht auf der Landstraße gehen könntest und dich hier nicht auskennst, wäre es schwer für dich, den richtigen Weg zu finden und dich nicht zu verlaufen. Da bräuchtest du Wochen, wenn nicht Monate, bis du am See eintriffst. Nein, zu Fuß würde ich das nicht machen. Ich glaube, das Beste wäre es, mit einem Güterzug mitzufahren. Was hältst du davon?"

„Hört sich nicht schlecht an. Wo sind die Güterzüge und wo kann man aufsteigen?"

„Immer langsam. Das müssen wir schon genauer besprechen. Erst einmal musst du herausfinden, welcher Zug nach Mailand fährt. Dann muss man den richtigen Moment finden, wo und wann man auf den Zug kommen kann, ohne dass es jemand bemerkt. Wenn alles gut läuft, kannst du innerhalb weniger Stunden in Mailand sein. Vielleicht hast du sogar das Glück, dass wir einen Zug finden, der von Mailand aus noch weiter in Richtung Verona fährt. Dann könntest du vielleicht in Brescia aussteigen und dort wärst du schon relativ nahe an deinem Ziel. Von dort aus sind es nur noch etwa fünfzig Kilometer bis an den Ostzipfel des Sees. Dort liegt die Stadt Lecco. Lierna, wo dein Freund her stammt, liegt von dort aus gesehen keine zwanzig Kilometer nördlich."

Hans antwortete nicht. Er dachte über das Gehörte nach und kam zu dem Schluss, dass dies die einzige realistische Möglichkeit schien, an sein Ziel zu gelangen. Was dann geschehen sollte, nachdem er in Lierna angekommen war, darüber wollte und konnte er sich jetzt noch keine Gedanken machen. Im Hinterkopf beschäftigte ihn ohne Unterlass, dass er unbedingt Papiere brauchte. Ohne

Papiere war man auf dieser Welt nichts und niemand mehr.

„Besteht denn die Möglichkeit, an Papiere zu kommen?"

Hans schaute den Mann an, der sich von ihm wegdrehte und ein paar Schritte in Richtung Küchentüre ging. Dort blieb er stehen und drehte sich zu Hans um.

„An Papiere kommen, an Papiere kommen! Was glaubst du denn, wo wir hier sind? Im Schlaraffenland? Papiere bekommt man hier illegal genauso wenig wie in jedem anderen anständigen Land. Bei der zuständigen Behörde kannst du ja einen Pass beantragen. Brauchst nur noch ein Passbild und deine Geburtsurkunde. Klappt dann ja vielleicht. Kosten tut es auch ein paar Lire, aber das ist ja bestimmt auch kein Problem, oder?" Der Mann hatte etwas lauter gesprochen, als er es bisher getan hatte.

„Ja, verstehe. Ich habe keine Geburtsurkunde, ich habe gar nichts. Auch kein Foto und am wenigsten habe ich Geld. Geld habe ich schon lange keines mehr gesehen. Aber vielleicht kann man ja irgendwo Papiere klauen und dann das Foto fälschen. Oder man verändert sein eigenes Äußeres so, dass man dem Originalfoto ähnelt."

„Ja, oder man bittet den Herrn im Himmel, einem einen geeigneten Pass von oben herunter fallen zu lassen. Ich glaube, das wird am einfachsten sein, nicht wahr?"

Jetzt lächelten sie beide. Es war ein unmögliches Unterfangen, an Papiere zu kommen. Hans dachte sich, dass es wirklich das Einzige wäre, irgendwo einen Pass zu stehlen und ein Foto einzufälschen. Woher er aber das Foto bekommen sollte, das war ihm schleierhaft.

„Na gut", sagte er. „Dann eben ohne Papiere. Hat ja bis jetzt auch geklappt."

„Heute Abend gehen wir zum Güterbahnhof und versuchen dort, eine geeignete Zugverbindung in Richtung Mailand zu finden. So lange kannst du dich ausruhen. Ich zeige dir wo du dich waschen und ein wenig schlafen kannst.

Am Abend verließen sie das Haus durch die Hintertür. Der Mann, er hieß Giancarlo, schloss die Tür sorgfältig ab und steckte den Schlüssel ein. Er führte eine kleine Stofftasche mit sich, die leicht ausgebeult war. Hans hatte ihn nicht gefragt, was er mitgenommen hatte.

Sie gingen auf verschlungenen Wegen und Pfaden mehr als eine Stunde lang am Rande von Häusern und Fabrikhallen entlang. Es war sehr dunkel, weil kein Mond zu sehen war. Der Himmel war wolkenverhangen, was ihnen sehr gelegen kam.

Dann hörte Hans in der Ferne das leise Rumpeln von Rädern auf Schienen.

„Sind wir jetzt da?", fragte er Giancarlo, der stehen geblieben war.

„Ja, da vorne ist das Gleis, das Genua mit Mailand verbindet. Der Güterbahnhof liegt von hier aus weiter links. Wir gehen bis zu den Schienen und folgen ihnen dann, bis wir zum Güterbahnhof kommen. Wir müssen dann sehr vorsichtig sein. Es gibt dort Wachsoldaten. Je nachdem, welche Güter verladen werden, halten sich nur ein paar Wachen dort auf oder sind es entsprechend mehr. Wenn Munition und Waffen verladen werden, dann wimmelt es auch von Deutschen. Sonst sind es meistens die Schwarzhemden, die als Wachen eingeteilt sind."

„Was sind Schwarzhemden?" Hans schaute Giancarlo fragend an.

„Das sind die Faschisten, die Getreuen von unserem Führer Mussolini. Die Freunde unseres großartigen Benito." Giancarlo hatte in sarkastischem Ton geantwortet und kurz abfällig gelacht. Dann ging er weiter.

Sie erreichten die Schienen. Rechts und links an den Gleisen wuchsen in unregelmäßigen Abständen Büsche und anderes Gestrüpp. Sie konnten sich dahinter gut verstecken und unauffällig Richtung Bahnhof gehen. Vor ihnen tauchten die ersten Lichter auf Pfählen auf, die die

Gleise vor ihnen erhellten. Leute waren keine zu sehen, allerdings auch weder Güterwaggons noch Lokomotiven.

„Kein Zug da!", sagte Hans.

„Ja, so dicht ist der Verkehr zurzeit nicht. Ich habe zwar nicht jeden Tag nachgeschaut, aber Güterzüge gehen jedenfalls öfter als Personenzüge. Die kommen ja für dich ohnehin nicht in Frage. Wir gehen noch ein Stück, dann müssen wir warten. Warten, bis der Zug kommt. Dann prüfen wir die Waggonzettel, um zu sehen, wohin der Zug unterwegs ist. Wenn wir Glück haben, kannst du dir deinen Wagen aussuchen und einsteigen. Die meisten Waggons sind nur zugeschoben. Nur Waffen und Munition werden noch durch Vorhängeschlösser gesichert."

Sie gingen noch ein paar Meter weiter und ließen sich dann ganz in der Nähe eines Laternenpfahls hinter einer Reihe von Büschen nieder. Sie warteten. Die Zeit schien nicht zu vergehen. Der Himmel blieb von Wolken verdunkelt und es war empfindlich kalt geworden. Giancarlo hatte einen Mantel an, der ihn einigermaßen warm hielt. Hans war noch in seinen Kleidern, die er auf dem Schiff getragen hatte. Die waren mehr als bescheiden und entsprechend kalt war es ihm.

Dann, Stunden schienen vergangen zu sein, hörten sie vom Bahnhof her eine Lokomotive schnaufen. Das Geräusch wurde lauter. Mit einem heftigen Dampfstoß setzte sich in einiger Entfernung eine Lokomotive in Bewegung. Die beiden sprangen auf und schauten angestrengt in die Dunkelheit hinter ihrer Laterne. Jetzt konnten sie Positionslichter erkennen. Tatsächlich kam ein Zug auf sie zu.

„Hoffentlich hält der noch mal an. Sonst komme ich ja nicht rein."

„Bleib stehen, die rangieren erst. Der Zug ist doch noch gar nicht zusammen gestellt."

Langsam fuhr schnaubend eine große Dampflok an ihnen vorbei. Sie waren keine fünf Schritte von den Schienen entfernt. Die Lok zog keine Wagen hinter sich her und es war davon auszugehen, dass der Lokführer unterwegs war, um die Waggons zusammen zu stellen und anzuhängen. Das geschah auch tatsächlich. Die Lokomotive kam nach ein paar Minuten rückwärts vorbei gefahren und schob jetzt drei Waggons vor sich her. Sie verschwand aus ihrem Blickfeld und weitere zwanzig Minuten später kam sie aus der anderen Richtung angefahren. Jetzt waren gut ein Dutzend Waggons angehängt. Diese Prozedur wiederholte sich noch zwei Mal, dann verlangsamte die Lokomotive die Fahrt und dampfte gemächlich an den Beiden vorbei.

Nach ungefähr hundert Metern blieb der jetzt lange Güterzug auf dem Gleis stehen. Zwei Männer stiegen aus dem Führerstand der Lokomotive. Sie trugen lange Eisenhämmer und gingen den Zug entlang. Jeder ging auf einer Seite und sie schlugen beim Vorbeigehen jeweils auf die Räder der Waggons.

„Sie hören am Klang, ob das Rad beschädigt ist!", flüsterte Giancarlo Hans zu. „Wir warten, bis sie zurückkommen, und suchen uns dann einen Wagen. Hoffentlich stimmt die Richtung."

Die Männer kamen ganz nahe an ihnen vorbei. In regelmäßigen Abständen klangen die Hammerschläge auf den Eisenrädern. Sie wurden immer leiser, je weiter die beiden sich von ihnen entfernten. Dann hörten die Schläge auf.

„Jetzt kommen sie zurück. Sobald sie vorbei sind, gehen wir vor zum ersten Waggon und versuchen herauszubekommen, welcher Bestimmungsbahnhof auf dem Zettel steht. Alle Verbindungen mit Milano sind gut. Bergamo, Brescia, Verona und Venedig wären auch gut. Sogar Udine könnten wir noch nehmen. Vielleicht haben wir ja Glück und sie gehen gemeinsam auf einer Seite zur Lok vor. Vielleicht sogar auf der anderen Seite. Dann könnten wir uns Zeit lassen mit der Prüfung und du könntest vielleicht sogar sofort einen Wagen aufschieben und einsteigen. Wenn sie auf unserer Seite vorbei kommen, dann müssen wir warten, bis sie in die Lokomotive steigen. Dann haben wir aber wenig Zeit, denn die Lok steht immer noch unter Dampf und ich glaube, die fahren dann auch sofort los. Wenn wir noch mehr Glück haben, bekommen sie vielleicht erst ein Stoppsignal. Hängt davon ab, ob noch andere Züge heute Nacht auf der Strecke unterwegs sind. Wir werden sehen."

Hans war erstaunt, wie genau sich Giancarlo mit der Zugabfertigung und den Abläufen am Güterbahnhof auskannte.

Angespannt warteten sie auf die beiden Bahnarbeiter, die auf ihrer Seite am Zug entlang kamen. Sie unterhielten sich lebhaft, wobei nicht zu verstehen war, worüber sie sprachen. Dann waren sie vorbei. Als sie weit genug weg waren, ging Giancarlo vor zum Gleis. Er hielt sich nach rechts an den vor ihnen stehenden Waggon und stand vor dem viereckigen Rahmen, in dem ein weißes Blatt in einem Gitter festgeklemmt hing. Es war zu dunkel und nicht zu erkennen, welcher Bahnhof aufgeschrieben worden war.

Giancarlo sagte zu Hans: „Stell dich in Richtung Lok. Ich muss ein Streichholz anzünden und du schirmst die Flamme nach vorne ab!"

Giancarlo riss ein kleines Streichholz an der Wagenwand an und hielt die andere Hand um die auflodernde Flamme. Dann schaute er wieder auf das Blatt.

„Milano, Sesto San Giovanni" las er leise vor. „Das ist gut, sogar sehr gut. Wenn du bis nach Sesto kommst, bist du schon ganz nahe am Comer See. Von dort aus ist es nicht mehr weit. Keine fünfzig Kilometer mehr."

Giancarlo ließ das Streichholz fallen und ging zur Schiebetür des Waggons. Er prüfte den Verschluss. Es war kein Vorhängeschloss angebracht. Er schob den Schließhebel nach oben und versuchte dabei, ganz langsam zu drücken, damit das verrostete Eisenteil nicht quietschte. Das gelang aber nicht ganz. Ein leises Kratzen war zu hören, als der Hebel nach oben ging und Giancarlo ihn mit der anderen Hand gerade noch einfangen konnte, sonst wäre er ihm aus der Hand gefallen und das wäre laut geworden.

Sie blickten beide nach vorne Richtung Lok, konnten aber niemanden mehr sehen. Die beiden Bahnleute waren wohl schon eingestiegen. Giancarlo schob die Tür ein kurzes Stück weit auf und winkte Hans zu, einzusteigen. Hans stemmte sich mit beiden Händen am Waggonboden hoch und schwang die Beine in den Wagen. Es blieben ihm keine zwanzig Zentimeter Platz, dann standen große Kisten vor ihm. Er tastete die Kisten ab und stellte fest, dass sie etwa eineinhalb Meter hoch waren. Auf den Kisten war wohl nichts anderes geladen.

„Da kann ich hochsteigen und mich vielleicht auch drin verstecken. Könnte ja sein, dass kontrolliert wird."

„Ja, mach das. Nimm aber noch die Tasche", sagte Giancarlo und hob ihm seine Stofftasche nach oben in den Wagen.

„Was ist das?", fragte Hans.

„Etwas zu essen und unten drin ist auch etwas Geld. Das wirst du vielleicht brauchen können."

Hans beugte sich aus dem Waggon und ergriff Giancarlos Hand.

„Danke. Ich weiß nicht, was ich sagen soll. Danke. Wenn alles vorbei ist, dann werde ich dich besuchen. Das verspreche ich dir."

„Ja ja, schon gut. Pass auf, ich schiebe den Wagen jetzt zu. Ich werde ihn aber nicht mehr verschließen, sonst kommst du nicht mehr raus. Ich werde den Bügel so hinlegen, dass es von weitem so aussieht, als ob er eingerastet ist. Ich werde ihn aber mit einem dünnen Draht so befestigen, dass du die Tür mit einem kräftigen Ruck von innen aufstoßen kannst. Hast du verstanden?"

„Ja, schon klar. Machst du das öfter? Du hast ja richtig Erfahrung in dieser Sache."

„Ja, du bist nicht die erste arme Sau, die von hier abhauen will…"

Mit diesen Worten schob Giancarlo die Tür zu und Hans konnte von innen hören, wie er sich am Verschlussbügel zu schaffen machte. Dann war es still.

Plötzlich ging ein Ruck durch den Waggon und der Zug fuhr an. Hans kletterte auf die erste Kiste und tastete sich durch die Dunkelheit. Die Stofftasche hatte er sich um den Hals gehängt. Die Kiste war nur etwa einen Meter breit und Hans konnte ertasten, dass eine weitere etwa einen halben Meter von ihm entfernt gestapelt war.

Er ließ sich in den schmalen Spalt zwischen den beiden Kisten auf den Wagenboden gleiten und versuchte, eine halbwegs bequeme Sitzposition zu finden, die ihm die nächsten Stunden nicht zu viel Gliederschmerzen bereiten würde. Dies gelang ihm auch.

Lago di Como

Er hatte die Augen geschlossen und wollte versuchen, etwas Schlaf zu finden. Der Zug ratterte gleichmäßig über die Schienen und trotzdem konnte Hans nicht einschlafen.

Unwillkürlich tastete seine Hand an den Gürtel, wo in der kleinen Stofftasche, die dort befestigt war, die Mundharmonika in ihrer Schachtel lag. Ja, er hatte sie noch. Und sein Gürtel war ihm auch geblieben. Das Messer war weg. Wahrscheinlich hatten sie es ihm abgenommen, bevor sie ihn in die Zelle geworfen hatten. Seinen Rucksack hatte er schon lange nicht mehr. Er wusste nicht einmal, wann er ihn zum letzten Mal gesehen hatte. War ja auch egal. Hier saß er nun, mutterseelenallein, zwischen zwei Kisten in einem Waggon der italienischen Bahn auf dem Weg von Genua nach Mailand. Er hatte eine Mundharmonika, sie hatten sie wohl hervorgeholt, denn jetzt war sie verkehrt hineingelegt worden, und er hatte seinen Gürtel noch. Dann hatte er noch ein paar Kleider und das, was ihm Carlo in die Stofftasche gelegt hatte. Das war alles. Sonst hatte er nichts. Von einem Pass oder anderen Ausweispapieren ganz zu schweigen.

Er dachte darüber nach, wie es ihm wohl jetzt gehen würde, wenn er in Hüfingen geblieben wäre. Ob er dann mehr als einen Gürtel und eine Mundharmonika besäße. Wahrscheinlich nicht viel mehr, dachte er. Denn, so, wie es jetzt aussah, wäre er wohl auch zur Wehrmacht eingezogen worden. Und ob er dann noch am Leben wäre, das wusste niemand.

Die anderen Männer in der Zelle hatten erzählt, dass sie davon gehört hätten, dass auch deutsche Städte schon bombardiert worden seien. Einer meinte, dass sogar schon in Freiburg Bomben gefallen seien. Ein anderer widersprach, die Franzosen seien nicht in der Lage, große Bombenflugzeuge zu starten und die englischen Bomber kämen nicht so weit nach Süden. Er habe gehört, dass nur

301

im Norden von Deutschland, in Hamburg und Hannover, bombardiert wurde. Ein anderer meinte, dass er das auch gehört hätte und dass aber auch das Ruhrgebiet das Ziel englischer Bomber gewesen ist Jedenfalls sei der Krieg längst auch in Deutschland direkt angekommen. Wie eben auch schon in Italien bis hoch in den Norden.

Es war müßig, darüber nachzudenken, was gewesen wäre, wenn er nicht abgehauen wäre. Es war vielmehr nötig, darüber nachzudenken, wie es weitergehen sollte. Er hatte jetzt niemanden mehr, mit dem er sich hätte besprechen können. Er hatte keinen Gefährten, der in derselben Lage wie er selbst war und dadurch ein Ratgeber sein konnte. Hans musste sich jetzt selbst und ohne fremde Hilfe einen Plan zurechtlegen.

Als erstes würde er nach Lierna gehen, um das Heft, das er an seiner Brust trug, Carlos Frau Maria zu geben. Dort musste er versuchen, irgendwie an Papiere zu kommen. Giancarlo hatte ihm auf einer Landkarte die Bahnstrecke von Genua nach Mailand gezeigt. Der Zug würde durch mehrere größere Städte fahren, dort aber nicht anhalten. Es könne aber vorkommen, dass der Zug wegen eines Signals anhalten müsse. Hans dürfe sich auf keinen Fall dazu verleiten lassen, an der falschen Stelle auszusteigen. Er müsste auf jeden Fall bis zum Bestimmungsbahnhof in Sesto San Giovanni durchhalten. Dass er dort angekommen sei, würde er daran merken, dass der Zug eben länger als nur zehn Minuten still stand. Ein Signalhalt dauerte in der Regel nicht länger als zehn Minuten. Auf jeden Fall müsse er die Nerven behalten, sonst würde er viel zu früh den Zug verlassen und irgendwo im Niemandsland ankommen. Irgendwo in der Poebene zwischen Reisfeldern und Flussniederungen voller Stechmücken. Auf der Landkarte hatte Giancarlo ihm auch die Umrisse des Comer Sees gezeigt und die nördlich davon verlaufende schweizerische Grenze. Diese Grenzlinie zog sich westlich des Comer Sees bis hin nach Lugano am Luganer See. Auf der westlichen Seite des Sees war es also nicht unmöglich, die schweizerische Grenze zu überschreiten. Da das Gebiet dort sehr bergig war, konnten weder die Italiener noch die Schweizer ihre Grenzen dicht machen.

Giancarlo kannte sich in diesen Dingen so gut aus, weil er über fünfunddreißig Jahre lang bei der italienischen Staatsbahn beschäftigt war. Jetzt nutzte er seine Kenntnisse dazu, Leuten, die wie Hans auf der Flucht waren, zu helfen. Er war Antifaschist und er hätte sich, wenn er noch etwas jünger gewesen wäre, bestimmt den Partisanen angeschlossen, die im Alpenvorland in Norditalien aktiv waren.

Giancarlo hatte Hans geraten, zu versuchen, mit einer dieser Gruppen in Kontakt zu kommen. Dies wäre nach seiner Meinung die einzige Chance, an ordentliche Papiere zu kommen. Die Partisanen unterhielten Verbindungen bis hin in Regierungskreise. Außerdem wurden sie durch die Alliierten unterstützt.

Hans schien dieser Vorschlag der einzig gangbare Weg. Er wollte also von Lierna aus versuchen, zu den Partisanen in den Bergen zu kommen.

Den Grenzübertritt in die Schweiz hatte Giancarlo nicht unbedingt als ratsam beurteilt. Er hatte gehört, dass die Schweizer gerne deutsche Flüchtlinge ausliefern würden. Es sei denn, dass diese Geld hätten. Das wäre ja aber bei Hans nicht der Fall. Die Gefahr wäre daher groß, dass sie ihn den deutschen Behörden übergeben würden. Also blieb ihm im Grunde genommen nur eines: zu den Partisanen Kontakt aufnehmen und sich ihnen anschließen. Das war sein Plan. Nachdem er mit seinen Überlegungen so weit gekommen war, kam er endlich zur Ruhe und döste langsam ein.

Hans wurde durch einen Ruck geweckt. Der Zug war stehengeblieben. Eine gespenstische Ruhe hüllte ihn ein. Hans schaute von seinem Sitzplatz auf dem Boden des Waggons nach oben. Er meinte, einen schwachen hellen Schein erkennen zu können. Er stand auf, streckte die Glieder und dehnte sich wie eine Katze nach dem Schlummer, dann zog er sich hoch auf eine der Kisten. Tatsächlich war es oben im Waggon heller als unten an seinem Schlafplatz. Draußen dämmerte es bereits und das Licht drang durch die Belüftungsschlitze, die sich an allen vier Ecken des Waggons in der Nähe des Deckenabschlusses befanden.

Hans kroch über die Kiste zur Tür. Er wartete. Nichts tat sich, alles blieb ruhig. Wie hatte Giancarlo gesagt: Mindestens zehn Minuten, eher etwas länger. Erst dann bist du sicher, dass der Zug nicht an einem Signal steht, sondern angekommen ist.

Hans hatte keine Uhr. Er musste sich auf sein Zeitgefühl verlassen. Als er sicher war, dass mindestens eine Viertelstunde vorbei war, rüttelte er am Türgriff. Er zog fest daran und mit einem Schlag riss draußen der Draht, mit dem Giancarlo den Riegel festgemacht hatte. Die Tür glitt mit einem lauten Kratzen auf. Hans kniff die Augen zusammen, weil es draußen schon hell war und er nach der dämmrigen Dunkelheit im Waggon geblendet war. Als er die Augen wieder aufriss, sah er vor sich ein freies Feld. Direkt vor ihm am Gleisbett standen unregelmäßig Sträucher, die sich in beide Richtungen die Schienen entlang in der Ferne verloren.

„Das kann doch nicht der Bahnhof sein", dachte Hans. Er wusste nicht, was er tun sollte. Sollte er die Tür wieder zuschieben und abwarten, ob der Zug nicht doch weiter fahren würde? Die Entscheidung wurde ihm abgenommen. Er hörte etwas. Erst leise, aber dann etwas lauter werdend. Ja, es waren Stimmen.

Ohne länger zu zögern sprang Hans aus dem Wagen und huschte geduckt hinter die am Bahndamm wachsenden Sträucher. Er hob den Kopf und konnte jetzt unter dem vor ihm stehenden Waggon durchsehen. Auf der anderen Seite, in einer Entfernung von vielleicht fünfzig Metern, konnte er eine Laderampe erkennen. Die Rampe zog sich in beide Richtungen dahin, ohne dass es ihm möglich war, bis an ihr Ende zu blicken. Die Sicht wurde ihm von dem vor ihm stehenden Zug verdeckt.

Also musste er doch schon angekommen sein. Er war nur auf der falschen Seite ausgestiegen. Nein, es war die richtige Seite, denn andersherum wäre es vielleicht schief gegangen. Auf dem Bahngelände waren schon Bahnarbeiter unterwegs. Die hätten ihn vielleicht gesehen wenn er auf der anderen Seite ausgestiegen wäre. Ob Giancarlo dies eingeplant hatte, als er ihn auf dieser Seite hatte einsteigen lassen?

Hans schaute sich um. Hinter ihm war ein weit ausgedehntes Feld, das schon abgeerntet war. Es gab nirgends Deckung. Er schaute in die Richtung, aus der der Zug in den Güterbahnhof eingefahren war. In einer größeren Entfernung konnte er eine Art Allee erkennen. Es waren große schlanke Bäume, die in einer Reihe in gleichmäßigem Abstand vom Gleis weg führten und dann hinter einer Kuppe verschwanden. Weiter vorne in Fahrtrichtung konnte er in der Ferne Häuser erkennen.

Er überlegte, dass es wohl am besten wäre, wenn er am Bahndamm entlang nach vorne ginge, um dann dort zwischen den Häusern Schutz zu suchen. Er musste sich erst einmal orientieren. Und dazu brauchte er zumindest Straßen- und Ortsschilder, am besten aber eine hilfreiche Seele, die er auch hier in Sesto San Giovanni, wo er glaubte, angekommen zu sein, zu finden hoffte.

Es war ihm zu diesem Zeitpunkt gar nicht bewusst, dass er schon seit Jahren keine Straßenschilder mehr gelesen hatte. In Nordafrika waren sie mit arabischen Buchstaben geschrieben, hier in Europa hatte er bis heute keine mehr gesehen.

Hans stapfte vor sich hin und warf immer wieder einen Blick nach links unter den Waggons hindurch. Er näherte sich jetzt der Lokomotive. Als er noch etwa zwanzig Meter von ihr entfernt war, verlangsamte er seine Schritte und duckte sich tiefer hinter das schützende Gebüsch.

Als er auf der Höhe des Aufgangs zur Plattform des Führerstandes der Lokomotive war, sah er, dass die Kanzel leer war. Die Lok war abgestellt worden und die Bahnarbeiter alle gegangen. Vor der Lok war ein leeres Gleis, welches sich scheinbar endlos dahin zog und am Horizont im Dunst verschwand. Die Sonne war jetzt aufgegangen und erhob sich rechts vor ihm.

Er überlegte, wie viel Uhr es jetzt wohl sein mochte. Eine Uhr hatte er ja nicht, noch nie besessen. Er hatte auch deshalb gelernt, den Sonnenstand einigermaßen zu lesen. Allerdings wusste er, dass der Sonnenstand hier in Südeuropa nicht derselbe war, wie er ihn in Nordafrika kennengelernt hatte. Trotzdem wagte er eine Schätzung.

„Wir haben Herbst, es ist jetzt, ich schätze, ungefähr halb acht", sprach er leise vor sich hin. Er blieb auf der rechten Seite des Bahndamms und ging zügig weiter in Richtung der Häuser, denen er sich langsam näherte. Auf dem Bahnhof tat sich nichts. Und das war gut so.

Hans stand jetzt auf einer Straße, die die Gleise kreuzte. Die Straße zog sich nach beiden Richtungen dahin und er konnte deren Ende nicht absehen. Zu beiden Seiten der Straße standen Häuser. Alle mindestens zweigeschossig. Es gab aber auch größere, wie er aus der Entfernung feststellen konnte.

Nach seiner Erinnerung war er in West-Ost-Richtung unterwegs. Dies hatte er auch am Sonnenstand erkannt. Um an den Comer See zu kommen musste er sich also nach Norden wenden. Und dies tat er auch. Er überquerte den offenen Bahnübergang und ging die menschenleere Straße entlang. Hans wunderte sich, dass niemand unterwegs war. Wenn er mit seiner Zeitschätzung richtig lag, dann mussten doch die Leute langsam auf die Straße kommen.

Und dies geschah dann auch. Weiter vorne sah er einen Mann aus einer Türe auf die Straße treten. Der Mann kam ihm entgegen. Er trug eine Tasche bei sich und sah aus, als ob er zur Arbeit ginge. Jetzt gingen auch andere Haustüren auf und auf einmal war die Straße voller Fußgänger, die jeder für sich eilig ihrem Ziel entgegen strebten. Die Leute kamen an Hans vorbei, schauten ihn kurz an, wendeten den Blick aber gleich wieder von ihm ab. Hans war nicht besonders auffällig gekleidet, dann trug er ja auch noch die Stofftasche, so dass er den anderen einigermaßen ähnlich sah. Trotzdem fühlte er sich wie ein Fremdkörper zwischen den Menschen. Und die bemerkten das auch, er konnte es fühlen.

„Was tun?", dachte Hans. „Einfach weitergehen. Die Richtung müsste ja stimmen. Ich mache gar nichts und warte einfach, bis mich jemand anspricht."
Diese Idee war aber nach nochmaliger Überlegung nicht besonders gut.
„Braucht ja nur ein Militärwagen oder die Polizei vorbeikommen, dann bin ich dran." Hans hatte es sich in Gedanken vorgesagt. Er musste also eine Entscheidung treffen. Nur so ging es weiter. So war das immer. Einfach abwarten, das klappte nicht.

Hans begann, die Menschen, die ihm begegneten zu studieren. Er versuchte herauszufinden, wen er ansprechen konnte. Wo er das Gefühl hatte, dass er auf eine gute Seele stoßen würde. Er beobachtete auch die Haustüren. Könnte ja sein, dass sich dort jemand zeigte, den er ansprechen könnte. Er ging und ging und die

Straße machte irgendwann einen Knick nach rechts. Langsam nahm die Anzahl der Leute um ihn herum ab. Er vermutete, dass jetzt wohl alle schon zur Arbeit gegangen waren. Die Möglichkeit, jemanden anzusprechen wurde immer geringer. Er musste etwas tun, aber was?

Jetzt blickte er nach vorne die Straße entlang und sah in einiger Entfernung eine Frau aus einer Haustür treten. Sie begleitete zwei Kinder bis zum Gartentor. Dort beugte sie sich zu ihnen hinunter und gab jedem Kind einen Kuss. Die Kinder gingen auf der Straße vor ihm, jedes mit einem kleinen Bücherbündel unterm Arm, wahrscheinlich zur Schule. Hans reagierte spontan und rief: „Hallo, hallo, einen Augenblick, bitte!"

Die Frau blickte hoch und sah ihm entgegen. Hans beschleunigte seine Schritte und war kurz danach am Gartentor angekommen. Die Frau schaute ihn misstrauisch an.

„Mein Herr?" ,fragend wartete sie auf eine Erklärung.

Hans überlegte kurz und dann erklärte er: „Ich bin hier fremd, ich suche die Straße nach Lecco. Ich muss dort die Witwe meines verstorbenen Freundes besuchen."

Die Frau war einigermaßen beeindruckt von der kurzen Geschichte, die ihr Hans aufgetischt hatte. Zur Untermauerung seiner Erzählung holte Hans das Heft von Carlo, oder Bruno, hervor und zeigte es ihr.

„Wissen sie, mein Herr, Lecco, das sagt mir zwar etwas, aber es liegt eine ganze Strecke von hier entfernt. Wenn sie unsere Straße ganz durchgehen, dann kommen sie an die Staatsstraße, die direkt bis nach Lecco und dann noch weiter führt. Wie weit das aber wirklich ist, das kann ich Ihnen beim besten Willen nicht sagen. Kann ich Ihnen vielleicht sonst noch helfen?"

„Oh ja, es gäbe sehr viel, was ich noch brauchen könnte. Aber ich möchte Ihr freundliches Angebot nicht annehmen. Ich denke, dass es besser ist, wenn ich weiter gehe. Die Zeiten sind heutzutage zu unsicher, als dass man normal miteinander umgehen könnte."

„Ja, da haben sie bestimmt recht. Aber sie könnten mir ja einfach erzählen, wo sie herkommen und wohin sie wollen. Vielleicht gibt es ja doch gemeinsame Interessen, die sich dann als hilfreich für alle entwickeln können, wenn sie verstehen, was ich meine."

Hans dachte bei sich, dass offenbar viele Italiener im Untergrund aktiv waren. Anders wäre diese Andeutung der Frau nicht zu verstehen gewesen.

Die Frau schaute sich hastig nach allen Seiten um. Sie blickte die Straße hinauf und hinab. Dann schaute sie ihn an. „Wollen Sie nicht mit ins Haus kommen?", fragte sie. „Meine Eltern sind im Haus, die Kinder sind gerade zur Schule gegangen, mein Mann ist in Deutschland, genauer gesagt in Lübeck. Wissen sie, wo das ist?"

Hans war verwirrt. Aber er war sofort entschlossen, mit ihr mit zu gehen. Er trat vor und schob das Gartentürchen auf, das gerade mal bis zu seinen Knien reichte.

„Ich habe schon von Lübeck gehört. Es liegt ganz im Norden von Deutschland. Ich war aber noch nie da."

Die Frau ging vor ihm her und schob die Haustüre auf. Hans folgte ihr. Als sie in den Flur getreten waren rief die Frau mit lauter Stimme: „Papa, Mama, ich habe einen Gast mitgebracht. Seid ihr schon auf?"

Rechts neben der Eingangstür führte eine Holztreppe in den zweiten Stock hinauf. Die Frau hatte im Vorbeigehen nach oben gerufen. Von oben kam ein undeutliches Murren und Stöhnen, das Hans nicht verstehen konnte.

„Bitte, kommen Sie mit in die Küche." Die Frau ging den Flur entlang und öffnete nach ein paar Schritten eine Tür auf der linken Seite. Sie betraten eine geräumige Wohnküche, in deren Mitte ein großer Holztisch stand.

Auf dem Tisch standen auf einer Seite zwei leer gegessene Teller mit zwei gebrauchten Tassen. Da haben die Kinder gefrühstückt, dachte Hans. Ihm wurde bewusst, dass auch er großen Hunger hatte. In seine Stofftasche hatte er noch nicht geschaut. Das wollte er jetzt in Gesellschaft der freundlichen Frau auch nicht machen.

„Bitte setzen sie sich. Mein Vater wird gleich kommen. Mal sehen, was wir machen können."

Hans wunderte sich schon wieder darüber, dass die Italiener wohl eine Art sechsten Sinn dafür entwickelt hatten, wenn man Hilfe brauchte. Anders konnte er sich das Verhalten dieser Frau nicht erklären.

Jetzt hörte er schwere Schritte auf der Holztreppe aus dem zweiten Stock. Kurz darauf öffnete sich die Küchentür und herein trat ein Mann, der in der rechten Hand einen Wanderstock hielt. Er grüßte kurz und schaute dann die Frau an.

„Der junge Mann stand vor der Tür, Vater. Ich glaube, er braucht Hilfe."

Hans war aufgestanden und blickte unsicher den Mann an. Dieser war etwa gleich groß wie er, aber bestimmt doppelt so alt. Seine Haare waren grau, fast weiß. Er war glatt rasiert. Seine Gesichtszüge waren gleichmäßig. Auffällig war nur seine Nase. Sie war groß, dabei aber schmal und kerzengerade. Die Augen standen etwas zu eng, sodass man meinte, einem großen Vogel ins Gesicht zu schauen.

„Setz' dich!" Der Mann hatte eine tiefe Stimme. Hans setzte sich und der Mann zog ihm gegenüber einen Stuhl unter dem Tisch hervor und nahm ebenfalls Platz.

Die junge Frau ging zum Herd und goss Kaffee in Tassen. Hans hatte den Geruch schon an der Haustür in die Nase bekommen und konnte es nicht erwarten, davon zu kosten. Der Mann schaute ihn durchdringend an.

„Wer bist du? Woher kommst du? Wohin willst du?"

Wieder hatte sich Hans dafür entschieden, die Wahrheit zu sagen: „Wenn ich Ihnen alle diese Fragen beantworten soll, dann wird es lange dauern. Ich werde es aber sehr gerne tun, wenn sie es wollen."

„Wir haben viel, viel Zeit, junger Freund", sagte der Mann und lehnte sich zurück. Seinen Spazierstock reichte er seiner Tochter und lächelte sie dabei an.

„Rosaria, ich hätte gerne ein Stück Käse zum Frühstück, und wenn es geht, ein paar Tropfen Olivenöl darüber. Danke."

Die Frau stellte jedem eine Tasse schwarzen Kaffee hin. Dann brachte sie einen Teller, auf dem ein großes Stück Käse lag. In einem Weidenkörbchen lag ein großes Stück Brot und auf dem Tisch lag ein Messer. Der Hausherr nahm das Messer und schnitt gleichmäßige Stücke vom Käse ab. Dann brach er sich ein großes Brotstück und reichte Hans das Brot, damit er sich auch ein Stück abbrechen konnte.

Hans versuchte, ein nicht zu großes Stück herunter zu brechen, und es gelang ihm auch. Dann nahm er einen Schluck von dem Kaffee. Er schmeckte köstlich. Auch der Käse war von bestem Geschmack und es kostete Hans alles, nicht wie ein Wilder alles hinunter zu schlingen.

Nach den ersten paar Bissen fing Hans an zu erzählen. Er begann in der Legion in Sidi Bel Abbes. Der Mann hörte ihm aufmerksam zu, ohne ihn ein einziges Mal zu unterbrechen. Dass er noch zuhörte, konnte man nur daran erkennen, dass er manchmal die Augenbrauen hoch zog oder einen tiefen Atemzug tat.

Dann war alles erzählt. Es trat Stille ein. Sie hatten den ganzen Käse und auch das Brot gegessen. Inzwischen war es fast Mittag geworden. Der Mann stand auf und ging langsam um den Tisch herum.

„Na gut" sagte er. „Dann werden wir mal sehen, was wir tun können. Heute Abend gehen wir beide zu einem Treffen, wo man uns vielleicht weiterhelfen kann. Du bist nicht der einzige, der dringend untertauchen muss, bis das Ganze endlich vorbei ist. Dieser scheiß Krieg! Aber jetzt hast du erst einmal ein Bad nötig. Du riechst nicht nur wie ein stinkiges Gefängnis der Gestapo und ein alter

Fischdampfer, nein, auch noch nach einer afrikanischen Karawane."

Der Mann lachte und legte Hans die Hand auf die Schulter. Hans war es peinlich, aber es war ihm schon klar, dass er schmutzig war. Er konnte sich fast nicht mehr daran erinnern, wann er sich zuletzt richtig hatte waschen können. Das war im Gefängnis gewesen. Und das Wasser war dort kalt. Seife hat es auch keine gegeben.

Hans stand auf und folgte dem Mann in den hinteren Teil des Hauses. Sie traten durch eine Holztür, hinter der sich ein kleines Badezimmer befand. An der einen Wand, dem Fenster gegenüber, war eine Badewanne. Links von der Tür war eine Toilette und gegenüber ein Waschbecken. Hans stand unschlüssig da und wusste nicht, was er sagen sollte. Er hatte ja keine Wäsche zum Wechseln. Alles, was er hatte, trug er am Leibe.

Der Mann deutete auf einen Stuhl neben dem Waschbecken, den Hans noch gar nicht registriert hatte.

„Da sind Kleider, die dir passen müssten. Sie gehören meinem Schwiegersohn. Nimm sie nur, wir geben sie dir gerne. Allerdings können wir dir nicht noch mehr mitgeben, damit du etwas zum Wechseln hast. Da haben auch wir zu wenig davon."

Im Hinausgehen drehte sich der Mann noch mal um und sagte: „Seife findest du am Badewannenrand. Ein Handtuch liegt unter den Kleidern auf dem Stuhl." Er ging hinaus und schloss die Tür.

Hans ging durch den Kopf, dass er noch nie in seinem Leben in einer Badewanne gelegen hatte. Im Waisenhaus hatte es nur Gemeinschaftsduschen gegeben. Wie es dort als Kind gewesen war, daran erinnerte er sich nicht mehr. Beim Bauern im Schwarzwald hatte man sich am Brunnen gewaschen. Im Winter in der Stube an einer Zinkwanne, die aber nie als Badewanne genutzt wurde.

Bei Militär war es auch nie dazu gekommen, dass sie ein Badehaus besucht hätten. Also war heute für ihn Premiere. Zum ersten Mal in der Badewanne.

Hans machte sich an den Wasserhähnen zu schaffen und bemerkte, dass unter einem Boiler an der Wand ein Holzfeuer brannte. Aus diesem Hahn lief heißes Wasser in die Wanne. Den Abfluss hatte er vorher durch einen Stöpsel gesichert. Jetzt drehte er auch das kalte Wasser auf. Er prüfte die Temperatur mit der Hand. Da es noch zu heiß war, regulierte er noch etwas kaltes Wasser dazu. Dann war es gut.

Hans zog seine Kleider aus und legte sie sorgfältig gefaltet auf den Boden. Sie waren fast starr vor Dreck. Dann tastete er mit einem Fuß in das Wasser und ließ sich langsam in die warme Wanne gleiten. Es war unbeschreiblich. Hans schloss die Augen und bemerkte am ganzen Körper ein wohliges Kribbeln. „Das ist gut", dachte er. „Viel schöner als duschen."

Er genoss ein paar Minuten die wohlige Wärme des Wassers und fühlte, wie er sich entspannte. Dann nahm er die Seife und begann, sich gründlich zu waschen. Nach ungefähr zehn Minuten spülte er die Seife ab und stieg aus der Wanne. Er trocknete sich mit dem weichen Handtuch ab.

„Das ist gut. Mann, oh Mann, was ich noch alles lernen muss. Unglaublich!" Hans sprach leise vor sich hin und zog dabei die bereitgelegten Kleider an. Wider Erwarten passten sie ihm wie angegossen.

Er ließ das Wasser ab und dann machte er so gut es ging die Wanne sauber. Seine alten Kleider ließ er liegen und verließ das Bad.

Er ging den Flur entlang und klopfte an die Küchentür. Drinnen rief eine Frauenstimme, dass er hereinkommen solle.

Hans trat durch die Tür und sah sich der jungen Frau gegenüber, die er am Morgen angesprochen hatte. Am Tisch saß eine ältere Frau, die wohl die Mutter war. Hans begrüßte sie höflich und blieb stehen. Die ältere Frau bat ihn, sich zu setzen. Dann begann sie zu sprechen: „Sie kommen also aus Deutschland, hat man mir gesagt. Sie haben aber mit den Nazis nichts zu tun, hat man mir erzählt. Und jetzt wollen sie an den Comer See, um die Frau ihres Freundes zu besuchen, der Bruno Carlo Mazetti hieß und jetzt tot ist. Stimmt das alles so?"

„Ja, das ist so richtig. Ich habe es meinem Freund versprochen. Er wollte, dass ich sein Tagebuch zu seiner Familie nach Hause bringe. Und das werde ich auch tun. Ich habe es ihm versprochen."

„Kann ich das Buch einmal sehen, bitte?"

Hans zögerte ein wenig, weil es doch eine sehr persönliche Sache seines Freundes war. Dann wurde ihm aber klar, dass es der Frau nicht darum ging, den Inhalt zu studieren, sondern es ging ihr darum zu prüfen, ob die Worte von Hans tatsächlich wahr waren.

Er zog das Heft aus seiner Jacke, die immer noch am Stuhl hing.

„Bitte sehr, , das ist das Tagebuch. Ich habe selbst nicht darin gelesen. Ich meine, dass es nur für seine Familie bestimmt ist."

Die Frau nahm das Heft entgegen und blätterte die erste Seite auf. Dann blickte sie Hans in die Augen. Dann blätterte sie weitere Seiten um und nahm das letzte Blatt des Heftes in die Hand. Es war leer. Sie blätterte zurück, bis sie an die letzte Eintragung kam. Dann begann sie zu lesen.

Kurz darauf schlug sie das Heft zu und hielt es Hans hin.

„Da, nimm. Und bringe es seiner Frau. Wir werden dir dabei helfen, so gut wir können. Bis heute Abend bleibst du hier. Dann gehst du mit meinem Mann zur Gewerkschaftsbaracke. Dort treffen sich die Antifaschisten, natürlich inkognito. Sie tun so, als ob sie über Arbeitsthemen diskutieren. In Wahrheit werden Hilfsaktionen und Sabotageakte besprochen und geplant. Das ist selbstverständlich alles streng geheim und auch nicht ungefährlich. Es gibt immer wieder Spitzel, die sich einschleichen wollen. Deshalb sind wir auch besonders misstrauisch. Das musst du verstehen."

Hans setzte sich und die drei begannen, über allgemeine Dinge, wie Essen und Trinken, Landwirtschaft, Arbeit bei der Bahn und über die Kinder zu plaudern. Auch das hatte Hans noch nie in dieser Form erlebt.

Dann flog plötzlich mit einem lauten Krachen die Haustür auf. Die Großmutter sprang auf, mit einer Behändigkeit, die man ihr nicht zugetraut hätte. Sie war mit einem Schritt an der Küchentür und riss sie auf.

„Maurizio! Mach nicht einen solchen Lärm. Du machst die Haustüre kaputt. Ich sperre dich den ganzen Tag in den Keller, wenn das nicht endlich aufhört."

Ein Junge von knapp zehn Jahren stürmte in die Küche und ließ sich auf den ersten Stuhl fallen.

„Hunger!", brüllte der Junge und legte beide Hände flach auf den Tisch vor sich.

„Heute mussten wir zwei Mal in den Keller, obwohl überhaupt keine Flugzeuge zu hören oder zu sehen waren. Wir müssen das üben, hat die Lehrerin gesagt. Die spinnen doch. Woher sollen denn die Flugzeuge kommen? Die kommen doch nicht hierher, um unsere Schule kaputt zu machen. Die spinnen doch, die Lehrer."

Die junge Frau war damit beschäftigt, am Herd einen Teller mit Gemüsesuppe zu füllen. Ein kleines Mädchen kam schüchtern herein. Sie verhielt sich zurückhaltend und musterte Hans voller Neugier. Auch sie setzte sich an den Tisch und bald stand auch vor ihr ein gefüllter Teller.

Erst jetzt bemerkte der Junge, der Maurizio hieß, dass ein Fremder in der Stube war. Vor Schreck fiel ihm der Löffel in den Teller, so dass die Suppe über den Rand spritzte.

„Pass doch auf!", sagte die Großmutter und wischte mit einem Tuch die Tischplatte wieder sauber.

Maurizio nahm seinen Löffel wieder auf und schaute stur in seinen Teller. Er begann, ganz langsam seinen Löffel in die Suppe zu tauchen und ihn an die Lippen zu führen. Man konnte gut sehen, dass sein Gehirn ratterte wie eine Maschine. Offenbar versuchte er, sich daran zu erinnern, wer der Mann sein könnte. Es fiel ihm nichts ein und deshalb hob er den Kopf und schaute Hans ins Gesicht.

„Guten Tag, mein Herr. Entschuldigen sie bitte, ich habe sie nicht bemerkt. Sonst hätte ich gleich guten Tag gesagt." Der kleine Maurizio hatte rote Backen dabei bekommen.

„Also doch gut erzogen", dachte Hans und lächelte. „Auch guten Tag, Maurizio. Macht nichts, dass du mich nicht gleich gesehen hast. Deine Mutter hat gesagt, dass du ein schlaues Bürschchen bist. Und wie heißt denn deine hübsche Schwester?"

„Das ist Sabrina. Sie ist zwei Jahre jünger als ich. Wir gehen aber trotzdem in dieselbe Klasse. Es gibt nicht so viele Kinder hier am Ort. Deshalb sind mehrere Altersklassen bei einer Lehrerin. Aber nächstes Jahr, wenn ich elf werde, dann komme ich in eine Jungenklasse."

Maurizio und auch die kleine Sabrina beugten sich über ihre Teller und ließen es sich schmecken. Nachdem die Kinder gegessen hatten, verschwanden sie im oberen Stockwerk. Hans blieb in der Küche und leistete dem Hausherrn Gesellschaft.

Kurz vor acht, endlich wusste Hans, wie spät es war, denn in der Küche hing eine große, runde Uhr, gab es ein Abendessen. Es war köstlich. Es gab Salami und Speck. Dazu zwei verschiedene Käsesorten und Brot. Auch eingelegtes Gemüse, wie Karotten und Sellerie wurde aufgetischt. Hans konnte sich nicht mehr daran erinnern, wann er das letzte Mal Sellerie gegessen hatte. Er meinte, es müsse damals während der Ausbildung im Elsass gewesen sein. Zu all dem Guten gab es einen frischen, trockenen Weißwein.

„Den Wein machen wir selbst. Wir sind zwar nur ein paar Familien, aber unser kleiner Weinberg wirft genug für uns alle ab. Und wir wissen, wie man einen guten Wein macht. Und das auch im Krieg!" Den letzten Satz hatte der Mann in einem mürrischen Ton gesprochen.

Zwanzig Minuten später waren sie aufgebrochen. Hans war vor die ältere der beiden Frauen gestanden und hatte ihre Hand genommen.

„Vielen, vielen Dank, liebe Frau. Ich werde sie nie vergessen. Ich hoffe, dass es in meinem Leben möglich sein wird, dass ich sie besuchen kann, wenn alles vorbei ist. Dann werde ich das tun, und das verspreche ich ihnen hiermit."

Dann drehte er sich der jungen Frau zu, die rechts hinter ihrer Mutter stand und ihn freundlich anlächelte.

„Dasselbe möchte ich auch Ihnen sagen. Danke, und nochmals danke für alles. Sie sind gute Menschen. Und das werde ich in der ganzen Welt erzählen, auch wenn ich nicht danach gefragt werde."

Die beiden Frauen sagten nichts und verbeugten sich nur ganz leicht. Dann ging der Hausherr zur Tür und Hans folgte ihm.

Draußen stand der Mann im Schutz der Haustür und spähte die Straße entlang. Es war schon ganz dunkel. Im Abstand von etwa fünfzig Schritten brannten Straßenlaternen.

„Die Laternen gehen jeden Moment aus. Es ist eine Vorsichtsmaßnahme, wegen eventueller Fliegerangriffe, die allerdings noch nie stattgefunden haben. Aber so kann man ja auch Strom sparen. Und für uns ist das ganz gut. Dann sieht uns nicht jeder."

In diesem Moment erloschen die Lichter.

„Es ist jetzt zehn Uhr. Auf geht's!" Der Mann ging los und Hans folgte ihm auf die Straße. Sie hielten sich nach rechts und gingen weiter in den Ort hinein. Nach einer halben Stunde Gehzeit standen sie vor einem langgestreckten, niedrigen Holzgebäude, das einigermaßen gedrungen wirkte. Hinter geschlossenen Fensterläden konnte man durch die Ritzen Licht erkennen. Sie gingen durch ein Gartentor und der Italiener klopfte an eine Holztür. Drei Mal hatte er geklopft, dann kurz abgewartet und wieder drei Mal, aber diesmal mit einem gleich bleibenden Abstand von Schlag zu Schlag.

Die Tür öffnete sich und sie traten in einen hell erleuchteten Raum.

Es war laut, überall unterhielten sich Männer mit ausladenden Armbewegungen. Hans schloss hinter sich die Tür und drehte sich um. Die etwa zwei Dutzend Leute, es waren alles Männer, die sich im Raum befanden, brachen ihre Unterhaltungen unvermittelt ab. Alle starrten zu den zwei Neuankömmlingen und warteten, bis der Mann etwas sagte.

„Hallo, Freunde, einen schönen guten Abend wünsche ich. Hier ist mein neuer Freund, den ich euch gerne vorstellen möchte.‘‘

Mit diesen Worten nahm er Hans beim Arm und führte ihn zu einem Tisch, an welchem noch ein paar Stühle frei waren. Sie setzten sich beide und der Mann blickte zum Tresen, der sich gegenüber dem Eingang über fast den gesamten Raum hinzog. Am Tresen entlang standen eine Art Hochstühle, auf denen vereinzelt jüngere und überwiegend alte und noch ältere Männer saßen. Alle hatten sie ein Glas vor sich stehen, viele rauchten Zigaretten. Hinter dem Tresen stand ein großer, schwerer Mann, der herüber schaute. Hans` Begleiter hob die Hand und deutete mit zwei erhobenen Fingern an, dass sie auch zwei Gläser haben wollten.

Der Tresenmann zögerte einen kurzen Augenblick und nahm dann zwei Gläser hinter sich aus dem Regal, hob eine große grüne Flasche an und goss Weißwein ein. Dann schob er sie an den vorderen Rand. Hans erhielt ein Zeichen, dass er die beiden Gläser holen solle. Er stand auf und ging zum Tresen hinüber. Er nickte dem Mann hinter dem Tresen zu, griff zu den Gläsern und dankte höflich. Dann kam er an den Tisch zurück.

„Also, Leute. Keine Panik. Ich weiß, ihr kennt den jungen Mann nicht. Aber es ist alles in Ordnung. Es geht aber nicht, dass ich jetzt hier einen Vortrag halte. Ich werde alles dem Präsidenten erzählen. Der kann euch dann entsprechend informieren. Ich denke, dass ihr mir soweit vertraut, dass das in Ordnung geht. Sollte dies nicht der Fall sein, dann möge derjenige an meinen Tisch kommen. Ich informiere auch gern einzelne Mitglieder über unseren Besucher."

Er blickte in dem großen Raum umher, der mehr als zehn Meter lang und gute fünf breit war, und schaute von einem Tisch zum anderen. Die Männer im Raum wandten sich ihren Gläsern zu und die Gespräche kamen wieder in Gang. Dann stand ein Mann an einem der hinteren Tische auf, nahm sein Glas hoch, und kam zu ihnen an den Tisch. Er zog einen Stuhl hervor und lächelte dem Ankömmling freundlich zu.

„Buona sera, Andrea", sagte Hans´ Begleiter. Das ist – er zögerte einen Moment – Gianni. Er hat uns heute besucht. Er kommt direkt aus dem Gefängnis in Genua. Dort hatten ihn die Schweine von der Gestapo grundlos eingesperrt. Es ist ihm gelungen, auszubrechen. Jetzt ist er auf dem Weg in die Berge. Ich möchte ihm dabei helfen. Ohne uns wird er es sonst nur sehr schwer schaffen können. Was willst du wissen?"

Der andere Mann, der Andrea hieß, schaute Hans eingehend an. Er prostete ihnen zu und einen Schluck aus seinem Glas. Alle drei tranken und setzten die Gläser wieder ab.

„Also, du heißt Gianni, und wie noch?"

Hans räusperte sich, dann dachte er, es sei das Beste einfach frei von der Seele weg zu sprechen. Das war bis jetzt immer das Beste gewesen.

„Eigentlich heiße ich Hans, Hans Robert Rosenheimer. Ich bin in Deutschland geboren, und zwar in Karlsruhe. Als ich alt genug war, habe ich mich bei der französische Legion einschreiben lassen. Das war im Jahre 1937. Vor ein paar Monaten bin ich mit meinem Freund Bruno Mazetti in Algerien aufgebrochen, um nach Lierna an den Comer See zu gehen. Dort wohnt die Familie von Bruno Mazetti. Er selbst wurde von den Deutschen in Genua erschossen. Ich wurde verletzt und eingesperrt, konnte aber während eines Luftangriffes fliehen. Ich bin mit einem Güterzug bis hierher gekommen. Ein ehemaliger Bähnler in Genua hat mir geholfen. Jetzt möchte ich weiter nach Lierna. Ich besitze aber keine Papiere. Die sind in Afrika verloren gegangen."

„Und warum möchtest du zu den Mazettis nach Lierna und nicht zu deinen Leuten nach – na, wie war das?"

„Karlsruhe, ich bin in Karlsruhe geboren. Da zieht mich zurzeit nichts hin. Ich bin in einem Waisenhaus groß geworden. Eine Familie habe ich nicht."

„Und warum läufst du so unrasiert herum? Wenn so ein junger Mann wie du so ungepflegt durch die Gegend läuft, ist das auffällig. Bärte sind unter den jungen Männern nicht in Mode, oder?"

Hans fasste sich ins Gesicht. Erst jetzt merkte er, dass er einen richtigen Vollbart hatte. Er war zwar noch nicht lang, nur weniger als einen Zentimeter, aber sehr dunkel und wirkte daher stärker, als er wirklich war.

„Ich habe keinen Rasierer. Rasieren kann ich mich nur, wenn ich auf einem Schiff bin oder im Gefängnis. Da bekommt man die nötigen Dinge, damit man sauber aussieht."

Hans hatte diese Worte etwas verbittert ausgestoßen und seinen Blick auf die Tischplatte gerichtet. Er wollte nicht noch mehr erklären. Plötzlich war ihm alles zu viel. Niedergeschlagenheit und Müdigkeit gewannen die Oberhand. Er hatte keine Lust mehr, der ganzen Welt erklären zu müssen, dass er niemandem etwas Böses antun wollte. Erst jetzt ging ihm durch den Kopf, dass die Familie, die er am Morgen aufgesucht hatte, ihn auch ohne weiteres an den örtlichen Polizeiposten hätte verpfeifen können. Er hatte sich zwar nichts zu Schulden kommen lassen, außer der Flucht aus dem Gefängnis in Algerien, aber dies schien ja keine Rolle zu spielen. Man war ein Verbrecher, wenn man nicht beim Militär oder bei einer Behörde war, und man war ein Schwerverbrecher, wenn man keine Papiere besaß.

Der Mann, den sein Begleiter Andrea genannt hatte, stand auf und reichte Hans seine Hand. Hans erhob sich ebenfalls und ergriff sie. Es wurde wieder still im Raum. Andrea sprach:

„Herzlich willkommen, Gianni. Du bist hier unter Freunden. Wir wollen einen schönen Abend miteinander verbringen. Alles andere wird dir dein Freund später noch erklären." Er blickte dabei den Mann an, mit dem Hans gekommen war, und wandte sich dann von ihrem Tisch ab und ging zu seinem Platz zurück. Im Raum wurde es wieder lauter. Hans entspannte sich.

Sein Begleiter beugte sich zu ihm hin und lächelte ihn an.

„Gut, dass du alles erzählt hast. Andrea ist ein alter Fuchs. Der merkt es, wenn man versucht, etwas unter den Teppich zu kehren. Das mit dem Rasieren, hat ihn überzeugt."

„Warum glaubt man denn her niemandem etwas? Was könnte ich euch den antun?"

„Man merkt schon, dass du erst ein paar Tage in Europa bist. Du hast ja keine Ahnung. Also, Pass' mal auf, dann gebe ich dir einen kurzen Abriss über die Verhältnisse in unserem schönen Lande ."

Während er sprach, hob er die Hand und gab dem Mann hinter dem Tresen wieder ein Zeichen. Hans stand ungefragt auf, nahm die beiden leeren Gläser und brachte sie zum Tresen. Dort bekam er keine neuen Gläser, die beiden benutzten wurden wieder gefüllt. Mit einem Dankeschön ging Hans zum Tisch zurück.

Sie waren nicht allein an dem großen Tisch. Rechts von ihm saßen drei Männer, die über Eck miteinander sprachen. Ihnen gegenüber waren weitere zwei Männer in einem ruhigen Gespräch über den Weinbau vertieft. Sein Begleiter berührte ihn am Arm und begann zu erzählen. Die anderen Tischgenossen wurden still und hörten ihm auch zu.

„Im September 1939 begann Deutschland einen Krieg mit Polen. Es dauerte nicht lange, dann traten Frankreich und England in den Krieg ein. Die so genannten Achsenmächte Deutschland, Italien und auch das kleine Österreich hatten groß herausgekehrt, dass sie Europa unterwerfen wollten. Die anderen Europäer wehrten sich, wenngleich die Deutschen große Erfolge vermelden konnten. Ihre Armee ist mächtig und gut ausgerüstet. Als sie sich dann aber mit den Russen anlegten und die Japaner Amerika angriffen, da drehte sich langsam das Blatt. Wir sind natürlich nicht im Einzelnen darüber informiert, wie es an den Fronten tatsächlich aussieht. Aber es hat schon sehr viele Tote gegeben. Die Fabriken in der Heimat werden fast nur noch durch Frauen, Heranwachsende und Alte betrieben. In den Städten sind Essen und Trinken knapp, nur auf dem Lande geht es noch einigermaßen.

Man hört, dass in Russland und auch in Frankreich schwere Kämpfe toben und dass in Deutschland verheerende Luftangriffe auf Städte geflogen werden.

Hier in Italien gibt es die Mussolini-Anhänger, die Schwarzhemden, und dann gibt es noch die anderen. Dazu gehören die Christdemokraten und vor allem auch die Kommunisten. Viele sind in den Untergrund gegangen, auch junge Männer, bevor man sie an die Front eingezogen hat. Die Partisanen bekämpfen die Schwarzhemden, und vor allem die Deutschen. Man hört immer wieder von Gräueltaten, wenn die SS-Verbände Rache für Partisanenaktionen nehmen. Da soll es schon viele Tote gegeben haben. Hier bei uns in der Lombardei ist es in der Ebene alles mehr oder weniger ruhig. Die Partisanen haben sich in die Ausläufer der Alpen zurückgezogen und starten von dort aus ihre Kommandoaktionen.

Und jetzt sind wir beim Thema. Ich denke, dass es für dich am besten sein wird, wenn du dort Anschluss finden kannst. Wir werden also dafür sorgen, dass du nach Lierna kommst. Wir werden dich dort einem anderen Ortskommando übergeben. Das hier ist unser Ortskommando." Der Mann drehte dabei den Kopf von links nach rechts und hob den Arm mit einer Bewegung, die den ganzen Raum einnahm. „Du schläfst heute Nacht hier. Da hinten ist eine Schlafkammer mit einem Bett. Sollte etwas passieren und die Gestapo auftauchen, dann erzählst du, dass du hier eingebrochen bist. Unsere Namen sind alle falsch. Also verpfeifen kannst du uns auch nicht unter Folter. Da hinten, das letzte Fenster, das ist eingeschlagen. Die Scherben liegen innen im Raum, so als ob es jetzt erst passiert wäre. Da bist du eingebrochen. Dann können die uns nicht an den Karren fahren, verstehst du?"

„Ja, ich verstehe. Ich werde euch niemals verpfeifen, da kannst du sicher sein."

„Gut. Also morgen früh, so gegen vier Uhr dreißig, werde ich hierher kommen. Ich bringe dir ein Fahrrad mit. Kannst du Rad fahren?"

„Ich habe es noch nie versucht. Ist es schwer?"

„Also gut, dann gehen wir jetzt raus. Du musst es noch heute Nacht lernen." Der Mann stand auf und sie gingen beide vor die Tür. Ihre Tischgenossen folgten ihnen.

Jetzt erst merkte Hans, dass an der Hauswand unzählige Fahrräder angelehnt waren. Eines wurde heran geschoben und Hans stieg unsicher über die Stange. Er griff mit beiden Händen an den Lenker und setzte einen Fuß auf das rechte Pedal.

„Gut. Du stößt dich ab und hältst die Lenkstange stabil. Dann trittst du in die Pedale und das Fahrrad bewegt sich. Also los jetzt."

Hans tat wie man ihm gesagt hatte, und dann wackelte er besorgniserregend die Straße entlang. Es war dunkel und die Männer folgten ihm, wobei sie nicht verbergen konnten, dass sie großen Spaß bei der Aktion hatten. Nach nur wenigen Minuten war Hans zu einem einigermaßen guten Radfahrer geworden.

„Also zurück jetzt zum Haus. Nicht, dass noch eine Streife vorbeikommt. Dann kommen wir nicht in den Knast, sondern ins Irrenhaus."

Alle lachten und gingen zurück in ihre Baracke, wo die Gläser wieder gefüllt wurden.

Der Mann und Hans saßen wieder am Tisch.

„Morgen früh um halb fünf ungefähr komme ich mit einem Fahrrad. Viele, viele Arbeiterinnen und Arbeiter werden dann unterwegs die Straße entlang in Richtung Norden sein. In ungefähr zwanzig Kilometern Entfernung befindet sich in einem Wald eine große Munitionsfabrik. Dort gehen sie alle zur Arbeit. Du wirst dich unter die Radfahrer mischen und in der Masse nicht auffallen. Dort an der Fabrik stellst du dein Rad ab und versteckst dich. Am Abend, wenn Feierabend ist, steigst du wieder auf dein Rad und fährst dann aber mit der Kolonne weiter, die sich nach Norden heimwärts bewegt. Du wirst dann fast bis nach Lecco kommen. Ich habe gehört, dass sogar Arbeiterinnen und Arbeiter aus Valmadrera in Muni arbeiten. Mit denen fährst du mit, dann kannst du den Rest nach Lecco zu Fuß gehen. Ich werde dir eine Adresse mitbringen, wo du dich dann melden kannst. Alles verstanden?"

„Ja, ich denke schon. Danke."

„Schon gut. Wenn du bei den Partisanen bist, dann hilf ihnen, diesen Krieg endlich zu beenden. Wir wollen wieder auf unsre Felder gehen, unseren Wein anbauen und gemütlich zusammen sitzen. So kann es nicht mehr weiter gehen. Deshalb helfen wir alle zusammen."

Mit diesen Worten stand der Mann auf, gab Hans die Hand und rief einen Abschiedsgruß in den Raum. Dann verließ er das Heim. Hans setzte sich wieder und entschloss sich dann, zum Tresen zu gehen. Dort stand immer noch der große, schwere Mann. Der Raum hatte sich inzwischen merklich geleert. Am Tresen saßen auch nur noch ein paar Männer.

„Kann ich schon schlafen gehen, bitte? Und wo ist denn eine Toilette?"

Der Mann hinter dem Tresen hatte nach der ersten Frage an die Stirnwand gedeutet, nach der zweiten Frage an die Wand gegenüber gezeigt, wo sich ebenfalls eine Tür befand.

„Danke." Hans stand auf und ging in Richtung Klo. Hinter der Tür war ein Plumpsklo. Ein Loch im Boden und zwei Abtrittstellen, wo man seine Füße hinstellte. Das hatte er auch schon im Gefängnis in Genua benutzt und es war nichts Neues mehr für ihn.

Er ging wieder zurück in den Raum. Als er beim Tresen ankam, lächelte ihn der Tresenmann an und deutete auf ein Glas vor sich. Er hatte ihm einen Wein eingeschenkt. Hans setzte sich wieder und trank einen Schluck. Den Wein merkte er schon, und zwar nicht nur ein wenig. Seine Stimmung war gut, nicht mehr so depressiv wie früher am Abend. Sie hatten Recht. Sobald der Krieg vorbei war, konnte er ja nach Karlsruhe zurückgehen. Vielleicht würde er dort Rudolf und Peter wieder treffen. Dieser Gedanke machte ihn froh.

Am nächsten Morgen war er schon früh auf. Er war am Abend zuvor in die Schlafkammer gegangen, nachdem er das letzte Glas Wein ausgetrunken hatte. Er hatte nur die Schuhe ausgezogen und sich dann auf die Pritsche gelegt. Obwohl seine Gedanken nicht zur Ruhe kamen, übermannte ihn der Schlaf dann doch recht schnell und nach dem für ihn ungewohnten Wein war er in einen tiefen Schlummer verfallen. Jetzt war er aufgewacht und sah, dass es noch dunkel war. Ohne nach Licht zu suchen schlüpfte er in seine Schuhe. Dann nahm er seine Jacke und öffnete die Tür zum Schankraum. Auch hier war alles dunkel. Die Haustür war unverschlossen. Ihn fröstelte. Feine Regentropfen trafen auf sein Gesicht und ein lauer Wind blies. Schnell gewöhnten sich seine Augen an die Dunkelheit. Er schaute nach rechts und nach links. Die Straße lag menschenleer da. Die Fahrräder vom Abend zuvor waren alle verschwunden. Hans wartete. Er fuhr sich mit der Hand durch den Bart. Wenn ich wieder zu Hause bin, werde ich mich immer glatt rasieren. Wenn es sein muss, zwei Mal am Tag, dachte er. Sein Magen knurrte. Er nahm die Stofftasche von der Schulter, die er am Vortag erhalten hatte. Er suchte mit einer Hand darin und fühlte ein Stück Brot. Daneben war auch ein glattes kaltes Stück zu fühlen, dass sich wie Käse anfühlte. Er nahm beides aus der Tasche und roch daran. Ja, es war so, Brot und Käse.

Dann meinte er, Stimmen zu hören. Sie kamen von links, von wo sie auch am Vorabend hergekommen waren. Langsam schälten sich die Umrisse von mehreren Radfahrern aus der Dunkelheit. Sie kamen die Straße entlang auf ihn zu. Vor dem Gartentürchen hielt einer der Fahrer an. Er führte ein zweites Rad mit sich.

„Gianni, guten Morgen. Hast du gut geschlafen?" Es war der Mann. Hans steckte die Reste seines Frühstücks in die Stofftasche zurück, hängte sie sich wieder um und trat auf die Straße.

„Auch guten Morgen. Ja, gut habe ich geschlafen, nach all dem Wein und dem guten Essen den ganzen Tag. Danke noch mal." Hans griff zum Lenker des mitgebrachten Fahrrades und schwang sein Bein über den Sattel. „Mit wem soll ich fahren und in welche Richtung?"

„Warte noch. Hier habe ich die Adresse in Lecco. Du musst sie aber gut, gut verstecken. Wenn du geschnappt wirst, nicht einfach wegwerfen. Am besten ist es, wenn du sie dann aufisst. Klar?"

„Ja, ist klar. Ich werde die Adresse jetzt und hier auswendig lernen und sie dann gleich vernichten."

„Das wäre natürlich das Beste. Aber ob du sie dir merken kannst?"

Hans nahm den Zettel und versuchte, das Geschriebene zu lesen. Er konnte fast nichts erkennen. Es hatte zwar begonnen zu dämmern, es war aber noch nicht hell genug. Der Mann holte ein Streichholz aus der Hosentasche und riss es am Absatz seines Schuhes an. Dann hielt er es Hans hin. Jetzt konnte Hans lesen: Via A. Manzoni 33, Lecco zweiter Stock links, drei, fünf.

„Gut, Via Manzoni 33, das kann ich mir merken, was heißt aber drei, fünf?"

„Das heißt, dass du drei Mal kurz und fünf Mal lang klopfen musst. Der Code ändert sich immer wieder. Diese Woche gilt eben drei – fünf."

„Schön, dann merke ich mir Via A. Manzoni 33 bis 35, das müsste gut gehen."

„Und Du kannst dort erst hingehen, wenn es dunkel ist, denk daran!"

Während sie gesprochen hatten, war der Fahrradverkehr auf der Straße immer dichter geworden. Die meisten Leute bewegten sich nach links die Straße entlang.

„Auf geht's, Gianni. schließe dich den dreien da vorne an. Die fahren zur Munitionsfabrik. Beeile dich, damit du den Anschluss nicht verlierst. Hier, nimm noch diese Mütze. Sie gibt warm und du siehst dann aus wie alle anderen."

Der Mann hatte seine eigene Mütze vom Kopf genommen und hielt sie Hans hin. Dieser zögerte nur kurz, nahm sie dann und setzte sie sich auf. Sie passte und gab wirklich wohlig warm.

"Danke. Vielen Dank."

Hans trat in die Pedale, bremste aber nach ein paar Metern gleicht wieder und hielt an. Er drehte sich zu dem Mann um und fragte ihn: „Wie ist dein Name?"

Der Mann zögerte zuerst. Dann sagte er: „Ich bin Enrico Zappa."

„Und wie heißt dieser Ort hier?"

„Wir sind hier in Cantu, mein Freund."

„Ich werde dich besuchen, sobald es möglich ist. Und bitte grüße deine Frau von mir und auch deine Tochter und die Kinder. Ich werde euch nie vergessen, ihr Leute aus Cantu."

Hans trat in die Pedale ohne sich noch einmal umzusehen. Seine Führungsleute waren schon ein ganzes Stück vorgefahren und er beschleunigte das Tempo. Tränen standen ihm in den Augen. Es lag wohl am Fahrtwind, dachte er.

Eine gute Stunde später waren sie von der Straße nach rechts in einen Wald abgebogen. Nach wenigen hundert Metern traten die Bäume zurück und die Straße endete vor einem großen zweiflügeligen Tor, das geschlossen war. Links vom Tor war eine Tür, die offen stand. Vor der Tür konnte Hans zwei bewaffnete Wachmänner sehen. Die Arbeiterinnen und Arbeiter standen vor der Tür Schlange und wurden einer nach dem anderen von den Wachen durch die Tür gewinkt.

Hans konnte nicht erkennen, ob sie sich in irgendeiner Form auswiesen. Er stellte sich also ebenfalls in die Reihe und schob sein Fahrrad hinter den anderen Stück für Stück in Richtung Einlass. Dann stand er vor den Wachsoldaten. Der eine beachtete ihn überhaupt nicht und zog weiter an seiner Zigarette. Der andere schaute zu ihm auf und winkte mit einer kurzen Geste, dass er durchgehen solle.

Hans folgte den anderen, die wieder auf ihre Räder stiegen und noch ungefähr hundert Meter weiter fuhren, bis sie an einen großen Schuppen gelangten, in dem die Räder untergestellt wurden. Auf der Rückseite des Schuppens war wieder eine Tür, dahinter erhob sich ein großes Fabrikgebäude, welches man bisher noch nicht hatte sehen können. Es war umsäumt von dichtem Wald.

Außerdem waren von den Baumkronen große Tarnnetze zum Dach des Gebäudes gespannt.

Hans wurde klar, dass es gegen Fliegerangriffe so gut es ging getarnt worden war. Er ging davon aus, dass das Dach ebenfalls mit Netzen und Baumkronen und Ästen verborgen war.

Die Leute strömten mit schnellen Schritten einem offenen Tor in der Ziegelwand vor ihnen entgegen. Hans hielt sich ein wenig abseits, weil er nicht wusste, ob er mit ins Gebäude gehen sollte. Hinter ihm kam ein Mann immer näher, bis er auf gleicher Höhe wie Hans ging.

„Bist du Gianni?", Hans blieb kurz stehen und schaute den Mann an.

„Ja, bin ich."

„Gut, dann komm mit mir. Ich zeige dir, wo du bis heute Abend bleiben kannst. Nach Schichtende werde ich dich abholen. Du fährst dann mit uns bis nach Lecco. Ich habe von Enrico Instruktionen erhalten. Alles weitere später."

Sie gingen rechts um das Fabrikgebäude herum und kamen an ein lang gestrecktes Holzhaus, das halb unter Bäumen gelegen war.

Hans hatte Mühe, sich auf den Beinen zu halten. Seine Fahrt auf dem Fahrrad bis zur Munitionsfabrik war für ihn eine Premiere gewesen. Seine Knie zitterten leicht, sein Hintern tat ihm weh.

„Das ist die Kantine. Der Koch gehört zu unserer Organisation. Du wirst ihm heute in der Küche helfen. Da bist du sicher, weil dort nie Wachen auftauchen. Dort bekommst du auch etwas zu essen."

Der Mann hatte eine hölzerne Tür geöffnet und Hans folgte ihm in einen großen Speisesaal. Sie hielten sich nach links und kamen an einen langen Tresen, wo die Essensausgabe stattfand, wie ihm der Mann erklärte. Hier sollte er mithelfen. Links vom Tresen war ein Durchlass, dahinter befand sich die Tür, die zur Küche führte. Sie gingen hinein. Sofort kam ihnen ein Mann im mittleren Alter entgegen.

„Gianni?"

„Ja", antwortete der Begleiter, drehte sich um und ging wortlos zurück durch die Tür. Hans konnte sich noch nicht einmal bei ihm bedanken.

„Komm mit!", sagte der Koch und sie gingen beide nach hinten. Dort befanden sich Kleiderspinde. Der Mann öffnete einen davon.

„Zieh dich um. Deine Kleider hängst du hier hinein und ziehst die Kochkleider an. Vergiss die Mütze nicht, das ist streng vorgeschrieben. Dann kommst du zu mir. Ich bin da hinten. Du kannst mir helfen. Heute Abend ziehst du dich wieder um und folgst den anderen nach Lecco." Der Koch ging weg und Hans folgte seinen Anweisungen.

Am Abend, es war schon fast dunkel, bedeutete ihm der Koch, sich bereit zu machen. Hans wechselte seine Kleidung und sie gingen beide zurück zum Fahrradschuppen. Hans nahm sein Rad und dann trafen sie wieder auf den Mann, der ihn am Morgen geleitet hatte. Er grüßte ihn und bedeutete ihm zu folgen. Am Tor waren jetzt keine Wachen. Sie gingen durch, schwangen sich auf die Räder und fuhren zurück auf die Hauptstraße. Dieser folgten sie in nördlicher Richtung.

Hans hatte das Gefühl, dass er schon gut zwei Stunden unterwegs war, als die mit ihm fahrenden Leute allmählich einer nach dem anderen in die Straßen rechts und links ihres Fahrweges abbogen. Sein Führer war noch vor ihm, verlangsamte aber jetzt seine Fahrt und hielt schließlich an. Hans schloss zu ihm auf und schaute ihn an.

„Ich werde jetzt dein Fahrrad nehmen und du gehst zu Fuß weiter. Das Fahrrad können wir dir nicht überlassen, wir brauchen es noch. Wenn du dieser Straße weiter nach Norden folgst, dann kommst du in ungefähr zwei Kilometern Entfernung an die Brücke über die Adda. Hinter der Brücke ist Lecco. Die Via A. Manzoni findest du, wenn du in die dritte Straße links nach der Brücke einbiegst. Die Nummer kennst du ja.

Du musst aufpassen, die Brücke ist manchmal bewacht . Es kann also sein, dass entweder Schwarzhemden dort stehen, oder sogar deutsche Soldaten. Dann darfst du auf keinen Fall versuchen, über die Brücke zu kommen. Ohne Papiere sperren die dich sofort ein. Mehr kann ich dir nicht helfen. Also, viel Glück und weiterhin gute Reise."

Hans hob die Hand, um dem Mann zu danken. Dieser hatte aber bereits sein Rad genommen und drehte sich gerade um, ohne noch ein weiteres Wort zu sagen.

„Danke, vielen Dank!"

Hans drehte sich um und ging langsam, , seine Muskeln an Oberschenkel und Wade schmerzten heftig, in die angegebene Richtung weiter. Die Straße war wie leergefegt. Nur vereinzelt brannten Laternen, die aber so schwach waren, dass sie die Umgebung nur unzureichend erhellen konnten.

Am Hintern spürte er zwei Blasen und er zupfte mit beiden Händen die Hosen von der Haut weg.

Nach einiger Zeit sah Hans in der Ferne ein paar Lichter, die von der Brücke stammen mussten. Er ging weiter. Als er näher kam, meinte er, dass an der Brückenauffahrt, die er jetzt gut erkennen konnte, ein Fahrzeug stand. Als er noch näher kam konnte er tatsächlich ein Motorrad mit Seitenwagen sehen. Im Licht der Brückenbeleuchtung war zu erkennen, dass im Wagen eine Person saß, die rauchte. Unregelmäßig leuchtete die rote Glut einer Zigarette auf. Eine weitere Person in Uniform und Stahlhelm stand angelehnt an einen Laternenmast und blickte über die Brücke.

„Was jetzt?", dachte Hans. „Soll ich warten, bis die wegfahren? Bleiben die während der ganzen Nacht auf

Posten? Steht auf der anderen Seite der Brücke auch eine Wache?" Er musste sich also etwas einfallen lassen.

Hans war ungefähr zweihundert Schritte von der Brückenauffahrt entfernt stehen geblieben und hatte sich im Schatten der Häuser verborgen. Jetzt ging er zurück und bog in die erste Straße ein, die parallel zum Fluss verlief. Er wollte etwa einen halben Kilometer den Fluss entlang weg von der Brücke zurücklegen und dann versuchen, einen Weg hinüber zu finden. Vielleicht würde er ja einen Nachen oder ein anderes Boot finden, mit dem er übersetzen konnte.

Zwanzig Minuten später stand er am Flussufer, die Brücke konnte er in der Dunkelheit kaum längst nicht mehr sehen. Es ging flach von der Uferstraße hinab zum Wasser. Überall lagen Steine, vereinzelt konnte man Sträucher erkennen. Etwas Schiffbares war nicht auszumachen. Er ging die Uferstraße entlang und folgte dabei dem schnell fließenden Wasser. Die andere Flussseite konnte er nicht erkennen. Er hatte kurz erwogen, den Fluss schwimmend zu überqueren. Da er aber weder wusste, wie breit der Fluss war, noch wie es auf der anderen Seite aussah, verwarf er den Gedanken schnell wieder. Außerdem war es auch empfindlich kalt geworden und es schien, als ob die Strömung nicht ungefährlich war.

Ein paar Minuten später meinte er, am Ufer ein flaches Boot liegen zu sehen. Er ging hin und tatsächlich lag vor ihm ein etwa fünf Meter großer Kahn. Hans ging darum herum, fasste mit beiden Händen an den Rand und versuchte, den Nachen zu bewegen.

Er wackelte leicht, schien aber sehr schwer zu sein. Hans tastete im Innern nach einem Ruder, konnte aber keines finden. Der Bug zeigte in Richtung Wasser. Hans stand davor und zog. Das Boot bewegte sich ein wenig. Jetzt erst merkte Hans, dass der Rumpf nicht auf dem Sand lag, sondern dass er mit Gleithölzern unterlegt war.

So ging es relativ einfach und er zog das Boot immer weiter zum Wasser hin. Jetzt stand er schon bis zu den Knien im Fluss. Noch ein kurzes Stück und der Bug wurde vom Wasser angehoben, sodass es mit einem Ruck das letzte Stück ins Wasser glitt. Hans schwang sich über die Bordwand und schaute auf das dunkle Wasser. Er trieb langsam vom Ufer weg und die Strömung erfasste ihn nach wenigen Augenblicken.

Hans kniete im Boot und hielt sich mit beiden Händen an der Bordwand fest. Immer schneller wurde die Fahrt und dann meinte er, dass er sich jetzt in der Flussmitte befand. Hans hoffte, dass ihn die Strömung bei der nächsten Flussbiegung, die hoffentlich nach rechts ging, weiter an das linke Ufer führen würde. Sobald er das andere Ufer sehen konnte, wollte er den Rest schwimmend zurücklegen. Dazu hatte er schon seine Schuhe ausgezogen und sie sich mit den Schnürsenkeln um den Hals gehängt. Brunos Tagebuch hatte er aus der Innentasche seiner Jacke gezogen und es unter seine Mütze geschoben. Er hoffte, so verhindern zu können, dass das Heft nicht nass wurde.

Tatsächlich meinte Hans, dass er das andere Ufer jetzt sehen konnte. Vor ihm, in einiger Entfernung, tauchten wieder Lichter auf. Es schien, als ob dort eine weitere Brücke über den Fluss führte. Links von ihm konnte er Häuser erkennen, aus deren Fenster Licht drang.

„Das Ufer müsste jetzt nah genug sein", dachte er.

Kurz entschlossen stand er auf und ließ sich ins Wasser gleiten. Er ließ los und drehte sich in Richtung Ufer. Er begann mit kräftigen Zügen ans Ufer zu schwimmen.

Die Strömung war stark und das Wasser war eiskalt. Hans schwamm mit aller Kraft. Ab und zu prüfte er mit einem Bein, ob er Boden unter den Füßen spüren konnte. Nach langen Minuten, Hans dachte, dass er schon Stunden im Wasser war, spürte er endlich festen Boden unter den Füßen. Er watete langsam dem Ufer entgegen, bis er endlich aus dem Wasser stieg. Er erklomm das Flussufer und gelangte auf die nördliche Uferstraße. Er fror heftig, die Nacht war sehr kalt. Er schaute sich um. Ihm war klar, dass er ins Warme musste. Er ging die Uferstraße entlang, diesmal flussaufwärts. Der Mann hatte ihm gesagt, dass sein Ziel in der Via A. Manzoni auf der anderen Seite der Brücke war. Dort musst er so schnell es ging hin. Hans begann zu laufen. Mechanisch setzte er einen Fuß vor den anderen und versuchte, die Kälte zu ignorieren.

Nach ein paar Minuten sah er wieder die Lichter an der Brücke. Soweit, wie er befürchtet hatte, war er nicht flussabwärts getrieben. Er hielt sich an den rechten Straßenrand und versuchte, im Schatten der Hauswände zu bleiben, die die Uferstraße säumten.

Als er der Brücke näher kam, konnte er sehen, dass auf dieser Seite kein Fahrzeug oder ähnliches zu erkennen war. Er lief weiter, bog in Höhe der Brücke nach rechts und zählte die drei Straßen ab, bis er nach links abbog. An der Ecke schaute er nach oben, um zu sehen, ob er in der richtigen Straße war. Es war aber zu dunkel und die Straßenbeleuchtung war viel zu dürftig, als dass er ein Schild hätte lesen können.

Er ging weiter und er sollte wieder Glück haben. Plötzlich zuckte er zusammen, weil er vor sich Stimmen hörte. Er drückte sich an die Hauswand. Vor ihm wurde es hell und drei Leute traten aus einer Haustür auf die Straße. Es waren auf keinen Fall Uniformierte und deshalb trat Hans schnell einen Schritt vor und fragte, wo die Via. Manzoni sei.

„Da sind sie hier richtig, Signore. Hier ist die Manzoni. Wo wollen sie denn hin?" Freundlich hatte einer der Männer ihn angesprochen. Jetzt erst merkten die Leute, dass Hans patschnass war. Sie zögerten kurz, fragten aber nicht danach.

„Ich suche die Nummer dreiunddreißig, bitte."

„Hier ist die Nummer zweiundzwanzig. Ihre Nummer ist also auf der andren Seite, nur ein paar Schritte entfernt."

Mit einem guten Abend gingen die drei an Hans vorbei und bogen um die nächste Ecke. Hans ging weiter. Jetzt kam er an eine große Holztür, an der rechts mit weißer Farbe die gesuchte Nummer geschrieben stand. Hans drückte an der Tür, die sich aber nicht bewegte. Er suchte nach einer Klinke und fand diese auch. Jetzt ging die Tür auf und er kam in einen dunklen Durchgang, der in einen Hof führte. Nach drei oder vier Schritten tat sich rechts ein Treppenaufgang auf. Hans ging die Stufen hinauf und trat durch eine geöffnete Tür, hinter der weitere Treppen nach oben gingen.

Was hatte Enrico zu ihm gesagt? Zweiter Stock, dritter Stock? Hans ging nach oben. Er meinte, dass es im zweiten Stock sein müsste. Dort angekommen stand er vor einer Holztür links vom Treppenabsatz. Er klopfte, drei Mal kurz und dann fünf Mal mit größerem Abstand. Er wartete.

Nach einer Weile hörte er hinter der Tür Schritte und die Tür öffnete sich. Ein Mann stand vor ihm. Er sah in kurz an und fragte dann: „Gianni?"

„Ja, das bin ich. Kann ich reinkommen, bitte?"

Der Mann trat einen Schritt zur Seite und ließ ihn hinein.

Er schloss die Tür und führte ihn einen Flur entlang, der an einer Tür endete, die in ein Wohnzimmer führte.

„Setz Dich. Hast Du Durst?"

„Ja. Danke."

Der Mann goss ein Glas Wasser ein und schob es Hans hin, der sich auf einen Stuhl gesetzt hatte, der an einem Tisch stand. Der Mann nahm ihm gegenüber Platz.

„Warum bist Du so nass? Es regnet doch gar nicht, oder?"

„Ich bin durch den Fluss geschwommen. Ging nicht anders. Die Brücke wurde bewacht."

„Mein lieber Freund. Da ziehe ich den Hut. Jetzt im Herbst, da fließt unsere Adda mit einer kräftigen Strömung. Das schafft nicht jeder."

Jetzt ging Hans durch den Kopf, dass er schon seit Jahren nicht mehr geschwommen war. Daran hatte er überhaupt nicht gedacht, als er sich ins Wasser gleiten ließ. War ja noch mal gut gegangen.

„Bist du jemanden begegnet auf dem Weg hierher?"

„Nein, äh – doch! Ich habe zwei Häuser weiter jemandem nach der Adresse gefragt."

„Was hast du genau gefragt?"

„Ich habe gefragt, wo die Via A. Manzoni wäre. Die Leute sagten mir, dass ich schon in der Straße sei. Und dann habe ich nach der Hausnummer gefragt."

„Scheiße, die Hausnummer hast du also auch genannt. Wenn das Faschisten waren, dann müssen wir damit rechnen, dass sie dich melden. So, wie du aussiehst, nass bis auf die Knochen, machen die sich schon Gedanken darüber, was mit dir los ist. Normalerweise laufen hier keine jungen Männer nass durch die Gegend und fragen nach Hausnummern."

Der Mann stand auf und bedeutete ihm, mitzukommen. Sie gingen wieder zurück in den Flur und traten ein paar Schritte weiter durch eine andere Tür. Es war ein Schlafzimmer. Der Mann öffnete eine Schranktür und sah sich zu Hans um.

„Zieh dich aus. Du brauchst trockene Kleider. Wie groß bist du? Was wiegst du? Deine Schuhgröße?"

Hans antwortete ihm auf die Fragen und nacheinander legte der Mann zuerst ein Unterhemd, dann eine Unterhose und wollene Strümpfe, eine Hose und einen Pullover auf das Bett.

„Los, mach schon. Zieh dich aus und nimm die frischen Sachen. Wir müssen uns beeilen. Du musst weg. Vielleicht sind schon in ein paar Minuten die Schwarzhemden vor dem Haus!"

Hans beeilte sich und zog sich nackt aus. Dann streifte er die neuen Sachen über. Es wurde ihm wohlig warm. Dann gab ihm der Mann noch eine Stofftasche.

„Deine alten Sachen kannst du in die Tasche tun und mitnehmen."

Hans hatte seinen Gürtel mit der Mundharmonika von seiner alten Hose genommen und ihn um die neue gelegt. Er stopfte seine nassen Sachen, außer der Jacke und der Mütze, mitsamt den Schuhen in die Tasche und wartete darauf, was jetzt geschehen sollte. Er legte sich seine Jacke um die Schultern, setzte sich die Mütze auf und verwahrte das Tagebuch in der Innentasche. Der Mann schaute ihn an und drehte sich dann zur Wohnungstür um.

„Wir gehen jetzt runter zum See. Dort haben wir ein Boot. Du wirst nach Mandello gebracht. Dort übergeben wir dich den Gewerkschaftern. Die haben Kontakt zu den Partisanen in den Bergen. Ein paar Fragen vorher: Du bist Deutscher?"

„Ja, aber …"

Der Mann unterbrach ihn.

„Du antwortest nur mit Ja oder Nein. Erklärungen brauche ich erst, wenn ich danach frage."

„Also noch mal, du bist Deutscher?"

„Ja."

„Du bist auf der Flucht, weil du als Deserteur gesucht wirst?"

„Ja."

„Du bist dazu bereit, gegen die Deutschen zu kämpfen?"

Hans zögerte kurz. Dann dachte er an Carlo und daran, dass sie ihn einfach erschossen hatten.

„Ja."

„Gut, dass du nicht sofort geantwortet hast. Dann hätte ich es dir nicht geglaubt. Man schießt nicht einfach auf seine eigenen Leute.

Du warst in der Fremdenlegion in Afrika?"

„Ja."

„Du bist also gut geschult als Soldat und Schütze?"

„Ja."

„Du kannst also Militär führen?"

„Ja."

„Du sprichst deutsch, französisch und auch ganz gut italienisch.“

„Ja, das stimmt auch.“

„Dann passt das alles.“

Sie waren schon die Treppe hinunter gegangen und traten jetzt vorsichtig spähend auf die dunkle Straße. Sie bogen nach rechts und gingen schnellen Schrittes das Kopfsteinpflaster hinunter. Jetzt hörten sie hinter sich Motorengeräusche.

„Komm!“ Der Mann packte Hans am Arm und zog ihn in einen Hauseingang. Er spähte rückwärts die Straße entlang. Um die nächste Ecke bogen zwei Militärfahrzeuge und hielten dann vor dem Haus, aus dem sie gerade gekommen waren. Mehrere Männer sprangen aus den Fahrzeugen und gingen schnell durch die Haustür.

Der Mann zog Hans mit sich und sie hielten sich dicht an die Hauswände gedrückt, bis sie um die nächste Ecke bogen und soweit in Sicherheit waren.

„Siehst du. Da hat uns einer deiner Freunde verpfiffen.“

„Meine Freunde?“

„Die, die du nach der Hausnummer gefragt hast. Heute muss man mit diesen Spitzeln überall rechnen. Faschisten gibt es überall, immer noch.“

Die Straße führte leicht abfallend in Richtung See und schon nach ein paar Minuten konnte Hans das im Mondlicht glänzende Wasser erkennen. Am Ufer war eine Allee aus großen Bäumen und dahinter war ein langes Geländer, das eine Art Seeterrasse zum Wasser hin abschloss. Sie gingen darauf zu und jetzt sah man, dass eine Steintreppe weiter hinunter an den See führte. Sie gingen die Treppe hinab. Das Ufer war sandig und mit kleinen und großen Steinen durchsetzt. Sie gingen nach rechts und Hans konnte eine größere Anzahl von Booten im Wasser liegen sehen. Nach ungefähr fünfzig Metern hielt der Mann an und rief einen Namen in die Dunkelheit.

Hans sah vor sich die Umrisse eines Mannes, der sich in einem etwas größeren Boot aufrichtete.

„Enzo, hier bin ich", rief der Mann. Sie gingen weiter.

„Das ist Gianni. Bringe ihn nach Mandello. Ihr benutzt am besten den Anlegesteg am Giardinetto. Dann bringst du ihn in das Gewerkschaftszentrum in Molina. Die wissen dort Bescheid. Alles klar?"

Der andere Mann, der Aldo hieß, nickte.

„Alles klar", sagte er und bedeutete Hans, sich auf einem Sitzbrett niederzulassen. Dann stieß er das große Holzboot vom Ufer ab und setzte sich auch auf ein Brett. Er legte zwei Ruder rechts und links ins Wasser und begann zu rudern.

Hans wusste nicht, wie spät es war. Er schätzte, dass es schon weit nach Mitternacht sein musste. Die Nacht wurde nur durch fahles Mondlicht erhellt, welches unregelmäßig durch vorbeiziehende Wolken einmal dunkler und dann wieder heller schien. Hans schaute über das dunkle Wasser, das sich scheinbar endlos dahin zog.

Rechts in Fahrtrichtung konnte er das Ufer erahnen, links vom Boot war der See glatt wie ein Spiegel.

„Kannst du rudern?" Aldo deutete mit dem Kopf auf den Boden.

„Da liegen noch zwei Ruder. Wäre gut, wenn wir zu zweit rudern könnten. Mandello ist ungefähr zehn Kilometer weit entfernt."

„Ich habe das noch nie gemacht. Aber ich will es probieren. Wird ja nicht so schwer sein."

Mit diesen Worten beugte sich Hans vor und zog zwei Ruder hervor. Rechts und links von seiner Sitzbank befanden sich zwei Halterungen auf dem Bootsrand, in die er jeweils eine Ruderpinne führte. Vorher hatte er sich die beiden Führringe von Aldo angesehen. Dann tauchte er ein Ruder nach dem anderen ins Wasser, brachte sie in die richtige Stellung und fing an zu ziehen.

Anfangs klappte es nicht so gut. Entweder war ein Ruder zu tief im Wasser oder es schwebte über der Oberfläche, ein anderes Mal zog er so heftig, dass das Wasser aus dem See geschleudert wurde. Auch das gleichmäßige Ziehen musste gelernt werden. Nach ungefähr zwanzig Minuten wurden seine Ruderschläge immer ruhiger und gleichmäßiger und das Boot zog in gutem Tempo dahin. Vorher hatte Hans noch gefroren, jetzt war ihm warm geworden.

„Wo kommst du her und wo gehst du hin?"

Aldo hatte die Worte im Rhythmus seiner Ruderzüge gesprochen. Hans erzählte ihm in kurzen Zusammenhängen seine Geschichte, wobei er immer wieder stockte, weil ihm der Atem ausging. Das Rudern wurde langsam anstrengend.

„Wir sind hier nicht auf einer Regatta. Es ist besser, wenn wir etwas langsamer fahren. Langsam und dafür beständig, das ist besser."

Hans bemühte sich, den Ruderschlag von Aldo aufzunehmen und sie wurden in Kürze zu einem eingespielten Team.

Es vergingen zwei oder auch drei Stunden. Hans hatte kein Zeitgefühl mehr. Er meinte auch, dass die Morgendämmerung bald aufziehen würde. Es schien ihm schon etwas heller geworden zu sein. Da sagte Aldo, der auch kein Wort mehr gesprochen hatte, dass sie fast angekommen seien.

Jetzt sah Hans am Ufer, keine zwanzig Meter entfernt, Häuser aufragen. In dem einen oder anderen Fenster war Licht zu sehen. Die Häuser waren mehrgeschossig und standen direkt am Wasser.

„Da vorne ist das Giardinetto-Hotel. Siehst du?"

Hans schaute in die angegebene Richtung und erkannte ein viergeschossiges großes Haus, welches direkt am Ufer stand. Ab dem zweiten Geschoss war das Haus zurückgesetzt, weil sich zum See hin eine Terrasse hinzog. Links vom Hotel befand sich eine Mole, die ein paar Meter in den See hinaus ragte.

„Wir fahren um die Mole herum und dann ans Ufer. Dort können wir festmachen. Ich bringe dich dann zum Gewerkschaftshaus nach Molina."

Sie hatten das Boot festgemacht und gingen die Treppen hinauf, die sie vom abfallenden Seeufer hoch zu einem Platz vor dem Hotel brachten. Es war merklich heller geworden und als Hans sich zum See hin umschaute, konnte er jetzt das gegenüber liegende Ufer sehen. Auf der anderen Seite des Sees erhob sich eine bewaldete Bergkuppe, deren Spitze bereits vom Sonnenlicht angestrahlt wurde. Der See lag immer noch im Dunkeln.

„Komm. Wir gehen diese Straße entlang. Das hier ist Mandello del Lario. Da oben führen Schienen vorbei, die wir am Bahnübergang überqueren. Dann kommt die Piazza Tonsanico, dann Motteno. Und dann sind wir schon in Molina. Das sind alles kleine Örtchen, die sich den Berg hinauf ziehen und alle miteinander verbunden sind. In Molina treffen sich die Gewerkschafter in ihrem Zirkel. Dort gibt es eine kleine Bar und eine Bocciabahn. Dort kannst du übernachten und du bekommst auch etwas zu essen.

Die Gewerkschafter organisieren zwei bis drei Mal die Woche einen Trupp, der den Partisanen Nahrung und Wasser hinauf ins Bergmassiv der Grigna bringt. Manchmal wird auch Munition geschmuggelt. Dort sollst du dich den Kämpfern anschließen. Alles Weitere wird sich zeigen."

Sie gingen mit gleichmäßigen Schritten die Straße entlang, die sich leicht ansteigend durch den Ort zog. Immer mehr Lichter hinter den Fenstern wurden eingeschaltet. Der Ort erwachte langsam und nach einigen Minuten begegneten sie vereinzelt Menschen, die wohl auf dem Weg zur Arbeit waren. Niemand nahm Notiz von ihnen. Einzelne begrüßten sie im Vorbeigehen. Hans und Aldo erwiderten die Grüße.

Sie überquerten die Piazza Tonsanico, dann gingen sie durch Motteno und kurz darauf erreichten sie Molina. Auf der linken Seite konnte Hans das Rauschen eines schnell fließenden Flusses hören. Sie überquerten die Straße und gingen dann an dem Fluss entlang, der tief unter ihnen seinen Weg in Richtung See nahm.

„Der ist aber tief ausgewaschen", sagte Hans.

„Ja, vor allem nach der Schneeschmelze auf der Grigna im Frühjahr ist er voll bis oben hin. Dann ist es gut, dass sein Flussbett so tief und breit ist."

„Wo liegt die Grigna?"

„Ach, so, ja, das kannst du ja nicht wissen. Die Grigna, das ist die Bergkette da vor uns."

Aldo hob den Kopf und deutete mit der rechten Hand vor sich den Berg hinauf. Jetzt, da es heller geworden war, konnte Hans erkennen, dass sich am Ende der Häuser dicht bewaldete Hänge hinauf zogen. Ab einer bestimmten Höhe hörte der Baumbestand abrupt auf und es zogen sich schroffe Felsformationen weiter gegen den Himmel. Ganz oben konnte man schneebedeckte Felskämme erkennen, hinter denen der Himmel jetzt langsam von grau nach dunkelblau wechselte.

„Da oben wirst du bald wohnen." Aldo lachte und legte ihm die Hand auf die Schulter. „Dort vorne gehen wir über die Brücke. Dann ist es nicht mehr weit.

Die Gassen wurden immer enger. Wenn man die Arme ausstreckte, konnte man fast die Hauswände rechts und links berühren. Die Häuser bestanden meist aus rohen Steinen, die übereinander gesetzt waren. Manche Häuser waren zusätzlich verputzt und dann weiß getüncht. Es war inzwischen hell geworden und sie begegneten immer mehr Leuten, die emsig in die eine oder andere Richtung gingen. Alle grüßten hier freundlich, so als ob man sich kennen würde.

Sie gingen die Via Monte Santo entlang, wie Hans auf einem steinernen Straßenschild lesen konnte.

„Hier nennt man wohl auch die kleinste Gasse noch Via, was?" Hans hatte Aldo auf das Straßenschild aufmerksam gemacht.

„Ja, wie sollen wir sie sonst nennen. Einen Corso oder einen Boulevard, die gibt es nur in Mailand oder in Rom."

Jetzt bogen sie nach rechts ab und das kleine Gässchen verkümmerte zu einer Art Pfad, der steil anstieg. Rechts war ein kleiner Platz, in dessen Mitte sich ein Brunnen befand. Links waren Häuser, die jetzt aber nur noch eingeschossig waren. Nach wenigen Metern gingen sie nach links in einen Hof und weiter durch eine offen stehende Tür, die in einen Gastraum führte.

Obwohl es noch sehr früh am Morgen war, befanden sich in dem Raum schon mehrere Männer. Rechts vom Eingang war ein Tresen, der sich an der Wand bis zum Ende des Raumes hinzog. Der Raum war etwa zehn Meter lang und fünf oder sechs Meter breit. Dem Tresen gegenüber standen quadratische Tische mit jeweils vier Stühlen.

Als die beiden durch die Tür traten, verstummten die Gespräche. Aldo wandte sich an den Tresen, hinter dem ein älterer Mann stand, der ihn überrascht anschaute.

„Guten Morgen, Herr Pfarrer."

Der Mann trat hinter dem Tresen hervor und streckte Aldo seine rechte Hand entgegen. Aldo nahm sie und grüßte ebenfalls.

„Was führt sie denn so früh nach Molina?"

Der Mann hinter dem Tresen schaute bei dieser Frage Hans an, der sich etwas im Hintergrund hielt.

„Ich bringe euch Gianni. Ich denke, dass ihr schon Nachricht bekommen habt, oder?"

„Ah, ja. Das ist Gianni. Auch guten Morgen, mein Lieber."

Wieder streckte der Mann hinter dem Tresen seine Hand aus, und Hans ergriff sie zum Gruß.

„Dann setzen sie sich bitte, Herr Pfarrer. Einen guten Kaffee und vielleicht einen Grappa dazu, das werden sie doch jetzt gut gebrauchen können, nach der Bootsfahrt."

Aldo war zum nächsten Tisch gegangen und hatte einen Stuhl hervor gezogen. Er deutete Hans an, sich ebenfalls zu setzen. Nur einen Moment später kam der Wirt mit zwei dampfenden Kaffeetassen zum Tisch und stellte sie vor den beiden ab. Er hatte eine halbvolle Flasche unter den Arm geklemmt und holte zwei Gläser aus seiner Schürzentasche hervor, die er ebenfalls auf den Tisch stellte. Die Flasche wurde entkorkt und der Schnaps floss in die Gläser.

„Salute, Herr Pfarrer, salute, Gianni. Ich habe mich gewundert, dass es einen Deutschen gibt, der Gianni gerufen wird. Was hat es damit auf sich?"

"Das muss man wohl erklären."

Der Pfarrer lächelte und schaute zu Hans. Dieser zögerte einen Augenblick und sagte dann: "Also eigentlich heiße ich Hans. Bei uns zu Hause ist das die Abkürzung von Johannes. Und in Italien nennt man den Johannes Giovanni. Der Kurzname hierfür ist eben Gianni. So einfach ist das. Jetzt heiße ich also Gianni. Bis auf Weiteres jedenfalls."

Der Wirt schaute ihn sprachlos an und ging dann zu seinem Tresen zurück.

Hans und Aldo, der also Pfarrer war, nippten an ihren Kaffeetassen, die nur halb so groß waren, wie sie Hans noch aus der Legion kannte.

Dann machte es Hans Aldo nach und sie prosteten sich mit den Schnapsgläsern zu.

Der Schnaps roch kräftig nach Kräutern, wobei Hans nicht definieren konnte, was dahinter steckte. Mit einem Ruck wurden die Gläser geleert. Hans begann heftig zu husten.

„Mann, ist der stark!", rief Hans, nachdem er seinen Hustenanfall besiegt hatte. Die Männer im Raum lachten.

„Ich werde wieder zurück zum Boot gehen. Für die Rückfahrt habe ich Begleitung. Ich nehme eine Familie mit, die in Lecco einen Besuch machen will. Die Leute rudern selbst, sodass ich mich auf dem Rückweg ausruhen kann. Also, dann mach es mal gut und viel Glück."

Aldo stand auf und verabschiedete sich. Hans dankte dem Pfarrer und schüttelte ihm die Hand. Er wusste auch hier nicht, was er sagen sollte. Er konnte ja nicht schon wieder versprechen, dass er ihn besuchen werde, sobald alles vorbei sei. Das hatte er sich schon bei viel zu vielen anderen vorgenommen.

„Vielen Dank, Herr Pfarrer. Ich wünsche Ihnen auch viel Glück. Danke."

Der Pfarrer drehte sich zu den anderen Leuten hin und hob die Hand zum Gruß. Dann trat er durch die offene Tür und war weg.

Hans wusste nicht, wie es weitergehen sollte, und er beschloss, einfach zu warten, was geschehen würde.

Partisanen

Es vergingen nur ein paar Minuten, dann kam ein Mann durch die Tür, der sich misstrauisch im Raum umsah und dann zum Tisch von Hans trat.

„Gianni?"

Hans bejahte und der Mann setzte sich. Er war etwa dreißig bis vierzig Jahre alt. Er trug eine Mütze, die er jetzt abnahm und sich auf den Schoss legte. Seine Haare waren schon angegraut und sehr kurz geschnitten. Die Augenbrauen waren noch dunkel und umrahmten fast hellblaue Augen. Der Mann hatte ein schmales Gesicht, das durch eine lange, kerzengerade Nase dominiert wurde. Er hatte makellose Zähne und seine Wangen wurden durch Bartstoppeln verunstaltet.

Er war schlank, vielleicht etwas kleiner als Hans, das konnte er aber nicht genau abschätzen. Seine Kleidung war warm und sehr dunkel gehalten. Er trug eine feste Hose, ein Hemd aus dickem Stoff und einen Pullover. Darüber trug er eine dunkle Jacke, die bis zu den Oberschenkeln reichte. Seine Schuhe waren Bergschuhe, die bis über die Knöchel gingen und grobstollige Sohlen hatten.

„Ich bin Andrea. Wir warten hier bis heute Abend. Dann gehen wir zusammen mit ein paar Freunden hoch zur Grigna. Du wirst hier etwas zu essen bekommen und schlafen kannst du auch. Wirst müde sein, oder?"

„Ja, das wäre ganz gut. Bin schon eine ganze Weile unterwegs, ohne zu schlafen."

Der Mann, der sich Andrea nannte, stand auf und bedeutete ihm, ihm zu folgen. Sie gingen zum Tresen, wo ihnen der Wirt unaufgefordert einen großen Schlüssel übergab. Durch eine Tür am Ende des Raumes kamen sie in einen Hinterhof. Dort waren zwei Bocciabahnen, die von weiteren Tischen und Stühlen gesäumt wurden. Am Ende der Bahnen befand sich ein hölzerner Schuppen, zu dem sie gingen.

Andrea steckte den Schlüssel ins Schloss und öffnete die Tür. Es war ein kleines Zimmer, in dem sich ein Stuhl, ein Tischchen und ein Bett befanden. Auf dem Tisch standen eine Waschschüssel und ein Wasserkrug.

„Da kannst du dich ausruhen. Wenn du Hunger hast, gehst du hinüber in den Zirkel. Wenn du jetzt gleich etwas essen willst, kannst du auch gleich wieder mitgehen. Heute Abend bin ich hier, sobald es dunkel ist. Alles klar?"

„Ja, alles klar. Hunger habe ich jetzt schon."

„Hier, nimm den Schlüssel. Wir gehen hinüber. Lass dich nirgends blicken. Hier oben in den Dörfern haben wir nur wenige Schwarzhemden, aber es gibt auch hier welche. Wenn die dich sehen, merken die gleich, dass du hier nicht hingehörst. Die Deutschen lassen sich hier bei uns nicht blicken. Die bleiben unten in Mandello, wenn sie mal von Lecco hierher kommen. Aber man weiß ja nie."

Andrea war gegangen und Hans hatte sich im Gastraum des Gewerkschaftszirkels nieder gesetzt. Der Wirt hinter dem Tresen hatte ihm, wie er es schon kannte, Brot, Wurst und Käse gebracht.

Er hatte ihn auch gefragt, ob er noch Kaffee haben wollte. Hans hatte bejaht und dann eine große Tasse erhalten und diese mit Milch aus einer Flasche aufgefüllt, die ebenfalls auf den Tisch gestellt worden war. Das Frühstück schmeckte wieder köstlich.

Nachdem er gegessen hatte, bedankte sich Hans herzlich beim Wirt und ging in den Schuppen.

In seinem Zimmer angekommen, nahm er die Mütze vom Kopf, entledigte sich seiner Jacke und zog seine Schuhe aus, bevor er sich auf das Bett legte. Vor dem Einschlafen dachte er an sein Erlebnis mit dem Pfarrer aus Lecco. Ohne es verhindern zu können, kam ihm eine Episode in den Sinn, die er vor vielen Jahren mit seinen Freunden im Waisenhaus erlebt hatte und die ebenfalls mit einem Pfarrer zu tun hatte. Ihr damaliger Religionslehrer war aber gar nicht vergleichbar mit dem Pfarrer, den er hier kennengelernt hatte.

Das Leben der Heimkinder war sehr eintönig. Am Morgen aufstehen und Betten machen, dann waschen und etwas essen, danach in die Schule. Am Nachmittag mussten die Aufgaben erledigt werden, welche aus der Schule mitgebracht worden waren, und es gab auch noch viel im Heim zu tun. Zum Spielen durften die Kinder aber auch zwei bis drei Mal die Woche am Nachmittag das Heim verlassen. Es wurde darauf geachtet, dass sie pünktlich um sechs Uhr abends wieder zurück waren.

Als die Freunde in der letzten Schulklasse, der achten, waren und dem Ende ihrer Schulzeit entgegengingen, bekamen sie einen neuen Kameraden. Er hieß Vielhauer und war der Sohn eines Metzgers, der das Gymnasium nicht geschafft hatte und jetzt die letzten Monate in der Hauptschule verbringen sollte. Er war schon siebzehn Jahre alt und ein Bursche von kräftiger Gestalt. Er sorgte dafür, dass alle vor ihm gehörigen Respekt hatten und ließ seine Launen am liebsten an den Heimkindern aus. Dies musste von Hans, Peter und Rudolf zumeist hingenommen werden, weil er einfach zu stark war. Sie gingen ihm deshalb so gut es ging aus dem Weg.

Es war Freitag und sie hatten in der letzten Stunde Religionsunterricht. Vielhauer hatte mit einem Mädchen gesprochen und wurde daher von Pfarrer Schneider gerügt. Als er aber einfach weiter redete ging der Pfarrer auf ihn zu und langte ihm eine kräftige Ohrfeige. Vielhauer zuckte zusammen, wurde dunkelrot vor Zorn und schaute vor sich auf die Schulbank.

Als die Schule aus war, gingen Hans, Rudolf und Peter in Richtung Güterbahnhof. Peter sagte: „Heute schlagen wir zu. Zwei Fliegen mit einer Klappe". Er grinste breit vor sich hin. „Was meinst Du", fragte Rudolf. „Warts ab, ihr werdet´s noch früh genug erfahren. Heute Abend gehen wir noch mal in den Park."

Sie waren gemeinsam vom Heim aufgebrochen und befanden sich im Park hinter ein paar dichten Hecken. Es war schon recht dunkel geworden und im Schulgebäude brannten in einigen Zimmern die Lichter. Peter hatte ein Stück Zeitungspapier dabei. Er legte es hinter einem Busch auf die Erde, zog seine Hosen runter und hockte sich hin.

Er drückte einen großen Haufen hinter sich. Hans und Rudolf schauten erstaunt zu und kicherten in sich hinein. Peter stand auf, wischte sich den Hintern mit dem Papier ab und zog die Hosen hoch. Er knöpfte seine Hosenträger an und zog den Pullover herunter. Dann drehte er sich herum und hockte sich vor sein „Kunstwerk", das unerträglich stank. Plötzlich fuhr er mit beiden Händen in den Kothaufen und matschte darin herum. Er zog die Hände heraus und hatte sie beide völlig eingesaut. Es stank fürchterlich.

„Auf zu den Fahrrädern",sagte er und marschierte los. Die Fahrräder befanden sich am hinteren Ende des Schulgebäudes unter einem Regendach. Dort war es schon sehr dunkel. „Schaut nach, ob uns jemand sieht", sagte Peter. „Aus den oberen Zimmern ist eh nichts zu sehen, aber unten muss man aufpassen". Er ging unter das Regendach und suchte das Fahrrad des Pfarrers, welches immer im selben Ständer stand. Er fand es sofort und verschmierte den Inhalt seiner Hände auf dem Lenker und auf dem Sattel. Was noch nicht abgestreift war, verteilte er wahllos auf dem gesamten Fahrgestell. Dann drehten sie sich alle um und rannten zurück zum Gebüsch, woher sie gekommen waren.

Sie warteten. Freitags hatte der Pfarrer auch nachmittags noch Unterricht und musste jeden Moment aus dem Gebäude kommen. Da war er auch schon. Er schritt eilig auf den Fahrradständer zu und legte seine Mappe auf den Gepäckträger. Dann holte er seinen Schlüssel aus der Rocktasche und schloss das Fahrradschloss auf. Er befestigte die Mappe auf dem Gepäckträger, griff nach vorne zum Lenker und schob das Rad aus dem Ständer.

Die drei konnten alles genau beobachten, obwohl es dunkel war. Die Umrisse des Pfarrers traten vor einem Licht auf der Kapellenstraße deutlich hervor. Sie kicherten, als der Pfarrer das Rad an sich lehnte und die Finger ans Gesicht hob. Er zögerte, dann schob er das Rad zurück in den Ständer. Er blickte sich um. Was sollte er tun. Seine Hände waren voll Dreck, der Schlüssel für die Schultür war in seinem Rock verstaut. Wenn er den Schlüssel hervorgeholt hätte, dann hätte er sich vollständig verschmutzt. Er überlegte. Nach vorne gehen und über den Haupteingang in die Schule zu gelangen schien ihm offenbar zu riskant. Er konnte von anderen Schülern oder Lehrern gesehen werden. Das musste er unbedingt vermeiden.

Jetzt schien ihm eine Idee gekommen zu sein. Er drehte sich in Richtung des Verstecks der drei und kam schnell auf sie zu. Es war klar, dass er zum Brunnen wollte, der nicht weit von der Hecke entfernt war, wo sich die drei versteckt hatten. Jetzt mussten sie still sein. Wenn er sie erwischte, drohte Zuchthaus – mindestens. Der Pfarrer wusch sich so gut es ging die Hände und ging zurück zu seinem Fahrrad. Er riss Gras vom Boden ab, nahm herumliegendes Laub und wischte den Lenker ab, so gut es ging. Dann setzte er sich auf das Fahrrad. Erst jetzt merkte er, dass auch der Sattel total versaut war. Es war ihm jetzt wohl egal. Seine Kleidung musste er wegschmeißen. Er zögerte.

Peter sagte: „Jetzt überlegt er, wer es gewesen sein kann. Wenn meine Rechnung aufgeht, dann wird Vielhauer bald Probleme bekommen".

Den beiden ging jetzt ein Licht auf. So war Peter. Er war etwas ängstlich und ging den direkten Konfrontationen aus dem Weg. Aber er war listig und man musste sich vor ihm in Acht nehmen. Der Pfarrer stieg auf und fuhr los. Da er auf der anderen Seite des Schulgebäudes in Richtung Kapellenstraße fuhr, war er schnell aus dem Blickfeld der drei verschwunden. Sie warteten aber noch ab, weil sie damit rechnen mussten, dass er hinter der Gebäudeecke stehen geblieben war und die Umgebung absuchte. So war es auch, denn er tauchte lange Minuten nicht auf der anderen Gebäudeseite auf. Erst nach etwa fünf Minuten sah man ihn auf die Kapellenstraße einbiegen. Er war auf dem Weg zur Familie Vielhauer. An die Heimkinder hatte er nur kurz gedacht. Aber dann verwarf er den Gedanken offensichtlich. Die hatten ja schon lange keine Lektion mehr von ihm erteilt bekommen.

Unter der Führung von Peter gingen Rudolf und Hans zufrieden nach Hause.

Ein heftiges Poltern schreckte Hans auf. Im ersten Moment wusste er nicht, wo er war. Dann fiel es ihm wieder ein. Er stand auf und ging zur Tür, die er am Morgen abgeschlossen hatte.

„Wer ist da?"

„Ich bin es, Andrea. Mach auf, es ist schon spät."

Hans schloss auf und wunderte sich darüber, dass er wohl den ganzen Tag lang geschlafen hatte.

„Hast du wirklich bis jetzt geschlafen?"

„Ja, sieht so aus. Muss auch pinkeln wie verrückt. Wo ist das nächste Klo?"

Beide gingen hinaus, nachdem Hans seine Schuhe angezogen und sich seine wenigen Habseligkeiten umgehängt hatte. Im Gastraum standen noch vier jüngere Männer am Tresen und tranken Wein. Hans war zum Klo gegangen und hatte sich dann zu ihnen gestellt.

„Also, das hier ist Christian, das ist Pino, das hier Michele und der kleine hier ist unser Pinocchio."

Die vier Männer gaben Hans einer nach dem anderen die Hand.

„Das ist Gianni, unser deutscher Freund.“

Hans hatte von Andrea eine Tasche bekommen, in der gute, bergtaugliche Kleidung und auch ein paar Bergschuhe waren. Er hatte sich im kleinen Zimmer umgezogen und dann den Schlüssel und seine alten Sachen dem Wirt übergeben. Dieser wollte seine Kleider entsorgen. Die neuen Sachen und auch die Schuhe passten gut.

„Woher kennst du meine Größen?“, hatte Hans gefragt.

„Na, du bist ungefähr so groß wie ich. Da habe ich einfach Sachen aus meinem Schrank genommen. Und, wie du siehst, habe ich ein gutes Auge. Also, Freunde, lasst uns gehen. Wir haben noch einen weiten Weg vor uns. Und jetzt ist es schon Oktober. Der Schnee wird da oben nicht mehr lange auf sich warten lassen.“

Jeder der Männer nahm einen schweren Rucksack auf. Andrea wies dabei auf einen weiteren hin, der noch am Boden in der Ecke neben der Tür lag.

„Das ist dein Gepäck“, sagte er und deutete Hans an, dass er den Rucksack aufnehmen solle. Sie verabschiedeten sich von den anderen Männern im Raum und gingen einer nach dem anderen zur kleinen Gasse hinaus. Dort versammelten sie sich auf der Piazza am Brunnen.

„Wir gehen wie immer im Ort getrennt. Gianni kommt mit mir. Wir treffen uns am Fluss . Von dort aus gehen wir dann zusammen   zur Hochebene unterhalb des Rosalbagipfels. Treffpunkt bei   den Stromschnellen ist um“, er schaute auf eine Taschenuhr, die er aus der Hose gezogen hatte, „um acht Uhr dreißig.“

Christian und Michele gingen die Gasse weiter aufwärts, Pino und Pinocchio verschwanden um die nächste Ecke nach rechts und Hans folgte seinem Führer zurück zur Brücke, die über den Fluss führte. Jetzt war es stockdunkel, da der Himmel wolkenverhangen war und sich weder Sterne noch der Mond zeigten.

Nach der Brücke gingen die beiden durch einen dunklen Durchgang, der unter einer Häuserzeile, die am Fluss entlang führte, durchging. Auf der anderen Seite kamen sie auf freies Feld. In der Ferne sah Hans am Hang ein paar beleuchtete Fenster.

Andrea schaute nach vorne und sagte: „Das da oben, das ist Colonia. Sind nur ein paar Häuser. Aber du musst dir den Weg jetzt schon merken, damit du später auch alleine kommen und gehen kannst. Außerdem musst du für alle Fälle Bescheid wissen, wie man den Dreckskerlen entkommt."

Sie gingen einen schmalen Pfad entlang. Undeutlich konnte Hans erkennen, dass rechts und links gemähte Wiesen waren. Vereinzelt standen Obstbäume in unregelmäßigen Abständen am Wegesrand. Der Pfad stieg langsam aber stetig an. Nach ungefähr zwanzig Minuten hatten sie Colonia erreicht.

„Siehst du, nach dem ersten Haus führt der Pfad nach links. Jetzt geht es weiter den Berg hinauf."

Nach weiteren etwa zwanzig Minuten, vielleicht war es auch eine halbe Stunde, durchquerten sie wieder einen kleineren Ort.

„Das hier ist Luzzeno. Weiter oben kommen wir nach Roncio, vorher überqueren wir aber wieder den Fluss. Der übernächste Ort liegt also links vom Fluss, Luzzeno rechts davon. Dann geht es steil am Flussufer entlang den Berg hinauf. Nach ungefähr einer halben Stunde Fußweg kommen wir an die Stromschnellen. Die Leute hier nennen sie Weißes Wasser, weil die Gicht so stark gebildet wird, dass sie im Sonnenlicht hell aufleuchten. Dort ist der Treffpunkt.

Auf dem schmalen Pfad gingen sie jetzt hintereinander, Andrea vorneweg. Sie sprachen nicht mehr viel, weil sie beide langsam ins Schwitzen kamen. Es war zwar schon recht kalt, aber der Weg war so steil, dass selbst die beiden gut trainierten Männer aus der Puste kamen.

„Ja, das ist etwas anderes, als in der Ebene zu marschieren. Das kann jeder. Aber den Berg hinauf, da muss man sich auskennen. Und man muss gut in Form sein. Nicht wahr?"

Andrea hatte kurz angehalten und auf Hans gewartet, der ein paar Schritte aufholen musste.

„Ja, in den letzten Wochen bin ich nicht mehr viel gelaufen. Das merke ich schon. Aber es ist auch so, dass der rechte Schuh ein wenig reibt. Wird sich aber schon machen, denke ich."

Sie hatten den Fluss wieder überquert und waren auch schon durch den ruhigen und dunklen Ort Roncio gekommen. Der Pfad war jetzt rechts und links von Bäumen und Sträuchern gesäumt. Es wurde immer steiler. Manchmal umgingen sie größere Felsbrocken, die mitten auf dem Pfad zu liegen schienen.

Andrea hielt an und drehte sich um. Hans tat es ihm gleich und sah weit unten am Seeufer die Lichter von Mandello. Nicht viele Häuser waren beleuchtet, aber man konnte dennoch die Umrisse des Ortes erkennen. Das eine um das andere Mal glänzte die Wasseroberfläche im Mondlicht, das sich nur in kurzen Abständen durch die Wolken fraß.

„Da unten am Seeufer, da wo die vielen Fenster erleuchtet sind, da ist das Giardinetto. Da bist du mit dem Pfarrer angelandet."

Hans konnte nur ahnen, was Andrea ihm erklärte. Er sagte nichts dazu. Beide drehten sich wieder gegen den Berg und gingen weiter. Rechts von ihnen rauschte der Fluss und das Getöse schwoll immer mehr an. Das lag daran, dass es immer steiler den Berg hinauf ging.

„Siehst du da vorne, das Helle? Das ist Acqua Bianca. Dort ist der Treffpunkt."

Hans schaute in die Richtung, die ihm Andrea gezeigt hatte. Er war ganz nah an sein Ohr gekommen, um ihm seinen Satz sagen zu können, weil das Wasser des tosenden Flusses jetzt alles übertönte. Sie gingen weiter und kamen ans Flussufer. Selbst im Dunkeln konnte man sehen, dass hier Stromschnellen waren, die das Wasser zu Gischt werden ließen. Alles war weiß von Gischt.

„Siehst du jetzt, warum das hier Acqua Bianca heißt?"

Hans erschrak, weil er links von den Büschen her ein Geräusch gehört hatte. Aus den Büschen traten mehrere Personen zu ihnen. Jetzt erkannte Hans die anderen vier, die schon auf sie gewartet hatten.

„Da seid ihr ja. Wir warten schon seit einer Stunde."

Christian lachte dabei.

„Es ist gerade halb neun. So lange könnt ihr noch nicht auf uns gewartet haben. Wir haben auch keine Rast gemacht. Also weiter geht's."

Mit diesen Worten ging Andrea den Pfad entlang und die anderen schlossen sich ihm an. Hans ging als zweiter, sie hielten alle einen Abstand von ein paar Schritten voneinander ein. Als sie wenige Minuten gegangen waren, hatte der Lärm der Stromschnellen nachgelassen und man konnte sich wieder in normaler Lautstärke unterhalten. Die Männer sprachen miteinander, wobei Christian und Pinocchio neben- beziehungsweise kurz hintereinander gingen und Pino und Michele eine zweite Gruppe bildeten. Hans hielt sich dicht hinter Andrea und hoffte, dass es mit seinem Fuß nicht schlimmer werden würde. Aber in dieser Hinsicht war er ja aus der Zeit bei der Legion einiges gewohnt. Und deshalb fürchtete er sich auch nicht vor dem, was sich noch entwickeln könnte.

Mit der Zeit waren die Gespräche verstummt. Alle sechs Männer atmeten jetzt heftiger und jeder war mit sich selbst beschäftigt. Da der Mond immer noch nicht durchgekommen war, musste jeder seine volle

Aufmerksamkeit auf den Boden richten, da der Pfad immer felsiger wurde. Man konnte sehen, dass die Männer diesen Weg schon sehr oft genommen hatten. Denn selbst im Dunkeln hielten sie ein gleichmäßiges Tempo ein.

Nach ungefähr drei Stunden änderte sich die Vegetation und die Bäume und Sträucher am Wegesrand wurden seltener bis sie ganz verschwunden waren. Der Weg wurde steiniger. Nachdem sie eine Rast eingelegt und jeder ein Stück Brot mit Käse verdrückt hatte, gingen sie weiter den Berg hinauf. Es sollte bis zur Morgendämmerung dauern, bis sie in der Ferne auf einer Alm eine Berghütte erkennen konnten.

„Das ist die Rosalba", sagte Andrea.,, Da gibt es Wasser und auch eine Feuerstelle. Man kann übernachten. Wir werden aber nur eine Pause machen und dann weitergehen. Hier ist es nicht sicher. Auf der anderen Seite des Berges gibt es eine Serpentinenstraße, die man sogar mit Fahrzeugen von Lecco aus nehmen kann. Von dort aus ist es nur noch ein Marsch von etwa drei Stunden bis zur Rosalba. Das könnten die Arschlöcher von Faschisten vielleicht auf sich nehmen, um uns zu erwischen. Die Deutschen kommen nicht hier her. Das ist denen zu gefährlich, weil sie sich nicht auskennen und nicht wissen, ob sie den Schwarzhemden trauen können."

Als der Himmel langsam grau wurde, waren sie bei der Rosalba angekommen. Die Berghütte war größer, als Hans von Ferne gedacht hatte. Es war ein zweigeschossiges Steinhaus, das viel zu groß schien, als dass man es in die Berge bauen würde. An der Vorderseite war eine breite Holztür, hinter der rechts und links weitere Türen in zwei Räume abgingen. Geradeaus führte eine Steintreppe in den zweiten Stock. Dort war ein großes Stroh- und Heulager, welches als Übernachtungsraum diente. Im linken unteren Raum befand sich ein großer Kamin aus

Felsen zusammengesetzt und daneben war ein Rinnsal, das von einer Quelle gespeist wurde.

Die Männer hatten sich im Kaminzimmer niedergelassen und ein Feuer entzündet. Das Holz dafür war vor dem Haus gestapelt.

„Also, wir werden nachher weitergehen bis zur Höhle. Von dort aus werden wir in Abstimmung mit dem Ortskommando in Mandello die Aktionen durchführen. Ich kann jetzt schon sagen, dass geplant ist, die Polizeistation in Lecco in die Luft zu jagen. Den Sprengstoff sollen die Amerikaner in zwei oder drei Tagen mit einem Flugzeug abwerfen. Wir müssen die Stelle vorher markieren, damit der Pilot weiß, wo er abwerfen soll.“

Christian stand auf und ging im Raum umher.

„Was, die Polizeistation? Wie soll das den gehen? Die liegt doch mitten in der Stadt. Wie sollen wir denn da hinkommen, ohne dass die uns abknallen?“

„Ja, das ist eben die Aufgabe. Die Schweine dort verhaften immer mehr Leute und lassen sie nach Mailand bringen. Und dort verschwinden sie auf Nimmerwiedersehen. Das muss aufhören, weil die erstens willkürlich verhaften und zweitens manchmal auch wichtige Leute vom Widerstand erwischen. Wenn die Wache im Arsch ist, dann müssen sie ihre Leute weiter Richtung Mailand zurückziehen. Dann sind auch wir sicherer.“

Jetzt stand auch Pinocchio auf: „Gut, Herr Lehrer. Das sehen wir auch so. Aber das allein gibt uns noch nicht die Sicherheit, dass wir das schaffen und dann auch noch ungeschoren davonkommen, oder?“

Andrea war jetzt auch aufgestanden.

„Ja, ich bin ja nicht dumm. Aber wir gehören nicht zu den Partisanen und Widerstandskämpfern, wenn wir meinen, dass wir uns hier oben einen schönen Lenz machen können und einfach abwarten, bis der Krieg vorbei ist. Wir befinden uns im Krieg, und da gibt es nun manchmal auch brenzlige Situationen. Wenn das nicht klar ist, dann muss man eben aussteigen. Das ist aber jetzt nicht mehr so einfach."

Pino hatte beide Hände gehoben und angedeutet, dass sich alle beruhigen sollten.

„Jetzt hockt euch doch wieder hin und lasst uns in aller Ruhe klären, wie das gehen könnte. Unmöglich ist es ja nicht. Wir brauchen eben einen guten Plan, oder?"

Jetzt gingen die Männer die einzelnen Punkte durch, wobei sie die Lage, die Größe und Beschaffenheit des Gebäudes, die Umgebung und die Anzahl der Polizisten erörterten. Dann diskutierten sie über die Möglichkeiten, den Anschlag entweder nachts oder tagsüber durchzuführen.

Als sie über eine Stunde lang gesprochen, geplant und wieder verworfen hatten, zeichnete sich ab, dass man des Nachts eine Sprengladung anbringen würde, die dann aus einiger Entfernung zu zünden wäre. Das sollten zwei Mann aus der Truppe durchführen, die sich mit Sprengstoff und Zündern auskannten. Die anderen vier Männer sollten zeitgleich einen Scheinangriff in der Nähe der Polizeistation starten, um den größten Teil der Besatzung in die Irre zu führen.

Sie blieben bis zum Nachmittag in der Berghütte. Während dieser Zeit hatten alle abwechselnd im zweiten Stock geschlafen. Immerhin waren sie die ganze Nacht auf den Beinen gewesen. Nun brachen sie auf und gingen weiter den Berg hinauf, wobei Hans jetzt nur noch schwer erkennen konnte, ob sie sich auf einem Pfad befanden oder einfach nur querfeldein gingen.

Andrea hatte ihm gesagt, dass er sich den Weg gut einprägen solle. Er müsse bald in der Lage sein, ihren Unterschlupf auch alleine zu finden. Hans versuchte, sich an markanten Bergspitzen zu orientieren und prägte sich die Einzelheiten ein, so gut er konnte.

Als der Abend kam und das letzte Licht verblasste, hielten die vorne gehenden Männer an. Vor ihnen erhob sich eine steile Felswand. Es war schon so dunkel, dass Hans deren oberes Ende nicht mehr erkennen konnte.

„Siehst du, da vorne ist ein großer Busch. Den gibt es hier nur, weil wir ihn hingestellt haben. Wir sind jetzt schon auf etwa zweitausend Metern Höhe. Da würde der Busch normalerweise nicht wachsen. Wir haben mit dem Holz den Eingang zur Höhle getarnt. Sobald die Blätter dürr sind, tauschen wir das Gestrüpp aus. Ein erfahrener Bergmann würde das sofort merken. Aber unter den Faschisten sind keine Alpini. Die würden das nicht merken, selbst wenn sie davor stünden."

Sie räumten das Gestrüpp zur Seite und dahinter kam ein Höhleneingang zum Vorschein, der am Boden fast fünf Meter breit war und sich in einem fast runden Bogen bis auf etwa drei Meter in die Höhe zog. Sie gingen durch den Eingang und kamen in eine geräumige Höhle, die Hans aber erst ganz erkennen konnte, als Pino ein paar Fackeln angezündet hatte. Die Fackeln waren an den Wänden in eisernen Haltern fest gemacht.

Innen war die Höhle mindestens zehn Meter breit und bestimmt fünf Meter hoch. Nach hinten zog sie sich ins Dunkle, sodass Hans nicht erkennen konnte, wie weit sie in die Tiefe des Berges reichte.

Als sich seine Augen an die Beleuchtung gewöhnt hatten erkannte er mehrere Stühle, die um einen großen Tisch aus grob gearbeitetem Holz standen. Weiter rechts an der Wand befand sich eine Feuerstelle, in der Asche und halb verbrannte Holzreste lagen. Über dem Feuer war ein metallener Dreifuß gestellt, an dessen Kette ein großer schwarzer Topf hing. Nach und nach erkannte Hans, dass an der anderen Wand sogar eine Art Küchenschrank stand. Der Schrank war etwa zwei Meter breit und eins-achtzig hoch. Unten waren zwei Türen, dann kamen drei

Schubladen und oben waren wieder zwei Glastüren. Ja, es war ein Küchenschrank!

Hans hatte sich an der Unterhaltung über den Plan für das Polizeihauptquartier nicht beteiligt. Er hätte nichts beitragen können, da er die Bedingungen vor Ort nicht kannte. Jetzt sagte er nach mehreren Stunden wieder etwas.

„Ganz schön gemütlich hier. Wer hätte das gedacht. Da will man ja gar nicht mehr weg, oder?"

Alle lachten herzlich.

„Da hinten sind auch noch wunderbare Heumatratzen. Da schläfst du wie ein Engelchen auf Wolke Mama!"

Pino deutete nach hinten in die dunkle Höhle. Man konnte dort aber nichts erkennen, weil die Fackeln nicht die ganze Höhle ausleuchteten.

„Also los jetzt! Christian, das Funkgerät. Wir müssen mit Bellagio Kontakt aufnehmen. Von dort werden wir erfahren, wann das Flugzeug mit dem Sprengstoff kommt. Hoffentlich kommt es nicht in der Nacht. Dann wird es schwer werden, die Sachen zu finden."

Alle machten sich an die Arbeit. Sie bauten ein Funkgerät auf und einen Generator, der mit Benzin betrieben wurde. Als der Generator los tuckerte, wurde es in der Höhle ungemütlich rauchig. Die Abgase wurden immer dichter, sodass der eine oder andere Husten musste. Christian bediente das Funkgerät und schon nach kurzer Zeit konnte man tatsächlich eine Stimme vernehmen.

„Hier Landspitz, hier Landspitz. Bitte Kennwort."

„Hohlraum zweitausenddreihundert", antwortete Christian in das Funkmikrofon.

„Wie geht es, Leute?", fragte eine freundliche Männerstimme im Funkgerät.

„Alles klar hier. Wir sind auf der Kuppe. Wir haben den Tedesco dabei. Weißt du Bescheid?"

„Ja, bin informiert. Die Zentrale hat alles gemeldet. Da habt ihr ja gute Verstärkung bekommen. Die Deutschen sind gute Soldaten. Und der soll ja auch noch eine Legionärsausbildung haben. Da kann ja fast nichts mehr schief gehen."

Der andere lachte und die Männer um Hans stimmten ein. Hans war nicht sauer über den leichten Spott. Was machte es für einen Eindruck bei den Italienern, wenn ein Deutscher sich auf ihre Seite schlug. Das war schon alles recht merkwürdig.

Nachdem sie erfahren hatten, dass das Flugzeug am nächsten Tag um genau siebzehn Uhr dreißig über den Piani Resinelli sein würde, hatten sie den Funkspruch beendet und den Generator wieder ausgeschaltet. Langsam verzog sich der Benzingestank und das Atmen wurde wieder leichter.

Dann legten sie sich alle zum Schlafen hin. Die mit Heu gefüllten Säcke boten eine gute Unterlage.

Hans lag noch lange wach und dachte darüber nach, wie er hierher gekommen war. Es war unglaublich. Niemals hätte er sich vorstellen können, irgendwann einmal hier hoch über dem Comer See darauf zu warten, bis ein amerikanisches Militärflugzeug Sprengstoff abwerfen würde, damit er eine Polizeidienststelle in die Luft jagen konnte. Das Leben war schon sehr merkwürdig.

Es waren sechs Jahre vergangen, seit er nach Strasbourg gegangen war. Was wäre passiert, wenn er in Hüfingen geblieben wäre?

Irgendwie wurde ihm klar, dass diese sechs Jahre ohne sein Zutun vergangen waren. Es war so, als ob er überhaupt keinen Einfluss auf sein Leben genommen hatte. Andere hatten für ihn entschieden, oder?

Nein, das stimmte nicht. Er hatte entschieden, zur Legion zu gehen. Das war der einzige Weg, aus Deutschland zu verschwinden und ein Auskommen zu haben. Oder wäre es auch anders gegangen?

Und dann die Gerichtsverhandlung wegen seines Angriffs auf den Kommandeur. Ja, Carlo – oder besser Bruno – hatte ihm schon gesagt, dass er das hätte besser machen können. Na gut, aber jetzt war es zu spät. Jetzt war er ein entflohener Häftling und Deserteur und vielleicht wurde er sogar in Frankreich von der Polizei gesucht. Wer konnte das wissen?

Und dann die Flucht nach Rabat. Das war ein wahnsinniges Erlebnis mit den Arabern. Wer hätte gedacht, dass diese Menschen so gastfreundlich sind? Und dann waren da ja noch Genua und Cantu. Überall gute Menschen, die ihm geholfen hatten. Gut, vielleicht war dies alles dem Krieg geschuldet. Vielleicht standen da die Leute enger zusammen, wenn Krieg war.

Und jetzt, die Männer um ihn herum. Halfen sie ihm, weil sie ihm helfen wollten? Oder benutzten sie ihn für ihre Zwecke und für den Kampf?

Es war müßig, sich darüber den Kopf zu zerbrechen. Auf dem Weg von Rabat hierher hatte er keine Wahlmöglichkeiten gehabt. Es war gekommen, wie es gekommen war. Und jetzt war er hier. Und er musste irgendwie nach Lierna, um der Witwe seines Freundes Bruno, das Heft zu bringen. Er nahm sich vor, am nächsten Tag mit den Jungs zu sprechen, um herauszufinden, ob es eine Möglichkeit geben würde, in der nächsten Zeit nach Lierna zu kommen. Dann schlief auch er ein.

Am nächsten Tag gegen drei Uhr am Nachmittag hatten sie sich auf den Weg zu den Piani Resinelli gemacht. Die Hochebene lag auf ungefähr eintausenddreihundert Metern und daher mussten sie fast eintausend Höhenmeter von ihrer Höhle aus nach unten zurücklegen. Andrea ging voraus und sie folgten einem steilen Pfad, der in unzähligen Windungen zwischen den Felsen von der Grigna aus nach Südwesten führte. Auf ihrem Abstieg kamen sie mehrfach an Stellen vorbei, die einen großartigen Blick über den Comer See und die Berge darum herum boten. Michele erklärte Hans an einem dieser Punkte, wo sich Mandello befand. Man konnte von hier oben aus die Ortschaften wie auf einer Landkarte in Natura betrachten.

„Siehst du da unten am See, da wo die Landzunge in den See hinaus ragt, da ist Mandello. Wenn du dem Weg über die Eisenbahntrasse folgst, kommst du über Tonsanico, Motteno bis nach Molina. Siehst du, dort ist der Zirkel der Gewerkschaft, wo du übernachtet hast.

Die Häuser da am Hang, das ist Colonia. Dann kommen Luzzeno und Roncio. Da hinten im Wald, da wo die Bäume in größerem Abstand stehen, da ist ungefähr die Acqua Bianca. Den Rest kennst du ja."

Hans war so beeindruckt von dem Anblick, der sich ihm bot, dass es ihm die Sprache verschlagen hatte. Er sog das großartige Panorama in sich auf und unwillkürlich dachte er zurück an die Eindrücke in der Wüste. Auch dachte er an den Tag, als sie das Meer gesehen hatten. Die Welt war schön, unglaublich schön. Und sie war unglaublich und unvorstellbar unterschiedlich. Er hatte bisher großes Glück gehabt, dass er dies in seinem noch kurzen Leben alles schon sehen durfte.

Er dachte auch zurück an den Schwarzwald und sogar zurück an die Zeit in Karlsruhe. Alle Umgebungen hatten etwas Besonderes. Man musste es nur erkennen und aufmerksam zusehen. Das Wunder wurde einem aber erst bewusst, wenn man die Unterschiede sehen durfte. Wenn man immer an einem und demselben Platz war, dann würde man das Schöne wohl kaum sehen und erkennen können, dachte sich Hans.

Sie gingen weiter und kamen bald in einen verwilderten Wald. Auch hier folgten sie einem Pfad, der sich bald auf eine große Wiese hin öffnete. Die Alm zog sich zwei oder drei Kilometer in die Breite und verschwand am Horizont hinunter in das Tal, welches nach Lecco führte, wie ihm erklärt wurde.

„Der Flieger wird aus südöstlicher Richtung anfliegen. Hier mitten auf dem Plateau legen wir ein Kreuz aus, damit die Piloten sehen, wo sie abwerfen müssen."

Die Männer zogen ihre Rucksäcke von den Schultern und holten daraus mehrere große weiße Tücher hervor. Sie legten sie in der Mitte des Feldes kreuzförmig aus, sodass man von oben ein weißes Kreuz würde sehen können. Dann zogen sich alle zurück an den Waldrand und ließen sich nieder, um auf den Flieger zu warten.

Nach etwa zwanzig Minuten konnte man Motorengeräusche hören. Alle standen auf und blickten angestrengt nach oben in Richtung Südosten. Das Motorengeräusch wurde lauter und plötzlich erschien eine große Transportmaschine am Himmel. Man konnte sie ganz deutlich in der Sonne blitzen sehen, weil die Sonne da oben noch Wirkung zeigte, obwohl am Boden fast schon Dämmerlicht war.

„Die fliegen aber schnell", rief Pino. „Das wird nichts. Die sind ja fast schon vorbei."

Die Männer liefen in Richtung Markierung und winkten in den Himmel. Die Maschine verschwand bereits am Horizont hinter den Bäumen.

„Die drehen um und kommen wieder zurück." Andrea schaute weiter zum Himmel auf, jetzt in die entgegengesetzte Richtung.

Tatsächlich hörten sie nun, wie die Motoren wieder lauter wurden. Das Flugzeug hatte einen großen Bogen genommen und war wieder im Anflug. Am Heck des Fliegers öffnete sich eine große Klappe.

„Die werfen jetzt ab!" Christian hatte ganz aufgeregt gerufen und war unwillkürlich auf das anfliegende Flugzeug zugelaufen.

„Bleib hier, Christian. Wir müssen warten, wohin die Fallschirme getrieben werden, und uns dann aufteilen."

Jetzt fielen dunkle Gegenstände aus der Heckklappe des Flugzeugs und nach wenigen Sekunden öffneten sich über den Kisten oder Kästen weiße Fallschirme. Die Schirme wurden durch die untergehende Sonne noch angeleuchtet und schienen wie kleine Sonnen am tiefblauen Himmel. Langsam schwebten die Lasten dem Boden entgegen. Es waren insgesamt vier Fallschirme.

Die Männer blieben an Ort und Stelle, weil noch nicht erkennbar war, wohin die Teile getrieben wurden. Es war nicht sehr windig und so konnte es möglich sein, dass die Fallschirme relativ nahe landen würden. Und so war es auch. Nach zwei bis drei Minuten waren sie so niedrig, dass man sich schon auf ihren vermuteten Landeplatz hin bewegen konnte.

„Wir teilen uns auf. Immer zwei zusammen gehen zu einem Schirm. Ich bleibe hier und hier ist wieder unser Treffpunkt. Ihr bringt jeweils zu zweit die Sachen hierher und geht dann zurück, um die anderen zu bergen. Ich bleibe solange hier, um Wache zu halten. Kann ja sein, dass jemand die Schirme gesehen hat. Vielleicht kommen noch andere hierher. Wir müssen also sehen, dass wir schnellstens verschwinden, falls jemand auftauchen sollte. Sobald ihr etwas hergebracht habt, werde ich die Sachen im Wald verstecken. Alles klar?"

Pino und Michele rannten zu der Landestelle, die am nächsten lag, Pinocchio und Christian nahmen sich die nächste vor.

Schon nach wenigen Minuten trabten Pino und Michele mit der ersten Kiste bei Andrea an. Sie hatten auch den Fallschirm mitgebracht. Sofort machten sie sich wieder auf den Rückweg zur nächsten Stelle. Jetzt erschienen auch Pinocchio und Christian. Auch diese beiden drehten sofort wieder ab und rannten zurück. Währenddessen trugen Andrea und Hans, der mit ihm zurückgeblieben war, die Beutestücke zum Waldrand hinter ihnen. Es wurde jetzt schnell dunkel und als sie die letzten Teile im Wald abgestellt hatten, konnte man fast die Hand nicht mehr vor Augen sehen.

„Hat ja gut geklappt." Andrea lachte zufrieden und schaute sich nochmals um. Es war aber niemand zu sehen. Das Flugzeug war sofort nach dem Abwerfen der Kisten am Horizont verschwunden und nicht mehr aufgetaucht.

„So, jetzt müssen wir die ganzen Sachen erstmal verstecken. Sie heute Abend noch zur Höhle zu bringen ist nicht möglich. Ich kenne hier oben auf der anderen Seite dieses Wäldchens einen Heuschober, der um diese Jahreszeit leer ist. Dort bringen wir zuerst einmal alles hin."

Sie nahmen jeweils zu zweit eine der Kisten auf und hatten vorher den Rest der Sachen unter Ästen und Laub versteckt. Andrea ging voraus, weil er sich hier oben am besten auskannte.

Sie folgten einem schmalen Pfad, der abwärts durch den Wald führte. Wieder war kein Mondlicht durch die Wolken gekommen und man sah nur sehr wenig unter dem immer noch dichten Blätterdach. Andrea führte sie aber trotzdem ohne zu zögern an den Rand des Waldes, den sie nach knapp einer halben Stunde erreicht hatten.

„Jetzt sind es nur noch ein paar hundert Meter. Dort, den Abhang hinunter, befindet sich der Schober rechts am Waldrand."

Sie folgten Andrea weiter über eine Wiese, wobei sie wieder einen Trampelpfad entlang gingen. Dann ganz plötzlich wie aus dem Nichts standen sie vor einer Hütte, welche aus dunklen Brettern gebaut war. Andrea öffnete und sie gingen nacheinander mit ihren Kisten hinein. Drinnen entzündete Andrea eine Ölfunzel, die rechts an der Stirnwand hing.

„Habe ich vor ein paar Tagen hergebracht." Er lächelte stolz in die Runde und stellte die Lampe auf einen Steinblock, der sich in der Mitte des Raumes befand.

„Also, weiter geht es Freunde. Wir holen den Rest."

Sie gingen im Gänsemarsch denselben Weg zurück, den sie gekommen waren.

Nach einer guten Stunde hatten sie ihre Beute in Sicherheit gebracht und saßen im Kreis im Schober auf dem Boden. Die Lampe stand noch auf dem Steinblock und spendete spärliches Licht. Es reichte aber aus, dass sie ihr mitgebrachtes Abendessen verzehren konnten, ohne nur ins Dunkle zu starren.

„Morgen öffnen wir die Kisten. Ich habe ein Stemmeisen dabei, außerdem noch eine Zange. Für alle Fälle.“

Pinocchio hielt dabei das mitgebrachte Werkzeug in die Höhe, so dass es jeder sehen konnte.

Es dauerte nicht lange und sie machten es sich so gemütlich wie möglich, um hier die Nacht zu verbringen. Sie hatten Decken mitgebracht. Im Schober fanden sie auch Heu, dass allerdings etwas spärlich war. Da der Herbst schon in vollem Gange war, war es hier oben in mehr als tausend Metern Höhe vor allem in der Nacht schon sehr kalt. Dennoch schliefen sie alle ganz gut, weil sie doch einen langen Weg hinter sich gebracht und auch schwer gearbeitet hatten und deshalb recht müde waren.

Am nächsten Morgen waren sie alle schon wach, bevor es hell wurde.

„Jetzt müssen wir warten, bis die Sonne aufgeht. Wir sehen ja nichts.“. Pino war aufgestanden und machte sich an der Lampe zu schaffen. Er riss ein Streichholz an und versuchte, den Docht zu entzünden. Die Flamme erlosch aber sofort wieder.

"Mensch, wir haben vergessen, die Lampe aus zu machen. Sie ist bestimmt leer. Haben wir noch irgendwo Öl?"

Michele war aufgestanden und tastete in den Ecken nach einem Kanister, den er am Abend zuvor dort abgestellt hatte.

Er hatte Glück und kurze Zeit später wurde es in der Hütte hell.

Andrea trat an die erste Kiste und setzte das Brecheisen an. Ohne große Mühe klappte der Deckel auf. Er hob ihn ab und legte ihn auf den Boden. Dann nahm er eine Lage Packpapier aus der Kiste und darunter kamen verschiedene Gegenstände zum Vorschein. Andrea nahm einen nach dem anderen heraus.

„Das ist Zucker, glaube ich. Und das da ist Mehl, oder?"

Jetzt trat auch Christian nach vorne.

„Ja, und das hier ist ein Kanister Pflanzenöl." Er hob einen fünf Liter Kanister in die Höhe, auf welchem in Englisch "Öl" stand.

„Meinen die denn, dass wir am Verhungern sind? Spinnen die? Wir brauchen Sprengstoff und nichts zu fressen!"

Verärgert hatte Pinocchio die Kiste mit dem Fuß getreten.

In der Kiste waren noch andere Lebensmittel, wie zum Beispiel Marmelade, Salz, Margarine und Reis. Außerdem fanden sie ein paar Flaschen Wein, Streichhölzer und amerikanische Zigaretten.

„Na, so schlecht ist das nun auch wieder nicht." Andrea lächelte und angelte sich eine Zigarette aus einem Päckchen. Das Päckchen wurde herumgereicht und alle pafften genüsslich die guten amerikanischen Lucky Strike.

„Also weiter geht es. Da muss ja noch etwas anderes dabei sein."

Jetzt griff sich Christian das Stemmeisen und brach die nächste Kiste auf. Und tatsächlich kamen andere Dinge zum Vorschein. Revolver, und zwar zehn Stück. Dazu die passende Munition. Dann mindestens zwanzig Kilo Dynamit. Sie glaubten wenigstens, dass es Dynamit war, weil die Kartuschen entsprechend geformt waren und auf der Außenverpackung ein gängiges Explosivzeichen angebracht war. Weiterhin fanden sie Zündschnur, wie Pinocchio feststellte. Er wusste das, weil er schon als Sprengmeister in einem Steinbruch gearbeitet hatte. Dies war auch der Hauptgrund, warum er zu diesem Kommando zugezogen worden war.

In den anderen Kisten fanden sie noch vier Gewehre nebst Munition, eine Signalpistole mit Munition und zwölf Splitterhandgranaten. Auch sechs Flaschen Brandy kamen zum Vorschein, was allgemeinen Beifall hervorrief. Auch die Decken, in den die Flaschen eingewickelt waren, würden sie gut gebrauchen können. Es war nicht auszuschließen, dass sie den Winter in den Bergen würden verbringen müssen. Wenn der geplante Anschlag gelänge, wäre der Boden unten im Tal sicher für eine ganze Weile für alle zu heiß. Und am Gelingen ihres Planes hatten sie alle keinerlei Zweifel. Vor allem nicht mehr, seit sie ihre Ausrüstung erhalten hatten.

Es war hell geworden und sie hatten gefrühstückt.
„Mensch, die Marmelade hat aber gut geschmeckt...“ Michele lachte und machte sich an die Arbeit, ihre Ausrüstungsgegenstände so aufzuteilen, dass sie gleichmäßig auf die Männer verteilt werden konnten.
„Gut, wir teilen jetzt alles auf und bilden dann Gruppen. Ich, Pinocchio und Hans nehmen den Sprengstoff, das Zubehör, jeder einen Revolver und Munition, und bringen alles hinunter nach Maggiana. Ihr wisst, wohin wir gehen werden, in den Turm. Ihr drei nehmt den Rest und bringt alles zur Höhle. Das werden wir dort gut brauchen können. Dann kommt ihr auch zum Turm. Dort wird dann entschieden, wie wir weiter vorgehen. Alles klar?“
Pinocchio bestand darauf, auch mindestens sechs Handgranaten mitzunehmen.

Die drei, die den Auftrag zur Höhle zu gehen hatten, waren nicht sehr begeistert, was man ihnen ansehen konnte. Sie sagten aber nichts und nickten nur. Dann nahm jeder sein Gepäck auf und sie gingen ins Freie. Die Sonne stand am Himmel, aber sie schaffte es nicht mehr, die Luft zu erwärmen. Es war kalt und es bildeten sich kleine Wölkchen vor den Mündern der Männer.

Die beiden Gruppen teilten sich und machten sich auf den Weg zu ihren unterschiedlichen Zielen. Die Gruppe zur Höhle würde erst heute am Abend dort sein. Dann wollten sie dort die Nacht verbringen und am nächsten Tag den Abstieg nach Maggiana machen. Pino hatte beim Weggehen noch spöttisch gerufen, dass sie sich auf ein gutes warmes Abendessen schon jetzt sehr freuten.

Auf dem Weg den Berg hinunter in Richtung des Sees fragte Hans Andrea, wo oder was Maggiana sei. Andrea erklärte ihm, dass es sich um einen kleinen Ort in der Höhe über Mandello handelte. Dort wurde ein Versteck in einem alten Turm aus dem Mittelalter unterhalten. Von Maggiana aus konnte man zum einen die Straße von Mandello in die Bergdörfer vollständig überblicken, zum anderen führte von Maggiana aus ein Höhenweg direkt nach Lecco. Diesen wollten sie zu ihrer Mission bei der Polizeistation benutzen.

Am Nachmittag, die Sonne stand kurz über dem Berg gegenüber, erreichten sie Maggiana. Es war wirklich nur ein sehr kleines Dorf mit vielleicht zehn oder zwölf Häusern. In der Mitte des Ortes ragte ein steinerner Turm in den Himmel, der völlig unpassend schien. Er war etwa fünf Meter im Quadrat und vielleicht zwölf bis fünfzehn Meter hoch.

„Man sagt, dass dieser Turm schon im zwölften oder sogar elften Jahrhundert durch die Nachkommen von Kaiser Barbarossa gebaut worden sei. Ob das stimmt, weiß ich nicht. Jedenfalls ist er ein gutes Versteck.

Die Schwarzhemden kennen diesen Unterschlupf zwar, trauen sich aber nicht herauf. Und die Deutschen haben wir hier noch nie gesehen. Das kann nach dem Anschlag natürlich anders werden. Zu Racheaktionen sind sie immer sehr gut unterwegs. Und die fürchten dann auch keinen Turm aus dem Mittelalter mehr. Da wir aber eine italienische Polizeistation angreifen werden, interessiert das die Deutschen vielleicht nicht besonders. So hoffen wir wenigstens."

Da sollte sich Andrea täuschen. Es würde die Deutschen sehr stark interessieren.

Sie waren an dem sandsteinernen Turm angekommen und Andrea kramte einen Schlüssel aus der Tasche, mit dem er die schwere Tür aufschloss. Drinnen war es stockdunkel, weil es keine Fensteröffnungen gab. Er entzündete eine Öllampe, die links an der Wand hing. Dann gingen sie eine steinerne Treppe in den zweiten Stock hinauf. Die Treppe zog sich links vom Eingang an der Wand in die Höhe. Sie kamen an ein Podest und öffneten erneut eine Tür, die in einen großen viereckigen Raum führte. Der Boden bestand aus dunklen Holzbohlen. An jeder Wand waren zwei Fensteröffnungen, durch die das spärliche Licht von draußen hereinfiel. Auch hier entzündete Andrea Öllampen, die an den Wänden hingen.

Es wurde heller und man konnte den großen Tisch in der Mitte des Raumes erkennen. Um den Tisch herum, er war um die vier Meter lang und bestimmt einen Meter breit, standen insgesamt zehn Holzstühle. An der einen Wand befand sich ein großer Küchenschrank aus dunklem Eichenholz. An der anderen Wand stand eine Holztruhe, die gerade so hoch war, dass man sich auf ihr niedersetzen konnte. Die Truhe war mindestens zwei Meter lang und einen halben tief. Auf diese Truhe legten sie ihre Rucksäcke und die Ausrüstungsgegenstände, die sie mitgebracht hatten.

„Pinocchio, die Waffen und die Munition legen wir sicherheitshalber in die Truhe. Man kann ja nie wissen."

Andrea trat zu dem Schrank und holte ein paar Teller und Besteck heraus. Aus einem Fach im oberen Teil holte er eine große Salami, die dort hing. Daneben lag ein Stück Käse.

„Will jemand ein Stück Bitto?"

„Was ist das?"

Hans hatte noch nie von Bitto gehört.

„Das ist ein sehr guter Käse aus dem Valtellin. Den musst du unbedingt probieren."

Andrea brachte alles zum Tisch, holte ein Messer aus seinem Rucksack und begann, die Wurst und den Käse in kleine Stücke zu schneiden. Er benutzte dazu ein Schneidbrett, dass er ebenfalls aus dem Schrank geholt hatte. Das Brot wurde auseinander gebrochen und jeder nahm sich ein Stück davon.

Pinocchio schaute hoch und sah fragend in die kleine Runde.

„Und was trinken wir dazu?"

Andrea lachte und sagte ihm, dass im Erdgeschoss eine Quelle in einem Steintrog endete, und dass er sich dort einen Krug Wasser würde füllen können. Er deutete dabei auf einen steinernen Krug, der auf dem Tisch stand.

„Wasser habe ich in den letzten Tagen genug getrunken. Bekommt man hier nirgends einen guten Wein?"

Andrea stand auf und deutete den beiden an, dass sie ihm folgen sollten. Sie gingen hinunter und verließen den Turm. Andrea schloss die Tür ab und ging einen kleinen Pfad entlang, der zwischen den Häusern hindurch quer zum Hang führte.

„Wir müssen nach Crebbio. Das sind nur ein paar hundert Meter. Da gibt es einen Weinhändler. Ich glaube, er heißt Ezio. Bei dem hat es früher immer einen recht guten Barbera gegeben. Vielleicht haben wir ja Glück."

Nach ungefähr einer viertel Stunde hatten sie ein freies Feld überquert und befanden sich jetzt wieder in einem kleinen Ort, der aus nicht mehr als zehn Häusern bestand. Aus den Fenstern drang Licht und man konnte sehen, dass die Leute beim Abendessen waren. Andrea hielt vor einem Haus, das von einem kleinen Vorgarten gesäumt war.

Er öffnete das Gartentürchen und ging zur Haustür. Er klopfte an. Ein Augenblick verging und die Tür öffnete sich. Im Lichtschein, der nach außen drang, konnte man einen Mann in Hemdsärmeln sehen, der sich die Hände an einem weißen Tuch abwischte.

„Guten Abend", sagte er, „wer seid ihr und was kann ich tun?"

„Du bist doch Ezio, oder? Bei dir kann man Wein kaufen?"

Andrea war einen halben Schritt zurück getreten und schaute Ezio erwartungsvoll an.

„Ja, das stimmt. Kommt am besten rein. Es ist schon empfindlich kalt geworden."

Die Männer traten durch die Tür in eine gemütliche Wohnküche. Drinnen war es schön warm und Hans merkte erst jetzt, dass er die ganze Zeit über gefroren hatte.

Eine ältere Frau saß an einem großen Tisch, ihr gegenüber zwei jüngere, die verschämt die Augen gesenkt hielten. In einem großen Kamin knisterte ein Feuer.

„Wie viel wollt ihr denn und von welcher Sorte?"

Der Mann, der Ezio hieß, zeigte in eine Ecke des Raumes, wo drei große Korbflaschen standen. Zwei Flaschen waren offenbar mit Rotwein, eine war mit Weißwein gefüllt.

„Du hast immer einen guten Barbera, sagt man. Da würden wir fünf Liter nehmen, wenn es geht." Der Mann machte sich daran, aus einer der Rotweinflaschen die gewünschte Menge abzufüllen. Dazu nahm er eine große

Flasche und einen schmalen Schlauch, den er in die Korbflasche führte. Er saugte kurz am Endstück des Schlauches und führte es dann sofort in die leere Flasche ein. Der Wein lief ruhig in das neue Gefäß.

Hans schaute sich im Zimmer um und sah, dass sie hier elektrisches Licht hatten. Wasser gab es nicht, wohl aber eine steinerne Spüle in einer Ecke des Raumes. An einer Wand hing ein großes Tellerbord, an der anderen stand eine Anrichte. Alles war sauber und ordentlich aufgeräumt. Die Frauen hatten bis jetzt kein Wort gesprochen.

„Schönen guten Abend." Andrea hatte die ältere Dame angesprochen, die ihn mit einem freundlichen Lächeln auch begrüßte. Dann wandte sich Andrea an die beiden Jüngeren.

„Auch ihnen einen schönen guten Abend." Die beiden Frauen, oder waren es noch Mädchen, schauten kurz auf und nickten.

Als Hans einer der jungen Frauen, die auch ihn kurz angeblickt hatte, ins Gesicht sah, verspürte er ein wohliges Gefühl in der Brust, Sein Herz begann plötzlich, schneller zu schlagen. Hans starrte sie weiter an in der Hoffnung, dass sie noch einmal die Augen auf ihn richten würde.

Nach ein, zwei Sekunden, die ihm wie eine Ewigkeit vorkamen, schaute sie noch mal zu ihm auf. Hans meinte, dass sich um ihren Mund ein kleines Lächeln abzeichnete. Es war aber zu dunkel, als dass er sich hätte sicher sein können.

Sie hatte dunkles, leicht gelocktes Haar, das ihr bis auf die Schultern fiel. Ihre Augenbrauen waren von derselben Farbe und weit geschwungen. Sie hatte eine gerade Nase und einen schön geformten Mund. Ihr Gesicht war ebenmäßig geformt und ihre Haut schien weiß und makellos im Kontrast zu ihrer schwarzen Wolljacke, die sie über einer hellen Bluse trug.

Hans war hingerissen und völlig aus dem Häuschen. Das hatte er noch nie erlebt. Er dachte an sein Erlebnis mit

Rebecca zurück, die ihn von Freiburg zum Kaiserstuhl mitgenommen hatte. An sie hatte er sehr oft denken müssen, weil sie ihn sehr beeindruckt hatte. Aber heute war es etwas anderes. Das konnte er ganz deutlich spüren.

Er überlegte, ob er etwas sagen sollte, blieb aber dann doch lieber stumm.

Andrea bezahlte den Wein, bedankte sich bei allen und sie wünschten sich einen schönen Abend. Dann gingen die drei wieder zurück zum Turm nach Maggiana. Dort angekommen, setzten sie ihr Abendessen fort und jetzt schmeckte es erst so richtig, da der Barbera köstlich war.

„Waren das die Töchter von diesem Ezio?"

Andrea schaute Hans an und lachte.

„Ja, habe ich doch gleich gemerkt, dass du gezuckt hast. Sind schöne Mädchen, was?"

„Ich möchte ja nur wissen, ob sie hier wohnen oder vielleicht nur zu Besuch sind. Sonst ist nichts."

Hans glaubte fast, dass er rot im Gesicht wurde. Das war ihm so noch nie passiert.

„Ja, ja, nur wissen, ob sie zu Besuch sind. Und wenn ja, dann willst du wissen, wo sie sonst wohnen, wenn nicht hier. Willst dich wohl schnellstens auf die Suche machen, was?"

Wieder lachte Andrea und Pinocchio stimmte ein. Er nahm Hans beim Arm und sagte:

„Das ist Ezio Mapelli, mein lieber. Seine Frau heißt Albina und seine Töchter sind Giuseppina und Rosaria."

Und wer von beiden ist die, welche links am Tisch gesessen hat?", wollte Hans wissen.

„Das ist Giuseppina, das ist die Ältere von beiden. Ich glaube, sie ist ungefähr vierundzwanzig."

„Und die leben noch bei ihren Eltern?"

„Ja, hier oben ist das nicht so einfach, den richtigen Ehemann zu finden. Außerdem wird gemunkelt, dass die beiden sehr anspruchsvoll sein sollen. Bis jetzt hatte jedenfalls noch keiner Glück, obwohl es schon ein paar versucht haben sollen."

„Wie lange bleiben wir hier?" Hans hatte Andrea angeschaut.

„Das hier ist unser Basislager, wenn man das so nennen kann. Es kommt darauf an, wann wir unsere Aktion durchführen. Danach müssen wir uns in die Berge verziehen. Kann aber durchaus noch ein paar Tage, sogar ein paar Wochen dauern. Du wirst also noch Zeit haben, deine Giuseppina kennenzulernen. Vielleicht werde ich dir dabei helfen. Mal sehen."

An diesem Abend war Hans nur schwer in den Schlaf gekommen, obwohl sie alle sehr müde waren und außerdem mindestens die Hälfte des Weines getrunken hatten. Allerdings hatte dabei vor allem Pinocchio zugeschlagen. Dieser war am Tisch fast eingeschlafen.

Am nächsten Morgen standen sie schon früh auf. Sie gingen davon aus, dass die anderen drei nicht vor dem späten Nachmittag eintreffen würden. Sie hatten beschlossen die zehn Kilometer nach Lecco zurück zu legen, um den Weg ganz genau auszukundschaften, Geländebeschaffenheit und Fluchtalternativen festzulegen und die Polizeistation in Lecco genau zu studieren. Für den Hinweg hatten sie zwei Stunden kalkuliert, konnten diese Vorgabe aber nicht einhalten, weil der Pfad immer wieder sowohl steil nach oben als auch nach unten führte, sodass sie kein gleichmäßiges Tempo einhalten konnten.

Der Weg schien dennoch einfach zu sein und sie fanden auch die eine oder andere Abzweigung, die sie nach dem Anschlag zur Flucht benutzen konnten, sollten sie verfolgt werden. Das Polizeiquartier war ein dreigeschossiges Gebäude mit Fensterfronten zur Straße hin. Der Eingang war bewacht. Hinter dem Haus war ein Parkplatz, auf dem zwei Polizeifahrzeuge standen. Von dort aus führte eine Treppe in einen Keller. Diese Treppe zog die Aufmerksamkeit der Männer auf sich. Sie standen etwa fünfzig Meter vom Parkplatz entfernt hinter einem am Straßenrand parkenden Auto und taten so, als ob sie sich gerade zufällig getroffen hätten. Pinocchio verteilte Zigaretten und sie lachten miteinander. Andrea sagte dabei, dass er herausfinden wollte, ob man dort an der Kellertreppe eine Bombe würde platzieren können. Es erschien die einzige Möglichkeit, in das Gebäude hinein zu kommen. Auch das würde nicht ohne Risiko sein, da die Polizeiwache vierundzwanzig Stunden am Tag besetzt war. Sie wussten aber, dass in der Nacht nur eine kleine Besetzung da war. Der Plan war, irgendwo in der Stadt einen Anschlag zu fingieren , um die Polizisten dorthin zu locken. Dann sollte der Sprengstoff im Keller versteckt werden und noch in derselben Nacht hochgehen.

Nach ein paar Minuten taten die drei so, als ob sie sich voneinander verabschiedeten und Andrea ging zum Parkplatz hinter dem Polizeigebäude. Pinocchio und Hans schlenderten die Straße entlang und entfernten sich.

Andrea versteckte sich hinter den Fahrzeugen im Hof und spähte die Kellertreppe hinunter. Unten konnte er eine Holztür erkennen, die nur mit einem einfachen Schloss gesichert zu sein schien. Kurz entschlossen sprang er auf und lief die Treppe hinunter und drückte die Klinke. Erwartungsgemäß war die Tür verschlossen. Aber seine Vermutung bestätigte sich. Es war nur ein einfaches Schloss, das sie problemlos würden aufbrechen können, dessen war er sich sicher. Er ging schnell wieder zurück und beeilte sich, vom Parkplatz zu verschwinden. Offenbar hatte ihn niemand aus dem Gebäude beobachtet.

Jedenfalls hofften sie das und sie nahmen an, dass sich andernfalls der eine oder andere Polizist bemerkbar gemacht hätte. Sie machten sich auf den Rückweg.

Hans hatte sich darüber gewundert, dass in der Stadt das Leben seinen gewohnten Gang nahm. Es schien jedenfalls so. Viele Menschen waren unterwegs, man unterhielt sich, Läden und auch Bars hatten geöffnet. Es war ihm zwar aufgefallen, dass nur ganz vereinzelt Autos unterwegs waren. Aber wen sollte dies wundern mitten im Krieg. Da waren die Autos bestimmt fast alle beschlagnahmt worden.

Gut, junge Männer konnte man nur sehr, sehr selten treffen. Entweder man begegnete alten Männern, Kindern und Jugendlichen, oder aber Mädchen und Frauen jeden Alters.

Sie waren nur eine Viertelstunde vor der Ankunft der drei anderen in Maggiana im Turm angekommen. Es hatte alles geklappt, die Ausrüstung war in der Höhle untergebracht.

„Und wo haben wir denn heute unser Abendessen?" Pino war um den Tisch herum gegangen und schaute von einem zum anderen.

„Ich habe es nicht vergessen, mein lieber Pino. Aber leider können wir hier nicht kochen. Es gibt nämlich keinen Ofen, wie du siehst. Und über dem offenen Kamin, da kann ich dir kein gutes Essen machen. Höchstens mal einen Eintopf oder eine Polenta. Aber das machen wir vielleicht ein andermal."

„Und was essen wir heute Abend, meine Herren?" Pino schaute erwartungsvoll zu Andrea, weil er wusste, dass dieser bestimmt eine Überraschung auf Lager hatte.

„Wir gehen zu "Mamma Lucia". Jetzt im Herbst gibt es bei ihr Wildhase, wenn man Glück hat. Und da heute Freitag ist, könnten wir vielleicht Glück haben. Also machen wir uns auf die Socken, damit wir nicht zu spät kommen und die anderen alles weggegessen haben."

Voller Erwartung und Freude nahmen die Männer ihre Jacken auf, steckten Zigaretten und Streichhölzer ein und gingen nach draußen. Es waren noch nicht einmal hundert Meter bis zu dem Haus von Mamma Lucia. Es stand direkt am Hang in Richtung Mandello. Das Haus war hell erleuchtet und die Tür stand offen, obwohl es schon kühl geworden war. Die Abenddämmerung stand kurz bevor.

Hans blieb auf der Straße vor der Tür stehen und schaute hinunter zum See. Es war ein unfassbarer Anblick. Der See glänzte wie Silber und schien glatt wie ein Spiegel zu sein. Ein einziges Boot fuhr von rechts kommend in Richtung Lecco in südlicher Richtung. Mandello war in Dämmerlicht gehüllt und immer mehr Lichter in den Fenstern zeigten, dass sich die Menschen zum Essen versammelten. Auf der anderen Seite des Sees blitzten ebenso viele Lichter am Ufer und am Berghang auf, die einen weiteren Ort beschrieben. Nach Norden zog sich der See so weit hin, dass Hans dessen Ende nicht erkennen konnte.

„Mann, ist das schön hier", sagte er zu Pinocchio. „Wie weit geht das noch nach Norden?"

Jetzt schaltete sich Michele in ihr Gespräch ein:

„Ich glaube, der See ist ungefähr vierzig Kilometer lang, hier bei Mandello ungefähr eineinhalb Kilometer breit, an der breitesten Stelle aber bis zu vier Kilometer. Er ist sehr tief. Man sagt, dass er über vierhundert Meter tief sei und dass es in Europa keinen tieferen See gebe."

„Mann, was du alles weißt." schaltete sich Christian anerkennend ein. Alle waren sie stehen geblieben und freuten sich an dem Anblick. Die Italiener wunderten sich, dass erst ein Fremder kommen musste, um ihnen zu zeigen, wie schön ihre Heimat war.

Im Lokal hatten sie sich an einen großen Tisch gesetzt und es sich gemütlich gemacht. Die Tische waren nur etwa zur Hälfte besetzt, aber die Unterhaltungen waren so laut, wie Hans empfand, dass man meinte, man sei auf einer Kirchweih mit tausend Leuten.

Pino beugte sich zu ihm hin, er saß rechts neben ihm, und sagte, dass es noch so leer sei, weil die Italiener erst nach acht Uhr zu Abend essen. Manche sogar erst später.

Pino musste recht laut reden, damit ihn Hans überhaupt verstehen konnte.

Hans schaute sich in der Gastwirtschaft um und ihn traf fast der Schlag, als er hinter dem Tresen eine junge Frau hantieren sah, die genauso aussah wie Giuseppina.

„Andrea!", rief er zu diesem über den Tisch, „ist das Giuseppina, die Giuseppina?"

„Sieht so aus!", rief dieser zurück. „ Sie wird wohl hier in der Wirtschaft aushelfen, um sich ein paar Lire dazu zu verdienen."

Jetzt kam eine andere junge Frau an ihren Tisch. Es war die Schwester von Giuseppina. Sie hatte schon zwei Flaschen Wein dabei und stellte beide auf den Tisch. Dann brachte sie für jeden ein Glas. Außerdem stellte sie einen großen Wasserkrug dazu.

„Heute gibt es Wildhase jägerart mit Polenta. Danach Käse und Oliven. Für jeden eine Portion?"

Ohne abzuwarten, ob ihre Bestellung bestätigt würde, ging sie zurück und durch eine Tür hinter dem Tresen, wo die Küche sein musste.

Die Männer tranken den guten Wein, rauchten ihre Luckies, wobei sie es vermieden, die Schachteln auf dem Tisch liegen zu lassen. Es sollte niemand sehen, dass sie amerikanische Zigaretten besaßen.

Zwanzig Minuten später kam das Essen. Es wurde ein großer Kupfertopf auf den Tisch gestellt. Daneben wurde eine Polenta auf einem geflochtenen Untersetzer angerichtet, die mindestens drei Kilo wog und verführerisch dampfte. Das Essen war köstlich und reichhaltig. Der Hase war in Wein und Kräutern gegart. Die Soße war mit der Hasenleber und Knoblauch verfeinert. Alle aßen, als ob es das letzte Mal sei. Auch dem Wein wurde großzügig zugesprochen, sodass die Stimmung immer lockerer und der Geräuschpegel immer höher stieg. Nach etwa zwei Stunden, sie hatten schon ihren Käse gehabt, war das Lokal vollständig gefüllt. Es war kein Stuhl mehr frei und die beiden jungen Damen mussten schnell hin und her laufen, um alle Wünsche erfüllen zu können. Giuseppina kam während ihrer Arbeit immer wieder am Tisch der Männer vorbei und Hans konnte seine Augen nicht mehr von ihr lassen. Mehrere Gläser Wein trugen dazu bei, dass er irgendwann einmal den Mut gefasst hatte und Giuseppina beim Vorbeigehen ansprach.

„Signorina, bitte. haben sie einen Moment Zeit für mich?"

Giuseppina ging noch zwei Schritte weiter, als ob sie nicht gleich bemerkt hätte, dass er sie angesprochen hatte, und blieb dann stehen.

„Was wünschen Sie, Signore?", fragte sie förmlich.

Hans sprang von seinem Stuhl auf, der beinahe nach hinten umgekippt wäre, wenn ihn nicht einer seiner Freunde aufgefangen hätte.

Er wusste nicht, was er sagen sollte, hatte sich nichts überlegt, und jetzt stand er vor Giuseppina und schaute sie verlegen grinsend an.

„Wir kennen uns ja, nicht wahr? Wir haben uns beim Weinhändler getroffen."

Hans wusste sofort, dass dies ein völlig dummer Satz war. Aber ihm war nichts Besseres eingefallen.

„Ja, das stimmt. Der Weinhändler ist mein Vater."

Giuseppina schaute ihn an und er meinte, dass sie ihren Mund zu einem spöttischen Lächeln verzogen hatte.

„Ich wollte sie fragen, ob ich sie zu einem Glas Wein einladen darf. Sie würden mir eine große Freude machen."

„Das geht nicht. Ich habe zu arbeiten und wir nehmen hier im Lokal keine Einladungen an."

Entrüstet drehte sich Giuseppina um und ging zum Tresen. Hans stand etwas hilflos da und setzte sich dann wieder auf seinen Stuhl. Er glaubte, dass er rot im Gesicht war. Die anderen schauten ihn grinsend an und Pino hob sein Glas und prostete ihm bedeutungsvoll zu.

„Na, da muss ja einer noch ein wenig üben. So geht das nicht mit den hübschen Mädchen, mein Lieber."

Die anderen hatten auch die Gläser gehoben und Hans suchte verlegen nach seinem auf dem Tisch, um ebenfalls einen Schluck zu trinken. Er hatte dringend einen nötig, denn sein Mund fühlte sich völlig ausgetrocknet an.

Er wusste nicht, wie ihm geschah. Das hatte er noch nie so erlebt. Hing das alles mit der jungen Frau zusammen?

Am nächsten Morgen trafen sie sich alle im Turm im ersten Stock zum Frühstück. Draußen war es gerade hell geworden. Andrea hatte Neuigkeiten, die am frühen Morgen von einem Boten überbracht worden waren.

„Also hört mal zu, Leute. Wir können erst in ein paar Tagen oder sogar erst in ein paar Wochen unseren Plan durchführen. Es heißt, dass die Polizei zurzeit mit einem Anschlag rechnet und deshalb Verstärkung angefordert hat. Die Wachen wurden aufgestockt und es ist sehr gefährlich, sich der Polizeistation zu nähern. Angeblich wurde das amerikanische Flugzeug auch von denen gesichtet und man geht davon aus, dass es nicht umsonst über die Berge geflogen ist. Sie sind also der Meinung, dass tatsächlich Ausrüstung abgeworfen wurde, und deshalb besonders wachsam. Außerdem wurde auch erzählt, dass man von einem Deutschen wisse, der sich bei den Partisanen aufhalte und diese unterstütze. Wir müssen also auch damit rechnen, dass eine Razzia bevorsteht. Ob sie bis hierher kommen werden, ist ungewiss. Jedenfalls müssen wir die Augen offen halten. Unsere Jungs in Mandello und auch in Lecco werden uns weiter mit

Informationen füttern. Ob die aber alles mitbekommen, das kann keiner sagen."

Hans überlegte, ob er die Frage stellen konnte, wie er nach Lierna kommen könne. Ihn sorgte es, dass er es noch nicht geschafft hatte, das Tagebuch zu Brunos Frau zu bringen. Er hatte es ihm versprochen.

„Ich habe eine Frage, die mich schon eine ganze Weile beschäftigt. Kann ich sie stellen?"
Wie immer war Hans sehr höflich vorgegangen.
Die anderen schauten zu ihm hin und warteten.
„Bitte", sagte Andrea und nickte ihm zu.
„Ich habe euch erzählt, dass ich mit Bruno Mazetti in der Legion zusammen war. Er ist in Genua ums Leben gekommen. Ich habe sein Tagebuch, das ich seiner Frau bringen soll. Sie heißt Maria und wohnt in Lierna. Solange wir nicht zum Einsatz kommen, könnte ich doch versuchen, sie ausfindig zu machen. Steht etwas dagegen und kann mir vielleicht einer von euch dabei helfen?"
„Das kannst du machen. Du musst aber vorsichtig sein. In Lierna gibt es eine ganze Reihe von Leuten, die immer noch an die Botschaft von Mussolini glauben. Denen darfst du am besten nicht unter die Augen kommen. Die könnten dumme Fragen stellen. Wenn jemand möchte, dann kann er dich nach Lierna begleiten."
Mit diesen Worten schaute Andrea in die Runde. Erst sagte niemand etwas, dann meinte Michele:
„Ich könnte mitgehen. Ich habe einen Onkel dort. Der weiß vielleicht, wo die Mazettis wohnen. So groß ist Lierna ja nicht."
„Das wäre toll, Michele. Von mir aus können wir gleich heute gehen. Wie weit ist es bis nach Lierna und wie kommt man dort hin?"
Hans war Feuer und Flamme und stand sofort auf. Er holte das Tagebuch aus seinem Rucksack und hob es hoch.

„Das ist sein Tagebuch. Und es soll schnellstens zu seiner Frau. Sie weiß wahrscheinlich noch gar nicht, dass er tot ist."

Die Männer räumten den Tisch ab, zwei schickten sich an, das Geschirr zu spülen. Die anderen studierten eine Landkarte und den Weg nach Lierna am Berghang entlang.

„Unten in Mandello führt eine Staatsstraße am See entlang. In nördlicher Richtung kommen die Dörfer Olcio und Fiumelatte, danach bist du schon in Lierna. Das sind keine acht Kilometer. Aber die Straße wird regelmäßig überwacht und man kann sich an vielen Stellen nicht verstecken, wenn eine Streife naht. Also bleibt nur der Weg über Luzzeno und Olcio oben am Berg. Da ist man sicher, weil kein Fahrzeug bis nach oben kommt."

Michele stand auf und ging zu seinem Rucksack.

„Ich kenne den Weg. Bin als Kind mehr als hundert Mal zum Onkel gegangen. Da finde ich sogar in der Nacht und mit geschlossenen Augen hin. Macht euch also keine Sorgen."

Hans war auch aufgestanden und zog seine Jacke an. Die beiden verabschiedeten sich von den anderen und gingen zur Tür hinaus. Draußen zog auch Hans seinen Rucksack über und setzte sich seine Mütze auf. Sie schlugen den Weg in Richtung Colonia ein.

Nach etwa zwei Stunden hatten sie oben am Bergkamm die Ortschaften Olcio und Fiumelatte passiert und stiegen jetzt einen steilen Pfad hinab. Vor ihnen ragten Felshänge auf, die sie unmöglich überqueren konnten.

Michele sagte zu Hans: „Hier endet der sichere Weg. Wir müssen jetzt zum See hinab steigen und dort die Staatsstraße nehmen."

Die Straße führte durch mehrere Tunnel. Die Felsen fielen über eine Strecke von mindestens einem halben Kilometer steil in den See ab. Die einzige Alternative zur Straße wäre ein Boot gewesen. Da sie ein solches nicht besaßen, mussten sie das Risiko eingehen.

Als sie unten angekommen waren, schauten sie in beide Richtungen. Es war inzwischen Mittag geworden und die Sonne wärmte sie angenehm. Das Licht spiegelte sich im Wasser und vereinzelt waren Fischerboote unterwegs. Auf der Straße war niemand zu sehen.

„Gut, gehen wir einfach und hoffen wir, dass jetzt in der Mittagszeit keine Militär- oder Polizeistreife unterwegs ist. Normalerweise gehen die um diese Zeit lieber essen als Streife zu fahren."

Mit diesen Worten ging Michele los und Hans folgte ihm mit schnellen Schritten. Sie nahmen die linke Straßenseite durch die Tunnels, die kurvenreich in den Felsen geschlagen worden waren. In die Felswand zum See hin waren in einigem Abstand Nischen gehauen, die den Blick über das Wasser freigaben, welches gut zwanzig Meter unter ihnen in der Sonne glitzerte. Sie brauchten ungefähr zehn Minuten, dann hatten sie die Tunnels hinter sich gelassen und vor ihnen auf der rechten Straßenseite stand ein Ortsschild, auf dem Hans Lierna las.

„Wir sind da", sagte Michele und deutete auf das Ortsschild.

„Wir gehen da vorne rechts in den Ort hinauf, dann sind wir weg von dieser verdammten Straße."

Sie gingen durch schmale Gassen und Hans konnte hinter manchen Fenstern Leute erkennen, die sich um einen Tisch zum Essen niedergelassen hatten.

„Ich habe auch Hunger. Gibt es hier irgendwo eine Trattoria, wo wir etwas bekommen können?"

Hans hatte Michele gefragt, während dessen sie beide mit schnellen Schritten weiter gingen.

„Wir gehen zu meinem Onkel. Mit etwas Glück können wir dort etwas zu Essen bekommen."

Was ich schon lange fragen wollte", warf Hans ein. „Wer bezahlt eigentlich das Essen und das Trinken, so wie gestern Abend zum Beispiel?"

„Das sind Spenden, die von der Gewerkschaft für uns gesammelt werden. Natürlich gibt es noch andere

Einsatzgruppen, wie wir es sind. Das Geld wird gerecht aufgeteilt.

Außerdem war in den Kisten von den Amerikanern auch eine ganze Menge Geld. Das haben wir an die entsprechende Stelle gegeben, damit es von dort aus verteilt werden kann. Geldsorgen haben wir jetzt nicht mehr. Das war vor zwei Jahren noch ein großes Problem, da haben wir unser Geld zum Teil sogar klauen müssen. Geklaut haben wir es aber nur den Faschisten."

Michele lachte und blieb vor einem Gartentürchen stehen.

„Hier wohnt mein Onkel. Er ging durch den Vorgarten und klopfte an eine dunkle Holztür. Ohne zu warten, bis sich jemand gemeldet hatte, drückte er die Klinke hinunter und öffnete.

„Hallo Onkel Claudio, ich bin es, Michele. Ist jemand zu Hause?" rief er und ging einen kurzen Flur entlang. Am anderen Ende des Flurs wurde eine weitere Tür geöffnet und ein Mann trat heraus.

„Michele! Ja das ist aber eine schöne Überraschung!", rief der Mann. „Was führt denn dich nach Lierna? wir haben uns ja schon ein halbes Jahr nicht mehr gesehen. Schön, dass es dich noch gibt."

Mit diesen Worten umarmte der Ältere Michele und klopfte ihm heftig auf den Rücken.

„Hallo Onkel Claudio, gut siehst du aus. Wie geht es euch? Wie geht es der Tante?"

Der Mann hatte seinem Neffen über die Schulter gesehen und den zweiten Besucher bemerkt, der noch auf dem schmalen Weg im Vorgarten stand.

„Guten Tag, junger Freund", sagte der Mann und streckte Hans die Hand entgegen.

„Wen hast du da mitgebracht, mein Lieber? Wir sind auf Besuch gar nicht vorbereitet." Er zwinkerte Hans lächelnd zu. „Folgt mir, wir müssen ja nicht hier im Flur stehen bleiben."

Ohne eine Antwort abzuwarten drehte sich der Mann zur Tür um und verschwand in den Raum, aus dem er gekommen war. Die beiden folgten ihm und kamen in eine große Wohnküche. An einem Tisch saß eine ältere Frau, die beim Hereinkommen der Männer aufstand.

„Hallo Michele! Welche freudige Überraschung. Was führt dich zu uns? Nimm doch Platz. Wir essen gerade. Es wird für alle reichen, wenn wir teilen."

Während sie sprach, hatte er schon aus einem Schrank Teller und Besteck geholt und zwei Plätze gerichtet.

„Setzt euch und esst. Es wird euch schmecken. Ich habe heute Morgen Fische gefangen. Die schmecken in dieser Jahreszeit am besten."

Michele setzte sich und deutete Hans an, den Stuhl neben ihm zu nehmen. Hans legte seinen Rucksack zu dem von Michele in eine Zimmerecke , gab seine Mütze darauf und nahm Platz.

Das Ehepaar, beide deutlich über sechzig Jahre alt, schauten Hans an.

„Das ist Gianni", sagte Michele. Er ist ein Freund aus den Bergen, kommt aber nicht aus Italien. Er ist von weit her gekommen, um uns zu helfen. Er spricht aber ganz gut unsere Sprache. Ihr könnt ihn also selbst fragen, wenn ihr noch etwas von ihm wissen wollt."

Mit diesen Worten hatte Michele sein Stück Fisch im Teller geteilt und eine Gabel voll genüsslich in den Mund geschoben. Hans tat es ihm gleich, nachdem er bemerkt hatte, dass die beiden Alten ebenfalls begonnen hatten zu essen. Offenbar hatten sie derzeit keine weiteren Fragen an ihn.

Während sie wortlos ihre Teller leer aßen stand der Mann auf und holte eine Weinflasche aus einer Anrichte. Er füllte die auf den Tisch stehenden Gläser und prostete ihnen zu.

„Zum Wohl und herzlich willkommen!"

Die Frau hatte keinen Wein genommen und räumte den Tisch ab, nachdem die Teller leer gegessen waren.

„Onkel Claudio, deine Fische sind wirklich großartig. Da kannst du einen Laden aufmachen."

„Die Fische schmecken zu dieser Jahreszeit wirklich gut, aber es kommt darauf an, wie man sie zubereitet."

Anerkennend schaute er zu der Frau hinüber, die sich um den Abwasch kümmerte.

„Und was macht ihr hier?"

„Wir suchen die Familie Mazetti. Bruno Carlo Mazetti und seine Frau Maria. Kennst du sie?"

„Ja, die Mazettis wohnen unten am See. Ich glaube, der Alte führt ein Fischerboot und handelt mit den Fischen gewerblich. Bin mir aber nicht ganz sicher. Habe ihn schon lange nicht mehr gesehen. Und seine Schwiegertochter, die kenne ich nicht wirklich. Ich habe schon einige Male eine junge Frau mit ihm gesehen. Es waren auch Kinder dabei. Aber ob sie das ist, das weiß ich nicht."

„Kannst du uns hinführen?"

„Klar, das kann ich machen. Wir können von mir aus jetzt gleich gehen. Ich habe im Moment nichts anderes zu tun. Ich muss erst später die Schafe in den Stall bringen und dann noch die Kuh melken. Aber jetzt ist noch viel Zeit. Bevor wir aber dort hin gehen würde ich gerne wissen, um was es geht. Was wollt ihr von den Mazettis? Erzähle mir das auf dem Weg nach unten, Gianni."

Damit standen die drei Männer auf und zogen ihre Jacken über. Im Hinausgehen verabschiedeten sie sich von der Frau. Dann ging es wieder schmale Gassen entlang, die sie hinunter an den See führten. Dabei mussten sie die Hauptstraße überqueren, ohne dass ihnen ein Auto begegnet wäre.

Auf dem Weg erzählte Hans dem alten Herrn seine Geschichte mit Carlo und wie es zu seinem tragischen Tod in Genua gekommen war. Er zeigte ihm das Tagebuch, welches er der Witwe seines toten Freundes bringen wollte.

Unten am See lagen unzählige Holzboote, die an Leinen fest gemacht waren. Das Ufer war mit Steinen jeder Größe übersät. Am Seeufer entlang war ein Haus am anderen gebaut und schien eine undurchdringliche Steinwand zwischen Ortschaft und Wasser zu bilden. Erst bei näherem Hinsehen konnte man in regelmäßigen Abständen Durchlässe zwischen den Häusern sehen, die in kleine Gassen mündeten und den Berg hinauf führten. Als sie ein paar Minuten am See entlang gegangen waren, blieb Micheles Onkel Claudio stehen. Er deutete auf eine Tür in einem dreigeschossigen Haus und sagte:

„Ich glaube, die Mazettis wohnen hier." Er drehte sich zum Wasser um und deutete auf ein großes Boot, welches an einem Poller festgemacht im Wasser lag. „Und das ist sein Boot."

Michele und Hans gingen zur Tür und klopften. Sie mussten lange warten, bis sie von drinnen Schritte hörten. Die Tür wurde einen Spalt geöffnet und das Gesicht einer Frau in mittleren Jahren wurde sichtbar. Die Frau sagte nichts und schaute sie nur fragend an.

Michele fasste sich zuerst und sagte:

„Guten Tag, liebe Frau. Wir suchen Frau Maria Mazetti. Können sie uns bitte helfen?"

„Was wollen sie von ihr?", fragte die Frau schroff und schob die Tür weiter zu.

„Ich habe eine Nachricht von Bruno Carlo Mazetti für sie", sagte Hans und trat einen kleinen Schritt vor.

Das braun gebrannte Gesicht der Frau wurde schlagartig blass. Sie schluckte mehrfach und sagte dann: „Ich bin Maria, seine Frau. Was ist mit Bruno? Wo ist er? Warum ist er nicht selbst gekommen?"

„Ich möchte Ihnen etwas von ihm geben, Signora." Hans zögerte. „Er wäre gerne selbst gekommen, aber es ging nicht. Er ist nicht mehr am Leben."

Die Frau schaute zu Boden und versuchte, ihren Kloß im Hals hinunter zu schlucken. Dann blickte sie auf und sah Hans an.

„So, er ist also tot. Und das soll ich Ihnen glauben? Sie kommen also extra hierher, nur um mir zu sagen, dass er nicht mehr lebt? Das kann doch nicht wahr sein! Jetzt ist er schon über fünf Jahre fort, ohne dass ich auch nur ein Sterbenswörtchen von ihm gehört hätte, und sie kommen hierher und sagen einfach, er wäre tot! So geht das nicht! Das glaube ich Ihnen nicht! Machen sie, dass sie fort kommen!"

Mit diesen Worten schlug die Frau die Tür den beiden verdutzten Männern vor der Nase zu, die unwillkürlich einen Schritt zurück wichen. Sie schauten sich an.

„Was machen wir jetzt? Ich kann schon verstehen, warum die Frau so reagiert hat. Ich hätte wahrscheinlich genauso die Tür zu geschlagen." Michele zuckte mit den Schultern.

Hans trat wieder an die Tür und schlug mit der Faust gegen diese. Es dauerte nicht lange, dann wurde die Tür wieder geöffnet. Jetzt stand ein alter Mann im Türrahmen. In der rechten Hand hielt er einen Knüppel.

„Was ist? Was wollt ihr hier noch? Soll ich euch Beine machen?"

Hans hatte das Heft hervor geholt und hielt es dem Mann hin. Die Frau war jetzt im Hausflur aufgetaucht und stand hinter dem Alten.

„Hier, das soll ich Ihnen von Bruno bringen. Er hat es mir gegeben und mir gesagt, dass ich es seiner Maria bringen soll. Und ich soll auch einen Gruß an seine Kinder ausrichten."

Der alte Mann schaute ihn argwöhnisch an, nahm ihm jedoch das Heft ab und reichte es über die Schulter der Frau, die hinter ihm stand. Maria nahm vorsichtig das Heft in die Hand und schlug die erste Seite auf.

Sie trat einige Schritte nach vorne, weil es im Hausgang dunkel war. Jetzt erkannte sie offenbar die Schrift und

Hans konnte sehen, wie sich ihre Augen mit Tränen füllten. Schnell blätterte sie die Seiten um und plötzlich rannte sie den Hausflur hinein und schlug im Inneren des Hauses eine Tür hinter sich zu.

Der alte Mann trat aus der Tür und forderte Hans auf, ihm eine Erklärung abzugeben. Hans erzählte ihm in kurzen Worten, wie die Zusammenhänge waren und dass er seinen Sohn in der Legion kennengelernt hatte. Bei der Schilderung ihrer Flucht und den Todesschüssen in Genua glitzerten auch in den Augen des Alten ein paar Tränen. Zwar hatten sie schon lange damit gerechnet, dass der Sohn nicht mehr am Leben sei, aber die Gewissheit war jetzt doch schlimmer als angenommen.

Sie standen eine Weile vor der Tür, der Mann wollte noch mehr Einzelheiten von Hans wissen, als die Frau wieder an der Haustür erschien und die Männer ins Haus bat.

Erst jetzt bemerkte Hans, dass sich immer mehr Personen um sie herum versammelt hatten und ihrer Unterhaltung aufmerksam gefolgt waren. Von Micheles Onkel war nichts mehr zu sehen. Beim Hineingehen hatte Hans Michele gefragt, wo sein Onkel hingegangen sei. Dieser meinte nur, dass er sich gleich aus dem Staub gemacht hätte, da er eigentlich mit ihnen und ihrer Partisanengruppe nichts zu tun haben wollte. Dies sei auch viel zu gefährlich, wenn es die Behörden erführen.

Der Mann hatte sie hereingelassen und dann als letzter die Haustür hinter sich geschlossen. Die Frau war vorausgegangen und hielt ihnen eine Tür auf, die in eine gemütliche Wohnküche führte. An einer Stirnwand befand sich ein großer steinerner Kamin, in dem ein Feuer auf kleiner Flamme loderte. Der Raum war in eine angenehme Wärme gehüllt und es roch gut nach gebratenem Fleisch.

„Bitte nehmen sie Platz", sagte sie und zog zwei Stühle unter dem Tisch hervor. Der ältere Herr ging um den Tisch herum und setzte sich den beiden gegenüber. Die

Frau holte Gläser und eine Flasche aus einer Anrichte und stellte sie auf den Tisch. Dann setzte auch sie sich. Sie schaute Hans an und bat ihn, ihr zu erzählen, wie er Bruno kennen gelernt und was sie zusammen erlebt hatten.

Hans erzählte ihr die Geschichte ihres Zusammentreffens im Gefängnis in Algerien, schilderte auch so gut es in der Kürze ging ihre Flucht und die Überfahrt nach Genua. Die Umstände, die zum Tode von Bruno geführt hatten, erwähnte er nur ganz kurz, da er ja selbst keine wirkliche Erinnerung daran hatte.

Die Frau bedankte sich für die Erklärungen und lud sie zum Abendessen für den nächsten Tag ein. Dabei schaute sie fragend ihren Schwiegervater an, der zustimmend nickte. Sie vereinbarten, dass die beiden jungen Männer gegen halb acht kommen sollten. Dann verabschiedeten sie sich voneinander und Hans und Michele gingen zurück zum Haus des Onkels. Dort aß man zusammen und kurz danach gingen die alten Leute zu Bett.

Hans und Michele richteten sich in einem kleinen Lagerraum, der sich zwischen Haus und Stall befand, eine Schlafstelle und auch die beiden wurden nach wenigen Minuten von Müdigkeit übermannt.

Am nächsten Morgen waren alle früh auf den Beinen. Hans hatte gut geschlafen und fühlte sich nach der Morgentoilette am Brunnen wie neu geboren. Als Frühstück hatte ihnen Micheles Tante heiße Polenta in kalter Milch vorgesetzt. Es schmeckte köstlich und die beiden entschieden sich dazu, dem alten Mann bei der Arbeit im Stall zu helfen. Sie hatten ja den ganzen Tag Zeit und wollten nicht untätig sein.

Am Abend wuschen sie sich und richteten ihre Kleidung so gut es eben ging, dann machten sie sich auf den Weg zu den Mazettis. Hans war sich darüber im Klaren, dass er noch viel würde erzählen müssen und es war auch unvermeidbar, dass sowohl der Vater von Bruno als auch seine Frau einen traurigen Abend verbringen würden. Es blieb ihm aber nichts anderes übrig, als die Fragen der beiden so gut es ging zu beantworten. Sie hatten ein Recht darauf und Bruno würde es auch so gewollt haben. Er nahm sich vor, ihn in den besten Farben zu schildern, was ja auch keine Kunst wäre, weil er wirklich ein toller Bursche gewesen war.

Wieder saßen sie um den Tisch und jeder hatte eine Stoffserviette neben dem Teller liegen, auf der sich ein dreiteiliges Besteck befand. Es würde also mehrere Gänge geben, worauf sich die beiden sehr freuten. Kurz nachdem sie Platz genommen hatten, klopfte es an der Haustür und einen Augenblick später führte die Frau eine Nachbarin in die Küche, die jedem die Hand zum Gruß reichte. Maria erklärte, dass sie die Nachbarin auch zum Essen eingeladen hätten, weil diese sich oft um die Kinder kümmere und deshalb zu ihrer Tischgemeinschaft gehörte. Sie lebte allein und es machte keinen Sinn, dass sie für sich alleine den Herd anzündete. Ihr Mann sei nach Deutschland deportiert worden und schon seit mehreren Jahren irgendwo bei Berlin stationiert.

Hans war von der Nachbarin sehr beeindruckt. Sie war vielleicht Anfang dreißig, vielleicht aber auch schon knapp vierzig Jahre alt. Sie hatte dunkles Haar, das ihr bis auf die Schultern fiel. Sie hatte es hinter die Ohren gelegt und so konnte man ihre gleichmäßigen Gesichtszüge gut sehen. Ihre markante Nase, die kerzengerade über einem vollen Mund verlief, gab ihrem Gesicht eine klassische Note. Ihre Augen waren vielleicht graublau, das war im schummrigen Licht nicht genau zu erkennen. Ihre schlanke Gestalt wurde durch ein dunkelblaues Kleid noch betont. Unter dem Stoff konnte man die vorhandenen weiblichen Rundungen mehr erahnen als sehen. Hans war aufgefallen, dass sie Schuhe mit Absatz trug, die mit einer Kordel über dem Knöchel zugebunden waren. Michele starrte sie mit offenem Mund an, als sie den Raum betreten hatte.

Hans senkte verschämt den Blick auf seinen Teller, weil er bemerkt hatte, dass sowohl der Mann als auch ihre Gastgeberin etwas irritiert über die Reaktion der beiden Freunde waren.

Die neu Hinzugekommene stellte sich als Marta vor. Das Essen wurde serviert und die Stimmung entspannte sich langsam.

Hans erzählte von seinen Erlebnissen in der Legion und vergaß dabei nicht, Bruno immer wieder zu erwähnen. Er ertappte sich manchmal dabei, dass er seinen alten Freund etwas zu gut davon kommen ließ. Aber das musste so sein, dachte er sich. Während seiner Erzählung blickte er auch immer wieder zu Marta und es schien ihm, dass sie ihm interessiert zuhörte.

Ihr Blick blieb immer wieder auf seinem Gesicht haften und ihre Augen begegneten den seinen mit großer Intensität. Jedenfalls kannte Hans dieses Gefühl bisher noch nicht. Eine Frau hatte ihn noch nie so angesehen, wie es Marta an diesem Abend tat.

Nach gut zwei Stunden war das Essen beendet. Die Gastgeberin räumte den Tisch ab und die Nachbarin half ihr dabei. Während dessen lud ihr Schwiegervater die beiden Besucher ein, ihn in ein anderes Zimmer zu begleiten. Sie gingen in einen gemütlich eingerichteten Raum, in der ein Feuer in einem großen Kamin brannte. An den Wänden waren Sitzmöbel aufgestellt, die um einen niedrigen Tisch arrangiert waren. Auf dem Tisch standen eine Flasche Grappa und mehrere Gläser.

„So, jetzt wollen wir noch einen schönen Schnaps genießen.", sprach der Gastgeberund griff zur Flasche.

Als er eingeschenkt hatte kamen auch die beiden Frauen und setzten sich auf eine kleine Couch gegenüber von Hans. Michele und der Mann belegten die Sessel an den Stirnseiten des kleinen Tisches und alle prosteten sich zu.

Hans blickte verstohlen zu Marta und meinte, dass auch sie immer wieder Blickkontakt mit ihm suchte. Sie hatte ihr Kleid ein wenig nach oben gezogen, um besser auf der Couch sitzen zu können. Hans sah, dass sie ganz durchsichtige Seidenstrümpfe trug, die er noch nie gesehen hatte. Die Strümpfe sorgten dafür, dass ihre makellosen Beine in einem schönen Glanz erstrahlten. Hans konnte den Blick fast nicht mehr von ihr nehmen. Sie gefiel ihm und er dachte an Rebecca.

Der Abend verlief sehr harmonisch und abwechselnd erzählte der Mann oder auch eine der Frauen von ihrem Alltag und den Gegebenheiten im Ort.

„Du bist doch der Neffe von Claudio und wohnst irgendwo bei Mandello, oder?"

Der Mann hatte Michele gefragt und wartete gar nicht auf dessen Antwort, weil er ja Bescheid wusste.

„Und wie bist du zu Gianni gekommen? Der ist ja überhaupt nicht von hier und es ist auch nicht verständlich, warum er hier ist, oder?"

Hans sah sich genötigt, dazu eine Erklärung zu geben und er erzählte jetzt ausführlich von dem Versprechen, das er Bruno gegeben hatte, und dass er eigentlich nur deshalb an den Comer See gekommen sei.

Er bekannte dabei, dass es auch ihm schleierhaft gewesen sei, dass man ihm auf der Flucht von Genua bis nach Lecco so geholfen hatte. Aber es war wie es war und jetzt war er hier und wollte dabei helfen, den Feinden das Leben so schwer wie möglich zu machen.

Als Brunos Witwe wieder einmal kurz das Zimmer verlassen hatte, bemerkte Hans, dass ihn Marta fixierte. Er erwiderte ihren Blick und ihre Augen trafen sich. Unmerklich verschob Marta ein Bein, sodass Hans ihre Schenkel unter dem Kleid erkennen konnte. Er war sich nicht sicher, ob sie es absichtlich getan hatte oder ob es einfach nur eine zufällige Bewegung war. Aber so, wie sie ihn dabei anschaute, war es eher kein Zufall.

Hans war völlig verwirrt und er begriff nicht, was in ihm vorging. Marta stand plötzlich auf und verabschiedete sich mit wenigen Worten. Sie bedankte sich bei den Gastgebern und reichte auch den beiden jungen Männern ihre Hand. Dann war sie verschwunden und Hans konnte seine Enttäuschung kaum verbergen.

Michele gab Hans ein Zeichen und wenige Minuten, nachdem Marta gegangen war, sagte er, dass sie sich auf den Heimweg machen wollten. Nach einer kurzen, aber intensiven Dankesrede, in der er das Essen hoch lobte, gingen die beiden nach draußen und machten sich auf den Weg zurück zum Haus von Micheles Onkel.

Ein paar Meter vom Haus der Mazettis entfernt blieben sie kurz stehen und zündeten sich jeder eine Zigarette an. Ohne ein Wort gingen sie hintereinander eine schmale Gasse hinauf. Plötzlich blieb Michele stehen. Er hielt Hans die Hand vor die Brust und sagte: „Hörst du nichts? Da ruft doch jemand."

Jetzt hörte es auch Hans. Von einer Häuserzeile her konnte man eine weibliche Stimme hören, die ganz deutlich Tedesco rief.

Es war dunkel und Hans konnte die Miene von Michele nicht erkennen, aber er war sich sicher, dass der breit grinste. „Da kannst ja nur du gemeint sein, sie ruft dich, mein lieber Tedesco. Du weißt doch, was das heißt, oder?"

Beide hatten Martas Stimme erkannt. Hans zögerte nicht mehr länger und antwortete mit einem leisen,, Ja."

„Wo bist du? Ich kann dich nicht sehen."

„Hier, hier bin ich, komm nur rüber."

Hans ging die paar Schritte zur Hauswand und jetzt sah er Marta, die in einem dunklen Hausflur stand und die Türklinke in der Hand hielt. Hans ging hinein und Marta schloss die Tür. Michele ging leise lachend alleine weiter. So ein Glückspilz, dachte er bei sich und bedauerte, dass es nicht ihn getroffen hatte.

Marta führte Hans in ein kleines Wohnzimmer. In der Mitte des Raumes stand ein niedriger Tisch, auf dem in einem Leuchter drei Kerzen brannten. Sie nahm ihm seine Jacke ab und legte sie über einen Stuhl. Dann führte sie ihn an der Hand zu einem Diwan, der auf der anderen Seite des Tisches stand. Beide setzten sich und Marta nahm sein Gesicht in ihre Hände und küsste ihn. Für Hans war es das erste Mal und er glaubte, dass sein Herz jeden Moment explodieren würde.

Der Morgen war angebrochen und Marta hatte Hans an die Haustür geführt. Bevor sie die Tür öffnete, küsste sie ihn und sagte zu ihm:

„Ciao, Tedesco. Lass dich bald wieder einmal sehen. Ich warte auf dich."

Lächelnd schob sie Hans zur Tür hinaus und schloss diese hinter ihm zu. Hans drehte sich unschlüssig auf der Gasse im Kreis und versuchte, sich zu orientieren. Dann entschloss er sich dazu, zu Micheles Onkel hinaufzugehen. Er hatte sich den Weg gemerkt und ein paar Minuten später stand er bereits vor dem Haus. Leise klopfte er an die Tür und tatsächlich meldete sich sofort eine Männerstimme, die ihn hinein rief. Drinnen am Küchentisch saß Micheles Onkel und aß aus einer kleinen Schüssel sein Frühstück.

„Guten Morgen! Na, wie geht es dir?" Der Mann lächelte ihn an und bedeutete ihm, Platz zu nehmen. „Sicher hat unser Freund einen mächtigen Hunger nach der schlaflosen Nacht."

Claudio grinste ihn verschwörerisch an, stand auf und holte eine Schüssel für Hans vom Regal. Er goss warme Milch aus einem Topf in die Schüssel und reichte sie Hans. Dann gab er ihm ein Stück Brot und bedeutete ihm, Stücke davon in die Milch zu geben. Er reichte ihm noch einen Löffel und Hans begann, sein Brot mit der Milch zu essen. Es schmeckte ihm und erst jetzt merkte er, dass er sehr müde und auch hungrig war.

„Wenn du noch ein wenig schlafen willst, dann geh dort hinten zu Michele ins Zimmer. Dort findest du eine Couch, die du benutzen kannst. Ich habe dort auch ein Feuer im Kamin gemacht. Es ist recht gemütlich."

Hans tat, wie ihm geheißen, und kaum, dass er sich nieder gelegt hatte, war er auch schon fest eingeschlafen. Er erwachte erst um die Mittagszeit, als er von Michele an der Schulter gerüttelt wurde.

„Na, bist du tot, oder was? So schwer kann es doch nicht gewesen sein." Michele stand vor der Couch und lachte.

„Auf geht's. Wir wollen Onkel Claudio helfen. Der ist froh, wenn ihm jemand bei der Arbeit im Stall zur Hand geht. Ganz umsonst wollen wir doch die Gastfreundschaft nicht in Anspruch nehmen, oder?"

Hans stand schnell auf, fuhr sich durch die Haare und fragte, ob er sich vorher noch waschen könne. Kurz darauf gingen sie beide zum Stall und halfen dort, die nötigen Arbeiten zu verrichten.

Die Tage verstrichen, ohne dass sie Nachricht aus Maggiana erhielten. Michele hatte mit Andrea vereinbart, dass sie Bescheid bekämen, wenn sich etwas tat. Bis dahin könnten sie tun und lassen, was sie wollten. Sie sollten sich aber im Hintergrund halten und möglichst unauffällig bleiben.

Die Liebelei zwischen Marta und Hans hatte sich so entwickelt, dass Hans beinahe jeden zweiten Abend bei ihr an die Tür klopfte. Sie verbrachten die Nacht miteinander und früh am Morgen verließ Hans ihre Wohnung. Jetzt war es aber auch oft so, dass er bei Marta schlief und deshalb am Morgen nicht immer todmüde zum Haus von Micheles Onkel kam. Meist hatte er auch schon gefrühstückt, wenn er dort eintraf. Über diese Sache wurde zwar fast kein Wort mehr verloren, aber Hans merkte doch, dass es dem Onkel gegen den Strich ging.

Ein paar Tage später, es war wieder kurz nach Sonnenaufgang und Hans war gerade vor Martas Wohnung ins Freie getreten, als plötzlich ein paar Männer neben ihm auftauchten. Ohne Vorwarnung holte einer mit der Faust aus und traf Hans mit einem Schlag am Kinn.

Hans hatte den Kopf zwar noch ein wenig wegdrehen können, dem Schlag konnte er aber nicht ausweichen. Er ließ sich in die Hocke fallen und sofort schossen ihm Gedanken durch den Kopf, wie er bei der Legion in solchen Situationen im Nahkampf ausgebildet worden war.

Er analysierte in Bruchteilen von Sekunden seine Lage. Vor ihm befanden sich drei Männer, ein weiterer stand rechts hinter ihm. Er teilte die Angreifer ein. Links vor ihm Feind eins, direkt vor ihm Feind zwei, rechts vor ihm etwas nach hinten versetzt Feind drei, hinten rechts Feind vier.

Nummer vier war der gefährlichste, weil nicht zu sehen war, was dieser tat. Dann kam Feind eins, der zugeschlagen und deshalb großes Selbstvertrauen hatte. Feind zwei und drei kamen zum Schluss. Er plante seine Aktionen und führte sie im selben Moment aus. Handkante nach hinten rechts in Kopfhöhe ans Ohr von Nummer vier. Dann rechte Faust nach vorne auf Jochbeinhöhe von Nummer eins. Dann komplette Linksdrehung des ganzen Körpers und linke Hacke auf Brusthöhe von Nummer zwei. Danach Nummer drei zuwenden.

Nummer vier lag auf dem Boden hielt sich die Hand ans rechte Ohr. Nummer eins rappelte sich langsam wieder auf und betastete vorsichtig seine linke Gesichtshälfte, um zu prüfen, ob etwas gebrochen war. Nummer zwei lag noch auf dem Boden und presste beide Hände gegen die Brust. Nummer drei war zwei Schritte zurück gewichen und hob die Hände.

„Ist ja gut, ist ja gut", sagte er.

„Das war eine Warnung", sagte Hans. „Wenn ihr noch nicht genug habt, dann kommt einfach wieder her." Er blieb angespannt stehen und schaute von einem zum anderen.

Die Männer aber zogen sich langsam zurück und verschwanden die Gasse hoch und um die nächste Ecke. Marta war aus der Wohnung gekommen und sah Hans an, der sich mit einem Taschentuch das Blut aus dem Mundwinkel wischte.

„Was ist passiert? Wer war das?"

„Woher soll ich denn das wissen. Vielleicht war ja dein Freund dabei? Oder hast du keinen Freund?"

Hans war zornig, denn er brachte den Überfall mit seiner Liebesgeschichte mit Marta in Zusammenhang. Was sollte es sonst sein?

„Ich habe keinen Freund. Und ich habe hier auch noch nie einen gehabt. Aber vielleicht wollten dir die Männer wirklich eine Lektion erteilen, weil sie sauer sind, dass du mit mir schläfst. Aber was kann ich dagegen machen? Du musst jetzt entscheiden, ob du wieder zu mir kommen willst, oder ob du es lieber lässt."

Mit diesen Worten drehte sich Marta um und ging ins Haus.

Am Abend sprach ihn Michele auf den Vorfall an. Hans hatte nichts erzählt und die Frage nach der Verletzung an der Lippe ausweichend beantwortet und gesagt, er habe sich gestoßen.

„Über dich erzählt man ja schöne Geschichten", sagte Michele. „Die deutsche Kampfmaschine hat man dich genannt. Vier Mann zusammengeschlagen. Nahkampfausbildung ersten Grades. Was ist denn da passiert, Gianni? Willst du uns nicht erzählen, wenn du da fertig gemacht hast?"

Sie saßen am Küchentisch beim Abendessen. Alle schauten ihn erwartungsvoll an.

Hans schilderte mit kurzen Worten den Vorfall: „Plötzlich standen vier Männer vor mir auf der Straße und einer schlug mir mit der Faust ins Gesicht. Da habe ich mich gewehrt. Wir haben in der Legion eine sehr gute Ausbildung gehabt. Und das auch im Hinblick auf den Kampf Mann gegen Mann. Da haben die keine Chance. Die können froh sein, dass sie mit ein paar blauen Flecken davon gekommen sind. Wir haben auch gelernt, mit einem Schlag zu töten."

Hans hatte sich, während er sprach, wieder in Wut geredet und war am Schluss etwas lauter geworden.

„Ist ja schon gut", sagte der Onkel und holte eine Flasche Wein aus dem Schrank. Er füllte drei Gläser und prostete in die Runde.

„Du hast das richtig gemacht. Du hast dich gewehrt, ohne ihnen großen Schaden zuzufügen. Das werden die für die Zukunft respektieren und dich in Ruhe lassen. Aber du solltest dir überlegen, ob es richtig ist, Marta weiterhin zu besuchen. Die Frauen und Männer im Ort sehen das überhaupt nicht gerne. Immerhin ist sie verheiratet und ihr Mann ist im Krieg."

Hans dachte lange darüber nach. Am nächsten Morgen bat er Michele, wieder mit ihm zurück nach Maggiana in den Turm zu gehen. Dabei dachte er auch immer wieder an Giuseppina, die er gerne wieder sehen würde.

Die Erfahrungen, die er mit Marta gemacht hatte, waren völlig neu für ihn. Er war noch nie so mit einer Frau zusammen gewesen. Und er konnte nicht verhindern, dass er im Zusammenhang mit diesen Erlebnissen immer wieder an Giuseppina dachte.

Er stellte sich vor, wie schön es sein musste, Giuseppina zu küssen. Er stellte sich vor, wie schön es wäre, sie in den Armen zu halten. Es zog ihn stark zurück nach Maggiana. Er wollte Marta vergessen, was ihm aber in den nächsten Monaten nicht gelingen sollte.

Drei Tage später, Hans hatte Marta nicht mehr besucht, machten sie sich auf den Weg nach Maggiana. Sie bedankten sich bei Onkel Claudio, wie ihn jetzt auch Hans nannte, herzlich für alles und verabschiedeten sich überschwänglich. Dann gingen sie los, in Richtung Trampelpfad am Berghang und wandten sich nach Süden. Sie schafften die Strecke in weniger als drei Stunden.

Sie bogen in Colonia um eine Hausecke, und der Turm von Maggiana tauchte in einiger Entfernung vor ihnen auf. Hans wunderte sich sehr darüber, dass er immer nervöser wurde, je näher sie dem kleinen Ort kamen. Er konnte es sich nicht ausreden, es hing mit Giuseppina zusammen, auf die er sich unglaublich freute. Sie hatte ihm zwar noch nie auch nur das geringste Zeichen gegeben, dass sie sich für ihn interessierte. Aber dass war ihm gleichgültig. Er wollte sie so schnell wie möglich sehen und freute sich schon darauf.

Als sie den Turm endlich erreichten, klopften sie an die Tür und Pino öffnete ihnen. Sie gingen hinein und begrüßten neben Pino noch Christian und Pinocchio. Andrea war nach Lecco gegangen, wie sie von den anderen erfuhren. Er war dort bei Freunden und beobachtete das Polizeiquartier, um den richtigen Zeitpunkt für den Anschlag zu finden. Man würde sie über Funk benachrichtigen und sie mussten sich deshalb zu jeder Tages- und Nachtzeit bereithalten. Es war Freitagabend und sie beschlossen, zum Essen in die Trattoria im Ort zu gehen.

Hans war völlig aus dem Häuschen, weil er hoffte, dort wieder Giuseppina zu treffen. Angestrengt dachte er darüber nach, wie er sie in ein Gespräch verwickeln konnte. Es fiel ihm aber nichts ein. Und er wurde darüber sehr traurig. Dann sprach er in seiner Not einfach Christian darauf an.

„Hör mal, Christian. Giuseppina wird doch heute im Lokal wieder bedienen, oder?"

„Ich denke schon. Am Wochenende ist sie fast immer da. Warum fragst du?"

„Ich sage es, wie es ist. Ich bin in sie verknallt und ich würde sie gerne außerhalb des Lokals treffen. Wie könnte ich das nach deiner Meinung hinkriegen?"

„Ach, das ist es also. Unser Tedesco ist liebeskrank und sucht nach Medizin."

Alle lachten, bis auf Hans. Der ging unruhig im Raum auf und ab.

„Na ja, das kommt vor", sagte Pino.

„Mal sehen, wie man das machen könnte. Was würde denn das Interesse der schönen jungen Maid wecken, was meint ihr?"

Tatsächlich nahmen die anderen die Angelegenheit ernst und jeder schien darüber nachzudenken, wie sie Hans helfen könnten.

„Bring ihr ein Geschenk mit." Pinocchio stand auf und legte eine Hand auf Hans Schulter.

„Die Frauen freuen sich immer über ein schönes Geschenk. Wenn sie es annimmt, dann muss sie auch mit dir sprechen. Aber was gibt es hier schon an Geschenken?"

Pinocchio schaute in die Runde und keiner gab ihm Antwort.

„Einen Blumenstrauß?", fragte Hans vorsichtig, wobei man ihm gleich ansah, dass er selbst nicht daran glaubte, dass dies etwas Besonderes wäre. Blumen gab es hier, vor allem im Sommer, in Hülle und Fülle auf den Wiesen ringsum. Da musste er sich schon etwas Besseres einfallen lassen.

„Ich habe eine Idee", sagte Christian und nahm Hans beim Arm. „Wir gehen hinunter nach Mandello. Dort gibt es ein Kleidergeschäft, wo man auch schöne Seidentücher und andere Dinge kaufen kann. Da werden wir bestimmt etwas finden."

Mit diesen Worten war Christian aufgestanden und ging zur Tür. Die anderen nickten zustimmend und wunderten sich darüber, warum Hans sitzen blieb.

„Ich habe kein Geld. Überhaupt kein Geld, noch nicht einmal eine Lira."

„Das macht nichts", sagte Christian lachend. „Ich werde dir das nötige Geld leihen. Du wirst es mir schon wieder zurückgeben, oder?"

Hans nahm das Angebot an und stand strahlend auf. Die beiden verließen den Turm und machten sich auf den Weg nach Mandello. Ein steiler Pfad, der fast kerzengerade von Crebbio aus nach Mandello führte, verkürzte den Abstieg auf weniger als eine halbe Stunde.

„Den Rückweg nehmen wir aber wieder über Tonsanico und Colonia. Der Weg hier ist nur abwärts zu nutzen. Aufwärts ist er einfach zu steil."

Sie waren fast am See angekommen und Hans staunte darüber, dass so viele Menschen unterwegs waren. Überall standen kleine Grüppchen, die sich angeregt unterhielten. Zwischen den Leuten rannten kleine Kinder aufgeregt hin und her und es herrschte ein lautes Durcheinander von Stimmen. Die Männer gestikulierten mit ausholenden Armbewegungen und man konnte meinen, dass jener, der am lautesten schrie, derjenige im Recht war. So wurde es immer lauter, je näher man sich den einzelnen Gruppen zuwandte.

In einer kurzen Quergasse, die parallel zum Seeufer verlief, fanden sie ein kleines hell erleuchtetes Modegeschäft. So einen Laden hatte Hans noch nie betreten. Ehrfürchtig trat er über die Schwelle, Christian ging vor ihm.

„Schön hier, was?"

Der Laden war ungefähr sechs oder sieben Meter lang und vielleicht vier Meter breit. An den Wänden waren

Regalbretter angebracht, die mit Stapeln von Kleidungsstücken gefüllt waren. In der Mitte des Raumes befand sich ein langer Tisch, auf dem sich ebenfalls Kleidungsstücke türmten. Hans konnte Blusen, Pullover, Rücke und Hosen sehen. Weiter hinten im Laden waren die Regale mit kleineren Accessoires aus Seide oder schöner Wolle. Die beiden gingen nach hinten.

„Haben sie ein schönes Kopftuch, meine Dame?"

Christian hatte eine ältere, gepflegte Frau angesprochen, die hinter einer kleinen Theke mit einer Kasse stand.

„Wir haben so viele schöne Tücher, dass wir sie sogar verkaufen!", antwortete die Verkäuferin und lächelte verschmitzt. „Sowohl aus Seide als auch aus anderen schönen Stoffen. Welche Farbe bevorzugen denn die Herren und welches Material liebt die zukünftige Braut?"

Hans merkte, dass er rot wurde.

„Soweit ist es noch nicht, liebe Frau. Wir wissen ehrlich gesagt überhaupt nicht, welche Mode die Angebetete bevorzugt, aber mit Seide werden wir wohl nicht falsch liegen, oder?"

„Seide kommt immer gut an. Aber nur dann, wenn auch die Farbe gefällt. Und wie sieht es mit den Farbwünschen aus?"

„Das wissen wir auch nicht", sagte Christian und schaute dabei Hans an. Dieser zuckte mit den Schultern.

„Du musst schon selbst entscheiden, welche Farbe du nehmen willst. Ich möchte nicht Schuld daran sein, wenn es ihr nicht gefällt."

Jetzt trat Hans zur Verkäuferin und sagte zu ihr:

„Ihr Haar ist dunkelbraun, wie Kastanien im Dunkeln. Ihre Lippen sind blassrosa und ihre Augen scheinen graublau und je nach Lichteinfall blitzen sie aufregend."

Die Signora hinter dem Verkaufstresen lächelte. Sie griff hinter sich in ein Regal und holte ein feines Seidentuch hervor, das ein zartes Muster in verschiedenen Farben von braun über weinrot zu blau und dann zu hellgrün hatte.

„Das ist zurzeit der letzte Schrei, damit können sie nicht falsch liegen und nach Ihrer Beschreibung müsste es auch gut zu ihr passen."

Sowohl Christian als auch Hans waren begeistert von dem schönen Seidentuch. Sie falteten es auseinander und staunten über seine Größe. Es war fast einen Meter auf achtzig Zentimeter und glänzte im Licht der Deckenbeleuchtung voller Farbenpracht.

„Das nehmen wir", sagte Christian und dann, zur Signora gewandt: „Wenn wir es uns leisten können."

Sie hatten sich schnell auf den Preis geeinigt und die Verkäuferin wickelte das Tuch in schönes Geschenkpapier ein und band sogar ein blaues Schleifchen darum. Hans trug das Päckchen auf dem Rückweg nach Maggiana und er verspürte so etwas wie Stolz. Es war das erste Mal in seinem Leben, dass er für einen anderen Menschen ein Geschenk gekauft hatte. Er hatte nicht gewusst, welch ein schönes Gefühl das verursacht.

Oben im Turm angekommen, machten sich die anderen immer noch lustig über ihren Verliebten. Aber irgendwie konnte man doch spüren, dass sie alle mit Hans ein wenig mit fieberten. Sie kannten Giuseppina alle schon recht lange, die meisten schon als kleines Mädchen. Auch deshalb waren sie jetzt alle sehr gespannt, wie die Geschichte weitergehen würde. Als es dunkel wurde, machten sie sich auf den Weg zum Essen bei Mamma Lucia am Berghang.

Pinocchio ließ es sich nicht nehmen, als erster durch die Tür zu treten. Nachdem alle begrüßt waren, nahmen die fünf Freunde wieder am selben Tisch Platz, den sie schon beim ersten Mal hatten.

Der Wirt kam zu ihnen und fragte, was er bringen sollte. Sie bestellten wieder den köstlichen Barbera und ließen sich vom Wirt sagen, was die Küche heute vorbereitet hatte. Wieder waren alle mit den Angeboten mehr als einverstanden und die Bestellungen wurden in die Küche weitergeleitet.

Hans schaute immer wieder nervös zur Küchentür, weil er Giuseppina nirgends entdecken konnte und glaubte, dass sie vielleicht dort beschäftigt war. Niemand kam heraus und er musste sich dazu zwingen, seinen Freunden beim Palavern zuzuhören. Er wollte nicht unhöflich sein und er wollte ihnen auch nicht den Eindruck vermitteln, dass er völlig aus dem Häuschen war. Was allerdings der Wahrheit entsprach.

Hans schaute zur Eingangstür, die mit Schwung aufgestoßen worden war, und er erstarrte beim Anblick von Giuseppina, die einen Korb voll Brot vor sich her trug. Sie rief ein fröhliches „Buona Sera" in den Raum und ging direkt zur Küche durch.

Die Aufregung wurde für Hans fast unerträglich. Er verstand seine Gefühle nicht. Jetzt wartete er darauf, dass Giuseppina wieder in den Raum trat. Er hoffte, dass sie auch heute als Bedienung helfen würde. Dann würde sie nämlich auch ab und zu an ihren Tisch kommen. Hans hatte beschlossen, sein Geschenk erst dann zu übergeben, wenn sich die richtige Gelegenheit ergab. Wie diese aber aussehen konnte, das war ihm überhaupt nicht klar. Er sagte sich, dass er auch hier einfach würde abwarten müssen, so, wie er es schon oft hatte machen müssen. Es gab Momente, da musste man sich auf die Vorsehung oder auf das Schicksal verlassen. Er nahm sein Weinglas und prostete seinen Freunden zu.

„Na dann, Freunde, auf einen schönen Abend!"

Alle lachten und ein schöner Abend nahm seinen Anfang.

Es war wieder wie beim letzten Mal. Giuseppina brachte das Essen aus der Küche.

Zuerst hatte sie die Teller und das Besteck gebracht. Während sie den Tisch deckte, machten ihr die jungen Männer Komplimente:

Michele bemerkte, dass sie ein schönes Kleid trug, Pino lobte ihre dunkelblaue Bluse und Pinocchio machte sich darüber lustig, dass sie ihre Arbeitsschuhe auch in der Wirtschaft trug. Bei seinen Worten verzog Giuseppina ihr Gesicht und machte eine ernste Miene, lächelte aber kurz darauf wieder, weil sie wusste, dass er es nicht ernst meinte. Hier im Dorf hatten die meisten Leute nur ein einziges Paar Schuhe, und zwar ein grobes, für die Berge geeignetes Paar.

Hans begriff, dass seine Freunde das Thema absichtlich aufbauten, um ihm die Gelegenheit zu verschaffen, mit seinem Geschenk eine Überraschung zu landen.

Giuseppina brachte einen herrlichen Truthahnbraten, der zusammen mit gebackenen Bohnen, Speck, Kartoffeln und einer dunklen Soße in einem Kupfertopf auf den Tisch gestellt wurde. Der Truthahn war bereits in tellergerechte Stücke geteilt, sodass jeder sich mit seiner Gabel seine Portion nehmen konnte. Dasselbe geschah mit den Beilagen und alle machten sich über das herrliche Essen her. Wieder floss der Wein reichlich und Giuseppina musste mehrfach an den Tisch kommen und die leeren Flaschen gegen volle austauschen.

Nach dem Truthahn wurde Käse serviert. Wieder war es ein köstlicher Bergkäse aus der Region und dazu wurde ein Grappa gereicht, der mit Heidelbeeren versetzt war. Das Getränk war zwar süß, aber auch stark und brachte die jungen Männer in eine gute Laune, die sich nach und nach in zotigen Bemerkungen widerspiegelte.

Als Christian Giuseppina wieder einmal auf ihre schöne Bluse angesprochen hatte, nahm Hans seinen Mut zusammen und stand auf. Er drehte sich zu Giuseppina um, die leicht versetzt hinter ihm stand und eine leere Flasche abräumte. In der rechten Hand hielt er das Päckchen, mit der linken berührte er Giuseppina am Arm.

„Entschuldigung, einen Augenblick, bitte", sagte er verlegen. Er spürte, dass er rot wurde und hoffte, dass sie es in diesem schummrigen Licht nicht bemerken würde. Sie schaute ihn verwundert, aber auch etwas neugierig an.

„Ja?", sagte sie und lächelte.

„Noch einen Grappa?"

„Nein, äh... keinen Grappa, ich habe etwas für sie, Signorina Giuseppina. Ich, äh... möchte ihnen ein kleines Geschenk überreichen. Es ist von mir... nein, es ist von uns, also ich hatte die Idee und die anderen fanden meine Idee gut."

Damit überreichte er ihr unbeholfen das in Geschenkpapier gehüllte Tuch. Sie starrte ihn an, dann schaute sie von einem zum anderen. Alle grinsten sie breit an und warteten gespannt darauf, wie sie reagieren würde, wenn sie das Geschenk ausgepackt hatte.

„Na, nimm schon!", riefen sie. „Es ist nur gut gemeint", rief Christian, „Du kannst es ruhig nehmen! Es sind keine Hintergedanken dabei, wir wollen dir nur eine Freude machen, weil du uns immer so schöne Abende bereitest."

Nach anfänglichem Zögern nahm Giuseppina Hans das Geschenk ab. Sie berührte dabei seine Finger und ihn durchfuhr es, als ob ein Blitz eingeschlagen hätte. Sie lächelte verlegen, schaute zum Tresen, der aber menschenleer war, und zog dann langsam an dem Schleifchen, welches das Päckchen zusammenhielt. Sie wickelte das Geschenk aus und legte das Papier auf den Tisch. Dann hielt sie das Tuch mit ausgestreckten Armen in die Höhe und schüttelte es vorsichtig, sodass es sich ganz entfaltete.

Andere Gäste im Lokal waren aufmerksam geworden und hatten das Geschehen verfolgt. Jetzt erschallte von überall her anerkennendes „Ah" und „Oh" und „Schön".

Giuseppina betrachtete das farbenfrohe Seidentuch und man konnte sehen, dass es ihr auch gefiel. Sie blickte in die Runde und sah dann Hans an.

„Das kann ich doch nicht annehmen. Das ist doch viel zu teuer und zu wertvoll." Ihr Gesichtsausdruck war wieder ernst geworden und sorgfältig faltete sie das Tuch zusammen. Dann hielt sie es Hans hin.

Dieser hob beide Hände abwehrend vor die Brust und schüttelte den Kopf. „Sie müssen es nehmen, unbedingt. Bitte."

Inzwischen war Giuseppinas Vater an den Tisch gekommen. Er schaute seine Tochter an und nickte. Ihr Mund öffnete sich zu einem frohen Lächeln und sie hielt sich das Tuch vor die Brust. Dann nahm sie das Papier wieder vom Tisch und ging mit schnellen Schritten zur Küche. Sie drehte sich noch einmal um und rief mehrmals ein herzliches ,,Danke" in den Raum.

Tage und Wochen vergingen, ohne dass sich in Lecco etwas tat. Andrea war in regelmäßigen Abständen dort, kam aber immer mit der gleichen Nachricht zurück, dass der Polizeiposten zu gut bewacht sei, als dass man etwas wagen könnte.

Die Männer wohnten im Turm und halfen den Dorfbewohnern beim Holz machen, weil inzwischen der Winter Einzug gehalten hatte. Lebensmittel, wie Zucker, Kaffee und auch Brot und Mehl wurden knapp.

Zwar hatten die Leute fast alle ihre eigenen Hühner und Kaninchen am Haus, aber allein vom Fleisch dieser Tiere kam man nicht weit. Daher wurden Kartoffeln immer beliebter und die Männer halfen dabei, diese Feldfrucht von den Bauern am Flussufer der unteren Adda zu holen. Die Adda war der Fluss, der den östlichen Arm des Comer Sees bei Lecco verließ und in die Po-Ebene führte und den Hans während seiner Reise von Genua nach Lecco schwimmend überquert hatte.

Ein bis zweimal im Monat machten sich Michele und Hans auf den Weg in die Schweiz. Sie stiegen abends in ein Ruderboot und überquerten den See, wobei sie an der Landspitze bei Bellagio vorbei kamen und dann nach Nordwest in Richtung Menaggio ruderten. Dort versteckten sie ihr Boot an der Uferböschung und machten sich zu Fuß auf den Weg durch das Val D´Intelvi, dass sie an den Rand von Lugano brachte. Die Fahrt über den See und der Fußmarsch nach Lugano dauerte zwischen fünf und sechs Stunden, wenn alles normal verlief und sie unterwegs keinen Grenzsoldaten ausweichen mussten.

Die Grenze zwischen Italien und der Schweiz in dem Gebirgstal zwischen Menaggio und Lugano wurde nachts kaum bewacht. Sowohl den Italienern als auch den Schweizern war es offensichtlich gleichgültig, ob jemand über die Grenze kam. Sie verließen im Dunkeln fast nie ihr Wachhäuschen, auch wenn sie eigentlich die illegalen Grenzgänger bemerken mussten, wenn in manchen Nächten der Mond hell am Himmel stand.

In Lugano wurden bei Mitgliedern einer Untergrundorganisation Zigaretten, Cognac, Kaffee, Zucker, Schokolade und andere Schmuggelware übernommen und nach Mandello gebracht. Es waren immer nur kleine Mengen, weil die beiden nur maximal etwa zwanzig Kilogramm tragen konnten. Aber es lohnte sich trotzdem, weil diese Dinge stark nachgefragt wurden.

Nicht immer verkauften sie die Schmuggelwaren, manchmal wurden auch Dinge verschenkt.

Giuseppina und Hans trafen sich immer wieder in der Wirtschaft. Mehr als ein paar Worte wechselten sie aber nie miteinander.

Hans hatte damit begonnen, am Sonntag die Kirche in Crebbio zu besuchen. Er freute sich immer darauf, Giuseppina in einer der vorderen Reihen sitzen zu sehen.

Er beobachtete sie während des Gottesdienstes und hörte dem Pfarrer kaum zu. Wenn der Gottesdienst beendet war, wartete er am Ausgang darauf, dass sie heraus kam. Sie schenkte ihm fast immer ein Lächeln, aber er traute sich nicht ein einziges Mal, sie anzusprechen. So verging die Zeit und er kam seinem Traum, sie endlich in die Arme zu schließen, keinen Schritt näher.

Es war Frühjahr geworden und die Lage in Süditalien spitzte sich zu, wie man den Zeitungen entnehmen konnte. Nach der Landung der Alliierten südlich von Neapel hatten bei Anzio und Nettuno heftige Kämpfe stattgefunden. Die deutschen Truppen mussten sich immer weiter nach Norden zurückziehen.

Man hörte davon, dass auch in Deutschland Städte bombardiert worden waren und der Nachschub für die im Ausland kämpfenden Truppen immer mehr zurückging. Dem mussten auch die Soldaten in Italien ihren Tribut zollen.

An einem schönen Frühlingstag im April war Andrea wieder einmal aus Lecco zurückgekommen.

„Die Deutschen fangen langsam an, durchzudrehen. Es wird erzählt, dass eine Gruppe der SS in einem Dorf in der Toscana mehr als hundert ältere Männer und Jungen an die Wand gestellt und abgeknallt hat. Und das nur, weil angeblich eine Kampfgruppe der Partisanen einen Lastwagen in die Luft gesprengt hätte. Sie sagen, dass es jetzt auch hier gefährlich wird. Angeblich sind Einheiten der SS hierher unterwegs, um Partisanennester und den Untergrund auszuheben. Und den Pfarrer haben sie verhaftet!" Andreas Stimme wurde lauter und erregter.

„Und als er nach zwei Tagen wieder zurückkam, musste man ihn erst einmal einen Tag lang zusammenflicken, so haben sie ihn zugerichtet! Es heißt zwar, dass die Führung der Faschisten und der Vatikan einen Vertrag geschlossen hätten, wonach sie sich gegenseitig in Ruhe lassen aber die Soldaten halten sich nicht immer daran. Wie es auch der eine oder andere Pfarrer nicht so genau nimmt mit dem Inhalt dieser Vereinbarung. Das Boot vom Pfarrer wurde zusammengeschossen, und zehn oder fünfzehn weitere, die in der Nähe lagen, wurden auch versenkt. Anscheinend hatte ihn irgendjemand verpfiffen!"

Wenige Tage nach dieser Nachricht war es so weit: An einem Vormittag, es war gegen elf Uhr, die Männer hatten sich vor dem Turm niedergelassen, als plötzlich Motorengeräusche aus dem Tal zu hören waren. Christian sprang auf und ging ein paar Schritte vor zum Abhang, von wo aus er die Staatsstraße am Seeufer einsehen konnte. „Da unten fahren drei Lastwagen!" rief er den anderen aufgeregt zu. Alle sprangen schnell auf und liefen zu ihm, um besser sehen zu können.

Die Fahrzeuge verschwanden hinter einer Hügelkuppe und erschienen nach einer Minute an der Kreuzung in Mandello, an der sich die Straße nach links hinunter an den See wendete und nach rechts die Eisenbahnschienen überquerte und hinauf in die Bergdörfer führte. Die Autos bogen nach rechts ab.

Die Männer erstarrten. Dann drehten sie alle wie auf Kommando um und rannten zurück zum Turm.

„Was machen wir jetzt? Das sind Mannschaftstransporter. Wenn die hierherkommen, sind wir geliefert! Aber wenn wir einfach abhauen und alle Ausrüstung hier lassen, müssen das die Dorfbewohner büßen!"

Alle standen unschlüssig vor der Tür.

Andrea ergriff das Wort: „Wir wissen nicht, ob sie direkt hierher kommen werden. Es sei denn, sie hätten einen Tipp bekommen, was wir nicht hoffen wollen. Aber dann sind wir sowieso geliefert. Ich gehe davon aus, dass sie schon in Tonsanico oder Molina anhalten und dort mit den Hausdurchsuchungen anfangen werden, falls sie deshalb hergekommen sind. Dann hätten wir Zeit bis morgen, um unsere Ausrüstung in Sicherheit zu bringen. Wir warten jetzt erst einmal ab, wo die Lastwagen hinfahren und wo sie anhalten."

Sie gingen wieder zurück zum Abhang und blickten hinunter. Tatsächlich hatte einer der Wagen in Motteno angehalten, der zweite war bis nach Molina weiter gefahren und stand dort auf der Piazza. Der dritte fuhr noch weiter und kam langsam die Straße herauf.

Gespannt beobachteten die Männer das Fahrzeug. Endlich wurde es langsamer und hielt zwischen den Häusern in Colonia.

„Glück gehabt", sagte Andrea und ging mit schnellen Schritten zum Turm.

Die anderen folgten ihm, bis auf Pinocchio, der noch am Hang stehen blieb, um zu sehen, was die Soldaten weiter machen würden.

Fünf Minuten später kam auch er in den Turm, wo die anderen schon dabei waren, ihre Ausrüstung zu verteilen und einzupacken.

„Die haben Maschinenpistolen dabei und gehen immer zu zweit in die Häuser. Die suchen also tatsächlich nach Waffen und Ausrüstung. Das ist eindeutig. Irgendjemand muss denen etwas gesteckt haben. Was machen wir?"

Andrea schaute ihn ernst an und sagte: „Pack zusammen, nimm so viel du tragen kannst. Wir müssen sehen, dass wir nichts zurücklassen."

„Wir nehmen den Pfad hinauf zur Rosalba. Dorthin können sie uns nicht folgen. Da müssten sie schon einen Führer von uns dabei haben. Aber das glaube ich nicht, dass ihnen jemand helfen wird."

„Wäre es nicht besser, die Handgranaten und den Sprengstoff hier unten zu lassen?" Pinocchio blickte in die Runde. „Sonst können wir unseren Plan in Lecco gleich ganz vergessen. Ich weiß einen geeigneten Platz, wo wir die Sachen verstecken können."

„Heute Abend, sobald es dunkel genug ist, hänge ich mir die Granaten um und binde das Dynamit um den Bauch. Dann mach ich mich auf nach Molina. Ich nehme den Pfad, der direkt nach unten führt. Entweder die Soldaten sind dann nicht mehr da, oder sie bleiben über Nacht bei ihren Fahrzeugen. Glaube nicht, dass sie mich erwischen werden.

In Molina kenne ich ein altes, leer stehendes Haus, in dem früher Mais getrocknet wurde. Es hat einen riesigen Kamin über drei Etagen. Der Abzug ist groß genug, dass ich innen hinaufklettern kann. Es sind Eisensprossen eingelassen und innerhalb des Kamins sind genügend Nischen, in denen ich die Sprengmunition unterbringen kann. Das Haus wird nicht mehr genutzt, das ist völlig sicher vor den Durchsuchungen der Deutschen.“

Nach kurzer Beratung stimmten alle dem Vorschlag von Pinocchio zu. Sie wollten sich also trennen. Michele sollte Pinocchio nach Molina begleiten und ihm helfen, den Sprengstoff zu verstecken. Andrea, Pino, Hans und Christian würden den Pfad in Richtung Piani Resinelli nehmen.

Die vier, die den Weg zur Hütte auf der Grignetta genommen hatten, waren schon zwei Stunden unterwegs, als es langsam dunkel wurde. Sie hatten gerade eine Wiesenfläche überquert und der Weg führte sie weiter durch ein Wäldchen, von dessen Ende aus sie schon die Rosalba sehen würden.

Plötzlich blieben alle vier wie vom Donner gerührt stehen und lauschten. Ein lautes Grollen rollte aus dem Tal herauf.

„Was war das?“ Hans schaute verstört von einem zum andern. „Hört sich an, als ob etwas explodiert ist! Die haben aber doch keine Mörser oder größere Kanonen dabei gehabt, oder?“

Die anderen schüttelten die Köpfe. Sie hatten nichts dergleichen bemerkt.

Nach kurzem Zögern gingen sie weiter und erreichten die Hütte, wo sie die Waffen und die Ausrüstung sorgfältig verstauten. Sie verbrachten eine unruhige Nacht in düsteren Gedanken. Früh am nächsten Morgen machten sie sich auf den Rückweg.

Gegen Mittag erreichten sie den Turm. Michele riss die Tür auf, kaum dass Andrea die Hand nach der Klinke ausgestreckt hatte. Er schaute gehetzt um sich und winkte ihnen, schnell herein zu kommen. Dann verrammelte er die Tür und wandte sich den Kameraden zu. Sein Gesicht war fast schwarz, wie von Ruß überzogen und darunter schimmerte es rot, als ob er sich schwer verbrannt hätte.

„Was ist passiert?", Andrea trat auf ihn zu und fasste ihn an den Schultern. Er befürchtete Schlimmes.
„Pinocchio! Pinocchio! Er lebt nicht mehr! Er ist tot!" Michele bewegte den Kopf heftig hin und her und schrie fast. „Ich kann nichts dafür! Es hat einen riesigen Knall gegeben! Ich weiß nicht, warum. Ich bin gerannt, nur noch gerannt! Dann war ich hier und habe mich versteckt. Ich wusste nicht, was ich machen sollte!"
Er riss immer wieder die Arme hoch. Dann hielt er sich die Hände an die Ohren und drückte seine Augen zu.
„Was ist mit dir? Was ist mit deinen Ohren?"
Michele schaute mit panischem Blick zu Andrea auf und legte ihm eine Hand auf die Schulter: „Ich bin taub! Ich höre nichts mehr! Sprich zu mir, los!"
„Kannst du mich hören?", rief Andrea laut, wobei er seinen Mund ganz nah an Micheles Ohr brachte.
Dieser hörte konzentriert zu, dann nickte er und verzog den Mund zu einem feinen Lächeln.
„Ja, ich kann dich hören, aber nur ganz leise. Vielleicht wird es ja wieder."
Langsam entspannten sich alle ein wenig. Sie setzten sich um den Tisch und Andrea ergriff wieder das Wort: „So, jetzt ganz langsam. Was ist passiert? Was ist mit

Pinocchio? Wo ist er?" Er sprach sehr laut und deutlich und trotzdem erriet Michele mehr als er tatsächlich verstand.

„Gut", Michele holte tief Luft. „Ich werde euch alles erzählen. Wir sind also gestern Abend nach Einbruch der Dunkelheit den Pfad nach Molina hinunter gegangen. Pinocchio ging voraus, ich im Abstand von ungefähr fünfzig Schritten hinter ihm her. Wir wollten vermeiden, dass man uns zusammen sieht.

Kurz vor den Häusern und dem Durchgang auf die Piazza polterte es plötzlich vor mir. Ich rief Pinocchio leise und fragte, was passiert sei. Pinocchio sagte, er sei nur gestolpert, alles sei gut... Dabei hat er noch gelacht!" Michele verbarg sein Gesicht in den Händen und schüttelte wieder den Kopf. Dann blickte er auf, mit Tränen in den Augen. „Dann explodierte er."

Alle blickten bestürzt, keine wusste etwas zu sagen. Nach einigen Augenblicken sprach Michele weiter: „Es gab einen riesigen grellen Feuerball, eine ohrenbetäubende Detonation. Ich wurde weggeschleudert und flog durch die Luft.

„Als ich wieder zu mir kam, es können nur Minuten gewesen sein, fand ich mich im Gras auf der Wiese bei Molina wieder. Die Luft stank nach Schießpulver und Rauch. Ich stand auf und rief nach Pinocchio. Er antwortete nicht.

Ich hörte hinter mir ein Motorengeräusch und habe mich deshalb weiter nach Molina getastet, weil ich dachte, dass vielleicht die Deutschen unterwegs seien. Ich ging durch den Gang und versteckte mich am Fluss. Ich konnte dann überhaupt nichts mehr hören, sah aber, dass tatsächlich Männer mit Taschenlampen dem Pfad absuchten. Nach ungefähr einer halben Stunde, mein Gehör war noch nicht besser geworden, nahm ich einen Umweg über Tonsanico und den Friedhof und kam zurück zum Turm.

Heute Morgen haben sie im Dorf erzählt, dass unten eine wahnsinnige Explosion stattgefunden habe und ein

Partisan im Kampf gefallen sei. Man wüsste aber nicht, wer es war und wie es passiert ist."

Michele war während seiner Erzählung aufgestanden und aufgeregt gestikulierend im Raum auf und ab gegangen. Andrea stand nun ebenfalls auf, nahm ihn bei den Armen und drückte ihn behutsam wieder auf seinen Stuhl zurück. Pino holte ein Glas und goss ihm Wein ein.

„Da, trink erst mal einen Schluck. Wird dir gut tun. Ich glaube wir können alle einen vertragen auf den Schock."

Pino schenkte allen Wein ein und setzte sich wieder. Aber keiner rührte sein Glas an.

Andrea rekapitulierte: „Also, Pinocchio ist gestolpert und gefallen. Dabei ist möglicherweise ein Sicherungssplint aus einer Granate gerutscht. Das passiert nur sehr, sehr selten. Aber es passiert. Und dann, bevor er wieder auf den Beinen war, explodierte die Granate und mit ihr das ganze Dynamit und alles andere."

Alle nickten. Das war die offensichtliche Erklärung.

Hans war aufgestanden und schaltete sich aufgeregt in die Unterhaltung ein: „Wir hätten euch helfen müssen und euch nicht alleine gehen lassen sollen."

Aufgebracht schaute er in die Runde. Der Verlust des Freundes traf ihn schwer. Es war genauso ein schlechtes Gefühl, wie damals bei Brunos Tod. Dann sah er ein, dass seine Bemerkung keinen Sinn hatte. Niemand hatte ahnen können, dass so etwas passieren würde.

Andrea war auch aufgestanden. Er stützte sich auf die Lehne seines Stuhles und überlegte. Dann sagte er: „Wir verbreiten die Geschichte, dass Pinocchio in einen Kampf mit den Deutschen verwickelt wurde und dabei ums Leben kam. Auf keinen Fall darf bekannt werden, dass ein Unfall der Grund für seinen Tod war. Ist das klar?"

Alle stimmten zu. Sie hatten verstanden.

Zwei Tage nach der Explosion ging das Gerücht in Mandello um, dass nur noch die Beine und Füße des Toten gefunden worden waren. Der ganze Oberkörper wäre zerrissen worden und in alle Himmelsrichtungen verstreut.

Nur noch ein paar Kleiderfetzen konnten im Gras geborgen werden. Der herbeigerufene Totengräber hatte Pinocchios Reste in einen Sarg gelegt und dann auf dem Friedhof in Mandello beigesetzt. An der Stelle der Explosion sollte Jahre später das Grab des unbekannten Soldaten geweiht werden.

Erst jetzt hatten sie festgestellt, dass niemand Pinocchios richtigen Namen kannte. Sie wussten auch nicht, ob er Verwandte in der Gegend hatte und wo er überhaupt herkam.

Das war traurig und sie beschlossen deshalb, dass jeder in der Gruppe seine Familienverhältnisse aufschreiben sollte. Die Aufzeichnungen sollten an einem sicheren Ort im Turm verwahrt werden, damit im Ernstfall die Überlebenden entsprechende Nachrichten an die Familien würden geben können.

Hans schrieb ebenfalls seine Daten auf ein Stück Papier, wobei er immer wieder lächeln musste, als er seine Adresse in Karlsruhe notierte. Ob im Waisenhaus noch irgendjemand eine Erinnerung an ihn haben würde, wenn man ihnen berichtete, dass er gestorben sei? Er glaubte nicht daran.

Als die Männer dabei waren, ihre Lebens- und Verwandtschaftsverhältnisse zu Papier zu bringen, unterbrach Pino plötzlich seine Arbeit und hob den Kopf. Er lauschte angestrengt und hob die Hand zum Zeichen, dass alle still sein sollten.

„Hört ihr das auch? Das ist ein Motor, und zwar ein Lastwagenmotor, oder?"

Alle steckten hastig die beschriebenen Zettel in die Taschen und gingen zur Tür. Draußen liefen sie schnell zur Straße und blickten in Richtung Colonia. Tatsächlich kam von dort aus auf der schmalen Straße ein Lastwagen den Hang hinauf gefahren. Wie auf ein Kommando rannten die Männer zurück zum Turm. Drinnen nahmen sie ihre

Rucksäcke auf und schon waren sie wieder draußen auf dem Pfad den Berg hinauf. Der Lastwagen war inzwischen in Maggiana angekommen und der Fahrer hatte den Motor schon abgestellt. Sie hörten das Geräusch der aufkommenden Stiefel auf dem harten Boden, als die deutschen Soldaten von der Ladefläche sprangen. Undeutlich konnten sie von unten Befehle hören.

Andrea hastete vorne den Trampelpfad hinauf, die anderen folgten ihm mit schnellen Schritten. Wo sie sich jetzt befanden, war keine natürliche Deckung. Sie überquerten eine Wiese, die gut hundert Meter maß. Am Ende begann der Wald, der sich zum Bergmassiv der Grignetta hinauf zog. Sie mussten unbedingt den Waldrand erreicht haben, bevor die Deutschen sie entdecken konnten. Im Moment wurden sie noch durch Häuser verborgen, die zwischen dem LKW und ihnen standen.

Andrea schaute nach unten.
„Scheiße! Jetzt haben sie uns gesehen. Achtung, die schießen gleich!"
Die Männer rannten um ihr Leben.
„Verteilt euch! Sonst haben sie uns alle auf einem Präsentierteller!"
Pino lief nach links, Hans folgte ihm. Michele, der nichts verstanden hatte, lief weiter hinter Andrea her, Christian hatte sich nach rechts geschlagen. Von unten krachten die ersten Schüsse. Sie hörten die Kugeln über sich hinweg pfeifen, vereinzelt spritzte auch Sand und Geröll hinter ihnen vom Boden hoch.
„Zum Glück haben die keine Gewehre, nur Maschinenpistolen. Mit denen können sie nicht genau zielen. Weiter, Männer. Noch schneller, sonst sind wir im Arsch!"

Andrea hatte den Waldrand erreicht und kauerte sich hinter dem ersten Baumstamm nieder. Er zog seinen Revolver aus der Tasche und feuerte nach unten. Obwohl er mit seiner Waffe nichts ausrichten konnte, da der Abstand zu groß war, gingen die Deutschen erstmal in Deckung. So blieb auch für die anderen Zeit genug, den Waldrand zu erreichen.

Alle spähten nach unten, um zu sehen, was die Deutschen vorhatten.

Es vergingen nur wenige Minuten, dann konnten sie sehen, dass die Soldaten unten ausgeschwärmt waren und in breiter Linie die Wiese herauf kamen.

„Scheiße, die wollen es wirklich wissen. Wir haben keine Chance. Also ab nach oben!"
Mit diesen Worten hatte Andrea seine Deckung hinter dem Baumstamm verlassen und war hangaufwärts in einen schnellen Trab verfallen. Die anderen schlossen sich ihm an und alle hasteten den Trampelpfad hinauf.

Nach ungefähr fünfzehn oder zwanzig Minuten hatten sie den Wald durchquert und hielten vor einer lang gestreckten Wiese. Sie standen keuchend am Waldrand und blickten über das Gras, welches sie überqueren mussten. Nirgends war hier auch nur ein Hauch von Deckung auszumachen.
„Schaffen wir das, bevor die da sind?"
Michele hatte sie fast angeschrien. Sie schauten ihn erstaunt an, dann fiel ihnen aber wieder ein, dass er ja Hörprobleme hatte.
„Egal, wir haben keine Wahl. Oder, wo sollen wir sonst hin gehen?"
Mit diesen Worten war Andrea losgelaufen. Sie rannten jetzt so schnell es möglich war über die Wiese und hofften, dass ihre Verfolger nicht zu früh am Waldrand auftauchen

würden. Und das klappte auch. Sie schlugen sich durch bis zu ihrer Hütte am Berg. Von den Deutschen war nichts mehr zu sehen. Offenbar hatten sie die Verfolgung aufgegeben.

Sie blieben die folgenden zwei Wochen in ihrer Hütte, weil sie damit rechnen mussten, dass die Deutschen sie suchen würden. Eine Rückkehr zum Turm hatten sie ausgeschlossen, da sie erfahren hatten, dass ihr Turm als Versteck entdeckt worden war. Während ihrer Zeit am Berg gingen alle zwei Tage jeweils zwei Mann während der Nacht hinunter nach Maggiana, um Lebensmittel zu besorgen. Dann endlich, am Ende der zwei Wochen, wurde ihnen berichtet, dass die Deutschen endgültig abgezogen waren.

Anfang

Je länger der Krieg in Europa tobte und jetzt auch in Deutschland für Schrecken und große Not sorgte, desto schneller nahm die Anzahl der deutschen Soldaten in Norditalien ab. Die Brutalität, mit der sie Racheaktionen durchgeführt hatten, ließ auch immer mehr nach. Sie befanden sich auf dem Rückzug und Anfang 1945 gab es in den italienischen Polizeiposten und Kasernen keine deutschen Soldaten mehr.

Es gab in ganz Italien immer wieder Scharmützel zwischen Untergrundkämpfern, Partisanen und Faschisten, die aber im Laufe der Zeit immer weniger wurden. Die Schwarzhemden hatten bemerkt, dass ihre Herrschaft dem Ende zuging.

Jetzt versuchten sie, sich wieder unter das gemeine Volk zu mischen und ihre Vergangenheit unter Mussolinis Herrschaft zu verschleiern. Den meisten gelang dies auch, und zwar deshalb, weil niemand mehr Interesse an Racheaktionen hatte. Alle hatten die Schnauze gestrichen voll und sehnten sich in ein normales Leben zurück.

Und dann war es so weit. An einem Tag im April fuhren mehrere Autos durch Mandello und Männer in den Fahrzeugen riefen aus den geöffneten Fenstern, dass der Krieg vorbei wäre. Diejenigen, die Radios besaßen und es auch schon wussten, liefen auf die Straße und die Leute lachten und feierten.

Die Freunde hatten auch von der Neuigkeit gehört und entschlossen sich, das Ganze im Lokal entsprechend zu feiern. Sie gingen alle hin und bestellten Wein. Dann nahmen sie alle Aufstellung hinter ihren Stühlen an ihrem Stammtisch und hoben ihre Gläser. Andrea hatte am sechsten Stuhl ein weiteres Glas hin gestellt und Wein hinein gegossen.

„Wir trinken auf Pinocchio und wünschen ihm eine gute Zeit in seinem neuen Reich!"

Sie tranken alle ihre Gläser aus und setzten sich dann an den Tisch. Der Abend wollte kein Ende nehmen und alle lachten hemmungslos über Witze, die man während der letzten fünf Jahre nicht mehr hatte erzählen können.

Die Leute vom Dorf trafen einer nach dem anderen und in Gruppen von ganzen Familien ein. Die Wirtschaft war schließlich bis auf den letzten Platz besetzt und die Stühle reichten nicht mehr aus, damit alle einen Platz fanden.

Hans konnte auch Giuseppina immer wieder zwischen den Gästen beim Bewirten beobachten. Sie kam aber selten an seinen Tisch. So konnte er sie nicht ein einziges Mal ansprechen, was er sich nach dem fünften Glas fest vorgenommen hatte.

Erst früh am nächsten Morgen wankten sie zu ihrem Turm und verschliefen danach fast den ganzen Tag.

„So, liebe Freunde. Das Faulenzen ist jetzt vorbei. Wir müssen uns alle Arbeit suchen. Spenden werden wir jetzt keine mehr bekommen, auch nicht von den Amerikanern. Was machen wir also konkret, um Arbeit zu finden?"

Pino meinte, dass er sofort bei seinem Onkel in Lecco anfangen könne. Der habe einen Fensterbaubetrieb und sicher gäbe es genügend Aufträge. Christian und Michele wollten zur Seidenfabrik nach Como zurück, wo sie vor dem Krieg gearbeitet hatten. Sie kamen aus gutem Hause und konnten auch ohne Arbeit eine gewisse Zeit überbrücken, da sie von der Familie Unterstützung bekommen würden. Die Eltern würden sich bestimmt sehr freuen, wenn sie wieder auftauchten. Sie hatten sich nämlich schon ein paar Monate nicht mehr zu Hause blicken lassen.

Andrea sagte zu Hans, dass er mit ihm mitkommen solle. Er war leitender Angestellter bei der Motorradfabrik Moto Guzzi in Mandello gewesen. Er hoffte, dass die Produktion dort schnell wieder anlief und meinte, dass er für Hans vielleicht eine Arbeit würde finden können. Zuerst müsse Hans aber in den Besitz von gültigen

Ausweispapieren kommen, was bestimmt nicht einfach war.

Die Freunde verabschiedeten sich herzlich und mit festen Umarmungen, um dann in verschiedenen Richtungen fort zu gehen. Andrea schloss die Tür am Turm und nahm Hans am Arm.

„Wir gehen jetzt zuerst ins Bürgermeisteramt. Ich kenne den Bürgermeister ganz gut. Vielleicht kann er uns ja helfen mit deinen Papieren."

Sie machten sich auf den Weg nach Mandello und trafen nach etwa einer halben Stunde dort ein. Sie mussten lange warten, weil der Bürgermeister sehr beschäftigt war. Dann endlich wurden sie vorgelassen.

„Hallo Andrea, welche Freude, dich zu sehen!" Der Bürgermeister war aufgestanden und kam um seinen Schreibtisch herum. Er umarmte Andrea, der ihn ebenso herzlich begrüßte. Dann gab Hans dem Bürgermeister die Hand und die drei setzten sich.

Andrea erzählte ausführlich über ihre Abenteuer in den Bergen und der Bürgermeister, sein Name war Luca, hörte aufmerksam zu.

„Na, da habt ihr aber Glück gehabt. Hätte auch schief gehen können. Jetzt ist es ja vorbei und wir können wieder von vorne anfangen."

Dann blickte er Hans an und studierte ihn ausführlich. Hans hielt seinem Blick stand und wartete darauf, dass er ihm seine Fragen stellte. Andrea hatte zuvor gesagt, warum sie beide gekommen waren. Er brauche dringend Ausweispapiere, könne aber keine Dokumente vorlegen, die als Beweis seiner Existenz gelten würden.

Nachdem der Bürgermeister eine Weile nachgedacht hatte, holte er ein Blatt Papier aus dem Schreibtisch, schob es Hans hin und gab ihm einen Bleistift.

„Kannst du schreiben?"

„Ja, habe ich einmal gelernt, aber in den letzten Jahren nur selten geübt."

„Dann schreib auf: Name, Vorname, Geburtsdatum, Geburtsort, Mutter mit Mädchennamen, Vater, Nationalität, Schulbildung, Arbeitsausbildung, Militär und Besondere Merkmale."

Hans schrieb alles auf, was er wusste. Bei Vater, bei Arbeit und Militär ließ er Lücken frei. Dann wandte er sich an den Bürgermeister und erzählte ihm von seinem Leben im Waisenhaus, seiner Arbeit auf dem Bauernhof in Hüfingen und seiner Flucht zur Fremdenlegion. Auch die Geschichte von seiner Zeit in Italien schilderte er ausführlich. Er sagte ihm auch, dass er sehr gerne in seine Heimatstadt Karlsruhe zurückkehren wollte, sobald auch in Deutschland der Krieg vorbei wäre.

Der Bürgermeister nahm das Blatt und las alles sorgfältig durch. Bei den frei gebliebenen Stellen machte er sich noch einige Notizen. Dann blickte er auf und sagte zu Hans: „Du bist nicht der einzige, der dringend Papiere braucht. Aber deine Angaben sind plausibel. Deshalb werde ich dafür sorgen, dass du einen Ausländerpass bekommst. Du brauchst ein Foto, ein Passbild. In Mandello gibt es keinen Fotografen, ihr müsst nach Lecco fahren. Dann kommst du und bringst es mir."

Freudig verabschiedeten sich die beiden vom Bürgermeister und gingen direkt weiter zum Werktor der Moto Guzzi. Das Werk war direkt am Bahnhof von Mandello und während sie beim Pförtner darauf warteten, dass sie ins Personalbüro durchgelassen wurden, beobachteten sie, dass auf der Strecke zwischen Lecco und Bormio wieder reger Zugverkehr herrschte.

„Siehst du, es läuft wieder. Fast normal. Da müsste es doch auch klappen mit einem Arbeitsplatz. Ich habe da eine ganz bestimmte Idee für dich. Warten wir`s einfach mal ab."

Sie warteten eine Stunde, bis es weiter ging. Es war schon fast wieder Abend geworden, als sie in das Büro der Personalchefin geführt wurden. Sie standen vor einem Schreibtisch und eine adrett gekleidete Mittfünfzigerin deutete auf zwei Stühle vor dem Schreibtisch, auf denen sie Platz nahmen. Sie schaute auf, musterte sie beide, und sprach dann Andrea an.

„Ich kenne sie, oder?"

„Ja, ich bin Andrea Lafranconi. Ich habe vor dem Krieg im Verkauf gearbeitet. Ich war für Mittelitalien zuständig und deshalb nicht oft hier im Werk. Vielleicht erinnern sie sich noch an mich, Signora Faustino?"

„Ja, jetzt, wo sie es sagen, sie sind der Verkäufer, der in Rom sehr gute Abschlüsse gemacht hatte, bevor der ganze Mist seinen Anfang nahm. Und sie wollen ihren Posten wieder haben, nehme ich an?"

„Ja, das wäre schön. Aber wir sind zu zweit gekommen, weil mein Freund hier auch dringend Arbeit sucht. Wir hoffen, dass man für ihn auch etwas finden kann."

„Und was ist ihr Freund von Beruf?"

Jetzt ergriff Hans das Wort, weil er glaubte, dass dies der richtige Moment sei.

„Mein Name ist Hans Rosenheimer, ich bin Deutscher, war aber auf der Flucht vor den Nazis und deshalb auch nie bei der deutschen Wehrmacht. Einen Beruf habe ich nicht gelernt. Nach der Schule habe ich vier Jahre lang auf einem Bauernhof gearbeitet und bin dann nach Frankreich gegangen, wo ich mich zur Fremdenlegion gemeldet habe. Dann bin ich hier in Norditalien gelandet, weil ich einem italienischen Freund gefolgt bin. Welche Arbeit mein Freund Andrea für mich gedacht hat, weiß ich nicht, weil ich mich in der Produktion von Motorrädern nicht auskenne."

Jetzt mischte sich Andrea wieder ein.

„Gianni ist ein rechter Kerl, auf den man sich hundert Prozent verlassen kann. Ich habe mir gedacht, dass Moto Guzzi nach dem Krieg einen großen Markt in Europa finden könnte, da bestimmt viele Motorräder gebraucht werden. Er spricht drei Sprachen, und ich denke, dass dies ein wichtiges Glied darstellen wird beim Aufbau einer Auslandsverkaufsorganisation, um die ich mich mit seiner Hilfe gerne kümmern würde. Was meinen sie dazu, Signora?"

Frau Faustino lehnte sich in ihrem Stuhl zurück und dachte nach.

„Dazu kann ich zurzeit keine konkreten Angaben machen. Derzeit versuchen wir verstärkt, die Produktion wieder auf den alten Stand zu bringen und gleichzeitig den Verkauf wieder anzukurbeln. Das Auslandsgeschäft kann natürlich in Kürze sehr interessant werden, muss aber erst noch von der Geschäftsleitung entschieden werden. Ich gebe Ihnen jetzt jeweils einen Bewerbungsbogen, den sie bitte ausfüllen wollen. Dann vereinbaren wir einen neuen Termin und in ein paar Tagen kann ich Ihnen mehr sagen."

Sie füllten die Fragebogen so gut es ging aus und verabschiedeten sich dann freundlich von der Personalchefin. Sie kehrten nach Maggiana in ihren Turm zurück und gingen dann zur Trattoria zum Abendessen.

Es waren nicht viele Gäste da und so geschah es, dass Giuseppina während einer Bedienpause zu ihnen an den Tisch trat. Sie setzte sich gegenüber von Hans auf einen Stuhl und sah ihn an.

„Wie geht es Ihnen? Was werden sie jetzt machen, da der Krieg vorüber ist? Bleiben sie hier oder gehen sie zurück zu Ihren Leuten nach Deutschland?"

Hans war fast das Herz stehen geblieben. Andrea schaute ihnen zu und lächelte dabei. Er hatte schon lange gemerkt, dass Giuseppina Hans mochte. Nur Hans, dieser einfältige Trottel in Sachen Liebe hatte es nicht bemerkt.

„Ich, äh… wir suchen zurzeit Arbeit, und zwar hier, in Italien, nicht in Deutschland. Also, ich möchte hier bleiben, wenn es möglich ist. Auf jeden Fall möchte ich nicht weg von hier. Und das ist so, weil ich in Ihrer, äh… deiner Nähe bleiben will, bis ich endlich mit dir reden kann."

Hans merkte sofort, welchen Mist er gesagt und gestammelt hatte. Aber er konnte es nicht rückgängig machen und starrte sie an.

Giuseppina lächelte.

„Schön, jetzt sind wir also per du. Mich nennen sie Pina, und du wirst Gianni gerufen, habe ich gehört. Und du wohnst zur Zeit mit Andrea im Turm in Maggiana, stimmt`s?"

„Ja, das ist richtig. Ich heiße jetzt Gianni, und nicht mehr Hans. Das stimmt auch."

Jetzt fiel Hans ein, dass er sie vielleicht zu einem Getränk einladen könne und er fragte sie danach.

„Ja, gerne nehme ich ein Glas Zitronensaft mit Wasser. Ich gehe und hole es mir. Bis gleich."

Sie erhob sich und ging an den Tresen zurück. Hans strahlte Andrea an, als ob er einen Engel gesehen hätte. Andrea klopfte ihm heftig auf die Schulter und lachte ihn an.

„Pass auf, dass dir die Kette nicht vom Zahnrad springt. sonst kannst du nicht mehr bremsen, mein Lieber. Dann wird es gefährlich."

Giuseppina kam zurück und setzte sich wieder auf ihren Platz. Alle drei unterhielten sich den ganzen Abend über die Geschehnisse im Ort während der letzten Jahre. Sie sprachen auch über den Tod von Pinocchio. Sie sprachen aber auch über die Zukunft und ihre Aussichten nach dem schrecklichen Krieg. Gegen elf Uhr verließen Andrea und Hans die Trattoria. Draußen warteten sie, bis Giuseppina mit ihrem Vater herauskam. Dann begleiteten sie die beiden zu ihrem Haus in Crebbio.

Hans ging so glücklich wie noch nie zurück zum Turm und konnte kaum einschlafen. An diesem Abend kramte er nach langer Zeit wieder einmal seine Mundharmonika aus dem Etui, das er immer am Gürtel trug, und spielte seinem

Freund ein paar Lieder aus der Zeit mit Bruno vor. Erst nach einer ganzen Weile kamen sie zur Ruhe.

Schon am nächsten Tag machten sie sich auf den Weg nach Lecco zum Fotografen. Sie nahmen den Zug in Mandello und waren schon eine Viertelstunde später am Bahnhof in Lecco. Gleich vor dem Bahnhof war das Studio des Fotografen und jeder bekam seine Fotos, wie sie es gewünscht hatten. Auch Andrea brauchte Fotos, weil er fest mit einer Anstellung rechnete und bei Moto Guzzi einen Werksausweis bekommen sollte.

Ein paar Tage später wurde Hans sein Ausländerpass vom Bürgermeister in einer kleinen Zeremonie übergeben. Der Bürgermeister gratulierte ihm nach der Übergabe, auch Andrea schüttelte ihm die Hand.

„So, jetzt bist du wieder unter den Lebenden. Du wirst sehen, ab jetzt wird alles einfacher."

Zwei Wochen danach hatten sie einen Termin bei der Personalchefin von Moto Guzzi und auch Hans war ausdrücklich dazu eingeladen worden. Aufgeregt warteten sie im Büro von Frau Faustino. Diese kam noch ungefähr fünf Minuten und brachte noch zwei Männer in Anzügen mit. Beim Anblick der beiden Herren in ihren feinen Kleidern fühlte sich Hans in seiner schäbigen Aufmachung etwas fehl am Platze. Er verwarf aber den Gedanken gleich wieder und stand wie Andrea beim Eintreten der Personen auf. Sie schüttelten sich die Hände, während Frau Faustino die Herren einander vorstellte. Hans wunderte sich darüber, dass sie sich seinen Namen auch gemerkt hatte. Dann setzten sich alle um den Schreibtisch.

Nach ein paar höflichen Floskeln über das Wetter kam Frau Faustino zur Sache: „Die Geschäftsleitung hat sich entschlossen, den Vorschlag von Herrn Lafranconi aufzunehmen. Er selbst solle wieder den Verkauf übernehmen, jetzt aber als Leiter der Abteilung für ganz Italien, und zusätzlich den Auslandsvertrieb ausbauen.

Herr Rosenheimer soll ihm dabei helfen." Andrea und Hans nahmen das Angebot freudig an und auf dem Heimweg lachten sie, überrascht über die Höhe ihrer Bezüge, mit der sie nicht gerechnet hatten.

„Sobald ich mein erstes Geld habe, muss ich mir Kleider kaufen. Das ist das erste, das ich in Angriff nehmen werde."

„Du bekommst für den Anfang von mir ein paar Klamotten. So, wie du jetzt angezogen bist, kannst du auf keinen Fall ins Büro gehen. Wenn du dein erstes Geld bekommen hast, dann bezahlst du meine Kleider und kaufst dir selbst ein paar neue."

Und so machten sie es auch. Nach zwei Monaten fuhren sie mit dem Zug nach Mailand. Dort gab es sehr viele Kleidungsgeschäfte und auch wieder größere Kaufhäuser. Hans kleidete sich sehr schön ein und kaufte sich sogar einen Kamelhaarmantel. Seit er davon gehört hatte, und das lag schon lange zurück, hatte er sich immer gewünscht, ein solches Stück zu besitzen.

Stolz führte er seinen neuen Mantel seiner Giuseppina vor. Sie betrachtete ihn erstaunt und klatschte etwas spöttisch Beifall, als er im Lokal hin und her ging. Die anderen anwesenden Gäste klatschten ebenfalls und alle lachten.

Dann zog Hans ein kleines Etui aus der Manteltasche und trat zu Giuseppina. Er öffnete es und hielt es ihr hin. Ein goldener Ring mit einem blauen Stein leuchtete ihr entgegen.

„Ich habe auch etwas für dich mitgebracht", sagte er leise. „Ich hoffe, dass er dir gefällt. Es soll mein Verlobungsgeschenk sein und ich hoffe sehr, dass ich nicht mit der Tür ins Haus falle. Aber ich kann und möchte nicht mehr länger warten. Ich will deinen Vater um deine Hand bitten, aber nur, wenn du es auch willst."

Giuseppina war erst blass geworden, dann wurde sie ganz rot. Erst machte sie eine ganz ernste Miene, als ob sie ihm gleich eine runterhauen würde, dann verzog sich ihr Mund zu einem strahlenden Lächeln.

Im Lokal war es ganz ruhig geworden, weil die Gäste seine Worte doch verstanden hatten, obwohl er leise gesprochen hatte.

„Ja, du kannst meinen Vater fragen. Ich werde dich dabei unterstützen." Sie lachte und fiel ihm um den Hals. Es war das erste Mal, dass sie sich küssten. Und dies taten sie vor allen Leuten. Es war ihnen jetzt egal.

Drei Monate später waren sie verheiratet. Sie zogen in eine kleine Wohnung in Maggiana, die aus einer Wohnküche und einem Schlafzimmer bestand. Das Klo war auf dem Hof. Waschen konnte man sich unter einem Wasserhahn in der Küche. Geheizt wurde die Wohnung mit einem steinernen Kamin. Gekocht wurde mit einem Holzherd und im Sommer konnte man es sich auf einer Bank an der Hauswand im Hof gemütlich machen.

Hans ging seiner Arbeit bei Moto Guzzi nach, Giuseppina arbeitete in der Seidenspinnerei in Tonsanico. Beide verdienten verhältnismäßig gutes Geld und sie spielten mit dem Gedanken, sich bald eine größere komfortablere Wohnung zu suchen. Da aber Giuseppinas Eltern in der Nachbarschaft wohnten und ihre Hilfe brauchten, hatten sie es mit dem Umzug nicht sehr eilig. Insgeheim dachte Hans, irgendwann einmal eine Reise nach Karlsruhe zu unternehmen. Seine Neugierde auf seine Heimat wuchs von Tag zu Tag, ohne dass er hätte sagen können, warum ihn das beschäftigte.

Eines Tages, Hans war gerade von der Arbeit nach Hause gekommen, fiel Giuseppina ihm um den Hals und flüsterte ihm ins Ohr, dass er Papa werden würde. Sie tanzten ausgelassen durch die Küche und ihre Freude kannte keine Grenzen. Hans lachte mit ihr und sagte immer wieder, dass er der größte Glückspilz auf Erden sei. Er könne nicht begreifen, wie man so viel Glück haben konnte, wie ihm widerfahren war.

„Na, so doll war dein Leben ja auch nicht, bis du hier gelandet bist, oder?"

Giuseppina hatte ihn ein wenig eingebremst, aber Hans war nicht aus dem Konzept zu bringen. Er war der glücklichste Mensch auf der Welt. Und das sollten auch alle merken.

Im Juli 1947 kam ihre Tochter zur Welt. Sie nannten sie nach der Mutter von Hans Sofia. Der zweite Name war Albina, weil Giuseppinas Großmutter so geheißen hatte. Alles war gut und sie führten ein beschauliches, zufriedenes Leben. Wenn sie sich ein wenig Geld auf die Seite gelegt hatten, dann fuhren sie mit dem Zug nach Mailand. Dort besuchten sie einmal den Dom, ein anderes Mal zog es sie zur Scala, dem berühmten Mailänder Opernhaus. Sie aßen in vornehmen Restaurants und manchmal kauften sie sich schöne Kleider. Es hätte alles so weiter gehen können Aber dann kam die Krise in der Firma.

Andrea bat Gianni um ein Gespräch in seinem Büro. Er erläuterte ihm ohne Umschweife, dass die Geschäftsleitung beschlossen hatte, das Auslandsgeschäft einzustellen.

Hans überlegte, dass es da überhaupt nichts einzustellen gab, weil sie noch kein einziges Motorrad außerhalb von Italien verkauft hatten. Er erinnerte sich an sein erstes Auslandstelefonat mit einer Firma in München, in welchem er versucht hatte, die Vertretung von Moto Guzzi in Deutschland zu verhandeln.

Aber nicht nur in diesem ersten Gespräch wurde deutlich, dass Deutschland am Ende war. Die Menschen dort hatten andere Probleme, als sich mit Vertretungen ausländischer Motorräder zu beschäftigen. Seine Gespräche mit den Franzosen waren noch enttäuschender gewesen. Dort wollte man keine Zusammenarbeit mit einer italienischen Firma, nachdem Italien mit den Nazis paktiert hatte. Die Österreicher und die Schweizer zeigten zwar Interesse, wollten aber rein gar nichts von finanziellem Engagement wissen. Und ganz umsonst wollte man ihnen die Maschinen ja nicht überlassen.

„Ich habe mir schon gedacht, dass es einmal so kommen würde. Im Ausland haben wir zurzeit keine Chance. Da kann man wohl nichts daran ändern, wenigstens nicht in absehbarer Zeit.“

Hans war klar, dass sein Freund ihm jetzt nicht mehr helfen konnte.

„Weißt du, ich habe dich für einen Posten im Verkauf vorgeschlagen. Aber die meinen, dass du als Deutscher auch auf dem italienischen Markt wenige Chancen haben würdest. Und man würde dir sehr schnell anmerken, dass du nicht deine Muttersprache sprichst, wenn du mit Italienern verhandelst. Sie haben mir also aufgetragen, dass ich dir sagen soll, dass dein Vertrag zum Jahresende gekündigt ist.“

Hans war Andrea nicht böse, warum sollte er es auch sein. Die Lage war so, wie sie eben war. Als Deutscher hatte man im Ausland wenige Möglichkeiten, auch wenn man nicht mit den Nazis geliebäugelt hatte. Aber dies konnte man einem ja nicht ansehen.

An diesem Abend war die Stimmung zuhause etwas bedrückt. Aber gleichzeitig stieg bei Hans die Spannung, weil er immer stärker die Möglichkeit einer Reise nach Deutschland in Betracht zog. Und sie sollten sich bald auf den Weg nach Norden machen.

Heimwärts

Es war früh am Morgen an einem Julitag 1949 und sie standen auf dem Bahnsteig in Como in Fahrtrichtung Schweiz. Giuseppina hielt die kleine Sofia auf dem Arm, Hans stand neben ihr und rauchte eine Zigarette. Auf dem Boden standen zwei große Koffer und mehrere Taschen und Beutel. Sie warteten auf den Zug, der sie bis nach Hannover bringen sollte.

Nach der Entlassung bei Moto Guzzi hatten sie fast täglich über die Möglichkeit einer Deutschlandreise gesprochen. Gleichzeitig hatte Hans immer wieder Vorstellungsgespräche bei verschiedenen Arbeitgebern in der Region, die jedoch alle erfolglos verliefen. Niemand wollte einen Deutschen einstellen.

Hans war zur diplomatischen Vertretung Deutschlands nach Mailand gefahren und hatte dort nachgefragt, ob er mit seiner Familie problemlos würde nach Karlsruhe reisen können. Er erhielt mehrere Fragebögen, in welchen er Daten zu seinem Werdegang einsetzen musste.
Da er keine Originalpapiere aus Deutschland hatte, wurde ihm von dem Beamten mitgeteilt, dass er zwar nach Deutschland reisen könne, aber nicht direkt nach Karlsruhe, sondern zuerst nach Friedland. In Deutschland sei es immer noch so, dass sehr viele Heimkehrer und Flüchtlinge einträfen und dass diese deshalb im Auffanglager Friedland registriert und mit neuen Papieren ausgestattet werden mussten. Von Friedland aus würde dann die Weiterreise nach Karlsruhe organisiert werden. Friedland lag in der Nähe von Hannover und sie hatten sich deshalb Zugfahrkarten für diesen Bestimmungsbahnhof gekauft.

Obwohl sie nicht abschätzen konnten, ob sie in Deutschland würden Fuß fassen können oder eher wieder nach Italien zurückkommen würden, hatten sie sich entschlossen, ihre Wohnung aufzugeben. Sie wurde von der jüngeren Schwester Giuseppinas übernommen, die vor kurzem geheiratet hatte. Diese freute sich auch über die geschenkten Möbel, die die beiden natürlich auch zurück ließen.

Jetzt standen sie also in Como auf dem Bahnsteig und warteten voller Aufregung auf das Einfahren des Zuges, der sie nach Friedland bringen sollte.

Der Zug verspätete sich ungefähr um eine halbe Stunde, blieb dann aber laut schnaufend am Bahnsteig stehen. Hans nahm die Taschen und hängte sich einige um den Hals und um die Schultern, dann nahm er rechts und links jeweils einen der Koffer und stieg die Stufen in den Waggon hinauf. Giuseppina folgte ihm mit Sofia auf dem Arm. Sie fanden ein Abteil und machten es sich so bequem wie möglich. Bei ihnen im Abteil nahmen noch andere Reisende Platz und nach kurzem Aufenthalt fuhr der Zug los.

Die Fahrt sollte fast zweiundzwanzig Stunden dauern und bei Hans kamen Erinnerungen an die Vergangenheit hoch, als sie die Städte Freiburg und Karlsruhe passierten. Sie hatten sich eine Landkarte besorgt und verfolgten mit dieser die zurückgelegte Strecke, die sie über Mannheim, Frankfurt, Fulda und Kassel bis nach Hannover führte.
Todmüde stiegen sie im Hauptbahnhof von Hannover aus dem Zug. Sie hatten auf der ganzen Strecke fast kein Auge zugetan. Essen und Getränke hatten sie mitgenommen, auch für Sofia war gesorgt. Aber jetzt wollten sie nur noch schlafen.

Am Bahnsteig waren mehrere Frauen und Männer mit Schildern zu sehen, auf denen in großen Lettern "Friedland" stand. Sie sprachen eine junge Dame an, die nicht weit von ihnen entfernt mit ihrem Schild auf die Ankömmlinge wartete.

Sie sagte ihnen, dass draußen auf dem Vorplatz des Bahnhofes auf der rechten Seite mehrere Autobusse standen, die mit Friedland gekennzeichnet seien. Sie sollten sich dorthin begeben und unterwegs ihr Gepäck am ersten Bus in der Reihe abgeben. Sie würden eine Quittung dafür erhalten und nach der Ankunft im Lager könnten sie sich ihr Hab und Gut beim Transportbus wieder abholen.

Sie taten, wie ihnen geheißen, und nicht viel später sanken sie in die Sitze eines großen Busses, der sich langsam mit immer mehr Leuten füllte. Hans fiel auf, dass im Bus ein Spracheingewirr entstand, wobei er viele Worte hörte, die er nicht verstand. Es zeigte sich, dass Menschen aus vielen verschiedenen Ländern über Friedland nach Deutschland reisten.

Nach einer Fahrt von knapp einer Stunde passierten sie ein großes Tor, kurze Zeit später hielt der Bus auf einem großen Parkplatz an. Die Fahrgäste verließen geordnet und ruhig den Bus. Dann wurde das Gepäck wieder übernommen und sie wurden in kleine Gruppen aufgeteilt. Die Gruppen wurden zu verschiedenen lang gestreckten Baracken geführt, die sich eine neben der anderen fast endlos dahin zogen.

Innerhalb der Baracken waren jeweils Zimmer abgeteilt, die nicht viel größer als ihre Wohnküche zu Hause waren. Hans schätzte, dass ihr Zimmer etwas mehr als vier Meter lang war und vielleicht knapp drei Meter breit. Gegenüber der Tür befand sich ein Fenster. Rechts an der Wand stand ein Stockbett, links gegenüber stand ein zweitüriger Schrank aus Metall. Hinten links war ein Waschbecken angebracht. Rechts neben dem Fenster war ein kleiner, runder Kanonenofen aufgestellt.

Giuseppina und Hans schauten sich zweifelnd an. Dann grinsten sie beide. Eine Vorstellung von dem Auffanglager hatten sie sich nicht machen können, allerdings hatten sie mit etwas mehr Komfort gerechnet. Aber sie sagten sich, dass es ja nur für kurze Zeit sein würde. Giuseppina wollte sich mit Sofia in das untere Bett legen, Hans war aber zu neugierig und wollte zuerst einmal einen Rundgang im Lager machen. Sie waren vor etwa vierundzwanzig Stunden in Como aufgebrochen, jetzt war es wieder heller Tag geworden.

Zwei Tage lang tat sich gar nichts. Sie bekamen am Morgen Frühstück, mittags und abends war das Essen auch reichlich, zum Waschen standen Duschkabinen zur Verfügung. Auf seinen Rundgängen stellte Hans fest, dass Menschen aus aller Herren Länder da waren. Es gab unzählige Sprachen und Dialekte zu hören, und nur die wenigsten konnte Hans zuordnen. Giuseppina war etwas niedergeschlagen und Hans war unruhig geworden, weil sie bis jetzt immer noch nicht gehört worden waren. Allerdings war aber auch festzustellen, dass die Beamten und Behördenangehörigen im Lager sich alle Mühe gaben, die Anliegen der einzelnen Personen und Familien eines nach dem anderen zu bearbeiten.

Am dritten Tag war es dann endlich soweit, Hans konnte seine Ungeduld fast nicht mehr zügeln. Sie waren in ein Büro gebeten worden, in welchem ein Schreibtisch und mehrere Stühle standen. Am Schreibtisch saß eine Frau in mittleren Jahren, die ihnen Platz anbot. Giuseppina und Hans, der Sofia auf dem Arm hatte, setzten sich der freundlichen Frau gegenüber. Die Frau bat um die Reisebewilligung, die sie in Mailand erhalten hatten. Dann fragte sie nach weiteren Dokumenten zum Personenstand. Sie legten ihre Pässe und die Geburtsurkunde von Sofia auf den Schreibtisch.

Die Frau studierte die Unterlagen und legte sie dann übereinander vor sich ab. Sie hatte dabei einen mehrseitigen Fragebogen mit Daten versehen. Dann blickte sie die beiden an und fragte, ob sie gut Deutsch sprächen. Hans bejahte und sagte aber, dass seine Frau lediglich Italienisch sprach. Die Frau bat ihm, dass er übersetzen müsse, sobald dies nötig war. Dann begann die Mitarbeiterin der Einreisebehörde Hans nach seinem Werdegang in Deutschland zu fragen. Weiter wollte sie wissen, warum sie sich Karlsruhe als Ziel ausgesucht hatten. Sie fragte ihn auch, ob er sich im Stande fühle, kurzfristig in ein Arbeitsverhältnis zu kommen.

Hans erzählte seine Geschichte und schloss damit, dass er aufgrund seiner Sprachkenntnisse hoffte, in einer Ausländerbehörde unterzukommen. Er sagte aber auch, dass er sich nicht zu schade sei, Handwerksarbeiten zu verrichten, wenn es sein musste auch beispielsweise im Straßenbau.

Die Frau hatte sich eifrig Notizen gemacht und sie wollte nochmals genauer wissen, wie seine Verwandtschaftsverhältnisse in Karlsruhe waren.

„Ich habe keine Verwandten mehr in Karlsruhe. Meine Mutter ist schon sehr früh gestorben, mein Großvater drei Jahre später. So hat man es mir jedenfalls im Waisenhaus erzählt. Man hat mir auch erzählt, dass ich in Karlsruhe getauft worden bin. Es müssten also Unterlagen da sein, die das bestätigen. Die Kirche hieß St. Bernhard."
Die Frau schaute ihn lächelnd an.

„Ja, Herr Rosenheimer, das will ich ihnen gerne glauben. Wir werden in Karlsruhe entsprechend nachfragen. Leider wurden auch viele Kirchen im Krieg zerstört und es ist also nicht sicher, ob noch etwas zu finden ist."

Dann stand sie auf und gab beiden die Hand.

„Sie müssen sich noch ungefähr eine Woche gedulden. Wir schicken jetzt unsere Fragen nach Karlsruhe. Einmal fragen wir im Waisenhaus an, weiterhin werden das Geburtsregister und das Melderegister durchforscht. Irgendetwas werden wir schon finden, damit ihre Angaben wenigstens teilweise Bestätigung finden. Sobald dies geschehen ist, können sie nach Karlsruhe weiterreisen."

Giuseppina und Hans gingen aus dem Büro und auf dem Weg zurück zu ihrer Unterkunft übersetzte Hans ihr alles, was die Frau ihm gesagt hatte.

Die Tage vergingen, ohne dass etwas die Ruhe stören konnte. Ihre Ungeduld mussten die beiden weitestgehend unterdrücken. Es blieb ihnen nichts anderes übrig. Das Essen ähnelte in keiner Weise dem italienischen, aber sie nahmen es so, wie es kam. Es gab keinen Grund, Kritik an den Behörden oder deren Mitarbeiterinnen und Beamten zu üben.

Endlich, nach insgesamt mehr als zwei Wochen, wurden sie zu der Dame im Büro geführt. Wieder nahmen sie vor ihr Platz. Hans konnte jetzt seine Aufregung nicht mehr verbergen und erwartungsvoll starrte er sie an.

„Also, ich kann ihnen sagen, dass alles in Ordnung ist. Die Taufbescheinigung liegt uns als Abschrift vor. Das Waisenhaus gibt es auch noch. Das Melderegister der Stadt wurde Ende des Krieges ein Raub der Flammen. Egal, sie können jetzt weiterreisen. Viel Glück und gute Reise." Schon war die Dame wieder aufgestanden und schüttelte ihnen die Hände. Sie versäumte es nicht, Sofia mit einem Finger über die Wange zu streichen und lächelte die Kleine liebevoll an.

„Wissen sie, ich habe auch so ein kleines Mädchen. Hoffentlich sind sie bald an ihrem Ziel angekommen. Mehr konnte ich leider nicht für sie tun. Wegen der Weiterreise wenden sie sich an Ihren Blockleiter. Der wird Ihnen bei allem behilflich sein. Also, nochmals gute Reise und viel Glück."

Freudig gingen die beiden zurück zu ihrer Baracke. Schnurstracks machte sich Hans auf, den Blockbetreuer zu suchen. Er fand ihn in seinem Büro und sie besprachen sofort, welche Fahrkarten zu besorgen waren. Schon zwei Tage später erhielten sie ihren Familienfahrschein, der großzügiger weise von der Behörde bezahlt wurde. Einen weiteren Tag später standen sie wieder mit ihrem gesamten Gepäck im Bahnhof von Hannover und warteten auf ihren Zug.

Sie waren vor zwei Tagen in Karlsruhe am Hauptbahnhof eingetroffen. Auch hier wurden sie von einer Delegation des Flüchtlingslagers in Empfang genommen. Hier waren es aber nur wenige Ankömmlinge, die mit ihnen in die Moltkestraße ins Durchgangslager gebracht wurden. Leider sollte es sich noch mehrere Wochen hinziehen, bis sie diese Unterkunft wieder verlassen konnten. Da sie keine Verwandten und auch keine sonstigen Anlaufstellen in Karlsruhe hatten, mussten sie warten, bis man ihnen eine Wohnung zuwies. Und das war zu der Zeit nicht einfach, denn es gab viel zu wenige davon. Auch in Karlsruhe war viel zerstört worden und gleichzeitig waren in den Jahren nach dem Krieg unzählige Heimkehrer und Flüchtlinge aus dem Ausland zurückgekommen, für die Wohnraum zur Verfügung gestellt werden musste.

Im Lager in der Moltkestraße wurde ihnen ein kleines Zimmer zugeteilt, welches zum Schlafen ausreichend war, in dem man aber nur bedingt den Tag verbringen konnte. Im Zimmer gab es ein Bett, einen kleinen Tisch und zwei Stühle. Das Bett stand rechts von der Tür aus gesehen, das Tischchen unter dem gegenüberliegenden Fenster, links stand noch ein zweitüriger Schrank für die Kleider. Für die Lagerinsassen standen Duschvorrichtungen zur Verfügung, die natürlich nach Geschlechtern getrennt waren. Im Waschhaus waren auch die Toiletten untergebracht, auf den Zimmern gab es kein fließend Wasser, was die Lage noch erschwerte.

Hans nutzte die Zeit des Wartens und war jeden Tag in Karlsruhe und Umgebung unterwegs, um Arbeit zu bekommen. Aber auch nach mehr als zwanzig Vorstellungen bei Firmen jeglicher Fachrichtung wollte ihn niemand einstellen. Fast überall wurden Handwerker gesucht, und selbst eine Stelle als Aushilfe auf dem Bau bekam er nicht.
Schon nach ein paar gescheiterten Bewerbungen hatte Hans feststellen müssen, dass ihm seine Vergangenheit bei der Arbeitssuche zu schaffen machte. Er wurde immer danach gefragt, bei welcher Einheit er denn gedient habe. Wahrheitsgemäß erzählte er den Personalchefs, dass er nicht bei der Wehrmacht und dass er während des Krieges gar nicht in Deutschland war. Dies schien der Grund dafür zu sein, dass man ihm nicht das nötige Vertrauen entgegen brachte. Einer sagte sogar zu ihm, er solle sich doch dort Arbeit suchen, wo er sich während des Krieges verkrochen habe.

Oft kam Hans sehr niedergeschlagen ins Lager zurück. Giuseppina hatte ein paar Briefe nach Mandello geschrieben, aber nie eine Absenderadresse angegeben, weil sie hoffte, dass sie bald eine Wohnung würden beziehen können. Sie wollte erst dann ihre neue Adresse angeben, damit man ihr aus der Heimat ebenfalls würde schreiben können.

Wieder einmal saßen sie nach dem Abendessen im Zimmer, Giuseppina spielte mit Sofia, Hans las in einer Zeitung und suchte die Stellenanzeigen. Da klopfte es an der Tür und auf das „Herein" von Hans trat ein Zimmernachbar ein, der über das ganze Gesicht strahlte.

„Es ist soweit, Freunde. Wir werden morgen in unsere neuen Wohnungen ziehen. Habe es soeben von der Lagerleitung inoffiziell erfahren. Morgen sollen alle die informiert werden, denen eine Wohnung zusteht. Und das sind zuerst einmal die Familien mit Kindern."
Hans übersetzte alles Giuseppina. Voller Freude umarmten sich alle drei. Aufgeregt gingen sie zu Bett und sie konnten es kaum erwarten, bis es wieder hell wurde.

Zwei Tage später stand Hans im Hof vor ihrer neuen Wohnung. Wie es der Zimmernachbar gesagt hatte, wurde ihnen am nächsten Morgen mitgeteilt, dass eine Reihe von Wohnungen für die Lagerinsassen fertiggestellt worden waren. Sie packten ihre Habseligkeiten zusammen und wurden dann mit mehreren Bussen an den südlichen Stadtrand von Karlsruhe gebracht. Die Siedlung hieß Kleinweidenfeld. Es handelte sich um sechs langgestreckte Holzhäuser, die in jeweils acht Wohnungen je Seite eingeteilt waren. Es gab Wohnungen mit einer Küche und zwei Zimmern, es gab aber auch größere mit drei Zimmern neben der Küche. Jede Wohnung hatte ihr eigenes Klo.

Man hatte ihnen gesagt, dass die Wohnungen mit dem Notwendigsten eingerichtet worden waren. Dafür hatten sie alle eine Kostenaufstellung erhalten. Den Betrag sollten sie in Monatsraten abbezahlen. Die Höhe der Rate richtete sich nach der Höhe der Einkünfte jeder Familie und wurde in Einzelgesprächen mit einem Vertreter der Stadtverwaltung vereinbart.

In der Küche fanden Giuseppina und Hans einen Kohleherd vor. In der Mitte des etwa sechzehn Quadratmeter großen Raumes stand ein Tisch mit vier

Stühlen. Links von der Eingangstür war ein Fenster, daneben an der Wand ein steinerner Ausguss. Ein Wasseranschluss war nicht installiert, Wasser musste man an Brunnen zwischen den einzelnen Holzbaracken holen. Am anderen Ende der linken Wand befand sich eine Tür, die in ein Schlafzimmer führte. Auch hier befand sich das Fenster auf der linken Seite, im Zimmer stand ein Ehebett. Gleich neben der Tür stand ein Kleiderschrank. Das dritte Zimmer, welches sich dem Schlafzimmer anschloss, war leer. Es war als weiteres Kinderzimmer gedacht und musste aber individuell eingerichtet werden.

Giuseppina und Hans hatten alles angeschaut und sich dabei an den Händen gehalten. Die kleine Sofia huschte neugierig durch die Wohnung und untersuchte alles. Ihr schien es gut zu gefallen, denn sie lachte laut dabei.

Sie wohnten in der dritten Baracke und ihre Wohnung trug die Nummer achtunddreißig. Jetzt konnte Giuseppina nach Hause schreiben. Als Absender gab sie in ihrem Brief an, dass man ihr an die Adresse Hans und Giuseppina Rosenheimer, Kleinweidenfeld 38, Karlsruhe in Baden schreiben konnte.
Und tatsächlich erhielten sie keine zwei Wochen später ihre erste Nachricht aus Italien. Geschrieben hatten die Eltern von Giuseppina und sie weinte, als sie nach so langen Wochen das erste Lebenszeichen ihrer Eltern in Händen hielt.

Jetzt, nachdem Hans bei seinen Bewerbungsgesprächen eine richtige Adresse angeben konnte, klappte es endlich auch mit einem Arbeitsplatz. Er bekam eine Stelle als Handlanger bei einer Baufirma. Er musste schwer arbeiten, verdiente aber auch ganz gut, sodass sie sich nach und nach in ihrer Wohnung einrichten konnten. Nach etwa einem Jahr hatten sie ihre Schulden für die Erstausstattung bei der Stadt getilgt. Sie hatten sich weitere Möbel und vor allem ein Bett für Sofia gekauft, die schon drei Jahre alt geworden war.

Eine in Kleinweidenfeld gegründete Initiative hatte von der Stadt am Rande der Siedlung Gelände zur Verfügung gestellt bekommen, auf dem jeder eine Parzelle für einen Schrebergarten einrichten konnte. Bald waren die Grundstücke umzäunt und überall sprossen Blumen, hier und da war ein Gemüsebeet angelegt. Es dauerte nicht lange, da war das Gegacker von Hühnern und das Schnattern von Gänsen und Enten zu hören.

Den Leuten ging es überwiegend gut, wenigstens denen, die Arbeit hatten. Man half sich untereinander, wenn es auch nur beim Leihen von einer Tasse Zucker oder einem halben Pfund Mehl blieb. Jeder bemühte sich dabei, in der Siedlung ein freundliches Zusammenleben zu gewährleisten.

Hans hatte inzwischen eine Stelle bei den amerikanischen Streitkräften im zivilen Bereich bekommen. Er half in der Übersetzungsabteilung und seine Sprachkenntnisse in Italienisch und in Französisch kamen ihm dabei zugute. Längst war er im Besitz eines deutschen Passes. Seine Angaben im Friedland zu seiner Herkunft hatten nach Überprüfung ausgereicht, sodass ihm schon im Durchgangslager in der Moltkestraße das Dokument erstellt worden war.

An den Wochenenden war es vor allem in den Sommermonaten nicht selten, dass sich die Kleinweidenfelder an einem Lagerfeuer auf dem Feld in Richtung Bulach am Abend trafen. Es wurde gelacht und getrunken. Die Kinder spielten und tollten auf der Wiese herum, manche sangen alte Lieder und ab und zu trauten sich sogar ein paar, das Tanzbein zu schwingen. Dabei holte Hans immer wieder seine Mundharmonika hervor und erinnerte sich an die Weisen, die er in den Jahren zuvor gelernt hatte.

Im Herbst 1951, Giuseppina hatte gerade ihren ersten Sohn entbunden, den sie Bruno taufen ließen, hatte sich Hans in die Stadt begeben. Er war nie davon überzeugt gewesen, dass es niemand mehr geben sollte, den er im weitesten Sinne als Verwandtschaft nennen könnte. Er hatte das Waisenhaus besucht, wo er aber niemanden mehr antraf, den er aus seiner Kindheit noch kannte. Er war auch in die Durlacher Straße in der Altstadt von Karlsruhe gegangen, weil er noch wusste, dass dort seine Mutter und sein Großvater gelebt hatten. Danach beschloss er, seine Tauf- und Kommunionskirche St. Bernhard am Durlacher Tor zu besuchen.

Er hatte das riesige Eingangsportal vorsichtig aufgezogen und war in die Kirche hinein gegangen. Der große Raum war düster, weil durch die spitzen Gotikfenster nur wenig Licht fiel und lediglich am Altar ganz vorne ein paar Kerzen brannten. Hans nahm tastend das Weihwasser, knickste kurz ein und ging dann langsam nach vorne.
Vereinzelt saßen oder knieten Gläubige in der Kirche und waren in ihre Gebete vertieft. Hans knickste noch einmal an der zweiten Bankreihe nieder, wie sie es als Kinder gelernt hatten, und nahm dann am linken Rand Platz. Er suchte den Altar und alles drum herum mit den Augen ab. Er erkannte viele Dinge wieder, je länger er die Einzelheiten betrachtete. Dann vernahm er ein Geräusch am rechten Rand der langen Bankreihe. Ein Pfarrer, gekleidet in knöchellanger schwarzer Soutane, kam am Altar entlang in die Mitte des Kirchenschiffs. Vor dem Altar drehte er sich zu dem oben hängenden Christuskreuz um und kniete nieder. Er senkte den Kopf, faltete die Hände und stand dann wieder auf. Er drehte sich um und ging auf den Eingang zu. Hans erkannte das Gesicht des Mannes.

Wenn es auch jetzt voller Falten war und die Haare nur noch ein paar weiße Linien über dem kahlen Kopf bildeten, es war ganz eindeutig sein Pfarrer Schneider. Dieser hatte ihn getauft, bei ihm war er zur Kommunion gegangen, und er war auch ihr Religionslehrer in der Schillerschule gewesen.

Hans sprang hastig auf, trat aus der Bank, kniete kurz nieder und ging dem Pfarrer hinterher. Vor dem großen Portal hatte er ihn eingeholt.

„Entschuldigen sie bitte, Herr Pfarrer, darf ich sie einen Augenblick sprechen, bitte?"

Der Pfarrer drehte sich gemächlich um und schaute ihn an. Er zeigte keine Reaktion des Erkennens, was ja nicht verwunderlich war. Hans hatte ihn fast zwanzig Jahre lang nicht mehr gesehen.

„Ja, mein Sohn, Was willst du von mir?"

Mit ruhiger Stimme hatte der Pfarrer in angesprochen.

„Äh, wie soll ich es sagen, ich kenne sie. Äh... mein Name ist Hans Rosenheimer, ich bin aus dem Waisenhaus, es ist aber schon lange her. Sie werden sich wohl nicht mehr erinnern, oder?"

„Langsam, langsam, mein Sohn. Eines nach dem anderen. Sonst geht das so nicht. Wie heißt du also?

Hans zwang sich ruhig zu erzählen. Er versuchte dabei, so genau wie möglich die Fakten zu nennen. Und tatsächlich hellte sich plötzlich das Gesicht von Pfarrer Schneider auf. Er lächelte.

„Ja, ich erinnere mich. Du warst einer der Rabauken, die immer wieder unschön in Erscheinung getreten sind. Du und deine Freunde, wie hießen die noch mal? Ihr wart doch drei in eurer Bande, oder?

„Ja, da waren noch Peter und Rudolf. Ich habe sie aber nie mehr getroffen. Ich bin erst seit knapp zwei Jahren wieder in Karlsruhe. Ich weiß noch nicht einmal, ob sie noch am Leben sind. Immerhin war ja Krieg, nicht wahr?"

„Wohnst du denn bei deinem Onkel, oder hast du eine eigene Wohnung?"

Hans durchzuckte ein Blitz, der vom Kopf bis in den Magen schlug.

„Onkel?"

„Na, dein Onkel, ich glaube die wohnen in der Durlacher Straße, und da schon immer, oder?"

„Ich kenne keinen Onkel. Aber sie haben bestimmt Recht. Können sie mir mehr dazu sagen, Herr Pfarrer?"

Der Pfarrer überlegte. Dann sagte er zu Hans, dass er gerade jetzt überhaupt keine Zeit habe und dass er an einem anderen Tag wieder vorbeikommen solle. Bis dahin würde er in seinen Büchern nochmals nachsehen, wie sich die Sache genau verhielt. An alles konnte er sich ja auch nicht erinnern. Aber in diesem Fall war er sehr sicher, dass die Familie Schäfer noch dort wohnte, wo sie auch schon vor dem Krieg zu Hause war.

Widerwillig verabschiedete sich Hans vom Pfarrer und machte sich auf den Heimweg. Er besaß zwischenzeitlich ein altes Fahrrad, das ihm wertvolle Dienste leistete. Er musste jetzt nicht mehr zu Fuß oder mit dem Bus zur Arbeit. Auch das Einkaufen in Karlsruhe war einfacher geworden. Giuseppina hatte es auch probiert, das Fahrrad zu lenken. Aber nach nur wenigen Versuchen stellte sie es wieder ab und damit war für sie die Sache erledigt.

Hans konnte nicht gleich am nächsten Tag wieder zu St. Bernhard gehen, weil er arbeiten musste. Der Pfarrer hatte ihm deshalb einen Termin am Montag der kommenden Woche genannt, den Hans wahrnehmen konnte, weil er montags nur nachmittags arbeitete. Die Tage waren nur ganz schleppend vergangen und Hans war so ungeduldig, wie noch nie. Dann war es endlich soweit. Er war schon eine halbe Stunde vor der vereinbarten Zeit an der Kirche angekommen. Sein Fahrrad hatte er im Ständer abgestellt und abgeschlossen. Jetzt wartete er am Pfarrhaus, bis es Zeit war, an die Tür zu klopfen. Das musste er aber nicht, denn der Pfarrer öffnete ihm schon fünf Minuten vorher und bat ihn hinein.

„So, mein Sohn, jetzt setz' dich mal hin und erzähle mir, was du erlebt hast, seit du weg gegangen bist von Karlsruhe. Während ich in den Büchern nachgeforscht habe konnte ich mich daran erinnern, dass du und deine Freunde einigermaßen kurzfristig aus dem Heim verschwunden seid. Was war da passiert?"

Hans wollte nicht über die Sache mit der Oberschwester sprechen und hielt es für besser, ganz belanglose Gründe vorzubringen.

„Ja gut, wir waren im entsprechenden Alter für die Versetzung zu einer Pflegefamilie. Wo die anderen untergekommen sind, das weiß ich nicht. Ich bin zu einem Bauern gekommen und war dort fünf Jahre lang in der Nähe von Donaueschingen im Schwarzwald. Danach bin ich nach Frankreich und dann nach Italien. Mit dem Krieg hatte ich glücklicherweise nichts zu tun. Keiner wollte mich haben." Hans lachte dabei und hoffte, dass ihm der Pfarrer das abnehmen würde.

Dieser schaute ihn eindringlich an, sagte aber nichts weiter. Er hob die Hand zum Zeichen, dass er fortfahren solle.

„In Italien habe ich geheiratet, habe dann in einer großen Motorradfabrik gearbeitet, und es hat mich aber immer wieder nach Karlsruhe zurück gezogen. Deshalb sind wir im Sommer ´49 hierher gekommen. Meine Frau heißt Giuseppina, meine Tochter, jetzt vier Jahre alt Sofia, und unser kleiner Junge heißt Bruno. Er ist gerade mal zwei Wochen alt. Arbeiten tue ich bei den Amis in Neureut. Ich bin Dolmetscher von Beruf."

Den letzten Satz hatte Hans mit etwas Stolz in der Stimme gesagt.

„Dolmetscher? Wer hätte das gedacht. Welche Sprachen?

Hans sagte ihm, dass er Französisch und Italienisch übersetzte und dass er auch dabei war, jetzt Englisch zu lernen. Hans hielt es fast nicht mehr aus, weil der Pfarrer immer noch nicht damit begonnen hatte, von seinem Onkel zu sprechen. Jetzt begann er:

„In meinen Büchern, mein Sohn, habe ich herausgefunden, dass dein Onkel Erwin Schäfer heißt. Er hat die Schwester deiner Mutter im Jahre 1930 geheiratet. Sie heißt Klara und ist eine geborene Rosenheimer, Tochter des Heinrich mit selbem Namen. Die beiden haben einen Sohn, Edwin, geboren 1930. Er zögerte kurz und sagte dann:

„Das ging aber schnell."

„Sie wohnen aber nicht mehr in der Durlacher Straße, sondern am Fasanenplatz. Die Nummer steht nicht im Buch. Der Platz ist aber nicht so groß, als dass man sie nicht finden könnte."

Nach ein paar Höflichkeitsfloskeln bedankte sich Hans beim Pfarrer, schüttelte ihm herzlich die Hand und schwang sich vor dem Pfarrhaus auf sein Rad. Der Fasanenplatz lag nur ein paar hundert Meter entfernt im Herzen des Dörfle, wie die Karlsruher ihre Altstadt nannten. Am Fasanenplatz angekommen stieg er vom Rad und schob es mit sich. Er ging von Eingang zu Eingang die Häuser ab und suchte nach dem richtigen Namen. Schon am dritten hatte er Erfolg. Es war ein viergeschossiges Haus mit acht Parteien. Die Klingelknöpfe wiesen aus, dass eine Familie E. Schäfer im dritten Stock links wohnte.

Kurz entschlossen drückte Hans den Klingelknopf. Er wartete, dann klingelte er ein zweites Mal. Jetzt ertönte ein Summen und obwohl Hans so etwas noch nie erlebt hatte, drückte er unwillkürlich auf die Tür, die mit einem Knacken nach innen aufging. Erstaunt trat er in ein dunkles Treppenhaus, welches nur durch eine kleine Lampe an der Decke erhellt wurde. Mit Schwung ging er die Stufen einer Steintreppe bis in den dritten Stock hinauf. Links stand eine Tür einen Spalt offen. Hans trat näher und klopfte an die Tür. Im selben Augenblick öffnete diese sich und im Flur stand eine blonde Frau. Hans schätzte sie ungefähr auf Anfang vierzig, sie war schlank und hatte ein freundliches Gesicht.

„Ja, was kann ich für sie tun, junger Herr?"

Hans hatte sich überhaupt nicht überlegt, wie er vorgehen sollte. Immerhin musste er davon ausgehen, dass seine Tante Klara nicht erfreut über sein Erscheinen sein würde. Sie hatte sich ja während seiner Zeit im Heim überhaupt nicht um ihn gekümmert. Trotzdem entschloss er sich auch jetzt, einfach die Wahrheit zu sagen.

Er holte tief Luft, straffte seinen Körper und begann:

„Ich bin Hans Robert Rosenheimer, Sohn der Sophie Rosenheimer, geboren am 29. Juli 1918 in Karlsruhe. Mein Großvater war Heinrich Rosenheimer. Er wohnte in der Durlacher Straße in Karlsruhe und starb im Jahre 1921. Ich wurde dann im Waisenhaus aufgenommen und verließ dieses Ende 1932, Anfang 1933. Ich war dann auf einem Bauernhof im Schwarzwald. Alles Weitere würde etwas zu lange dauern. Ich werde es ihnen aber gerne noch erzählen. Sind sie meine Tante Klara, geborene Rosenheimer?"

Die Frau war bei seinen Worten leichenblass geworden. Langsam hatte sie mit einer Hand die Haustür zu geschoben, dann aber wieder innegehalten. Sie starrte Hans an, ohne die Wimpern zu bewegen. Dann entschloss sie sich offenbar, ihn abzuweisen.

Ihr Gesicht wurde ernst. Ihre Stimme klang kalt und eintönig.

„Sie irren sich, mein Herr. Ich bin Klara Schäfer. Ich habe und hatte keine Schwester und ich stamme nicht von einer Familie Rosenmeier, oder wie sagten sie, ab."

Mit diesen Worten schob sie die Tür zu und Hans stand wieder alleine im Hausflur. Er überlegte, was er tun sollte. Es fiel ihm nichts ein, was ihm weiterhelfen könnte. Wie konnte er seine Tante, und er war sich sicher, dass sie es war, davon überzeugen, dass sie keine Angst vor ihrer

Zukunft haben müsste, wenn sie ihm reinen Wein einschenkte.

Lange überlegte er nicht, bevor er wieder den Klingelknopf drückte. Die Tür wurde aufgerissen und jetzt stand ein Bursche vor ihm, der höchstens Anfang zwanzig war.

„Was gibt es, wir kaufen nichts. Das hat Ihnen doch schon meine Mutter gesagt, oder?"

Der junge Mann hatte ihn recht laut angefahren und Hans war unwillkürlich einen Schritt zurück getreten.

„Verlassen sie das Haus, und zwar sofort. Die anderen Nachbarn kaufen auch nichts von Hausierern. Ist das klar, oder soll ich ihnen Beine machen?"

Hans hatte zwar keine Angst vor dem Jungen, er wollte es aber auch nicht darauf ankommen lassen.

„Ich gehe ja schon. Ich möchte Ihnen aber sagen, dass ich Hans Rosenheimer heiße und dass die Dame, die mir geöffnet hat aller Wahrscheinlichkeit nach meine Tante ist. Jedenfalls hat mir das Herr Pfarrer Schneider von St. Bernhard gesagt. Wenn meine Tante, die wohl Ihre Mutter ist, jetzt nicht mit mir sprechen will, dann komme ich halt ein anderes Mal wieder. Auf Wiedersehen, der Herr. Bis auf bald."

Hans ging mit schnellen Schritten die Treppen hinunter. Irgendwie war er zwar enttäuscht, aber trotzdem durchströmte ihn ein Glücksgefühl. Er hatte jemanden aus seiner Familie gefunden. Das war doch was, oder?

Nach dieser Begegnung mit seiner Tante, und er war sich jetzt zu hundert Prozent sicher, dass sie es war, besuchte er sie in regelmäßigen Abständen am Fasanenplatz. Sie ging ihm aber immer aus dem Weg und es war selten, dass ihm überhaupt die Tür geöffnet wurde. Nicht ein einziges Mal traf er seinen Onkel. Wenn überhaupt jemand die Tür aufmachte, dann war es der Sohn. Aber auch jener war nicht dazu bereit, mit ihm ein paar Worte zu wechseln. Nachdem er Anfangs versucht hatte, ihn davon abzuhalten, zukünftig wieder zu kommen, gab er mit der Zeit auf, öffnete ihm und als er ihn auf der Treppe erkannte, schloss er die Wohnungstür sofort wieder.

Hans gab aber nicht auf. Und er sollte Erfolg haben.

An einem Abend im Winter klingelte er zum x-ten Mal und wartete darauf, dass der Summer ertönte. Es tat sich aber nichts und so drückte er wieder auf den Knopf. In diesem Moment öffnete sich vor ihm die Haustür und der junge Schäfer stand vor ihm. Er war winterlich gekleidet und ging die Stufen auf den Gehweg hinab.

„So, jetzt müssen wir endlich einmal einen Schlussstrich ziehen. So geht das nicht mehr weiter. Wir gehen jetzt dort ins Café Wien und trinken ein schönes Bier. Sie erzählen mir dann, warum Sie wie ein Idiot immer und immer wieder hierher kommen, obwohl niemand von Ihnen etwas wissen will. Auf geht's!"

Mit diesen Worten war der junge Mann zu einer Wirtschaft an einer Ecke des Platzes gegangen und Hans war ihm gefolgt. Dort angekommen, hielt der Mann ihm die Eingangstür auf und lächelte ihn an.

„Herein in die warme Stube", sagte er und schob ihn vor sich her zu einem kleinen Tisch am Fenster. Es war schon Abend geworden und auf dem Platz brannten die Straßenlaternen. Im Lokal waren an verschiedenen Tischen ein paar Leute, andere saßen an einer langen Theke und unterhielten sich.

Hans schaute sich um und fragte dann den jungen Mann, ob man hier nur Kaffee bekäme, da es ja Café Wien heiße.

„Kaffee wird hier nur selten getrunken", lachte sein Begleiter. Dabei winkte er einer Bedienung zu und hob zwei Finger in die Höhe. Kurz darauf brachte die junge Frau zwei große Bier an den Tisch. Mit einem „Prosit, die Herren" stellte sie die Gläser ab.

„Also, mein Herr, ich heiße Edwin, Edwin Schäfer. Meine Mutter ist tatsächlich eine geborene Rosenheimer. Ob sie eine Schwester hat oder andere Geschwister, das weiß ich nicht. Bis jetzt hat sie nie darüber gesprochen. Es ist auch richtig, dass mein Großvater Heinrich hieß. Kennen gelernt habe ich ihn aber nicht, weil er schon lange gestorben war, als ich auf die Welt kam. Mein Vater ist Erwin Schäfer und er ist und war schon immer Polizist bei der Stadt Karlsruhe. So, das war's in kurzen Worten. Jetzt zu Ihrer Geschichte. Warum gehen sie uns schon seit Wochen auf die Nerven und was wollen sie von meiner Mutter?"

Hans war erfreut. Also stimmte es doch. Sie war die Schwester seiner Mutter und deshalb seine Tante.

Hans erzählte seine Lebensgeschichte, wobei er die Legion nur kurz erwähnte. Er sagte Edwin auch noch mal, dass der Pfarrer ihn noch aus dem Waisenhaus kannte und er zog sogar seinen Pass aus der Jacke und legte ihn vor Edwin auf den Tisch. Dieser nahm ihn und studierte die Eintragungen.

„Gut, das scheint alles zu stimmen. Also dann sind wir Cousins, oder Vetter, wie wir in Deutschland sagen, oder?"

Unwillkürlich griff Hans nach der Hand von seinem Cousin und drückte diese kurz. Dann ließ er sie gleich wieder los, weil es ihm peinlich war.

„Entschuldige, bitte, das wollte ich nicht. Aber ich bin sehr froh, dass ich endlich meine Verwandten gefunden habe. Mehr wollte ich eigentlich nicht. Ich habe mich immer selbstständig durchgeschlagen und das schaffe ich auch in Zukunft."

Dann erzählte er von seiner Familie und von der Siedlung, in der sie wohnten. Sie vereinbarten, dass Edwin sie am Sonntag besuchen würde. Hans erklärte ihm noch den Weg, weil Edwin von der Kleinweidenfeld-Siedlung noch nicht gehört hatte. Sie tranken ihr Bier aus und verließen zusammen das „Wien". Hans schwang sich auf sein Rad, Edwin ging nach Hause. An diesem Abend hatte Hans seiner Giuseppina viel zu erzählen.

Edwin machte sein Versprechen wahr und erschien am folgenden Sonntag gegen zwei Uhr am Nachmittag in Kleinweidenfeld. Er war, wie er später erzählte, die Rüppurrer Straße bis zum Bahnhof gefahren, dann hatte er die Breite Straße nach Beiertheim genommen und war dann nach links in Richtung Bulach abgebogen. Am Friedhof von Bulach, der am Südende des Stadtteils lag, überquerte er den Bahnübergang und dann war es nicht mehr weit gewesen, bis er die Siedlung gefunden hatte. Hans hatte ihm beschrieben, dass oben an der Straße auf der rechten Seite der Krämerladen der Familie Koch war. Er solle an diesem Haus vorbeigehen und dann die dritte Baracke nach der Nummer achtunddreißig absuchen. Dort würden sie auf ihn warten.

Edwin hatte sein Fahrrad am Zaun vor der Wohnung abgestellt. Noch bevor er an die Tür klopfte öffnete ihm Hans diese und begrüßte ihn freundlich. Sie gingen beide hinein und Hans stellte Edwin Giuseppina vor.

„Das ist meine Frau Giuseppina. Sie spricht kaum Deutsch, aber auch sie freut sich, dass du uns besuchen kommst."

Edwin streckte Giuseppina die Hand hin und grinste breit.

„Buon giorno, Signora", sagte er laut. Er schaute erst sie an, dann zu Hans. Man konnte sehen, dass er auf seine Überraschung stolz war.

„Wo hast du denn das gelernt?", Hans lachte ihn an. Dann drückte Giuseppina herzlich die Hand von Edwin und auch sie versuchte es mit der fremden Sprache.

„Freude, Sie kennen lernen", sagte sie. Dann lachten alle drei.

Giuseppina trug den kleinen Bruno auf dem Arm. Edwin tupfte ihm mit dem Zeigefinger die Nase und brabbelte einige unverständliche Worte zu dem Jungen. Dann ging er in die Knie, wo er auf Augenhöhe mit Sofia ankam, die sich am Rockzipfel ihrer Mutter festhielt. Sofia starrte Edwin unentwegt an. Man konnte noch nicht einmal ein Blinzeln registrieren, so verwirrt und schier atemlos schaute sie Edwin in die Augen. Dieser zog langsam eine Tafel Schokolade aus seiner Jackentasche und hielt sie Sofia hin. Die Kleine reagierte aber nicht auf das Geschenk, obwohl sie Schokolade schon kannte. Vielmehr hob sie langsam ihre rechte Hand und berührte zart mit ihrem kleinen Zeigefinger das Brillenglas vor den Augen von Edwin.

„Sie hat noch nie eine Brille gesehen", rief Hans und auch er ging in die Hocke und nahm Sofia in den Arm.

„Ja, meine kleine, der Edwin sieht schlecht, deshalb braucht er diese Brille, damit er dich gut sehen kann."

Jetzt nahm Sofia die Schokolade und ein feines Lächeln erhellte ihr kleines Gesicht. Hans nahm auch sie hoch auf den Arm und bot Edwin einen Platz am Tisch an.

Sie verlebten einen kurzweiligen Nachmittag, während Hans aus seinem Leben erzählte und Edwin die Erlebnisse seiner Familie während des Krieges schilderte. Hans erfuhr, dass Edwins Vater Erwin als Polizist unter der Naziherrschaft vielfältige Aufgaben übertragen bekommen hatte, mit denen er nicht immer einfach zurechtkam. So waren seine Eltern zu sogenannten Blockwarten ernannt worden, was natürlich ihre Stellung in der Nachbarschaft nicht einfach gemacht hatte. Das Gute an dieser Sache war, dass sein Vater nicht in den Krieg ziehen musste und deshalb die Familie noch vollständig war.

Alles in allem hatten sie den Krieg gut überstanden, und sein Vater hatte auch nicht lange ohne Arbeit sein müssen. Auch unter den Besatzern waren Polizisten nötig und die Dienststellen waren nicht lange nach der Kapitulation wieder eingerichtet worden.

Die Besuche Edwins in Kleinweidenfeld entwickelten sich zu regelmäßigen Wochenendtreffen und er unterstützte die

Familie wo er nur konnte. Immer brachte er etwas Gutes zu Essen mit, oft auch Geschenke für die Kinder.

Ab und zu flüsterte er bei der Übergabe der Mitbringsel Hans ins Ohr, dass dies oder jenes von seiner Mutter geschickt wurde. So vergingen die Wochen und Monate und sie führten ein annehmbares Leben, ohne dass ein besonderer Mangel zu erdulden gewesen wäre.

Für den Winter ging man mit den Nachbarn in den Wald zum Holzsammeln, manchmal wurde auch des Nachts der eine oder andere Baum gefällt, ohne dass dies dem Revierförster verborgen geblieben wäre. Dieser reagierte aber in der Regel nicht auf den Diebstahl, obwohl es streng verboten war, im Wald Holz zu schlagen, ohne behördliche Genehmigung.

Im Herbst konnte man auch fast täglich Kinder entlang der Bahnlinie von Karlsruhe nach Rastatt herum streunen sehen, die auf vorbeifahrende Züge warteten. Oft warfen die Bähnler auf den Kohletendern der Dampflokomotiven während der Durchfahrt Kohlebrocken auf den Bahndamm. Die Kinder warteten nur darauf und sammelten den wertvollen Brennstoff eifrig in ihren Eimern auf. Voller Stolz wurde dann die Beute zu Hause abgeliefert. Bald waren sie auch in der Lage, sich für den Winter einen Kohlevorrat zu kaufen. Die Männer von der Kohlenhandlung brachten dann zwei, drei oder sogar vier Zentner Stein- oder Eierkohle, je nachdem, was man sich leisten konnte. Die Kohle wurde dann mühsam in den Kellerraum gebracht und sorgfältig eingeschlossen. Die Keller befanden sich unter der Stirnseite der Baracken, deren Zugangstreppen gegenüber dem Waldrand lagen.

Wieder war es Sonntag, der Frühling 1953 war fast schon vorüber, und Edwin saß bei den Rosenheimers am Mittagstisch. Giuseppina hatte ein Kaninchen auf italienische Art serviert und die ganze Familie, Edwin war fast schon zu einem Mitglied geworden, aß genussvoll den Sonntagsbraten, bis nichts mehr übrig war. Auch Bruno wollte von Brei oder ähnlichem nichts mehr wissen und hielt tüchtig mit.

„Was meinst du, Edwin? Warum will deine Mutter mir nichts von meiner erzählen?"

„Ich weiß das auch nicht. Vielleicht hat sie ja ein schlechtes Gewissen dir gegenüber. Du hast mir ja erzählt, dass du als kleiner Junge einmal bei ihr warst und sie dich abgewiesen hat. Das hat sie vielleicht noch nicht verkraftet."

Das hatte sich Hans auch schon überlegt. Ihm war nämlich vor nicht langer Zeit wieder eingefallen, dass sie ihm bei seinem damaligen Besuch, es waren jetzt mehr als zwanzig Jahre seither vergangen, seine Mundharmonika geschenkt hatte. Es war ihm wieder eingefallen, als er sie vor ein paar Tagen hervor geholt hatte, um seinen Kindern etwas vorzuspielen.

„Sie hat mir damals diese Mundharmonika geschenkt."

Hans legte das kleine Instrument vor Edwin auf den Tisch. Dieser nahm es und sah es sich von allen Seiten sorgfältig an.

„Schönes Instrument. Und auch ganz schön alt, wie es aussieht."

Er drehte sie in der Hand und hielt plötzlich inne.

„Da steht Robbi drauf. Wer oder was ist Robbi?"

„Das habe ich mich auch schon oft gefragt. Ich weiß es nicht, mein Lieber. Aber vielleicht weiß es ja meine Tante Klara. Was meinst du?"

Edwin grinste Hans an.

„Ich könnte sie ja einmal fragen. Wer weiß, möglicherweise erinnert sie sich ja, wer das ist. Es wäre vor allem gut, zu erfahren, woher sie dieses schöne Instrument hat und warum sie es ausgerechnet einem armen Waisenkind schenkte, obwohl sie damals mit diesem Kind überhaupt nichts zu tun hatte."

Ironisch hatte Edwin die letzten Worte ausgesprochen.

„Gibst du mir die Mundharmonika mit, damit ich sie fragen kann`"

„Ja, nimm sie mit. Ich vertraue sie dir an. Du bist der erste Mensch, dem ich meine Mundharmonika anvertraue. Denke daran!"

„Keine Angst, du kriegst sie wieder. Spätestens nächsten Sonntag, versprochen."

Die darauf folgende Woche verging für Hans nur sehr langsam. Er platzte bald vor Ungeduld und wäre am liebsten zum Fasanenplatz gefahren, um zu erfahren, was es zu der Sache Neues gab. Er zügelte aber seine Ungeduld und wartete tapfer bis zum Sonntag.

Der Himmel war schon am Morgen wolkenlos und gegen Mittag war es so warm geworden, dass Giuseppina sich entschlossen hatte, den Mittagstisch im Hof vor der Wohnung zu decken. Die Nachbarn, die auf ihren Rundgängen am Sonntagvormittag am Zaun vorbei kamen, grüßten freundlich und nicht wenige äußerten sich dahingehend, dass sie auch gerne eingeladen werden wollten, weil das Essen so gut roch und man es bis draußen am Gehweg riechen konnte.

Giuseppina hatte diesmal ein großes Huhn geschlachtet und daraus ein Rosmarinhähnchen gebraten, dessen Duft einem das Wasser im Mund zusammenlaufen ließ. Pünktlich um zwölf bog Edwin auf den Weg zwischen den Baracken ein und kurz darauf saß er am Tisch im Hof. Hans hatte ihm eine Flasche Bier und ein Glas hingestellt und setzte sich zu ihm. Hans sagte nichts, obwohl er ihn am liebsten am Kragen packen wollte, um ihn zu schütteln, damit er endlich mit dem Erzählen anfinge.

Edwin holte die Mundharmonika hervor und reichte sie Hans.

„Hier, dein wertvolles Instrument. Und es ist wirklich wertvoll, weil es eine Geschichte hat."

Hans hatte die Mundharmonika an sich genommen und hielt sie in der Hand. Sie war ihm tatsächlich inzwischen ans Herz gewachsen. Erst jetzt merkte er, dass sie ihm wirklich die Woche über gefehlt hatte und er sich unwohl fühlte, weil er sie weg gegeben hatte.

„Ja und, du lieber großer Vetter. Was hast du zu sagen? Willst du endlich anfangen?"

„Erst einmal Prost, lieber Cousin. Ich bin schnell gefahren und habe Durst."

Sie tranken jeder einen kräftigen Schluck Bier und stellten die fast leeren Gläser wieder ab. Dann begann Edwin zu erzählen.

„Die Mundharmonika stammt von deiner Mutter. Sie hat sie auf ihrem Totenbett Klara gegeben. Klara sollte sie gut aufheben und sie dann an dich weiterreichen. Wahrscheinlich stammt sie von deinem Vater. Mehr hat mir meine Mutter aber nicht sagen können. Wenigstens behauptet sie das. Sie sei damals erst acht Jahre alt gewesen und alles begriffen hatte sie nicht. Das sei auch der Grund dafür, dass sie dich vor zwanzig Jahren nicht erkennen wollte. Sie konnte nicht abschätzen, was es für sie und ihre Familie bedeuten würde, wenn sie sich als deine Tante hätte zu erkennen gegeben. Die ganzen Jahre hat sie es mit sich herumgetragen, dass sie dir nicht geholfen hat. Rückgängig hat sie es aber nicht mehr machen können, weil sie nicht wusste, wohin es dich verschlagen hatte."

Hans schaute nachdenklich vor sich hin und jetzt kam Giuseppina mit den Schüsseln aus dem Haus. Sie begannen zu essen und sprachen über die Sache nicht mehr weiter.

Während der Mahlzeit gingen Hans Gedanken durch den Kopf, die sich damit beschäftigten, was geschehen wäre, wenn Klara ihn damals aufgenommen hätte. Er war dreizehn oder vierzehn Jahre alt gewesen. Er konnte es drehen und wenden, wie er wollte. Wenn er in Karlsruhe hätte bleiben können, dann wäre er sicher als Soldat im Krieg gelandet. Oder es wäre noch viel schlimmer gekommen. Als er älter geworden war, hatte sich bei ihm ja die Haltung gegen die Nazis entwickelt. Das wäre in Karlsruhe eher genauso gekommen. Und das hätte nicht zu einem glücklichen Leben beigetragen. Er kam zu dem Schluss, dass es gar nicht so schlimm war, wie sein Leben sich entwickelt hatte.

Ironisch dachte er an die Begriffe Schicksal, Vorsehung, oder Zufall. Nein, Zufälle gab es nicht. Es gab Entscheidungen, welche sein Leben beeinflusst hatten, und es würde immer Entscheidungen geben, die dann zu Schicksal wurden. Darüber war er sich jetzt sicherer als je zuvor.

Er musste sich aber eingestehen, dass die Entscheidungen, die das eigene Leben beeinflussten, nicht nur von einem selbst getroffen wurden, sondern auch von anderen Menschen. Als Kind hatte er nur wenige eigene Entscheidungen selbst treffen können. Dies taten andere für ihn und er musste sich fügen. Und wenn er einmal eine Entscheidung selbst traf, dann war es meist so, dass daraus Konsequenzen für ihn entstanden, die nicht immer gut waren. Dennoch waren es hauptsächlich seine eigenen Entscheidungen gewesen, die ihn bis dahin gebracht hatten, wo er sich heute befand.

Wenn er seine Giuseppina nicht angesprochen hätte, wenn er ihr nicht das Seidentuch geschenkt hätte, dann wären sie vielleicht nie zusammengekommen.

Und wenn er nicht vom Hof in Hüfingen abgehauen wäre, dann hätte er niemals nach Algerien kommen können. Und wenn er dem Offizier nicht die Anisetteflasche über den Kopf gezogen hätte, dann wäre er nicht in den Knast in der Wüste gekommen. Und dann hätte er nie Bruno kennen gelernt.

Und wenn er nicht entschieden hätte, dass er auf der Flucht bis zum Dunkelwerden weiterfuhr, dann hätte er den LKW nicht auf den Stein gelenkt und der Reifen wäre nicht geplatzt. Und dann hätten sie nie den Fürsten in der Wüste getroffen, der sie nach Rabat brachte. Er dachte an Salim Bin Ahmadi zurück und er war traurig darüber, dass er ihn wohl nie mehr wieder sehen würde.

Und wenn Bruno sich in Genua nicht dafür entschieden hätte, abzuhauen, dann hätten sie ihn auch nicht hinterrücks erschossen. So einfach war das.

Je mehr er über dieses Thema nachdachte, desto mehr Widersprüche kamen ihm in den Sinn. Entscheidungen, was war das wirklich? Aus dem Haus zu gehen, rechts abzubiegen, nach fünf Schritten umzudrehen und in die andere Richtung gehen. War das eine Entscheidung oder waren es zwei? Wann hatte man eine Entscheidung getroffen? Wenn die Konsequenz daraus eingetreten war oder schon kurz danach? Welche Rolle spielte der Begriff Zeit dabei? Welche Entscheidung sollte er treffen, um sein und seiner Familie Leben besser zu gestalten? Was sollte er machen, um heraus zubekommen, wer sein Vater war?

Es sollten noch Monate vergehen, bis sich ein Vorfall abspielte, der ihr Leben maßgeblich beeinflusste. Bis dahin hatte Hans mehr als einmal den Arbeitsplatz gewechselt. Immer auf der Suche nach neuen Verdienstmöglichkeiten wechselte er von Sparte zu Sparte und von Firma zu Firma.
In der Region ging es wieder aufwärts und Arbeit war überall zu bekommen. Allerdings waren die Löhne höchst unterschiedlich und je mehr Jahre ins Land gingen, desto mehr wurde ihre Wohnsiedlung zur Bürde bei der Suche nach einem neuen Arbeitsplatz. Unmerklich entwickelte sich Kleinweidenfeld zu einer Wohngegend, die von anderen als sozial schwache Umgebung wahrgenommen

wurde. Und anstatt, dass man die Voraussetzungen durch die städtischen Behörden im Umfeld verbesserte, gab man unterschwellig den Menschen die Schuld dafür, dass sie immer noch unter primitiven Umständen wohnten.

Dies führte auch dazu, dass Sofia, die inzwischen die Schule besuchte, dort von ihren Mitschülerinnen und Mitschülern eher ausgegrenzt wurde. Dies ging allen Kindern aus der Siedlung so. Und deshalb bildeten sich unter den Kindern lediglich Freundschaften innerhalb der Kleinweidenfelder. Mit Kindern aus Bulach bestand so gut wie kein Kontakt, sogar die Lehrer betrachteten die Siedlungskinder als zweitklassig.

Glücklicherweise empfanden die Kinder dies nur in seltenen Fällen und lebten daher überwiegend in geordneten und behüteten Verhältnissen.

Dann war es endlich soweit. Edwin war wieder einmal zu Besuch gekommen. Er hatte zwischenzeitlich geheiratet und seine Frau Edith hatte zu Giuseppina ein freundschaftliches Verhältnis aufgebaut. Sie war die einzige Freundin, die Giuseppina beim Vornamen rief. Es gab noch andere Freundinnen aus der Siedlung. Giuseppina sprach diese aber immer noch mit dem Nachnamen und per Sie an. Dies führte dazu, dass ihr durchaus herzliches Verhältnis immer auch von Respekt geprägt war.

Vater

„Hans, ich muss dir etwas Wichtiges sagen."

Edwin blickte ihn ernst an. So einen Gesichtsausdruck, meinte Hans jedenfalls, hatte er bei seinem Freund und Cousin noch nie bemerkt.

„Was ist passiert? Kann ich dir helfen?"

„Es geht nicht um mich, es geht um dich. Ich habe eine Sache angeschoben, die ich vielleicht nicht ohne Rücksprache mit dir hätte machen sollen."

Edwin schaute vor sich auf die Tischplatte und schien wirklich betroffen.

„Na, so schlimm wird es ja nicht sein. Was ist denn los?"

Edwin schaute auf, faltete die Hände vor sich auf dem Tisch und begann.

„Bitte unterbreche mich nicht. Ich sage dir, wenn ich fertig bin, ja?"

„Ja, ist in Ordnung, ich sage jetzt nichts mehr."

„Vor ungefähr drei Wochen ist deine Tante Klara krank geworden. Es wurde immer schlimmer und mein Vater bat mich, sie zu besuchen. Er wollte meine Meinung wissen, weil der Hausarzt zwar sagte, dass es sich schon wieder machen würde, aber er keine Besserung bisher feststellen konnte. Ich besuchte sie also und fand meine Mutter in einem Besorgnis erregenden Zustand vor. Sie hatte Fieber und Durchfall. Es gab deutliche Anzeichen für Ruhr. Der Arzt sagte aber, dass es nur eine heftige Darmentzündung und vielleicht noch ein Virusbefall sei. Auf keinen Fall sei es die Ruhr. Er hätte das geprüft und auch das Labor im Krankenhaus habe seine Untersuchungsergebnisse bestätigt.

Sie hatten Recht, denn inzwischen ist sie wieder auf dem Damm.

Also, als ich an ihrem Bett saß, bat sie mich, aus ihrem Nachtschränkchen ein Kuvert zu nehmen. Ich gab es ihr und sie nahm einige Briefe, Blätter, Kärtchen und eine Visitenkarte heraus. Bis auf die Visitenkarte steckte sie alles wieder hinein und ich musste das Kuvert wieder in die Schublade legen. Dann nahm sie meine Hand und sagte zu mir, ich solle jetzt gut zuhören.

,Diese Visitenkarte gehört dem Vater von Hans. Er hat mich nach dem ersten Krieg im Mädchenheim besucht, weil er auf der Suche nach Sophie war. Ich habe ihm damals gesagt, dass sie gestorben sei. Ich glaube, dass er sehr, sehr traurig war. Ich glaube auch, dass er das Grab von Sophie besucht hat.'

Ich habe voller Erstaunen gefragt, wo sich denn das Grab befände. Bis jetzt hatte niemand von diesem Grab gesprochen. Sie sagte mir, dass sie das Grab immer gepflegt hatte, es aber wie alle anderen Gräber schon nach zwanzig Jahren, also 1938, wieder beseitigt worden sei und es das Grab deshalb heute nicht mehr gäbe.

„Also, hier ist die Visitenkarte."

Edwin reichte Hans die Karte, der sie vorsichtig zwischen zwei Finger nahm.

Jean Robert du Catoir, dann eine Straße, der Ort und sogar eine Telefonnummer.

Hans blickte auf, in seinen Augen standen Tränen.

„Und was machen wir jetzt?", fragte er Edwin.

„Du brauchst nichts mehr zu machen. Habe ich schon getan."

Mit diesen Worten reichte er ihm einen Brief, auf dessen Umschlag die Adresse von Edwin stand.

„Na, nimm ihn schon raus. Er ist auf Deutsch geschrieben. Ach so, habe ich vergessen, du sprichst ja auch Französisch."

Hans nahm den Brief heraus und faltete ihn auseinander. Er spürte, dass es eine Art Büttenpapier und von Wert war. Dann las er aufgeregt die Zeilen, die mit schwarzer Tinte handschriftlich niedergeschrieben waren:

Sehr geehrter Herr Schäfer, ich bin Ihnen sehr dankbar, dass sie die Mühe nicht gescheut haben, mir zu schreiben, wo ich meinen Sohn finden kann. Obwohl ich noch nicht nachvollziehen kann, warum er sich nicht selbst bei mir meldete, bin ich voller Freude bei den Gedanken daran, dass ich ihn bald treffen werde und in die Arme schließen kann. Ich bitte sie, ihm auszurichten, dass ich aller Voraussicht nach am fünfundzwanzigsten Juli in Karlsruhe eintreffen werde. Sie haben mir ja freundlicherweise seine jetzige Adresse übermittelt und ich werde direkt dorthin fahren. Sie möchte ich ausdrücklich darum bitten, sich ebenfalls an diesem Tag an der Adresse meines Sohnes einzufinden. Ich denke, dass es für ihn leichter sein wird, unsere erste Begegnung im Beisein eines seiner Freunde zu bewältigen. Ich selbst habe mehrere Tage gebraucht, um mein Glück zu begreifen und mit den Konsequenzen unseres Zusammentreffens fertig zu werden. Auch wenn sich mein Leben ab heute wesentlich zum Guten gewendet hat, war es auch für mich zuerst einmal ein heftiger Schock nach all den Jahren, während ich nicht mehr daran geglaubt habe, von meiner geliebten Sophie ein Zeichen zu erhalten.

Als Hans die Grußformeln zwei Mal gelesen hatte schaute er Edwin an, faltete den Brief zusammen und legte ihn vor sich auf den Tisch. Er konnte nicht mehr atmen, er stand unter Schock, so schien es ihm wenigstens.

Edwin schaute ihn an und hob beschwichtigend die Hände.

„Ich habe dir nichts vorher gesagt, weil ich nicht wusste, ob er überhaupt noch am Leben ist. Ich wollte dir keine Hoffnungen machen, ohne dass es einen Grund dafür gab. OK, ich hätte vielleicht vorher etwas sagen sollen, aber es ist jetzt halt so, wie es ist. Nichts mehr zu machen."

„Du brauchst dich nicht zu entschuldigen. Im Gegenteil, ich danke dir dafür. Ich hätte es umgekehrt wohl genauso gemacht, weiß nicht, ob ich dich vorher eingeweiht hätte. Ist ja jetzt auch egal. Wo ist er? Was hat er geschrieben?"

Er faltete den Brief wieder auf und las vor: „Fünfundzwanzigster Juli."

Sie schauten sich grinsend an. Dann stand Hans auf, nahm Giuseppina in den Arm, die die ganze Zeit Geschirr gespült hatte, und flüsterte ihr ins Ohr, dass sie bald seinen Vater kennen lernen würden.

Giuseppina schaute ihn mit großen Augen an und wartete darauf, dass er ihr eine Erklärung gab. Dies tat er dann auch, wobei er immer wieder zwischen den einzelnen Sätzen laut auflachte. Er konnte nicht still am Tisch sitzen bleiben, sondern lief andauernd um den Tisch herum. Dann holte Giuseppina aus einem Eimer, der zur Kühlung mit kaltem Wasser gefüllt war, zwei Bierflaschen und stellte sie vor den Männern auf den Tisch. „Na, dann haben wir ja wieder einmal einen Grund zum Feiern!"

Man konnte ihr anmerken, dass sie noch nicht begriffen hatte, was denn eigentlich vorgefallen war. Sie konnte es nicht nachvollziehen, was im Kopf und im Herzen ihres Gianni vorgehen musste. Es war ja noch nicht einmal ihm klar geworden, was jetzt passierte. Er sollte seinen Vater treffen. Nicht mehr und nicht weniger.

„Also, am Sonntag ist der fünfundzwanzigste. Wenn er wirklich kommt, dann wissen wir nicht, um welche Uhrzeit das sein wird. Ich denke, dass er schon am Vortag los fahren wird, falls er immer noch dort wohnt, wie es auf der Karte steht. Ich habe in einem Atlas nachgesehen. Es ist in Südfrankreich. Es sind mindestens achthundert Kilometer von dort bis nach Karlsruhe. Keine Ahnung, wie die Straßen sind und wie lange man dazu braucht. Wir wissen ja noch nicht einmal, ob er mit dem Auto oder vielleicht mit dem Zug kommt."

„Das ist doch egal. Wir machen uns schon früh salonfähig und dann warten wir einfach ab."

Wieder lachte Hans und hob sein Glas, um es leer zu trinken.

Sofia hatte zwar nicht alles mit bekommen, aber ihr war aufgegangen, dass etwas Wichtiges und auch etwas Freudiges passiert war. Sie hatte ihren Vater in solcher Stimmung noch nicht erlebt.

„Sofia, bitte lauf zum Laden und hol uns noch zwei Bier. Es gibt etwas zu feiern!"

Edwin drückte ihr ein Zweimarkstück in die Hand und Sofia lief gleich los. Edwin rief ihr noch hinterher, dass sie sich für den Rest Bonbons kaufen solle.

Keine fünf Minuten später war sie wieder da und die beiden stießen erneut mit ihren Biergläsern an. Giuseppina schaute ihnen nachdenklich dabei zu und strich dabei über Brunos Wange. Ob der Vater von Hans wusste, dass er auch Großvater war, ging ihr dabei durch den Kopf. Wie jede Mutter sah sie den kommenden Ereignissen auch mit etwas Skepsis entgegen. Sie konnte nicht abschätzen, ob und wie sich jetzt ihr Leben verändern könnte, und war deshalb auch ein klein wenig besorgt. Zuallererst freute sie sich aber mit Gianni und sie hoffte innig, dass es zu keiner Enttäuschung für ihn werden sollte. Und dies wurde es ganz und gar nicht.

Es war soweit. Sonntagmorgen, 25. Juli 1955. Sie hatten ihren Küchentisch schon in den Hof gestellt, weil ein strahlender Sonnentag bevorstand. Dies hatte man schon am Vorabend wegen des prächtigen Abendrotes erwarten können. Edwin und Edith waren auch gekommen und Giuseppina hatte ihren Kindern die besten Kleider angezogen. Auch für sich hatte sie ihre Sonntagskleidung heraus gesucht und auch bei Hans hatte sie darauf gedrängt, dass er sein gutes Hemd anzog. Jetzt warteten sie und tranken Kaffee. Für die Kinder gab es ein Stück Kuchen, den Giuseppina am Abend zuvor gebacken hatte. Obwohl es Sommer war, hatte sie den Ofen angeheizt, weil sie unbedingt Kuchen für den Gast haben wollte.

Es verging nicht allzu viel Zeit und plötzlich vernahmen sie ein Motorengeräusch, welches von der Zugangsstraße herkam, die von Bulach nach Kleinweidenfeld führte. Es war eine schmale Straße, die sich durch die Felder kurvenreich bis an den Anfang der Siedlung zog. Das Geräusch verstummte kurz und war dann am Waldrand wieder zu hören, wo die Straße endete und in einen gestampften Weg überging, der sich zwischen den Häusern und dem Wald hinzog.

Jetzt tauchte eine schwarze, große Limousine auf dem Weg auf, die im Schritttempo am Waldrand entlang fuhr. Das Auto fuhr in kurzer Entfernung an ihrem Haus vorbei und verschwand hinter der Hausecke. Edwin und Hans schauten sich an.

Dann sprang Hans auf und verließ den Hof. Er ging vor zum Weg und schaute dem Auto hinterher. Am Ende des Weges sah er die Bremslichter aufleuchten und der Wagen hielt an. Die Fahrertür ging auf und ein Mann in einer dunklen Uniform stieg aus. Er zog seine Schirmmütze vom Kopf und zog die linke Fondtüre auf.

Hans schaute wieder Edwin an, der inzwischen auch zu ihm gekommen war. Die Frauen hatten es vorgezogen, im Hof zu bleiben. Sofia und Bruno waren aber nicht zu bremsen und sie hatten sich zusammen mit vielen anderen Kindern zu dem Auto aufgemacht, das sie jetzt laut rufend umringten und bestaunten. Ein solches Auto war noch nie in der Siedlung gewesen.

Aus der hinteren Tür stieg ein älterer Herr in einem dunklen Anzug aus. Er stützte sich leicht auf einen Gehstock, dessen Griff silbern in der Sonne blitzte. Der Chauffeur, offenbar war es wirklich einer, schloss die Tür wieder und blieb dann steif vor seinem Fahrzeug stehen. Der Herr ging leicht hinkend nach rechts zu den Wohnungen der Baracke hinüber. Hans und Edwin machten sich auf, um weiter zu beobachten, ob es sich vielleicht doch nicht um ihren Besuch handelte und ob vielleicht zufällig ausgerechnet heute noch ein anderer Besuch erwartet wurde. Als sie näher kamen konnten sie erkennen, dass auf dem Auto ein französisches Nummernschild angebracht war.

„Das gibt es doch nicht!" Edwin fasste sich verwundert an den Kopf.

„Wo geht er denn hin? Ich hab ihm doch die Adresse geschrieben."

Der ältere Herr stand vor der Wohnung Nummer dreiundachtzig und sprach mit dem Mann, der in seinen Hof gekommen war. Überall hatten sich die Leute versammelt und betrachteten mit Staunen die tolle Limousine.

Nach etwa einer Minute deutete der Mann im Hof in Richtung von Hans und Edwin und sagte etwas zu dem Herrn. Dieser drehte sich um und sah zu den beiden herüber. Dann gab er dem Mann im Hof die Hand, drehte sich um und kam auf sie zu.

Schon nach ein paar Schritten, als sich die beiden näher gekommen waren, erkannte Hans in den Zügen des anderen die unverkennbaren Merkmale seines Spiegelbildes. Der Atem stockte ihm und er wusste nicht, was er zuerst tun sollte. Er blieb einfach stehen, weil es ihm unmöglich war, sich zu bewegen. Edwin brach den Bann und fasste ihn beim Arm. Die beiden gingen jetzt auch auf den älteren Herrn zu. Und dann standen sie sich gegenüber. Edwin war einen Schritt zurück geblieben. Der Chauffeur, der Hans mit staunendem Blick angesehen hatte, war auch zu den Männern getreten.

Dann hob der alte Herr die Hand und reichte sie ihm. Hans ergriff sie zögerlich und dann schüttelten sich die beiden kräftig die Hände. Beide begannen zu lachen und sie konnten fast nicht mehr damit aufhören. Dann sprachen sie miteinander. Hans hörte seinen Vater in gebrochenem Deutsch Guten Tag sagen. Er beantwortete seinen Gruß in fließendem Französisch, was seinen Vater sichtlich erfreute. Dann nahmen sie sich am Arm und Hans führte seinen Vater zu seiner Wohnung.

Dort warteten Edith und Giuseppina. Hans stellte seine Frau seinem Vater vor, dann nahm er Sofia bei der Hand und stellte sie ihrem Großvater vor. Dasselbe tat Giuseppina mit Bruno, den sie auf den Arm genommen hatte. Zuletzt machte Hans seinen Vater mit Edith und Edwin bekannt und erklärte ihm, dass es Edwin gewesen sei, der ihm die Nachricht hatte zukommen lassen. Nach dessen Vorstellung umarmte der Vater Edwin und dankte ihm höflich. Dann nahm er den ihm angebotenen Platz am Tisch ein und dankte für den Kuchen und den Kaffee. Alles saßen am Tisch, das Auto parkte inzwischen am Waldrand vor ihrem Haus, und es lag eine freudige, aber auch spannende Atmosphäre in der Luft, weil niemand genau wusste, worüber man sprechen könnte.

Da ergriff der Vater das Wort und berichtete in gebrochenen deutsch davon, wie er seine Sophie kennen gelernt hatte. Alle hörten gebannt seiner Erzählung zu. Auch Sofia hatte bemerkt, dass es sich um eine Geschichte handelte, die auch sie betraf, weil sie ja Sofia hieß und der Mann von einer Frau mit demselben Namen erzählte. Es wurde ein langer Nachmittag und mit der Zeit wurde die Stimmung immer offener und ungezwungener. Die Lebensgeschichten wurden ausgetauscht, wenn es auch nur in Bruchstücken ablief, weil die Zeit einfach zu kurz war, um alles zu erzählen.

Im Laufe des Abends stellte Edwin die Frage, warum der Vater denn bis zur letzten Baracke in der Siedlung durchgefahren war, und warum er den Mann dort angesprochen hatte. Da nahm der Vater den Brief von Edwin aus der Jackentasche und faltete ihn auseinander. Er zeigte mit dem Finger auf eine Stelle im Text, genau dort hin, wo Edwin die Hausnummer der Adresse von Hans aufgeschrieben hatte. Dort stand die Nummer 83, und nicht 38, wie es richtig gewesen wäre. Alle lachten.

„Da habe ich aber einen ganz großen Mist gebaut", lachte Edwin.

Als es dunkel geworden war, verabschiedete sich der Vater und ging zu seinem Auto. Der Chauffeur, der auch an den Tisch gebeten worden war, begleitete ihn zum Wagen und sie fuhren nach Karlsruhe. Dort hatten sie Zimmer im Hotel gebucht. Sie vereinbarten, dass sie schon am nächsten Morgen wieder heraus fahren würden. Sie wollten dann ausführlich besprechen, welche Pläne sowohl Hans mit seiner Familie hatte, als auch der Vater mit ihnen besprechen wollte, ob und wann sie mit ihm nach Hause kommen würden, wie er sich ausdrückte.

Hans und Giuseppina taten in dieser Nacht kein Auge zu. Edith und Edwin hatten sie erst spät am Abend verlassen und waren mit den Rädern zu ihrer Wohnung nach Karlsruhe zurück gefahren.

Epilog

Über zwei Jahre waren bereits vergangen, seit Hans und Giuseppina mit ihren Kindern nach Südfrankreich gekommen waren. Sie lebten in einem großen Landhaus inmitten von Rebhängen, die sich in alle Richtungen bis zum Horizont dahinzogen. Im Nebengebäude wohnten der Vater und seine Frau. Die beiden freuten sich, dass sie jetzt Enkelkinder um sich hatten, was ihnen bisher versagt geblieben war, weil sie selbst kinderlos waren.

Auf dem Areal befanden sich neben dem Herrenhaus weitere Nebengebäude, in denen die Arbeiter mit ihren Familien lebten. Dort angeschlossen waren die Hühner- und Kaninchenställe. Auch gab es anderes Geflügel, welches man den Tag über am Geschnatter erkannte.

Giuseppina und Hans standen vor ihrem Haus auf der weitläufigen Terrasse, von der man den Golf von Toulon überblickte. Unten in der Bucht dampften große Frachtschiffe in die Hafeneinfahrt hinein, andere verließen ihn. Die dunklen Rauchwolken verzogen sich schnell in der flirrenden Luft des Sommers.

Vor der Terrasse war der Abhang von einer üppigen Grasschicht bewachsen, welche nur durch ein paar Obstbäume unterbrochen wurde. Zwischen den Bäumen grasten ein paar Schafe, drei oder vier Ziegen waren angebunden. Dazwischen plusterten sich zwei Truthähne auf, um ihr imposantes Gefieder ins rechte Licht zu rücken.

Giuseppina hielt ihren vor kurzem geborenen Jungen auf dem Arm. Er hieß Giuseppe Rodolfo und war knapp zwei Monate alt. Sie hatten lange gebraucht, bis sie sich über den Namen einigten. Hans wollte, dass sein jüngster Sohn Josef gerufen wurde. Josef, wie sein Freund bei der Legion. Als zweiter Name sollte er Rudolf heißen, sein

473

Jugendfreund im Waisenhaus. Giuseppina hatte sich aber dagegen ausgesprochen, weil sie der Auffassung war, dass die deutschen Namen hier in Südfrankreich keinen guten Klang hatten. Schließlich einigten sie sich doch auf die Namen, beschlossen aber, die italienische Form zu verwenden. Und so hieß ihr Jüngster jetzt Giuseppe Rodolfo, gerufen wurde er aber von Anfang an Pino.

„Siehst du, da drüben liegt Algerien", sagte Hans und deutete nach vorne über das Meer. Giuseppina rollte mit den Augen, weil er das schon unzählige Male erzählt hatte.

„Wir könnten es wahrscheinlich sogar sehen, wenn wir fünfhundert Meter höher wären. Natürlich nur, wenn die Luft glasklar ist."

Hans lachte dabei und nahm Giuseppina in den Arm.

„Weißt du, meine Liebe. Es wird Zeit, dass wir endlich eine Reise nach Italien machen. Wir fahren über Cantu, vielleicht finden wir ja den alten Zappa, der mir geholfen hat, dann besuchen wir deine Eltern und deine Verwandten in Mandello. Was meinst du, ob wir das noch schaffen dieses Jahr?"

Giuseppina drehte sich um und ging auf die Wohnungstür zu. Im Fortgehen sagte sie, mehr zu sich selbst, als zu Hans, dass er auf keinen Fall dieses Jahr würde verreisen können.

„Der Wein macht sich nicht von selbst. Wenn jemand verreist, dann sind das Sofia und ich. Du und die Buben, ihr bleibt schön hier."

Sofia, die in einer Hängematte am Rand der Terrasse mit einem Buch beschäftigt war, hob den Kopf. Sie war jetzt zehn Jahre alt und an der Schwelle, ein hübsches junges Fräulein zu werden.

„Ach ja, das machen wir, Mama", rief sie und ließ sich aus der Hängematte auf den Boden gleiten. Sie kam auch zur Tür, wo daneben auf einer Steinbank Bruno in ein Heft vertieft war. Er konnte sich derzeit nicht entscheiden, ob die drei Musketiere oder doch eher Prinz Eisenherz die besseren Helden waren.

Als er bemerkte, dass die Familie in die Küche zum Essen unterwegs war, schlug er das Heft zu und folgte ihnen mit eiligen Schritten. Eines war ihm trotz aller Zwiespältigkeit in Sachen Abenteuer klar, es gab nichts Besseres als eine gute, gebratene Hähnchenkeule, die nach Rosmarin duftete. Und die würde es heute Mittag geben, das hatte er schon den ganzen Vormittag gerochen.

Sofia und ihr Vater waren an der Schwelle stehen geblieben und schauten beide über das Meer nach Süden.

„Und alles Salzwasser", sagte Sofia und machte eine ausholende Geste mit dem Arm.

„Ja, alles Salzwasser", antwortete Hans. „Da kann ich dir eine Geschichte erzählen, die mir ein alter Mann in der Wüste erzählt hat. Willst du sie hören?"

„Oh, ja, gerne, wenn sie nicht allzu lange dauert."

sie schaute dabei in die Küche, wo die Mutter schon den Tisch gedeckt hatte.

„Der Schöpfer hatte die Welt geschaffen und alles Wasser, welches sich auf der Erde gesammelt hatte, war süß. Es gab am Anfang kein salziges Wasser, weil alle Lebewesen und Pflanzen süßes Wasser brauchten.

Dann vergingen viele tausend Jahre und die Menschen waren da. Als sie damit begannen, sich gegenseitig Leid zuzufügen und deshalb weinten, wurde das Wasser auf der Erde nach und nach immer salziger. Weil die Tränen nun mal salzig sind. Als der Schöpfer merkte, dass fast das ganze Wasser auf der Erde salzig geworden war, da schuf er die Wolken und den Regen. So kommt es, dass das Salzwasser verdampft und dann als Süßwasser wieder auf die Erde regnet."

Sofia fasste den Vater am Arm.

„Aber man kann doch auch vor lauter Freude weinen, oder?"

„Ja, das habe ich dem alten Mann auch gesagt, dass man vor lauter Lachen weinen kann. Er sagte aber, dass nur die Tränen von Leid salzig seien, die Tränen vom Lachen seien dagegen süß." Er legte den Arm um ihre Schulter und sie gingen ins Haus.

Alle saßen am Tisch und ließen es sich gut schmecken. Pino lag in einer kleinen Wiege, die direkt neben Giuseppina in der Küche stand, und brabbelte vor sich hin. Von draußen klang ganz leise eine Melodie an ihre Ohren. Der Großvater saß wohl wieder vor der Tür an seinem Haus und übte auf seiner Mundharmonika, die er nach so vielen Jahren wieder bekommen hatte.

DANKE!

Meinem Freund Wolfgang, ohne dessen Installationen und Einrichtungen an meinem PC ich mein Buch nie hätte schreiben können

Unserer Tochter Nadine für ihre vollständige Bearbeitung des Textes

Meinem Freund Friedbert ,dessen unerwartete Aufmunterung mich zum Weitermachen bewegte, als ich schon aufgehört hatte

Unseren Freunden Sabine und Wolfgang für ihre wertvollen Hinweise und Berichtigungen in Grammatik und Wortwahl, welche die Geschichte erst richtig lesbar gemacht haben.

Unserem Neffen Holger, dessen Kritik über verwendete Bezeichnungen und deren Geläufigkeit bei jüngeren Lesern mich dazu gebracht hat, manche Worte zu verändern und sie durch modernere zu ersetzen.

Danke auch an Michael Raab für seine Unterstützung beim self-publishing